U0925824

本成果受到中国人民大学“985 工程”的支持
教育部哲学社会科学研究重大课题攻关项目“中国流动人口社会融合研究”
（项目批准号：13JZD024）

21 世纪人口学研究系列

中国流动人口经济融入

Economic Integration of Internal Migrants in China

杨菊华 / 著

社会科学文献出版社
SOCIAL SCIENCES ACADEMIC PRESS (CHINA)

丛书总序

1662年，英国人约翰·格兰特出版专著《关于死亡表的自然的和政治的考察》，标志着现代人口学的诞生。迄今为止，世界人口学的发展历史已有300多年。

1974年，中国人民大学人口研究所创建，是国内创办最早、学术力量最为雄厚、人才培养层次最全的人口与发展领域的专门教学和科研单位。从此以后，国内第一个人口学专业硕士点、国内第一个人口学专业博士点、国内唯一的人口学重点学科点、国内唯一的人口学教育部人文社会科学重点研究基地相继在此诞生。

2011年10月31日，联合国人口基金宣布全世界人口达到70亿。这一天，距1999年的“60亿人口日”不过12年。

2010年11月1日，中国第六次人口普查揭示中国总人口超过13.7亿。相比较1953年7月1日新中国成立后的第一次人口普查结果6亿，在这块960万平方公里的版图上，人口数量已经翻了一番还要多。

人类生活在愈来愈拥挤的地球上，人口的数量、素质、结构、分布由不断出生、死亡和迁移流动着的人群所决定，这也改变着人们的生存环境和生活状态。

以人类人口作为研究对象的人口学尽管发展了300多年，依然疑惑着人类的发展空间、好奇着人口的变化因果、争论着人类与环境的关系、探索着人口未来的走向。也许，正如对人类的终极考问“你是谁?”“来自何方?”“去向何处?”一样，生命不息，对于人、人群及生活于其中的社会的探索就会没有止境。

在人口形势和人口问题上，全世界各个国家既有共同语言，又各怀难言之隐。“婴儿潮”的一代人刚刚淡出视野，“低生育率”的焦虑又跃上心头；正无奈于失业率的居高不下，劳动力短缺的号角却已吹响；更不用说“银发浪潮”

铺天盖地，国际移民四处奔走。“生存还是死亡?”在人类文明如此发达的今天似乎早已不是问题，但如何提升生命素质、提高生活质量却是一个没有终点的追求。

作为世界第一人口大国，中国的人口转变遵循了世界的一般规律，人口再生产类型从高出生率、高死亡率、低自然增长率的传统模式已转为低出生率、低死亡率和低自然增长率的现代模式。然而，庞大的人口基数、迅速的转变过程、独特的中国国情也带来了非同一般的人口现实和无先例可循的人口问题。

21 世纪，一个新的起点。对于人口的过去和未来，我们充满好奇和探索精神。正如中国人民大学社会与人口学院院长、人口与发展研究中心主任翟振武教授所指出的：“在中国这样一个人口大国中，地域差距极大，人口状况千差万别，人口问题更是复杂多样。实践呼唤理论，实践呼唤人口科学的发展。正是这种复杂的人口国情，为中国人口科学的发展提供了得天独厚的土壤。因此，中国的人口学没有理由不出经典巨著，没有理由不出大师级人物，没有理由不站在国际人口学学术前沿。”

受此鼓舞和启发，中国人民大学社会与人口学院人口学系人口学教研室酝酿策划了这套丛书，希望用我们的眼光和视角关注 21 世纪的人口学，用我们的智慧为人口学研究添砖加瓦。在此要特别感谢教研室的各位同仁：人口学系系主任段成荣教授、人口与发展研究中心副主任刘爽教授、澳大利亚国立大学人口学博士暨中国人民大学人口学博士陈卫教授、美国布朗大学社会学博士杨菊华教授和北京大学社会学博士巫锡炜讲师。特别感谢中国人民大学“985 工程”经费的资助，以及社会科学文献出版社的精心编辑，使这套丛书得以面世。

我们希望，以这套研究丛书为契机，中国的学者站在 21 世纪，纵观人口的过去，展望人类的未来；立足于中国，通过中国的人口现实折射世界的人口形势，以中国的人口经验充实世界人口学的宝库。

人口学教研室主任　宋　健

2012 年 4 月于北京

目　　录

前　言

人口流动就是人们因为学习、工作、婚姻或其他原因在空间上从一个地方转移到另一个地方的现象。1978 年改革开放以前，受制度制约、交通不畅、机会欠缺以及安土重迁的思想观念和“父母在，不远游”祖训的影响，除少数情况外，以个体为单位的人口流动并不多见。但是，随着改革开放政策的推行，经济和社会的发展，全球化和国际化的加快，制度性的限制逐渐被跨越，地域之间的距离“被”缩小，新的生存机会越来越多，人们的思维定势和价值判断发生了相应改变，人口流动现象越来越普遍。虽然长期以来形成的城乡“二元”经济社会结构和严格的户籍制度的双重壁垒依旧存在，但二元经济结构体制从另一方面来讲也构成人口流动的驱动力之一。城市和发达地区的都市文明和现代工业、更多的劳动就业机会、更高的收入水平、更好的生活条件、更优越的受教育机会、更多样化的社会环境，等等，令农村和欠发达地区不同年龄及不同层次之人怦然心动。对改善生活环境的渴望及对城市生活的憧憬形成强大推力，驱动人们冲破制度性羁绊，突破结构性藩篱，克服经济成本和心理压力，肩背行囊、怀揣梦想，从农村来到城市，从中西部来到沿海，从小城镇来到大都市，从欠发达地区来到发达地区，形成了史无前例、波澜壮阔的人口流动大潮。从绝对数量看，2010 年，流动人口总量超过 2.2 亿人，占全国总人口的 16.5%；从增长幅度看，在 1982 ~ 2010 年这 28 年间，中国人口总量大约增长了 0.3 倍，而流动人口总量却增长了 30 多倍。

规模巨大的人口流动是改革开放以来中国社会最突出的变化之一，也是引发社会变革的主要驱动力之一。“十二五”时期，流动人口规模将保持在 2 亿人以上，在城镇常住人口中的比例将达到30.0%左右（张春生，2010）。而且，中国正进入工业化的中期阶段和城镇化的加速阶段，工业化和城镇化的快速发展将继续对流动劳动力产生较大需求。按人口城镇化率每年增长1个百分点测算，到2020年还将从农村转移出1亿左右的人口，流动人口总量将继续增加、规模将持续扩大。作为一个特殊人口群体，他们将长期存在于中国现代化事业的发展进程之中。

流动的行为载体是个体，其决定的主体涉及家庭，受制于个体的劳动技能和预期、家庭基本特征、流入地和流出地的宏观经济结构、国家及地方层面的公共政策，等等；反过来，该决定和行为也反作用于社区和社会。社会人口现象是通过微观环节来实现其宏观效果的，人口流动对社会的影响必须通过对个体和家庭的影响来实现；同样，经济社会因素也会影响人们的流动决策、流动模式，以及流动人口在流入地的生存和发展状况。这就要求我们不仅要关注流动行为的宏观后果，还必须加强流动对个体（和家庭）影响的研究，尤其需要关注他们在流入地的生存和发展状况。本书尝试探讨流动人口个体在流入地获得的绝对经济地位和相对经济融入水平、特点及影响要素。需要特别提及的是，“经济融入”并不意味着与流入地市民的经济状况绝对一致，而应是流动人口良性地参与流入地的经济生活，获得与其劳动相契合的劳动保护、经济地位、社会保障和生活水平等。否则则过于极端，不仅与城市发展的实际情况不相符合，实际上也很难实现。

一　问题的提出与研究意义

流动人口进入流入地后面临的首要问题之一是适应、融入问题。社会融入是个体之间、群体之间、文化之间互相接触、相互竞争、相互冲突、互相适应的过程（Park，1928）。在进入流入地伊始，初来乍到的流动人口（尤其是农村户籍流动人口）在一个陌生环境中，原有的社会资本大多失去，经济资本相对贫乏，人力资本比较低下，且其语言文化、价值观念、生活习惯、言行举止等方面均与流入地社会存在明显差异。再加上流入地社会的制度障碍或主观歧视，他们中的绝大多数人都会经历一个隔离（segregation）的过程，需要经过较长时间才能逐步融入流入地主流社会。经验表明，由于流动人口本身的特点和流入地方方面面的制约，只有少数第一代流动人口能够融入流入地主流社会；绝大部分人将沦为弱势群体，被边缘化，产生无所归依的心理，感到困扰、不安、矛盾、愤怒、忧伤或退缩、思乡。边缘化现象也就是隔离现象，它既阻碍着流动人口的社会融入，又暗示着他们融入机会的缺乏。

流动人口进入城市后如何融入城市社会生活，国家、流入地政府和公民社会如何帮助有融入意愿的外来人顺利地融入流入地社会，不仅是社会学家一直关注的经典学术命题，而且是相关政府部门极为重视的现实问题。国内外的研究表明，融入的内涵是复杂的，涵盖多个维度，覆盖客观和主观指标；融入的概念是相对的，有融入就会有排斥，而没有排斥也不意味着就能融入；融入的过程是漫长的，往往需要两三代人才能实现；融入的途径是复杂的、多向的、互动的，既要自己愿意融入，也要他人接纳自己，事关流动的主体和流入地的主体，也涉及融入的客体，是利益攸关方互动的结果；融入的影响是多要素的，是制度性、结构性等宏观要素，个体自身发展能力、流入地居民的包容接纳等微观要素综合作用的结果。

流动人口在流入地的融入意愿、过程和结果折射出他们的生存环境，昭示着在社会转型过程中不同人群能否享受公正待遇，体现了国家和地区以人为本的管理服务理念是否落实到位。因此，社会融合不仅是单纯的个人问题或人口问题，更是复杂的群体现象和综合性的社会问题；不仅牵涉个体和群体之间的利益关系，更反映出社会资源配置的规则和秩序；不仅关涉流动者自身的发展能力，更透视出流入地的经济结构及方方面面的公共政策、宏观制度；不仅关系到流动人口本身的融入意愿和努力行为，更事关流入地居民的态度和行为。因此，流动人口的社会融入是中国在经济转轨、社会转型和人口转变特定历史时期面临的一个事关全局、事关未来的重大现实问题。他们能否实现由外来人口向本地市民的转变，实现身份认同，并真正融入当地社会，是中国能否成功实现农村剩余劳动力转移、顺利推进人口城镇化的前提条件，也是落实以人为本、民生为先的管理服务理念，实现经济与社会共同发展，构建和谐稳定社会的重要基石；反过来，流动人口的融入状况也是社会发展、社会建设、社会和谐的关键标识。因此，加强对该问题的研究具有重要的理论和现实意义。

其一，从学术上看，这项研究将在中国流动人口研究中具有标志性意义。促进流动人口的社会融入已经成为中国经济社会持续发展的焦点问题之一，也是学术界关注的热点之一。流动人口的权益、诉求、保护、融入也越来越引起人们的关注。众多学者分别从城市学、人口学、社会学、经济学、心理学等不同视角对此问题进行了大量研究和探讨，取得了相当多的成果。然而，已有的研究要么是在宏观层面上进行宽泛的理论解读，要么是在微观层面上对某个城市农民工权益问题进行研究，而从多个层面明确关注整体流动人口融入状况的研究成果不多。从个体等微观和宏观相结合的层面了解并把握流动人口的融入模式、趋势、特点和影响因素将在一定程度上弥补国内相关研究的不足。一方面可以与已有的研究理论进行对话，并予以补充和修正；另一方面也可以通过对具有代表性数据的分析，检验维度理论和影响因素理论，并为他人的研究提供具有参考价值和借鉴意义的依据。同时，本书的研究发现也将有助于深化学界对流动人口在流入地的生存发展状况的认识。

其二，从现实上看，关注流动人口的经济融入是对政府关注民生问题的一个切实回应。中国政府高度重视流动人口问题。针对长期以来存在的流动人口（特别是农民工）问题，2006 年 3 月，国务院发布了《关于解决农民工问题的若干意见》；2006 年 12 月，中共中央、国务院又出台了《关于全面加强人口和计划生育工作，统筹解决人口问题的决定》，做出完善和发展流动人口服务和管理的重大决策；2010 年，中央一号文件明确提出要促进符合条件的农业转移人口在城镇落户并享有与当地城镇居民同等的权益；2011 年 4 月，胡锦涛总书记在中共中央政治局第 28 次集体学习时强调，要切实加强流动人口管理和服务，制定引导人口合理流动、有序迁移的政策，积极稳妥地推进城镇化，统筹协调好人口分布和经济布局、国土利用的关系，把流动人口管理和服务纳入流入地经济社会发展的总体规划之中，为人口流动迁移创造良好的政策和制度环境。因此，既从多个指标，也利用综合性指数，全面、系统地探讨流动人口的经济融入将有助于政府总体把握和全面了解流动人口在流入地的生存发展状况，有助于推进流动人口的有序流动与合理分布，有助于人口问题的统筹解决，有助于推动积极健康的城镇化进程。

其三，从政策上看，重视流动人口经济融入状况将有效推进社会管理、社会建设与和谐社会建设。科学发展观强调经济社会发展目标与人的发展目标相统一，从一味地追逐单向的经济发展指标到开始关注人文社会指标；不同人群之间的融洽相处对于实现人的全面发展具有重要意义，也是构建社会主义和谐社会的应有之义。了解流动人口经济融入的模式、特点及影响因素，将有助于政府对流入地社会公共服务均等化等问题做到心中有数，为政府决策部门在制定促进流动人口融入流入地社会的公共政策时提供坚实的科学理论和实证依据，以促进流动人口的融入步伐，简化其融入过程，扩大其融入途径，改善流动人口的服务与管理工作，进而为流动人口创建良好的生活和工作环境，打造外来人口与本地市民平等相处的和谐画面。同时，了解流动人口的融入现况及其影响因素还将对户籍制度的改革，城市化过程中的建设规划、服务规划等相关问题提供参考借鉴依据。

其四，从社会上看，了解流动人口的经济融入状况有助于调动全社会的力量帮助流动人口实现融入。考察流动人口经济融入方方面面的影响要素，将加深公民社会及流动人口本身对这个群体状况的认识，动员全社会的力量帮助他们改善在流入地的生活，倡导并鼓励流动人口与本地市民更自觉地、更有意识地交往与交融，倡导本地市民以更加包容、接纳的态度对待流动人口。假若流动人口未能被流入地所接纳，反而被边缘化、否定化、异化，这将是多方面的损失：流出地丧失了一份人力资源，流入地浪费了流动人口的才能，流动者本人未能一展所长，其福利的改善只是空谈。

总之，从战略性视角，高度重视、正确认识、科学系统地探讨流动人口的融入问题是关系到社会和谐发展大局的历史性课题，在实践和理论意义上具有极大的重要性和紧迫性。全面把握流动人口社会融入的过程、面临的障碍、存在的问题是在科学发展观的指导下，重新审视以往社会发展指标的必然要求。反过来，流动人口的融入程度可视为地方流动人口管理服务工作和新时期社会建设水平的重要测评指标和进一步推进社会管理、公共服务、社会建设的依据。

二　现存研究的局限

的确，人口流动现象及流动人口的特征要素早已引起学界、社会和政府部门的高度重视。但是，与流动人口持续增长的规模相比，流动人口社会融入这样一些具有深远理论意义、现实意义和政策意义的重大问题，直到近年才真正引起方方面面的关注。总体而言，中国关于流动人口问题的研究打上了鲜明的时代烙印，折射出自改革开放以来不同的历史时期，我们对这一人口现象、这个人口群体的认识历程。

1980～1995年，学术和政策研究主要探讨流动人口的总量、结构、个体特征，他们从何处来、往何处去，他们的流动对流出地和流入地的人口、经济、社会结构的影响等宏观问题。1990年代中期以后，随着对流动人口问题研究的日趋深入，特别是近年来科学发展观和以人为本管理服务理念的提出和落实，相关研究开始关注流动对流动者本人在流入地的生存和发展状况及其家庭的影响，该人群在流入地社会融入的现状、过程及特点也提上了研究日程，成为当前包括社会学、人口学、经济学、公共政策学在内的诸多学科关注的焦点和研究的重点领域之一。虽然直到最近几年，较少有研究直接使用“融合”“融入”等概念，但很多学者从多个视角探讨了流动人口在流入地的适应情况。研究发现，由于流出地与流入地在经济结构、户籍等制度方面存在巨大差异，流动人口往往处于流而不迁、流而不留的状态，难以成为流入地的永久居民，形成与流入地户籍人口相对应的两类人群：（1）常驻的“外来人”；（2）候鸟式的“迁徙人”，这是流动人口未能融入流入地社会的反映。

然而，虽然流动人口的社会融入问题已引起了广泛重视，但由于融入是一个多维度的抽象概念，再加上学界开始关注的时间较晚，故现存学术和政策研究都还处于比较原始的起步阶段，在许多重要的问题上，研究深度、广度、全面性、系统性、科学性和时效性等都有待进一步厘清、深化与拓展。我们认为，以下几个方面的局限尤其值得关注。

其一，理论与数据相脱节。在现存研究中，虽然有些尝试在理论的指导下进行数据分析，也有些尝试利用数据的分析结果来验证理论，但为数不多；相反，多数研究的理论和数据往往是脱节的：要么是纯粹的理论性论述，要么是纯粹的数据描述，要么是虽有理论和数据，但二者未能有机地整合在一起。因此，我们对流动人口的关注一直停留在现在有多少人，未来还会有多少人；他们主要来自哪里，又去了哪里；他们都是哪样的人，在干什么，带来了怎样的宏观影响，等等。理论不清和概念不明一方面影响了我们对流动人口社会融入现状、特点、后果及原因的认识，使我们在相关的社会调查实践中缺乏统一的理论指导；另一方面也不利于相关政策的制定和落实。如果说在早期研究中，必须重点摸清流动人口的总量及变动趋势、特征要素、宏观后果等问题，那么，在对这些问题有了相对准确的把握后，加强对包括融入在内、强调理论与数据有机结合的科学研究势在必行。只有这样，才能更好地服务于流动人口的民生需求。

其二，相对视角的缺失。经济融入是与本地市民相对应的一个概念，故只有与本地市民进行比较，才能准确把握其融入水平与特点。但是，除了极少数文献外，目前的绝大多数研究只是考察流动人口的绝对状况。这样不仅存在方法问题，而且将忽视流动人口与本地市民之间的差异：流动人口的绝对经济状况可能不尽如人意，但若本地市民的相应情况同样不佳，则其相对融入水平可能较高；反之，流动人口在拥有较好的绝对经济状况的同时，未必拥有相匹配的相对水准。前一种情形可能夸大流动人口与本地市民的差异，低估其融入水平；后一种情况则可能缩小他们之间的差异，夸大流动人口的融入水平。因此，虽然把握流动人口的绝对经济社会地位可考量流动人口的生存发展现况，但融入研究还必须比较流动人口相对于本地市民的经济社会状况。

其三，分层比较的不足。规模庞大的流动人口是一个极其复杂的群体，存在多种形式的社会分层，尤其是由户籍类型引发的分层。在过去 30 年间，农村户籍流动人口始终是流动人口的主角，也是流入地社会最为弱势的一个群体，对他们无论怎么关注都不过分。但是，城镇户籍人口的流动也伴随着改革开放的全过程：1980 年代和 1990 年代，一些城镇户籍人口、国有企事业单位和政府部门工作人员纷纷辞职，到沿海地区或在内地经商办厂。虽然他们的总量大大低于农村户籍流动人口，但影响也是巨大的。同时，随着地区之间不平衡性发展的加剧，他们的数量也呈上升态势，2010 年约占到全部流动人口的 1/5，规模无疑也是巨大的。但是，由于我们一直关注农民工，对该群体或视而不见或将二者等同视之，比较不同户籍身份流动人口之间差别的研究是少之又少，仅有张展新（2007）、张展新等（2007）等少数研究同时关注不同户籍身份流动人口。显然，不同户籍身份流动人口的先赋因素和自致要素存在天壤之别，故在流入地的生存状况、发展能力、融入水平等也会存在显著差异，既不能将他们混为一谈，也不能对城镇户籍流动人口视而不见、置之不理。

其四，研究内容的系统性和深入性不够。过往研究多针对单个融入指标，利用综合指数总体把握流动人口经济融入情况的研究明显缺失，而既利用综合性指数全面把握，又借助单个指标具体分析该人群在不同指标的融入水平的研究更是少见。即便是对单一指标的分析，也存在两个明显的问题：一是往往关注经济融入的某一个指标，很少有研究同时考虑多个指标，比较流动人口与本地市民在不同指标上的差异；二是对某些单一指标关注得多，而对另一些指标关注得少，比如，现存研究十分关注流动人口的职业、收入，但对劳动保护指标的研究明显较少。同时，不少研究缺乏深度，多停留在对数据的现状、特点的描述上，探讨因素之间的独立关系、深入挖掘影响机制的研究还远远不够。

正因如此，现存研究多较零散，缺乏必要的系统性和全面性。中国地域辽阔，东西之间、南北之间、沿海与内陆之间的发展差距甚大，流动人口的公共政策与管理服务措施及水平等方面也不同，户籍制度壁垒、二元经济结构无疑会促进或阻碍他们的融入过程、速度与结果。同样，不同地区存在文化观念、生活方式上的巨大差异，且有些地方的居民热情大方，对外来人口比较和善友好，而有些地方的人个性独立，对外来人口态度漠然甚至排斥，这也会影响到流动人口的融入过程和结果。此外，不同流动个体的人力资本、自身发展能力有别，从而也会作用于他们的融入程度与特点。然而，上述局限使许多重要的问题尚未得到厘清：流动人口融入城市的意愿、过程和结果如何？他们能否较快地融入流入地社会？哪些层面的融入程度更深，哪些层面更难融入？哪些人群能较快地融入流入地社会，哪些人群难以达成融入的期望？哪些因素推动他们的城市融入，哪些因素阻碍他们的城市融入？个人自身的发展能力，流入地的公共政策、经济结构，流入地居民的态度和行为等对流动人口的社会融入起到多大作用？这些问题都有待深入探讨。

同时，上述不足也阻碍了我们对流动人口融入不足潜在后果的深入了解和全面把握，使某些政府官员、学者、民众对该问题的严重性认识不清，使政府决策部门在制定相关政策时缺乏必要的科学理论和实证依据，从而不能及时采取必要和可行的措施促进流动人口在流入地的社会融入过程、步伐，不利于甚至可能阻碍流动人口福利的改善。大量的流动人口对社会的各组织、各单元，对政府部门的管理和服务工作都提出了全新的巨大挑战，没有现成的历史经验可资参照，国内也没有公认的理论予以说明和阐释，如何加强和创新社会管理必须在实践中摸索前行。该局面也对学界提出挑战，呼唤学者全方位地对该问题进行深入的理论和实证探讨，这不仅是中国社会现实和未来发展的迫切需要，还将对整个人类做出贡献。该现象还对（流入地）社会提出挑战，呼唤社会各人群以更为包容、接纳的态度和行为对待流动人口，帮助他们更快更好地适应流入地的生产和生活。

三　概念界定

在叙述本书的研究目的之前，首先界定本书涉及的关键概念。

（一）外来人、外来人口与流动人口

本书互用这三个概念，不做区分。

（二）农民工与乡—城流动人口

这是两个既有差别，又相互交叉的概念。农民工是指在本地乡镇企业或者进入城镇务工的农业户籍工人，本书仅指后者，即狭义的农民工。他们是中国特有的城乡二元体制的产物，是中国在特殊的历史时期出现的一个特殊的社会群体。乡—城流动人口以农民工为主体，但涵盖的范围比农民工更宽，还包括具有农村户籍，但离开了户籍地的非就业劳动年龄人口、少年儿童和老年人。

本书中，乡—城流动人口指具有农村户籍，但离开户籍所在地半年或以上，流入其他县（市、区）城镇地区的流动人口。由于本书关注的对象为在业人口，故乡—城流动人口这一概念所指人群与农民工相同。在引用他人的研究成果时，沿用原作者的用语，但本书使用“乡—城流动人口”。

（三）外来市民与城—城流动人口

本书中，城—城流动人口与外来市民互用，都是指具有城镇户籍，但离开户籍所在地半年或以上，流入其他县（市、区）城镇地区的流动人口。

（四）本地人与本地市民

本书互用这两个概念，泛指拥有流入地城镇户籍的居民，但不包括拥有流入地农村户籍的居民。这主要是因为，前者构成流动人口的参照对象，也是流入地社会的主流人群。

（五）流入地、流入地社会与目的地

本书互用这三个概念，泛指流动人口所流入的地区，或指省（直辖市、自治区），或指地（市）。

（六）经济地位、社会经济地位（经济社会地位）、经济融入与经济整合

本书互用经济地位（economic status）、社会经济地位（socioeconomic status）、经济融入（economic assimilation）、经济整合（economic integration）。不过，融入仅适用于流动人口，而（社会）经济地位适用于所有人。

（七）融入与融合

概念“融合”“融入”存在差别。杨菊华（2009）认为，“融入”是“融合”的第一步，而“融合”是“融入”的更深层次。本书使用“融入”概念分析中国流动人口在流入地的经济适应现况，但在引用他人的研究成果时，沿用原作者的用语。后面“经济融入的理论分析框架与研究假设”一章还会详细辨识这两个概念的异同。

（八）经济融入与社会融入

笔者在以前的文献中谈道，流动人口在流入地的社会融入是多维度的，始于经济整合，经过文化习得、行为适应，最后达到身份认同，而且各维度之间互动密切（杨菊华，2009）。对绝大多数流动人口而言，经济融入或整合最为关键，构成其他维度融入的基础和前提；没有经济融入，流动人口难以在流入地生存下去，也难以实现在其他维度上的融入；尽管有其他方面的融入，也未必一定会有经济融入。反过来，其他维度的融入也会反作用于经济融入。本书不对这两个概念做严格区分，但在使用经济融入时，具体仅指研究对象的绝对和相对经济社会地位；而在使用社会融入时，泛指整体融入情况。

四　本书的研究目的

本书关注 16 ~ 55 岁在业流动人口在流入地的经济融入现状、特征及影响要素。之所以关注这个年龄段的人群，主要是出于可比性的目的，因为年龄更大之人外出务工的比例较小，而年龄更大的本地市民或已退休。之所以关注在业人口，主要是考虑到流动人口的选择性：流动人口是一个具有高度选择性的群体，

他们之所以能留在流入地，多是因为处于就业状态，而未能就业之人或流入他地或返回家乡；因此，若考虑就业状况，则流动人口的就业水平无疑存在虚高的可能。之所以关注经济融入，一是如前文所述，经济融入是社会融入的基础，是流动人口立足流入地的前提和保障，故若要全面把握流动人口的社会融入现况，首先必须准确了解流动者的经济融入情况；二是由于数据的局限，因为本书使用的数据并不提供社会融入其他方面的指标。

本书将在先期理论与指标体系的指导下，利用具有代表性的数据，采用实证研究视角，以流入地居民为参照对象，描述流动人口以及不同户籍身份流动人口在流入地的经济融入现况，探索其融入特点，挖掘其融入的影响要素。我们希望，本书比较系统的研究结果能加深学界和政府部门对流动人口经济融入问题的认识，进一步推动相关研究的开展，并为政府加强和创新社会管理，改善流动人口的生存发展状况，有效推进流动人口经济融入的公共服务政策提供科学的参考依据。

本书旨在回答以下问题：

1. 流动人口与本地市民之间在经济社会地位获得方面是否存在显著差异？通过比较本地人与外来人，探讨群间差异，考量在其他因素相同的前提下，由户籍地点造成的内外之别是否影响到流动人口的经济融入结果。粗略地说，在某种程度上，这个问题的答案回应了流入地的结构性要素对经济融入的作用。

2. 不同户籍身份流动人口之间在经济社会地位获得方面是否存在显著差异？通过比较城—城流动人口与乡—城流动人口，探讨流动人口群体内的差异性，考量在其他因素相同的前提下，由户籍类型造成的城乡差别是否影响到流动人口的经济融入结果。简而言之，在某种程度上，这个问题的答案回应了户籍等制度性要素对经济融入的作用。

3. 个体自身特征和发展能力等要素如何影响不同身份流动人口的经济融入？通过控制户籍制度、流入地区、流动特征等要素，可考量其他因素（如：年龄、性别、民族、婚姻状况、受教育程度、就业特征）对流动人口经济融入的作用。粗略地说，在某种程度上，这个问题的答案回应了流动人口个人发展能力等要素对经济融入的作用。

4. 流动人口的融入水平是否因流入地区的不同而异？本书通过将全国区分为八大区域，考量流入地区对流动人口经济融入的影响。

5. 流动特征（如：流动跨越的行政区域、离开户籍地时长）是否影响流动人口的经济融入？通过控制上述诸多要素，考量流动特征与经济融入之间的独立关系。

6. 采取哪些公共政策、措施可以缩小本地市民和外来人口的群间差异，以及城—城流动人口与乡—城流动人口之间的群内差别，进一步改善流动人口的经济福利？要回答这个问题，则要在上述问题得到回答后，从整体上把握不同人群之间的现状和差距，从而从政策层面提出相应的对策和建议。

本书将通过对以下几个方面的研究，来回答上面几个研究问题。

（一）构建理论框架、指导分析研究

由于中国人口的大规模流动是经济改革和对外开放的伴生物，是近30年来愈演愈烈的人口现象，故直到当下，有关流动人口融入理论的研究才刚刚起步，这需要呼唤更多的相关人士参与到研究中，形成一个既具有全球意义，也适合中国国情的流动人口社会融入理论框架，从而为构建流动人口经济融入指标体系、创建社会融入指数提供科学的理论指导，为全面、系统、综合、深入地把握流动人口在流入地的生存和发展状况奠定坚实的理论基础。

流动人口的社会融入理论涵盖两大层面：一是融入的内涵；二是融入的影响因素。这是因为，社会融入是一个抽象、宽泛的概念，首先必须对其有一个明确的理论认识。前者是指我们对流动人口社会融入本身的认识，即社会融入是什么？包括哪些维度？后者是指影响社会融入的个体、家庭、社会、政策、结构因素。二者所要回答的问题分别是："社会融入是什么"，"社会融入的影响因素是什么"。对这些问题的回答将直接影响融入指标的选取和数据分析中变量的选择，这将是贯穿本书的理论线索。

（二）摸清融入现状、描述融入特点

分析流动人口的经济融入，首先必须摸清该人群经济融入现况、模式与特点。为从深度和广度上同时推进现有研究，本书从多角度入手，关注四个重要且敏感的衡量流动人口经济融入的指标及所覆盖的若干变量。

1. 劳动保护（包括劳动合同签订、劳动时间）。劳动保护既是融入的重要指标，也会影响流动人口的收入水平、社会保障、居住条件。

2. 经济地位（包括职业声望、收入水平）。它们既是经济整合最重要的指标，也作用于社会保障的可及与可得及居住条件的改善。

3. 社会保障（包括失业保险、医疗保险、养老保险）。社会保障是经济融入的敏感指标；社会保障的获得意味着流动人口可以与当地居民一样，不仅拥有一份稳定的工作，而且拥有基本的社会保险以解决其后顾之忧。

4. 居住状况（即住房条件）。良好的居住状况既是安居必需的生活条件，也是个人财富与社会地位的凝聚。不同阶层在居住区域、社区规模、社区品质、住房大小等方面各不相同，形成“物以类聚、人以群分”的居住隔离，是社会阶层分化在城市空间上的物化形式，既折射出流动人口的生存质量，又反映了流动人口与流入地居民之间的疏离程度。

对于这几个方面，本书将以两种方式进行分析：一是将部分指标予以整合，生成一个经济融入综合指数，以便从总体上把握流动人口经济整合的现状与特点；二是分别分析这四个指标的若干变量。综合性指数可能掩盖不同经济融入指标之间的差异性，而有些差异不仅是程度上的，还是性质上的。为此，本书将在总体把握的基础上，通过分析多个具体变量，重点关注流动人口在不同融入指标方面的差异性。不管是哪一种分析模式，现状与特点的分析都将从多个角度进行。

（三）比较群间差异、区分“内外之别”

经济融入是客观指标，需要考虑其相对性，故而要求有合适的参照对象。对流动人口的研究，至少涉及两类人群的比较：一是群间比较；二是群内比较。群间比较涉及的是流动人口经济融入的相对含义，即流动人口相对于流入地社会的一般人群而言。大部分流动人口进入流入地是为了找到一份像样的工作，安居乐业、体面生活，获得与当地人同等的经济水平、社会福利待遇。因此，了解流动人口的劳动保护、经济地位、社会保障、居住状况等现况，必须将流动人口与流入地社会具有同等条件的户籍人群进行对照；只有在控制了其他条件的情况下，才能准确判断两个人群之间的差异。群间比较将回答以下问题：流动人口与本地市民的经济地位是否存在显著差异。

（四）比较群内差异、厘清“城乡差分”

虽然流动人口具有一定的同质性，但大量的流动人口绝对构成一个具有高度异质性的群体，故实证研究不能笼而统之地将其作为一个总体看待，而必须加以区别。若以农村—城镇户籍、流出地—流入地区分，则流动人口可区分为农村—城镇、城镇—城镇、农村—农村、城镇—农村等群体；若以年龄区分，则有少儿流动人口、成年流动人口、老年流动人口，等等。他们在经济资源和社会资源占有方面的差异无疑会导致在流入地境遇的不同，从而影响到融入的过程、速度和结果。由于本书关注城镇地区在业流动人口的经济融入，故而基于流出地和流入地的户籍，主要区分两类流动人群：乡—城流动人口和城—城流动人口，探讨影响他们经济融入的个体特征、宏观制度与政策因素。

（五）探究融入机制、提出对策建议

上述目标将回答“是什么”的问题。基于文献梳理及数据分析结果，本书还将试图理解加速或阻碍流动人口经济融入的潜在制度性、结构性因素，并在此基础上，进一步探寻阻碍流动人口经济融入的不利要素，提出具有针对性的对策建议，加快推进流动人口的经济融入。

五　数据来源与研究方法

本书主要采用文献研究与定量数据分析相结合的方法。

（一）数据来源

1. 文献资料

收集与流动人口经济融入有关的书籍、论文、研究报告以及流动人口管理与服务的法律、法规、规章和文件等，并对收集的资料进行筛选、分类、比较、总结和分析。文献分析既是对过去他人研究成果的汇总和评述，更是本书构建理论分析框架、提出可供检验的理论假定的基础和前提，而理论分析框架是本书数据分析的理论指导依据。

2. 定量数据

定量数据为2005年全国1%人口抽样调查数据。虽然此数据存在信息量较小、个别变量因果关系不明等局限，但它覆盖的地域宽、人群广，样本量大，对于全国的平均水平具有代表性。更为重要的是，与2010年第六次全国人口普查

数据相比，它包含了经济融入的多个指标，是到目前为止描述、分析流动人口经济融入的最好数据之一，故本书以它为主要数据。关于其具体优势和局限，详见“数据与方法”一章。

（二）研究方法

数据分析包括描述分析和模型分析。本书的描述统计分析包括单变量分析和相关分析，分别对流动人口与本地市民、不同身份流动人口等次样本进行描述，从而把握样本的基本特征，决定是否有必要对数据进行模型分析。在描述分析的基础上，本书数据分析的第二步是使用多元统计分析方法，比较、分析、探讨：(1) 流动人口与本地市民经济社会地位的差异；(2) 不同户籍身份流动人口经济融入的现况与特点；(3) 其他个体和宏观因素对流动人口经济融入水平的作用。

回归模型的选定依赖于研究目的和数据特征。本书主要采用以下模型：一是OLS线性回归模型：大部分因变量呈正态分布、连续测量，故采用OLS回归模型；二是二元Logistic模型：少部分因变量为虚拟或序次分类测量，故采用二元或序次Logistic回归模型；三是Poisson回归模型：个别因变量为计数数据，Poisson回归模型更适合此类数据特点。

不管哪一类模型，均采用多层模型技术（Poisson回归模型除外）。由于数据具有个体、地区、省区等多个层次，为克服因地区聚类可能造成的分析结果的偏误，本书采用多层模型进行分析。

此外，数据分析还采用了因子分析法，生成经济融入综合指数、社会保障分指数和住房条件分指数。这些指数分别用于从总体上把握流动人口的经济融入、社会保障和住房条件的现况与特点。

六　本书的结构

本书共分为十三章。具体结构如下：

第一章简要描述与人口流动、流动人口经济融入相关的宏观经济、制度、社会、政策背景。改革开放以来，一浪高过一浪的人口流动浪潮不是空穴来风，而是在特定的时间、地点、背景下发生的人口现象；流动人口的经济融入正是寓于这样的宏观背景中。本章主要包括以下内容：经济发展的不平衡性、户籍及其衍生制度的排斥性、城镇化进程的薄弱及不健全性，等等。本章将为读者提供一个宏观的背景视野。

第二章系统介绍美欧国际移民社会融合的理论与测量指标。国外的研究理论、体系与视角对中国相关问题的研究具有启示和借鉴意义。除此以外，本章还将澄清目前学界在美国和欧盟有关国际移民研究上的一些认识误区。

第三章全面收集、梳理、分类综述中国流动人口经济融入的现状、特点及影响要素。综述时既从数据、理论、方法、视角、研究对象等角度关注现存研究结论的相同点，也注重其差异之处，还分析不同研究得出相异结论的原因，述评结合。本章将向读者系统展示流动人口经济融入研究的进展情况。

第四章辨识主要概念，回顾现有理论，构建分析框架，提出研究假设。构建的流动人口经济融入理论分析框架将用来指导定量数据分析过程中样本的确定、变量的选择、模型的构建。本章向读者展示笔者对不同身份流动人群社会融入影响因素的理论思考。

第五章展示本书使用的数据与分析方法，包括数据来源与样本的选择、变量的定义与操作、研究方法与研究步骤。本章旨在向读者展示本书所使用的数据资料的详细信息和基本分布特征，为数据的进一步分析与模型的建立奠定基础。

第六章展示流动人口经济融入综合指数的分析结果。该指数由数个具体成分构成，其主要目的是为读者提供流动人口在流入地经济社会生活的全貌，使读者对他们的基本情况有总体的了解和把握。

第七章至第十二章分别陈述流动人口在不同方面的融入情况，包括通过劳动合同的签订、劳动时间这两个指标反映出来的劳动保护，通过职业声望、收入水平折射出的经济地位，通过失业、养老、医疗保险反映出的社会保障，以及住房稳定性和舒适性透视出来的居住状况。其目的在于与经济融入综合指数分析结果进行互补，细致地考察流动人口在经济融入方方面面的具体情况。

第十三章总结、讨论分析结果，并基于本书的研究发现和现存其他相关研究结论，挖掘影响流动人口经济融入的潜在机制，提出推进流动人口经济融入的初步政策思考和建议。

第一章
经济融入的宏观背景

诺贝尔经济学奖得主、美国经济学家克莱因说过，中国经济有两大问题：一是农业；二是人口。而人口流动，特别是农业人口的地域流动创造性地把这两个问题连在一起，也把工业化、城镇化、现代化有机地结合在一起，为工业增强了竞争力，为城市生活注入了活力，为改革开放添加了动力，为社会积累了财力，对中国深化改革、扩大开放、加快工业化和城镇化进程以及政府职能和管理服务方式的转变做出了重要贡献，推动了中国人口、经济、社会等多方面的转型。

近 30 年是中国流动人口规模日益扩大、活跃程度不断高涨的时期。历次人口普查和全国 1% 人口抽样调查数据表明，中国的流动人口呈持续、急速增长的态势：1982 年、1990 年、1995 年、2000 年、2005 年，流动人口分别为 657 万、2135 万、7073 万、10229 万、14735 万人（段成荣等，2008）。2010 年第六次全国人口普查主要数据公报（第 1 号）显示，居住地与户口登记地所在的乡、镇、街道不一致且离开户口登记地半年以上人口为 261386075 人，其中市辖区内人户分离人口为 39959423 人，不包括市辖区内人户分离人口为 221426652 人。同 2000 年第五次全国人口普查相比，居住地与户口登记地所在乡、镇、街道不一致且离开户口登记地半年以上人口增加了 116995327 人，增长 81.03%。显然，当前中国流动人口的规模已十分庞大。

流动人口进入流入地后，首先需要解决居住、工作、收入等基本的生存问题，而这些正是经济融入的核心指标。尽管流动人口对流入地满怀憧憬，但户籍制度（包括户籍类型、户籍地点）及附着其上的各种区分城镇与农村、本地与外来的社会制度、公共政策、管理与服务措施等构成一道道无形的鸿沟，将本地人口与外来人群隔离开来，阻碍流动人口融入流入地社会，使绝大多数流动人口及其家庭始终处于社会的最底层，成为城市社会最弱势的群体之一，纵向经济社会流动的愿望终难实现。

本书主要关注流动人口在流入地的经济融入。但是，经济融入与社会融入的其他维度（即文化习得、行为适应、身份认同）之间具有递进性、互动性、渐近性等特点，[①] 故本章回顾的宏观社会背景不仅与流动人口的经济融入，而且与社会融入的其他维度有关。因此，本章并不刻意区分这两个概念，而是交替使用经济融入和社会融入。宏观社会背景具体包括经济结构、户籍及相关制度、政府的管理与服务措施、城镇化进程，等等；综述的重点在于户籍制度及其衍生性制度。这些因素共同构成了中国过去几十年特定国情的一部分，而流动人口的经济融入正是在这一特定的宏观背景下缓慢地进行着。

一　经济转轨过程中的不平衡发展

经济的转轨及飞速发展是中国在过去 30 年间经历的最重要的宏观事件。它实现了在历史上首次社会主义公有制与市场经济的结合，开创了一条具有中国特色的创新与发展道路，有效地带动和促进了社会的全面发展，使中国的社会生产力和综合国力有了空前的提高，社会环境发生了翻天覆地的变化，并引发了全社会各方面深刻且持久的变革。

然而，中国经济社会的快速发展隐藏着巨大的地区不均衡性；正是这样的非均衡性发展，再加上许多制度性和结构性要素，驱动了中国人口流动的浪潮。早在 1930 年代，人口地理学家胡焕庸用一条近乎直线的简单线条（即“胡焕庸线”），描述了中国自然地理、人口地理与经济地理分布的不平衡特点。这条线始于东北黑龙江省黑河市，终于西南云南省腾冲县，把中国分为东西两个部分：贫穷的西部地区面积占全国总面积的 42.9%，而人口仅占全国总人口的 5.8%；富裕的东部地区面积占全国总面积的 57.1%，但人口却占全国总人口的 94.2%。时至当下，这一特点未有实质性的改变。

---

① 杨菊华：《从隔离、选择融入到融合：流动人口社会融入问题的理论思考》，《人口研究》2009 年第 1 期，第 17～29 页。

历史背景、区位条件、制度政策、人力资源等诸多要素的综合作用，使得中国经济发展存在着巨大的不平衡性，且随着改革开放的进程而不断加剧。1978年以后，中国的改革开放采取了不平衡发展战略。尽管1980年代是乡镇企业大发展的时代，但东部的乡镇企业发展得更好；特别是1988年中国提出了“沿海外向型经济发展战略”后，区位条件优越的沿海地区成为改革开放的前沿地带，经济社会得到迅速发展。分税制改革、以地生财和以地套现的金融和土地制度进一步拉大了各地发展的差距，形成税负的不平衡性。东部地区不仅历史条件和城镇化基础好，而且自然条件也好，气候宜人，土壤肥沃，有利于开展较大规模的经济活动和产业布局。尽管中部地区也有一些大城市作为依托，拥有较好的历史和经济背景，但在对外联系方面明显不如东部沿海地区具有地理优势。西部地区自然条件较差，尤其是西北地区干旱严重，生态恶化，土地贫瘠，经济和社会发展面临着较大困难。因此，虽然西部也开通了一些对外贸易口岸，但与中国西部接壤的国家，其经济发展水平并没有明显优势，难以带动中国边疆地区的发展。

东部地区的先赋条件为它带来了后致优势。1980年代，政府在投资、财税、外资外贸、金融等方面，给予沿海地区大量的优惠政策倾斜，促进了该地区由计划经济向市场经济过渡。统计资料显示，1985～1995年，中国各地区实际利用外资1499.6亿美元，其中，东部沿海地区实际利用外资达1309.6亿美元，占全国利用外资总额的87.3%，而中部和西部地区实际利用外资总额分别为127.1亿美元和62.9亿美元，仅占全国利用外资总额的8.5%和4.2%。同时，中部和西部地区由于缺少政府优惠，故而体制转轨程度不同，发展速度较慢，由此进一步极大地拉开了地区之间在发展能力和实际发展水平方面的差距。

同时，各地的文化底蕴相差甚大，致使区域间人力资源差异巨大。各地高等教育资源的分布很不平衡，特别是优势资源的分布主要集中在东部地区。就中国普通高等学校和普通中等专业学校在校学生的绝对数量和相对比重而言，在东、中、西三大地带，不管是哪一项指标，基本分布情况都是东部最高、中部次之、西部最低。这种人力资源条件的差异，不仅导致了过去和当下的发展差距，而且还成为未来区域经济协调发展的制约因素。

中国经济发展的区域不平衡性主要表现在以下方面，而这些特点在1980年代中后期即已显现。

其一，沿海与内地发展的不平衡。在1978年前的30年间，中国政府致力于平衡发展战略，各种投资政策和财政支付转移明显地向边远和落后地区倾斜，但收效甚微。1978 年以来，中国的区域发展战略发生了根本性转变，从平衡发展战略转向不平衡发展战略，优先发展沿海地区，优惠政策明显向沿海地区倾斜。故此，沿海地区经济发展迅速，与内地的差距日渐拉大。从地区生产总值来看，2003 年，广东省为 13626 亿元，3 倍于湖南（4639 亿元）、10 倍于贵州（1365 亿元）、35 倍于青海（390 亿元）。从人均地区生产总值来看，2003 年，浙江为 20147 元，约相当于江西（6678 元）的 3 倍，甘肃的 4 倍，贵州的 5. 6 倍。

其二，东、中、西部发展的不均衡。当下，对中国区域经济的划分主要是按照行政省区，辅之以经济发展水平，大体将中国划分为东、中、西部三大经济地带。这三大地带在经济发展水平上由东向西呈递减阶梯状态。

其三，各省（市、区）之间发展的不平衡。2003 年，就地区生产总值来看，最高的广东达 13625. 9 亿元，最低的西藏只有 184. 5 亿元，前者是后者的 73. 9 倍。就同年的地区生产总值指数（上年 = 100）来看，最高的内蒙古为 116. 8，最低的云南为 108. 6，相差 8. 2。① 若论地区工业总产值，排在前五位的广东、江苏、山东、浙江、上海分别为 21513. 5 亿元、18036. 7 亿元、15380 亿元、12864. 2 亿元、10342. 8 亿元；而排在后五位的西藏、青海、海南、宁夏、贵州分别仅有 21. 4 亿元、247. 9 亿元、333. 5 亿元、352. 8 亿元、977. 6 亿元，后五位都在 1000 亿元以下，前五位都在 10000 亿元以上。

其四，南北之间发展的不平衡。在改革开放以前，北方地区领先于南方地区；在改革开放前期，北方地区仍然领先于南方地区，且差距进一步拉大。1990 年代以后，南方地区后来居上，经济迅速崛起，人均 GDP 年均增长速度达到 27. 2%，北方地区经济的领先地位受到动摇，南方地区不仅在增长速度上超过北方地区，而且在人均 GDP 的绝对值上也超过了北方地区，其来势之猛烈，使南北地区间的静态不平衡差距迅速拉大，而且存在着进一步扩大的趋势。

其五，城乡之间发展的不平衡。城乡二元结构被视为造成中国城乡差别的主要因素，城乡差距的实质是城乡居民收入的差距。无疑，在近 30 年中，城乡家

---

① 引自《浅析中国经济发展不平衡带来的影响》：http：//wenku. baidu. com/view/367b79096c85ec3a87c2c54a. html。

庭总收入和人均收入都有了明显的提高：城镇家庭总收入从1981年的1845元提高到2006年的34689.1元，26年间增长了近18倍；农村家庭总收入也从1981年的1227元提高到2006年的14527元，其间增长了近11倍。[①] 同样，2006年城镇家庭人均收入为11759元，是1981年435元的27倍多；农村家庭人均收入为3587元，是1981年223元的16倍多。可见，城乡之间的发展速度和发展程度极不平衡，且差距随着改革的深入而加大（杨菊华，2010）。在改革初期，“家庭联产承包责任制”的推行使城乡人均收入之比由1978年的2.6降低到1984年的1.8。然而，从1985年开始，城市的发展速度超过了农村发展的步伐，城乡发展和家庭财富之间的差距日益明显且呈不断上升的态势：城乡人均收入之比在1994年为2.6，2002年上升到3.4（张晓强，2003）。城乡人均消费之比也由1980年代的2.2上升为1992年的3.0（Pinstrup-Andersen et al.，1991；国家统计局，1994）。21世纪初期，城乡收入差距大约占中国总收入差距的40%（李实，2004）。若将非现金收入和样本误差（Cheng，2002）也考虑在内，则城乡收入差距将进一步扩大。从世界范围来看，中国城乡居民收入比大大高于大多数国家（1.6∶1）的水平。按照国际劳工组织1995年发表的36个国家的相关资料，城乡居民收入比超过2∶1的国家只有3个，中国便是其中之一。从绝对差距看，1978年农民年人均收入与城镇居民年人均收入相差209.8元，之后几乎每年都在扩大，1992年差距突破千元大关，达1242.6元，2000年升至4027.0元，2003年二者差距更是高达5850.0元。

其六，城市之间发展不平衡。一是从全国范围来看，特大城市、大城市、中小型城市之间发展不平衡——如北京、上海、广州、深圳等城市与太原、乌鲁木齐等其他城市之间的差距；二是从同一地区来看，省内的城市之间发展不平衡——如广州和深圳与阳江和湛江之间的差别，苏州和无锡与盐城和泰州之间的差别，等等。

可见，在经济全面快速发展的同时，城乡之间、地区之间的差距日趋显著。

---

① 1981年城镇家庭总收入是根据职工收入平均工资和平均每户就业人口数计算得来，2006年的数据是根据城镇居民人均可支配收入和平均每户家庭人口数计算得来。1981年农村家庭总收入是根据农民平均每人纯收入和平均每户常住人口数计算得来，2006年的数据是根据农村居民人均纯收入和平均每户常住人口数计算得来。数据来源于《中国统计年鉴》（1981）（2007）。

当然，它们之间的差别远远不只表现在收入上，而且表现在其他许多方面，如教育、就业、保障、公共服务，等等。正是这诸多方面的差别，驱动了大量人口从中西部向东部、从农村向城镇、从落后地区向发达地区转移。

古典推拉理论认为，劳动力迁移是由迁入地与迁出地的工资差别引起的。现代推拉理论认为，拉力因素除了更高的收入以外，流入地社会更好的职业、生活条件、受教育机会和社会环境等也是重要因素；相反，流出地不利的生活条件、恶劣的客观环境等构成推力。前者可视为主动因素，后者则视为被动因素。在很大程度上，推力和拉力都取决于主观心理预期及与目标人群的对照，因流入地和流出地之间的差距而定。这种差距不仅指当前的生活水平，而且指对未来的预期、对流入地工作和生活水平的期待。差距越大，人口流动的可能性也就越大。

Lee（1966）在 *Theory of Migration* 一文中，发展并完善了推拉理论，提出在流出地和流入地均既有拉力也有推力，而且在推拉力之间还存在中间障碍因素，如距离远近、物质障碍、语言文化差异以及移民本人对上述因素的价值判断。人口流动是这三个要素综合作用的结果。尽管 Lee 的理论主要用于解释流动人口的迁移决策，但中间要素实际上制约着流动人口在流入地的融入过程和结果。

在某种程度上，中国的情况似乎印证了西方的“推拉理论”，但中国的情况更为特殊，并不能完全用“推拉理论”来解释。一方面，规模庞大的流动人口是伴随着中国改革开放逐渐形成和发展起来的，是在经济社会体制转轨这个特定历史背景下产生的一个特殊人群。在改革开放初期，家庭联产承包责任制的推行大大提高了劳动生产率，使农村地区产生了大量的剩余劳动力；同时，随着城市经济体制改革的推行、对外开放政策的实施和经济社会的发展，城镇地区和沿海地区劳动力短缺，亟须大量的外来劳动力予以补充。剩余与需求构成一股合力，驱动广大农村地区的剩余劳动力不断地走出田间地头，进入城镇或沿海地区，直接参与到工业化、城镇化的建设之中，成为中国现代化建设的生力军，形成波澜壮阔的人口流动大潮。

另一方面，剩余劳动力的存在以及对它的需求并非是驱动人们流动的唯一要素，甚至不是最根本要素。历史形成的以及经济转轨过程中加剧的城乡之间、地区之间经济社会发展的不平衡同时构成人口流动的“推拉力”；此外，在商品经济特别是市场经济的冲击下，限制人们自由流动的手段和方式开始放松。① 粮食统购统销制度于1985年开始废止；1992年底，全国844个县（市）放开了粮食价格，粮食市场形成，统购统销真正退出了历史舞台，粮食真正自由供给，从而促进了人口的流动。而国有企业改革和乡镇企业的发展带给非公有制经济极大空间，为人口自由流动和迁移提供了体制保障。

二　户籍制度的本源性制约

户籍制度是一项基本的国家行政制度，古已有之。现行的城乡二元分割户籍制度产生于计划经济体制中，是以户口登记和管理为基础建立起来的一套社会管理制度，包括人口登记和上报制度、居民户口或身份登记管理制度。但是，户籍并非单一的独立制度，而是与许多其他制度或政策挂钩，是其他制度的母体。该制度曾在人口管理、资源分配、社会安定等方面发挥了重要作用，对中国社会城乡二元结构的形成产生了重要影响，并极大地强化、进一步加剧了城乡差别。

户籍制度将中国公民划分为农业户口和非农业户口，以及本地和外地户口，并在1960年代和1970年代，对异地间户口迁移实行严格的行政控制，限制公民的自由迁徙。随着中国经济社会的转型，户籍制度经历了多次改革，如今，虽然流动人口无法进入流入地“体制内”，但自由流动以及在流入地工作和生活已不再受到限制，政府的户籍管理政策也从严控、管理逐步转向服务。总的来说，过去60年间，中国户籍管理制度的发展变化可大致分为四个阶段。

第一阶段：人口流动相对自由，户籍管理制度开始形成（1949～1957年）。新中国成立后的9年间，中国逐渐废除了旧的户籍制度，确立了新的户口登记制度。当时，人口的空间流动比较自由，政策干涉较少，公民主要根据自身情况选择居住地。不过，由于新中国成立初期，自由流动使得城镇人口迅速增加，粮食供求矛盾加剧，住房、交通、就医、就学，甚至就业问题越来越突出，给刚刚起步的新中国经济社会发展带来了压力。为此，中央于1953～1956年，先后四次发出指示，劝阻农民盲目流入城市，并统一、加强了全国的户籍管理工作和组织

① 比如，在1980年代和1990年代，人们外出需要开介绍信，否则就可能被视为盲流而被收容遣返；直到2003年，该制度才被彻底废除。

机构，确立了城乡有别的户籍制度。但是，户口管理规定未对迁移附加任何限制条件，人口迁移依旧非常活跃。在各个城市，不论是外地城市人还是农村人，迁入人口都能迅速成为迁入地的市民，致使城镇人口数量急速增长。比如，1949～1958年，北京迁入人口总量达227.7万人，超过全市总人口的一半。

第二阶段：户籍严控，人口迁移流动受到制约（1958～1983年）。1958年1月9日，第一届全国人民代表大会常务委员会第九十一次会议审议通过的《中华人民共和国户口登记条例》及相关配套措施，是中国第一个户籍管理法规，标志着户口迁移审批制度和凭证落户制度的正式确立，“自由迁移政策”变为“控制城市人口规模政策”，农村人口前往城镇受到了正式法规的限制，城乡二元分割的鸿沟正式形成，人口迁移流动进入“严冬”时期。此后，中共中央又颁发了多个通知、规定、意见，收紧了中小城镇人口进入大城市务工落户的门槛。更为重要的是，1975年，中国第二部宪法直接取消了公民自由迁徙的条文；1977年11月，《公安部关于处理户口迁移的规定》中明确规定，“严格控制市、镇人口，是党在社会主义历史时期的一项重要政策”（即严格控制“农转非”）。同时，“对自由流动的人口应予劝阻，动员还乡”。

这一时期，除了在户籍管理上的严控，衣、食、住、行、医、学等各方面都出现了与户籍制度相配套的政策约束，人口迁移流动十分困难，户籍制度成为对人口实施管理的重要手段，随着全国城乡严格对立的户籍制度得到进一步强化，农村人口迁往城镇的大门被牢固封堵。除通过考大学、参军等极少机会获得非农身份外，农民的子女一生下来就只能当农民，没有其他的就业途径，没有选择职业的权利，被禁止从事任何非农生产活动，进城务工经商被视为非法。劳动要素的流动受到制约，农村劳动力被强制压缩在农业生产上。行政权力充斥于农村的每一个角落和农业生产的每一个环节，农民没有支配自己生产后剩余时间的权利，只能忍受贫穷。但是，贫穷本身也激发了农村劳动力冲出二元藩篱的动力。费孝通在考察苏南农村时指出，“如此大量的剩余劳动力是一股生活长期压抑下产生出的力量，一旦有某种条件，它会冲出来解放自己”。这个条件就成为后来的农村经济体制改革、市场经济体制构建以及整体社会变革的驱动力之一。

第三阶段：户籍政策开始放松，流动人口管理政策开始出台（1984～2000年）。1978年农村的土地制度改革、1984年后城市市场经济体制改革、对外开放政策等，迫切要求弱化户籍制度的流动抑止功能，保障劳动力通畅流动，这使户籍制度的调整势在必行。1984 年 10 月，国务院发布了《关于农民进入集镇落户问题的通知》，规定在城镇有固定住所、有经营能力或在乡镇企事业单位长期务工、经商、办服务业的农民和家属可以在城镇落户，“农转非”政策发生变化。1990 年代以后，户籍制度对乡—城人口流动的限制进一步弱化；1997 年 6 月，国务院批转公安部《关于小城镇户籍管理制度改革的试点方案》，规定符合某些条件的农村人口可在小城镇办理城镇常住户口；1998 年 8 月，国务院批转公安部《关于当前户籍管理中几个突出问题的意见》，户籍制度进一步放松。越来越多的农村劳动力进城务工，从事本地市民不想干也不愿干，而城市生活又迫切需要的建筑、制造、家政、护理、环卫、餐饮、保安等工作，使得农村富余劳动力有了新的就业途径和机会。

随着大批流动人口进入城市，流动人口管理控制政策在各地相继出台，从控制盲目流动到引导有序流动。比如，1994 年，上海开始推行蓝印户口政策。北京自 1985 年 11 月开始，实行《关于暂住人口户口管理的规定》，对无法落户的农民实行暂住证制度，从法律上正式给予农民进京许可。后来，北京又出台了《北京市外地人员务工管理办法》，要求各单位只聘用有外地来京人员做工证的外地人；由于做工证控制效果不明显，后又实施就业证制度，限制外地来京务工人员的就业岗位和工种。此时，各地对流动人口的服务并非政府的重点；相反，他们被严格地贴上“外来人”的标签，从行业、职业、工资、住房、就医、入学等多方面与本地市民相区分，他们只是在流入地工作的劳动力而已。

第四阶段：户籍制度改革起步，流动人口融合服务工作开始推行（2001 年至今）。过去十余年中，限制人口流动的户籍制度改革提上了日程。2001 年 3 月，国务院批转公安部《关于推进小城镇户籍管理制度改革的意见》，宣布自 2001 年 10 月 1 日起，“县以下放开户口限制”，开始取消对农民进城就业的不合理限制，标志着小城镇户籍制度改革全面推进，逐步实现城乡劳动力市场一体化。此后，中央政府于 2003 年和 2004 年相继出台了《关于做好农民进城务工就业管理和服务工作的通知》和《关于进一步做好改善农民进城就业环境工作的通知》，推进大中城市户籍制度改革，放宽农民进城落户条件。自此，各地区相继出台了户籍制度改革政策，逐步放宽常住户口准入条件。目前，河北、辽宁、江苏、山东、重庆、四川、广西、云南等 13 个省（市、区）取消了“农业户籍”与“非农业户籍”的二元划分，将户籍人口统称为居民户。同时，各地户籍政策对流动人口的态度从严控、管理转为服务、促进融合。

在户籍制度改革的同时，粮油等城市居民生活必需品的价格和供应逐渐放开，为人口自由流动和农民从事非农生产创造了良好的制度环境。此外，随着时间的推移，各地还积极推进劳动就业制度、住房制度、保障制度、教育制度等多方面的配套改革，且已取得了明显的进展和突破，为劳动力跨地区、跨省市流动就业与生活提供了较好的条件。

随着户籍制度和其他制度改革进程的推进，除形成了规模庞大的乡—城流动人口外，也有越来越多的城镇人口离开户籍地，到另一个城市就业，形成了规模日益增长的城市户籍流动人口群体，即城—城流动人口。

户籍制度对流动人口融入的影响具有全方位性和全程性，对此，我们将在第四章“经济融入的理论分析框架与研究假设”一章中详细论述。一方面，它将流入地人口区分为“本地人”和“外来人”；另一方面，它还将流动人口区分为“城—城流动人口”和“乡—城流动人口”。作为乡—城流动人口，户籍类型和地点同时标明了他们农民和外来人的双重身份；作为城—城流动人口，户籍地点也标明了他们的外来人身份。尽管他们与流入地市民具有同样的户籍类型，却是相对于本地市民而言的“外来人”。因此，不管是城—城流动人口还是乡—城流动人口，在劳动就业、社会保障、住房利益等诸多方面都受到户籍制度的束缚。只要他们有融入流入地的意愿，都会面临类似的身份置换问题，尽管制约程度有所不同。因此，虽然户籍制度的改革减弱了对农村人口进入城镇、城镇人口之间流动的刚性限制和歧视，但制度壁垒依旧存在，其影响亦未能得到相应消除；而且，它一直以不同方式、在不同程度上制约着流动人口（特别是乡—城流动人口）的社会融入。由于城市的进入门槛很高，仅有极少数乡—城流动人口最终能成功地融入流入地社会，而他们中的绝大部分依旧只能以农民和外来人的身份在流入地工作和生活，与本地户籍相关联的特权仍然无法企及，不仅身份融合的意愿显得过于奢侈，就连经济融入之梦也难以实现。

三　衍生性制度的直接排斥

户籍制度是为就业、保障等福利分割服务的，它反映出制度设计者看到了中国工业化进程的艰巨性和受益人群的有限性，进而做出了这种制度安排。它与许多其他衍生性制度捆绑在一起，共同构成流动人口社会融入的宏观制度或政策背景。这主要包括劳动就业制度、社会保障制度、城镇住房制度、教育和职业培训制度，等等。这些源于户籍制度或与户籍制度密切相关的要素相互依存、同生同息，多将流动人口排斥在流入地社会之外，联合制约着他们的融入进程与结果。

（一）城乡分割的劳动就业制度与地方保护性政策

中国城乡分割的劳动就业制度、地方保护性政策均衍生于户籍制度。所谓地方保护主义，就是地方政府对地方经济采取的特定性的干预和调节行为，其目标是使地方政府经济利益最大化，其结果看似程度不同地对宏观资源进行了优化配置，但长远来看却会使宏观经济效益受到损害。地方性保护政策一方面与贸易性保护有关，另一方面与商业性保护相关，而劳动要素流通限制（即对劳动力市场的限制保护）属于后者。在计划经济时代，地方保护主义主要体现在思想意识和决策层面；但是，随着政企分开，市场经济不断成熟和发展，地方保护主义也呈现出新的特点，故而在市场经济时期，地方保护主义主要体现在具体的现实行动层面。

毫无疑问，中国最为严重的制度歧视是现存的户籍制度，因为它关系着群体化的利益。流动人口在城市中就业广受不平等待遇，农村户籍之人往往被冠以“农民工”的称谓，城镇户籍之人也被冠以“外来人”的称谓，均被本地城市户籍拒之门外。在不少城市，用人单位或企业招工要求应聘者必须具有本地户口，或规定“本市户口优先”。随着城市失业和下岗现象日趋严重，许多地方政府更倾向于采取以消除外来劳动力就业竞争为目标的政策，排斥和歧视外来人口。有些地方政府甚至违背国家政策，干预本辖区内用人单位的用工自主权利，要求用人单位优先录用本地人；一些国有公司，在招聘外地户籍人口的同时，必须搭招同等数额的本地户籍人口。户籍成为地方保护主义最坚硬的挡箭牌。比如，北京曾明文规定 100 多种工作只能招用本地户籍人口，其出租车行业最初只招收市内城镇户籍人口，后扩展到市内农村户籍人口；即便今天，该行业的户籍限制亦未完全取消，一些较好的职业亦然。作为地方利益受惠者的城镇居民和管理者，默许并一定程度上纵容了具有地方保护性质的、对外来人口实行差异对待的劳动就业等各种制度安排，直接或间接地参与到地方保护行动中。

近些年，随着政府对流动人口就业问题及其权益的关注、立法的健全、媒体的督促，中央和地方都相应出台了有关流动人口就业权益保障的政策法规，明确要求各地区、各有关部门清理和取消针对农民进城务工就业的歧视性规定及不合理限制，严禁拖欠农民工工资，为农民工提供基本社会保险、创造相对公平的就业环境。比如，2006 年颁布的《国务院关于解决农民工问题的若干意见》，对促进农民工就业做了明确规定："逐步实行城乡平等的就业制度。统筹城乡就业，改革城乡分割的就业管理体制，建立城乡统一、平等竞争的劳动力市场，逐步形成市场经济条件下促进农村富余劳动力转移就业的机制，为城乡劳动者提供平等的就业机会和服务。"同样，新修订的《劳动合同法》在保护工人的权益方面，在条文规定上有了很大的进步，将农民工和城镇职工放在同等的劳动主体地位上看待。尽管如此，政令的出台是一回事，落实则是另一回事；到目前为止，流动人口的劳动就业依旧受到诸多因素制约，他们仍然主要在次级劳动力市场就业。从法律条文到措施的落实，还有很大的距离，有很长的路要走。不过，流动人口所受的就业歧视主要出现在体制内机关和企事业单位，在非公有制经济中受到的制约较小——因为非公有制经济以企业的经济效益为优先，而国家机关和国有企事业单位除考虑经济效益外，还要考虑当地的一些因素。正是因为体制内的劳动力市场不对流动人口开放，故他们多只能在次级劳动力市场就业，遭遇到明显的体制歧视。

由于流动人口先赋和后致的因素，他们在城市中的就业还受各种等级劳动力市场的限制。

显然，任何一个国家都有不同等级的劳动力市场，但这些市场都是自发形成的，中国的情况却更为复杂。通过比较美国和英国的劳动力市场，Thurow（1968）、Doeringer and Piore（1971）等人基于先有理论，于 1960 年代末和 1970 年代初，提出了二元劳动力市场分割理论，认为劳动力市场存在主要劳动力市场与次级劳动力市场的分割。主要劳动力市场收入高、工作稳定、工作条件好、培训机会多、有良好的晋升机制，且培训教育能提高劳动者的收入。相反，次级劳动力市场的收入低、工作不稳定、工作条件差、培训机会少、缺乏晋升机制，且教育培训对收入的提高没有太大的作用。这两个劳动力市场之间的流动性较小。

绝大多数乡—城流动人口就业的市场称为"次级劳动力市场"。1980 年代以来，城镇经济社会的快速发展使得劳动力短缺现象日趋严重，对劳动力的需求越来越大；而农村因家庭联产承包责任制的推行和农业技术的进步而产生的大量剩余劳动力很快被吸引到城镇工作，填补了城镇劳动力的不足。相对而言，乡—城流动人口的受教育水平较低，故多就业于工作条件较差、体力劳动繁重的建筑、环卫等行业中，职业期望低。同时，城镇第三产业的发展，以及由此带来的就业渠道的多样性为他们的加入创造了条件，乡—城流动人口在增长迅速的私营、个体等经济中就业，成为这些行业的主力军。此外，在城镇产业升级过程中，一些传统国有产业为提升竞争力，扩大从农村招收劳动力的规模。这些劳动力吃苦耐劳、工资低廉、便于管理，且无须企业承担住房、退休以及婚育、子女入托、上学等众多福利和保障，故在劳动密集型的纺织业、制造业、建筑业、低端服务业中，都有他们的身影。

在过去 30 年中，流动人口为城市第二、第三产业的发展提供了源源不断的低成本劳动力，满足了工业化进程对劳动力的需求。他们使城市在激烈的市场竞争中保持着整体竞争力，同时也为中国发展出口贸易，承接国际劳动密集型产业转移创造了条件。但是，由于普遍在次级劳动力市场就业，流动人口始终处于社会阶梯的最底层。一方面，流入地就业制度的限制，城市发展中大量基础性体力劳动力的结构性缺失，以及流动人口本身人力资本的低下，共同造成了乡—城流动人口主要集中在城镇次级劳动力市场就业的现状。另一方面，虽然作为城乡二元分割体制产物的劳动力市场分割随着户籍制度改革发生了一些变化，城市就业的户籍门槛开始被市场门槛所替代，劳动力市场的制度分割正在转变为按人力资本、市场机会隔离，但由于绝大多数乡—城流动人口在教育程度、非农就业经历等方面存在劣势，新近出现的就业变化未能从根本上消除户籍及其衍生制度的影响。

（二）社会保障制度

中国的社会保障体系与二元的户籍制度是密不可分的。城镇保障体系始建于 1950 年代，主要覆盖对象为国有企业职工、国家机关事业单位职工和参照国有企业办法实行保障的城市集体企业职工；内容主要包括医疗、养老、失业、工伤、生育等保险和社会救济补助。农村地区则推行另外一套制度：在医疗方面，实行合作保障制度；在养老方面，主要是传统的家庭养老和少部分五保户、军烈属的救济补助式养老；在失业方面，农村居民的最后就业保险是“土地保障”。①

① 农村地区居民拥有一块生产资料（土地），故从严格意义上讲，他们不可能成为失业者。

虽然自改革开放以来，城乡分割的保障制度进行了一系列的改革，但直到近几年，二元格局未有根本性改变。1999 年的统计数据显示，城市人口人均社会保障支出约为农村人口人均社会保障支出的 30 倍。[①] 2005 年，二者依然相差 13 倍。[②] 可见，直至 2012 年，中国的社会保障制度依旧存在鲜明的城乡二元差别。

社会保障是一把保护伞，对流动人口亦不例外。有它的庇护，流动人口会倍感安全，更愿意在流入地长期工作，而不是反复地在城市之间游走，在流入地和流出地之间漂泊。对此，政府、社会和党中央都有明确的认识。比如，中国共产党十七届五中全会指出，要“把保障和改善民生作为加快转变发展方式的根本出发点和落脚点”，“逐步建立和完善符合国情、比较完善、覆盖城乡、可持续的基本公共服务体系”。然而，尽管大量流动人口的社会保障问题提上了议事日程，得到社会各界的广泛关注，但情况依旧不尽如人意，2005 年，流动人口的保障水平极低（杨菊华，2011），成为当前公共政策领域的一大难题。

1. 医疗保险

2006 年，《国务院关于解决农民工问题的若干意见》强调，各地可因地制宜，解决农民工的医疗保险问题。自此，该问题被提到了一个十分重要的位置，备受政府、社会及学界的高度重视和广泛关注。到目前为止，中国探索出多种与乡—城流动人口有关的、因地而异的医疗保险制度：城镇职工基本医疗保险、新型农村合作医疗、城镇居民基本医疗保险、农民工保险计划。

同时，各地还结合自身的特点制定了相关的政策，形成了独特的模式。其中，比较有代表性的城市有上海、成都、北京、深圳、武汉和西安。比如，2002 年，上海颁布了《上海市外来从业人员综合保险暂行办法》，用人单位和无单位的外来从业人员按缴费基数 12.5% 的比例缴纳综合保险费。住院医疗费用在起付标准以上的部分，由综合保险基金承担 80.0%，外来从业人员承担 20.0%。住院医疗费用的起付标准为上年度全市职工年平均工资的 10.0%。而享受住院医疗待遇的最高额（即封顶线）则与连续参保的时间有关。其结果是，2007 年

① http：//www.51labour.com/labour-law/show-6426.html，2011 年 4 月 12 日。

② 中国官方并未公布分城乡的财政社会保障支出数据，许多社会保障支出项目也难以区分出其中的城乡比例。目前的相关研究大都使用城乡居民的转移性收入作为城乡社会保障支出的代理变量，故此数据是根据《中国统计年鉴》（2006）中表 10-5 和表 10-18 中的城乡人均转移性收入计算而得。城市为 2650.7 元，农村为 203.8 元。

底，列入市政府实事项目的来沪从业人员综合保险参保人数达到333.6万人，比上年增加54.6万人，参保率超过50.0%。又如，成都分别于2003年、2006年推出了《成都市非城镇户籍从业人员综合社会保险暂行办法》《成都市非城镇户籍从业人员综合社会保险补充规定》，与上海模式相似，其综合社会保险也是由工伤补偿或意外伤害补偿、住院医疗费报销和老年补贴三项待遇组成，只是细节上有所不同：综合保险费的缴费基数根据非城镇户籍从业人员的收入情况被分成八个档次，按缴费基数的20.0%缴纳。其中，有用人单位的由单位承担14.5%，个人承担5.5%；无单位的全部由本人承担。2006年，成都市流动人口超过150万人，农民工参加综合社会保险的人数达33.9万人，比2005年增长44.3%；2007年参保人数达60.6万人，退保人数仅有2.2万人，退保率为8.5%。

但是，不管是上述六城市还是其他流动人口较多的省市，总体而言，农民工的医疗保险政策要么出现断层，要么因碎片化状态严重而缺乏可行性和实效性。比如，部分城市专门针对农民工的医疗保险制度，依照户籍设计与依照身份设计相混合，使得流动人口的医疗服务得不到保障（赵斌、王永才，2009）。即便上述六地尝试将农民工的医疗保障就地纳入城市社保范围，但由于各地政策均不相同，无法满足农民工流动性的需求，社会保险基金区域统筹与农民工跨地区，特别是跨省流动存在着尖锐的矛盾。

2. 养老保险

同样，中国多种养老保险制度并存，分别覆盖不同人群。职工基本养老保险制度覆盖企业、企业化管理的事业单位和民办非企业单位，以及城镇个体劳动者和灵活就业人员；退休保障制度覆盖国家机关、事业单位中正式在编的职工；土地被征用人员社会养老保障制度覆盖依照一定规则被征用土地的人员；农村社会养老保险制度覆盖农村居民。

作为生活在城镇的流动人口，他们的养老保障问题如何解决呢？当前，中国许多地方都建立了各具特色的农民工养老保险制度。从整体来看，可以归纳为以下三种类型：独立型养老保险制度、综合型养老保险制度、融入型养老保险制度（王兰芳、黄亚兰，2010）。北京是独立型养老保险制度的代表。2001年，《北京市农民工养老保险暂行办法》规定，养老保险费用由用人单位和农民工共同缴纳；以本市上一年职工月最低工资标准为基数，用人单位缴纳19.0%，个人缴纳7.0%～8.0%；个人缴费和用人单位缴费的一定比例记入个人账户，最终实现个人账户 11.0% 的比率。农民工达到养老年龄时可一次性领取基本养老金，基本养老金暂按享受一次性养老待遇处理，其待遇由两部分组成：第一部分为个人账户存储额及利息，一次性全额支付给本人；第二部分按其累计缴费年限计发；与用人单位终止、解除劳动关系后，可办理接续、转移手续，也可经本人申请、单位同意，一次性领取保费；终止养老保险关系，今后再次参加本市养老保险的，按新参加人员办理（北京市劳动和社会保障局，2001 年 8 月 27 日）。

上海推行的是综合性社会保险，将养老保险纳入其中。2002 年，《上海市外来从业人员综合保险暂行办法》规定，综合保险含工伤（或者意外伤害）、住院医疗和老年补贴等三项保险待遇；用人单位缴纳保费的基数为其使用外来从业人员的总人数乘以上年度全市职工月平均工资的 60.0%；无单位的外来从业人员缴纳保费的基数，为上年度全市职工月平均工资的 60.0%。用人单位和无单位的从业人员按缴费基数 12.5% 的比例，缴纳综合保险费；其中，外地施工企业的缴费比例为 7.5%（不含老年补贴）；连续缴费满 1 年的，可获得一份老年补贴凭证，其额度为本人实际缴费基数的 5.0%。外来从业人员达到养老年龄可凭凭证一次性兑现补贴（上海市人民政府令第 123 号发布，2002 年 7 月 22 日）。

深圳推行的是融入型养老保险制度。早在 1998 年，《深圳经济特区企业员工社会养老保险条例》就明确规定，农民工养老保险直接纳入城镇养老保险制度内；基本养老保险费缴费比例为员工缴费工资的 18.0%，其中员工按本人缴费工资的 8.0% 缴纳，企业按员工个人缴费工资的 10.0% 缴纳。地方补充养老保险费缴费比例为员工缴费工资的 1.0%，由企业缴纳。养老保险费由企业委托的银行按月代收后，转入市社保机构在银行开设的养老保险基金账户。市社保机构按比例将企业和员工缴纳的基本养老保险费分别计入个人账户和共济基金，员工个人账户为缴费工资的 8.0%，其余部分计入共济基金（深圳市第二届人民代表大会常务委员会，1998 年 10 月 27 日）。

由此可见，流动人口的养老保障问题引起了流入地政府的重视；经济发达省市根据实际情况，尝试着将流动人口纳入当地的养老保障体系之中，并取得了一定成效。但是，不管是医疗保险还是养老保险，现行政策都暴露出一些共同的问题。比如，现有的农民工养老保险政策都是各省（市、区）制定的，门槛较高，社会统筹账户基金的异地转移支付极其困难，无法适应农民工流动性大、稳定性差、收入低的特点（王兰芳、黄亚兰，2010）。又如，在具体内容上，各地的缴费标准、保障水平等也都存在一定的差别，故而从保费低的地区向保费高的地区转移接续更为困难。这些问题都不利于流动人口的社会融入。

3. 其他保险

其他保险制度包括失业保险、工伤保险和生育保险。

（1）失业保险

对所有从业人员而言，失业保险对维持基本的生活水平十分重要，对流动人口更是如此，因为由于劳动力市场特点和农民工自身人力资本水平，他们更容易失业。

为保障失业人员失业期间的基本生活，促进其再就业，中国于 1999 年 1 月 22 日颁布了《失业保险条例》，取代原有的《国有企业职工待业保险规定》，并自发布之日起开始施行。条例规定，城镇企事业单位及职工依照条例规定，缴纳失业保险费；其失业人员依照条例规定，享受失业保险待遇。国务院劳动保障行政部门主管全国的失业保险工作，县级以上地方各级人民政府劳动保障行政部门主管本行政区域内的失业保险工作；劳动保障行政部门按照国务院规定设立的经办失业保险业务的社会保险经办机构具体承办失业保险工作。同时，该条例还规定，省、自治区、直辖市人民政府根据当地实际情况，决定条例的适用情况。

至今，许多省（市、区）都制定了相关的失业保险条例，有的甚至专门制定了与流动人口失业保险有关的政策措施。比如，沈阳市于 2008 年出台了《关于农民工合同制工人参加失业保险等有关问题的通知》，明确规定了用人单位（包括城镇企业事业单位、社会团体、民办非企业单位及有雇工的城镇个体工商户）将招收的民工、合同制工人纳入失业保险参保范畴。安徽省蚌埠市于 2011 年为农村户籍职工与城市户籍职工提供均等化的失业保险制度，失业人员按照省、市有关规定领取保险金，确保失业人员依法按时足额享受各项失业保险待遇。

尽管如此，在绝大多数地区，流动人口的失业保险尚未纳入政府的管理和服务范畴，其参保率依旧很低。他们一旦失业，就只能靠自己过去的积蓄生活，有些甚至不得不借钱或依靠亲朋好友的资助（张永丽、郭天龙，2010）。

（2）工伤保险

工伤保险是一项法定的强制性社会保险。就流动人口的社会保险而言，它是“五险一金”中较早受到重视和有相关法律法规保证的社会保险。中国第一部明确的《工伤保险条例》于 2004 年 1 月 1 日起实施。该条例与此前的《劳动保险条例》和《企业职工工伤保险试行办法》相比，对工伤认定的范围有所放宽，工伤保险覆盖范围也有所扩大，更有利于保护工伤职工的合法权益。更为重要的是，它对农民工参加工伤保险做出了明确规定，《条例》在“附则”中特别强调：与用人单位存在劳动关系（包括事实劳动关系）的各种用工形式、各种用工期限的劳动者都在参保范围之列。

2004年，劳动和社会保障部还专门发出了《关于农民工参加工伤保险有关问题的通知》。2006年，《国务院关于解决农民工问题的若干意见》也明确提出，要优先解决工伤保险和大病医疗保障问题，依法将农民工纳入工伤保险范围，认真贯彻落实《工伤保险条例》，所有用人单位必须及时为农民工办理参加工伤保险手续，并按时足额缴纳工伤保险费。要加快推进农民工较为集中、工伤风险程度较高的建筑行业、煤炭等采掘行业参加工伤保险。

2010年，国家还对《工伤保险条例》进行修订，并于2010年12月20日正式公布，自2011年1月1日起实施。新修订的条例重申了农民工工伤保险的意见，完善了工伤事故预防、职业康复、工伤补偿三位一体的制度体系，更好地保护了广大职工的合法权益，更进一步地拓宽了工伤保险制度的发展空间，给工伤保险制度的完善和发展带来了新的机遇。

针对国家的宏观政策，截至2006年4月，全国22个省（不包括台湾省）、5个自治区和4个直辖市都已经出台了实施相关条例的办法、意见或规定等有关法律文件（唐鸣、陈荣卓，2006），推动了流动人口工伤保险的普及；而且，北京、广东、浙江等地都制定了针对流动人口特别是农民工工伤保险的专门政策和工作细则，强制要求企业为流动人口购买工伤保险。比如，北京市为落实《国务院关于解决农民工问题的若干意见》文件精神，全面贯彻《工伤保险条例》，切实做好建筑业农民工参加工伤保险工作，按照《北京市外地农民工参加工伤保险暂行办法》等有关规定，对北京市建筑业农民工参加工伤保险工作进行了明确规定。

国家和地方政府出台的文件和条例共同构建了当前流动人口工伤保险的政策体系，为他们解除了很大的后顾之忧，使他们的相关权益得到了政策性保障。但是，总体而言，农民工工伤保险“扩面”迟缓，参加工伤保险的人数依旧很少，大部分用人单位和职工均未参加工伤保险。其原因是多方面的，但主要原因还是法律法规不配套，强制性乏力。“一些地方执法疲软，守法尽义务的严肃事项变成了‘婚嫁商亲’模式和‘悉听尊便’行为，乐意就参加，不乐意就不参加”（石飞，2006）。

（3）生育保险

生育保险是指国家针对女性的生理特点，通过社会保险立法，为怀孕和分娩的职业妇女及时提供物质帮助和产假，以保障受保母子的基本生活，保持、恢复或增进生育女职工的身体健康及工作能力的一项社会保险制度（熊小四，2010）。与其他各类险种相比，生育保险因为只涉及女性这个相对弱势的群体，故在各项社会保险中，它是最不受重视的一个险种，不仅国家、企业不够重视，就是妇女本人也不够关注，特别是流动妇女。

1988年，中国开始在部分地区推行生育保险制度改革。“生育保险制度主要覆盖城镇企业职工，部分地区覆盖了国家机关、事业单位、社会团体、企业单位的女职工”（张永丽、郭天龙，2010）；换言之，中国生育保险基本上是一种职工生育保险，“体制内”和“体制外”的差别十分明显。由于流动人口多属于体制外就业，故而企业或个人购买生育保险的比例极低。不仅如此，流动妇女在怀孕期间或分娩之后遭到解雇的现象也非常普遍。

总之，虽然绝大部分城市都高度重视流动人口（主要是农民工）的社会保障问题，并按照国家的法律法规和政策要求，基于各自的特点，致力找到合理的、有效的保障模式，但现有制度依旧存在诸多相互关联的问题：一是针对流动人口的社会保障制度的缺位现象十分突出。二是即便制度存在，落实起来也相当困难，政策的执行力度较低，执行范围较小。三是便携性差，转移支付困难。虽然户籍制度和财政制度对流动人口的社会保障尤为重要，但在当前的制度转型时期，“财政分灶吃饭、基金独立核算”（郑秉文，2008），地方财政分割、工作地与户籍地的分离等，阻碍了社会保障的转移支付，使得流动人口难以公平合理地获得社会保障的机会。四是城乡归属不明。历史沿袭下来的城乡分割的社会保障制度设计使农村流动人口的社会保障归属不明——似乎既可归为城镇社会保障，又可归为农村社会保障（茹克娅等，2008；刘传江、程建林，2008）。五是由于没有全国统一的制度安排和指导原则，社会保障制度呈现出地区分割、城乡分割、人群分割的特点，且农民工的保障制度与现行其他保障制度衔接困难，这些都影响到流动人口社会保障资源的获得（肖严华，2007），再加上流动性较强，故流动人口的总体保障水平依旧低下。

（三）城镇住房制度

住房在中国乡土社会有着特殊重要的意义，一向被视为“安身立命之所”。有了住房也就意味着扎下了根，租房一直以来被视为是一种迫不得已的选择。因此，住房在流动人口进入流入地之后的社会融入过程中发挥着举足轻重的作用。

近十多年，为了保障城市弱势群体的住房权益，兼顾社会公平（贺小燕，2010），国家和地方政府已经建立起以住房公积金制度、经济适用房制度、公共租赁房制度、廉租房制度为主要内容的住房保障体系。该体系对不同收入家庭实行不同的住房供应政策，对支持城镇中低收入居民解决住房问题起到了重要作用。其中，住房公积金制度是一种强制性的住房储蓄制度，实行专户存储，专项用于职工购买、建造、维修自住住房，具有义务性、互助性和保障性的特点。2007 年，国家建设部提出，应使住房公积金制度的覆盖范围扩大到包括在城市有固定工作的农民工在内的城镇各类就业群体。经济适用住房由政府提供，限定建设标准、供应对象和销售价格，是具有局部保障性质的政策性优惠商品房。公共租赁房由政府或公共机构，用低于市场价或承租者可承受价格，出租给新就业职工，包括新的大学毕业生及从外地迁移到城市工作的群体。廉租房是政府向城镇最低收入居民家庭提供的基本保障性住房，具有完全的政府保障性质。这些措施构成一个住房保障体系或网络，有效地改善了部分城市居民的住房状况。

近几年，中国政府对农民工的住房问题更为关注，并先后出台了诸多措施，以改进该群体的居住问题（张志胜，2011）：（1）2005 年 3 月，建设部《2005 年工作要点》表示，将解决进城务工农民工住房问题列入该年工作重点。（2）2006 年 3 月，《国务院关于解决农民工问题的若干意见》要求各地将农民工住房问题纳入城市住宅建设发展规划。有条件的地方，用人单位和农民工个人可缴存住房公积金。2007 年 8 月，国务院颁发了《关于解决城市低收入家庭住房困难的若干意见》，提出要多渠道改善农民工居住条件。（3）2008 年 1 月，建设部等五部委联合发布《关于改善农民工居住条件的指导意见》，要求将农民工住房问题纳入城市规划。（4）2009 年 12 月，中共中央、国务院《关于加大统筹城乡发展力度　进一步夯实农业农村发展基础的若干意见》，要求多渠道多形式改善农民工居住条件，鼓励将农民工逐步纳入城镇住房保障体系。（5）2010 年 6 月，住建部等六部委颁布《关于做好住房保障规划编制工作的通知》，要求加快建设公共租赁住房、限价商品住房，着力解决新就业职工、进城务工人员等收入偏低家庭的住房困难问题。

各地政府根据中央政策精神、结合当地的实际情况制定了相应的措施，形成了解决农民工住房问题的五种典型模式：上海模式、长沙模式、重庆模式、苏南模式和湖州模式（张志胜，2011）。比如，上海模式将园区内企业为员工建房的土地统一起来，集中建造公寓式集体宿舍，基本生活设施配备齐全、管理完善；单间入住限八人，费用主要由企业支付。这样既节约了土地，减轻了企业负担，也提高了农民工的生活质量和安全保障。又如，以苏州、无锡为代表的苏南模式充分利用政府、企业和社会的力量，多途径解决农民工住房问题；配有休闲娱乐场所，管理比较完善，有的还设有维权会、法律援助服务站，受到农民工、企业和当地居民等多方面的欢迎。

在解决流动人口住房问题的工作模式上，各地主要采取两种策略：一是狠抓流动人口房源的落实；二是将住房服务与其他服务管理措施结合起来，推行“双集中”管理模式（国家人口和计划生育委员会流动人口服务管理司，2010）。

然而，虽然各地政府采取了一些有效措施，但汇集于大都市、分布于不同行业的大量农民工的住房问题依然相当突出，现有住房保障体系未能有效地惠及绝大多数流动人口。究其原因，一是现有体系多是引导居民购买房屋、保障居民如何拥有住房产权（或所有权），而不是保障基本的居住权，这在一定程度上偏离了社会保障制度的基本初衷（吴海瑾，2009）；二是只关注流入地市民，忽视了为收入水平低下的流动人口提供廉价房屋租赁以保证其居住条件。这些问题使得城市住房保障体系出现覆盖真空，没有本地户籍的流动人口则是该真空层的主体。

（四）教育制度和职业培训制度

由于户籍制度的影响，城乡教育机会极不均等，农村人口的受教育水平大大低于城镇人口。无疑，中国义务教育普及力度的加大和对农村教育投入的增加，在一定程度上提高了青年乡—城流动人口的受教育程度，但他们大多也只是完成九年义务教育，故与同龄的、多接受到12年或更高教育的本地市民和城—城流动人口相比，仍处于教育相对被剥夺的地位，年长的乡—城流动人口更是如此。受教育程度的低下和非农劳动经验的缺乏，使得他们在城市的劳动力市场上不具备任何人力资本优势，竞争能力很弱，从而严重地限制了他们的择业余地，多只能集中在次级劳动力市场，难免从一开始就输在起跑线上。由此带来一个恶性循环，乡—城流动人口的择业能力越低，就业渠道越窄，工资收入就越低，故而难以满足正常的城镇生活所需，也难以依靠自己参加职业技能培训或投资子女教育。因此，流入地仅仅成为大部分流动人口暂时的拼搏之地，无法成为其安家立足的长期生活之地。

当然，流动人口正规的受教育水平在流动之前就已经决定了。对于在流入地的社会融入而言，他们的受教育水平可以看作个人先赋因素。进入流入地后，职业培训制度也会直接或间接地关涉到经济融入水平。由于农村劳动力的正规受教育年限较短、整体文化素质不高，缺乏必要的劳动技能，难以在城镇实现稳定就业。这就要求对乡—城流动人口进行技能培训，尽快提升他们的职业技能，提高他们的劳动生产能力，促进其经济融入。

世界银行研究结果显示，劳动者受教育的时间每增加一年，一个国家的GDP就会增加9.0%。在乡—城流动人口已成为中国产业工人的主体之时，无论是从他们自身素质的提高还是从国民经济发展的角度来看，加强对他们的教育培训都十分重要（卢建中、谢沅芹，2009）。为此，各级各类教育培训机构和用工单位开展了形式多样的培训活动；同时，国家十分重视对乡—城流动人口的职业技能培训，并从2003年开始，国务院相关部委相继推出一系列农民工技能培训政策。从时间顺序来看，2003年9月，国务院办公厅下发了由农业部、劳动和社会保障部、教育部、科技部、建设部和财政部共同制定的《2003～2010年全国农民工培训规划》。规划要求各地区、各有关部门要充分认识开展农民工培训的重要意义，从贯彻落实“三个代表”重要思想和全面建设小康社会的高度，从国民经济协调发展和社会稳定的大局出发，统筹规划，分工协作，切实做好这项工作；规划对培训工作做出了具体部署，明确了农村劳动力转移培训工作的目标任务。2004年，农业部、财政部、劳动和社会保障部、教育部、科技部和建设部共同组织实施了“农村劳动力转移培训阳光工程”（以下简称“阳光工程”）。阳光工程是由政府公共财政支持，主要在粮食主产区、劳动力主要输出地区、贫困地区和革命老区开展的农村劳动力转移到非农领域就业前的职业技能培训示范项目，旨在提高农村劳动力素质和就业技能，促进农村劳动力向非农产业和城镇转移，实现稳定就业和增加农民收入。2006年4月，劳动和社会保障部和国家开发银行联合下发了《关于实施农民工培训示范基地建设工程的通知》，共同组织实施“农民工培训示范基地建设工程”，通过重点扶持技工学校和公共实训基地，扩大农民工培训规模，使之成为培养技术工人的主阵地。其目的在于提高产业工人特别是农民工的整体素质，解决国民经济发展中技术工人严重短缺这一社会发展瓶颈问题，增强国民经济发展后劲和国际竞争力。2010 年，团中央还出台了进城务工优秀青年培训计划，计划从 2010 年开始，选择对进城务工青年需求量较大的行业，用两年时间分期分批对 20 万进城务工青年实施与用工岗位相衔接的技能培训。

尽管如此，实际情况依然不尽如人意，培训的“扩面”迟缓，针对性、实用性不强。这主要是因为，农民工职业培训存在诸多困难：资金紧缺、培训意识不强、培训流于形式、培训的层次低、内容缺乏实效性和针对性、管理不到位、培训体系不完善、就业培训市场不健全等（张国英、汪阔朋，2009；陈浩、杨晓军，2008）。这就在很大程度上限制了流动人口自身的发展，使他们的职业技能难以得到有效提升，故而也会阻碍他们经济融入的进程。

总之，长期以来，城市户籍对于城市市民的意义不仅仅是人口登记。户口成为在城市生活中各项权利的附着体，参加社会保险、子女入学、就业培训、购买住房等生活工作的方方面面都与户籍相关；没有市民户籍身份就意味着就业机会较少或就业质量较差、劳动报酬较低、社会保险参保率较低、子女接受优质公立教育困难、无法参与城市保障性住房的购买与租赁，等等。可见，户籍制度及其衍生体制构成一种刚性的行政干涉。从本质上看，劳动就业制度、社会保障制度和住房购房制度都是建立在严格户籍制度之上的制度安排；户籍制度还衍生出地方保护政策和行为。虽然流动人口进入流入地生活已不需要经过制度许可，但他们却难以得到应有的经济许可和流入地市民的认可（王春光，2004）。一方面，他们中的大多数人仍只是趁年轻力壮在城镇中出卖劳动力，赚取生活的资本，维持简单生活（代振华、周杏梅，2010）；另一方面，他们被排斥在市民群体之外，与城市市民之间被制度的鸿沟隔开，城市资源无法覆盖他们的工作生活和子女教育等方面，身份认同较差，成为农村与城市之间的第三群体。在到达一定年龄后，他们中的绝大多数都会退出城镇劳动力市场，回到户籍所在地务农、养老（孟宪范，2010）。

四 薄弱且不健全的城镇化基础

城镇化是指农村人口向城镇人口转变，第二、第三产业不断向城镇聚集，从而使城镇数量增加、城镇规模扩大的一个历史过程，也是一个国家或地区工业化进程中必然经历的历史阶段。城镇化涵盖数量过程和质量内核两个维度，二者是城镇化进程中不可分割的两个方面。只有数量的增长而没有质量的提升，即进入城市或被划入城市的人口没有吸纳城市文明，不能算真正的城市化；反过来，只有质量提升而没有数量增长，即已接受城市文明之人仍被当作农村人口对待，也会影响城镇化的顺利实现（仲小敏，2000）。目前，中国政府普遍关注的是城镇化的数量，即城镇化率的高低（一个地区城镇常住人口占该地区总人口的比例），较少关注城镇化的质量。

在过去二三十年，尤其是近十余年中，中国的城镇化在数量上快速增长，但质量不高。尽管2011年，全国城镇人口首次超过50.0%，但中央农村工作领导小组办公室主任陈锡文表示，中国的城镇化率存在“虚高”现象，其主要原因在于城镇化发展不健全、质量较低。中国社会科学院发布的城市蓝皮书《中国城市发展报告（2010）》也认为，中国当前的城镇化呈现出典型的不完全城镇化特征，城镇化率在统计上至少高估10.0%；同时，城镇化率的上升速度与质量严重不协调，“是缺乏质量、不协调、不和谐的城镇化”，或者称之为半城镇化（王春光，2005）。

城镇化发展的不健全可以从多方面来考察。前面提到的户籍制度、社会保障制度、城镇住房制度、外来人口教育培训制度等诸多方面的障碍都与此密切相关。此外，土地制度不完善、城市发展不均衡、城市就业扩张力度不足等都体现了中国城镇化发展的不充分性，而这一特点反过来直接或间接地影响流动人口的经济融入水平。

（一）土地制度不完善

前面的描述表明，中国当前许多社会制度和劳动力市场都因户籍体制的掣肘而比较僵化。僵化的社会制度还包括缺乏灵活性的农村土地承包制度。这主要表现在三个方面：其一，由于土地承包制的着眼点是维护农村稳定，目前农村实行的土地承包制的承包期限较长，缺乏流动性和经营权转让市场，致使农民缺乏退出土地和农业的市场机制，这不仅是农村剩余劳动力难以实现彻底转移的重要原因（莫艳清，2009），而且也给乡—城流动人口留下了牵绊和退路，制约着他们融入流入地的意愿，直接影响到他们的留城意愿（黄乾，2008；段志刚、熊萍，2010）。

中国农村土地制度的要害是，“不让农民有失去土地的权力”。但是，关于土地制度与流动人口社会融入的关系，存在两种不同的声音：以周其仁、陈志武、杨小凯、厉以宁等为代表的一派认为，土地私有化或给农民自由转让权，让他们可把土地和房屋变卖（至少应可抵押），作为进城资本；而以陈锡文、温铁军、贺雪峰为代表的另一派则认为，土地私有化或可自由买卖将导致大规模的真正的无产阶级，有实力进城落户的人不可能卖地，进不了城的人也不可能卖地，只有处于中间的想进城做小本生意的人可能卖地卖房，但正是这种人风险最大，由于城市的排斥无法落户，农村又回不去，最终导致出现大规模贫民窟（贺雪峰，2010）。孰是孰非，尚无定论。中国人民大学一项长期跟踪调研结果表明，在没有外力介入的情况下，农村的土地流转运转良好，举家外出者的土地由亲友耕种，土地流动性相当高，而不是缺乏流动性，也不是制约流动的主要因素。相反，很多研究指出：恰恰是中国特殊的土地制度导致了更大规模的流动，理由有三：一是在土地保障家庭基本温饱的情况下，外出往往是为了追求现金收入最大化，这样即使外出收入很低，也会有大量人愿意外出。试想如果外出者没有土地，在城市需要养活妻儿老小，他们需要的工资就不可能这么低，从而就不可能支撑中国的低工资和高国际竞争力。二是如东莞这种地方，恰恰是当地农民出租在自己的土地上盖的大规模临时建筑压低了租金，进一步降低了中国的工资成本。农民工租住的房屋多为务工地村民自建房或临建房，如东莞 2009 年登记在册的出租屋有 195 万间，其中城镇正规商品房仅占出租面积的 0.2%（张杰、禤文昊，2011）。三是按照农业产出的 10～30 倍征地，用于城市基础设施建设、发展商品房或者工业用地，特别是通过补贴工业用地成本，使制造业的土地成本极低。这些都是中国模式和中国竞争力的核心。许多国家，如印度等，尽管劳动力成本比中国还低，但因土地私有，地租过高，导致综合成本比中国高（陈传波，2012 年个人交流）。

其二，由于进入城镇的乡—城流动人口不能有效地享受到包括社会保障、住房保障、子女就学在内的市民化待遇，故他们在城镇务工的同时，不愿放弃在农村的土地权利以及附着在农村土地上的各种相应的社会保障。这样就产生了诸多矛盾：城镇化进程意味着，随着城镇经济社会的发展，城镇人口增加，城镇土地扩张，但由于乡—城流动人口不愿放弃土地，城镇地域扩张受阻，在一定程度上限制了城镇化的发展。

其三，城镇政府尚未建立起规范统一的土地市场和完善的土地储备制度。其后果是，一方面，城镇土地利用中出现土地资源浪费现象；而另一方面，土地短缺不能得到及时补充，限制了城镇的发展。作为城镇土地扩张的一种形式，农村的集体土地被城镇政府收购转为国有土地后，虽然大量失地农民一夜之间成为市民，但是他们的长期生活问题没有得到妥善解决，再加上良好的利益分配机制和促进失地农民再就业的制度尚未形成，这部分人无法有效地参与到城镇劳动力市场中。而城镇政府却要担负起这部分不能充分就业的“新市民”的社会保障等负担，加剧了城镇化发展的压力，也更加限制了乡—城流动人口在流入地的融合进程或者市民权利的获得。

（二）城市发展不均衡

改革开放以来，虽然中国的城镇化得到快速发展，但由于历史原因、地理因素和资源配置不公等多种因素的影响，中国各地的城镇化进程和发展水平极不均衡，城市规模结构和城市体系格局极不科学合理。从全国来看，1978～2007年，和20万人以下的小城市、20万～50万人口的中等城市、50万～100万人口的大城市相比，100万人以上的特大城市从13个增加到58个，增长了3.4倍多，城市人口从2988.3万增加到了14830.1万，增长了3.9倍多，是增长最快的一类城市（中国城市发展报告编委会，2009）。而在2007年全国GDP排名前100位的城市中，百强城市仅占全国2.6%的土地面积，却承载着全国17.6%的人口，同时贡献了全国GDP的一半以上，达52.5%，消耗了53.1%的总能耗。可见，百强城市是全国综合实力的重要承载（牛文元，2010）。

随着中心大城市经济总量的扩大和产业结构的优化升级，其辐射作用逐步显现，与之相邻的一批中小城市也随之发展起来。这种以大城市发展为依托的城镇群因其自身的工业化和城市化水平较高，在一定的地域范围可以优先聚集到人才、技术和资源，容易实现该地区的规模效应和积聚效应，并进而带来劳动力人口的聚集和再分布（中国城市发展报告编委会，2009）。但是，它带来的另一个后果是地区之间城镇化的发展极不均衡。

一方面，中国东部沿海城市经济迅猛发展，各种新兴经济体吸引了大量来自附近农村以及中西部农村的流动人口，较大地推动了这一地区大中小城镇的城镇化速度。目前，多数流动人口聚集在以沪宁杭为依托的长江三角洲城市群、以广州和深圳为依托的珠江三角洲城市群、以北京和天津为依托的京津冀城市群。城镇人口持续膨胀：比如，1982～2005 年，上海、江苏、浙江的流动人口比例总和从 11.3% 上升到 20.6%，广东省流动人口占全国的比重从 5.2% 上升到了 22.4%（段成荣、杨舸等，2008）。2008 年，三大经济地带的土地面积仅占全国国土面积的 1.3%，但其城镇人口却占全国城镇人口总量的 20.0%，GDP 占全国的 28.0%（中国城市发展报告编委会，2009）。在城市分割的二元劳动力市场中，与这些城市群的户籍人口、专业技术人才、教育程度较高者相比，普通的流动人口，特别是乡—城流动人口在这些经济发达的大城市中，就业竞争力更弱，主要就业于次级劳动力市场，故其相对经济社会地位更低。

另一方面，其他地区（尤其是中西部地区）城镇化发展不充分、不完全，工业化水平不高，就业机会较少，工资收入较低，城市基础设施较差，对流动人口缺乏有效吸引力，不仅难以吸纳更多的跨省劳动力，就连当地及其周边地区的劳动年龄人口也在推力和拉力、成本和效益的比较中选择外出。这些不利因素既是经济不够发达的中西部地区城镇拉力不够的结果，也是其原因。

东部沿海地区与中西部地区城镇发展不均衡的差异从流动人口的流入地和流出地的对比可见一斑：东部地区是流动人口的接纳地，而中西部地区则是流动人口的输出地。从流出地的省份来看，四川、安徽、湖南、江西、河南、湖北等六省的流出农民工占全国跨省流动人群的 59.3%，其中，四川 693 万人、安徽 432 万人、湖南 432 万人、江西 356.3 万人、河南 305.4 万人、湖北 280 万人（国家统计局人口社科司，2002）。从流入地省份来看，广东、浙江、上海、江苏、北京、福建等六省市的农民工人数占全国跨省流动农民工的 68.5%，其中，流入广东的农民工占 35.5%，浙江的占 8.7%，上海的占 7.4%，江苏的占 6.0%，北京的占 5.8%，福建的占 5.1%（牛凤瑞、潘家华、刘治彦，2009）。显然，在城镇化不充分地区，就业的外来劳动力以省内短距离流动的乡—城流动人口为主。这些地区因缺乏人才、技术、资金的聚集，经济发展受到影响，这又在一定程度上导致了这些城镇的就业总量扩张不足、工资水平较低、权益保障较差；不过，近几年，随着一些制造业或其他行业工厂的内迁，这个情形有所变化。

（三）城市就业扩张力度不足

城市各经济部门创造的就业机会是农村劳动力向城市转移的前提。然而，中国目前的城镇化速度存在数量和质量的严重不协调，过于注重外延式的城镇化导致了中国城市大而不强，“软实力”相对不足（中国新闻网，2010－7－29）。城市的就业总量扩张不能够满足就业需求，从而造成了城镇化进程中的就业压力和矛盾，制约了流动人口在流入地的稳定就业和较高收入的获得。

1. 城市就业总量扩张不能满足大量流动人口的就业需求

目前，中国劳动力不是总量不足，而是总量过剩与结构性短缺并存（张车伟，2008）。

从所有制结构、产业结构、每千人口拥有的企业，特别是能吸收劳动力就业的小企业数量来看，劳动力过剩的局面仍将继续，中国的“刘易斯拐点”大概要2020年以后才会到来（周天勇，2010）。柳森（2010）、叶裕民（2006）也认为，中国城镇劳动力市场的劳动力相对过剩、供大于求的状况还将持续10～15年。2011年人力资源和社会保障部部长尹蔚民在全国就业工作座谈会上透露，今后五年城镇劳动力供求缺口每年将达到1300多万，比“十一五”期间压力更大。可见，中国劳动力不是总量不足，而是总量过剩；城市的劳动力供大于求的矛盾较大，就业总量扩张还未能满足大量流动人口的就业需求。《2005年中国就业报告》显示：“城镇每年需要安排就业的人数多达2400万人，按经济增长速度保持在7.0%左右，在现有经济结构状况下，每年能够安排的只有1000多万人，年度供大于求的缺口在1400万人左右”（游钧，2005）。2006年全年城镇需要安排就业总量约2500万人，城镇可新增就业人员约1100万人，劳动力供大于求1400万人（新华网，2006－2－14）。同时，中国经济模式仍以劳动密集型行业为优势，低廉的劳动力价格仍是中国在国际市场上最具竞争力的增长点。丰富的劳动力资源使得一般性劳动力就业竞争较激烈，劳动力价格难以提高，基础行业（如建筑业、制造业和服务业）尤其如此；同时，这些行业就业环境的改善也依赖于中国经济转型发展的速度，不会在短期内迅速转向更利于城镇化和城镇流动人口经济融入的方向。

虽然官方认为目前中国劳动力还处于供过于求的状态，但是有学者认为，中国劳动力无限供给的时代已结束（蔡昉，2008）。2002～2010年，中国的劳动力供求发生了变化，劳动力供给的年平均增长率远远小于需求的年平均增长率，这种变化改变了中国资源禀赋长期存在的劳动力无限供给的特征，它的根本性影响则在于，以资本和劳动投入驱动的经济增长模式不再能够保持中国制造业的竞争力（蔡昉，2012）。

中国的劳动力总体存在供过于求的同时，也存在结构性短缺问题，包括地区性短缺、技术性短缺和低工资高强度劳动力短缺（张车伟，2008；赵春燕，2010；刘洪银，2012）。所谓地区性短缺，是指某些地区城镇劳动力不足，而另一些城镇劳动力过剩；这将从总体上降低劳动力价格，使他们在就业市场上处于劣势地位，其相应的工资待遇、社会保险等状况较差，在社会中相对经济地位较低。所谓技术性劳动力短缺，是城乡差别的另一种表现形式，即城镇市民的教育程度普遍较高，就读职业技术培训学校进修专业技工人数趋少，而高等院校毕业的城镇市民不愿成为技术工人；相反，农村人口受教育程度普遍较低，绝大多数外出务工的乡—城流动人口在初中毕业后直接进入就业市场，其间没有接受任何形式的职业技能培训，故而难以承担技术性工作，造成“高不成，低不就”式的技术性结构短缺。所谓低工资高强度劳动力的短缺，是指随着流动人口在城市中的作用和贡献得到认可，城市建设对乡—城流动人口产生依赖，即“民工荒”。这种短缺显示出目前乡—城流动人口用工制度的不健全与不平等，由于工作待遇与工作付出的严重不相称，大量乡—城流动人口处于观望阶段，在城市和乡村之间徘徊。

2. 城镇企业软实力不足导致“民工荒”

中国城市化的不健全、企业生存环境的不佳等多种因素使许多企业的“软实力”不足，因未能给员工提供合理的工资待遇和工作环境，部分企业难以招聘所需数量的工人，出现所谓的“民工荒”。“民工荒”最初在珠三角出现，之后逐渐向内地扩展。劳动力供过于求与“民工荒”并存，看似矛盾，实际上是中国现阶段劳动力市场上劳资关系失调以及农民工问题积累的必然结果（穆光宗，2008）。

一方面，由于有效需求不足，企业无法根据市场同类劳动力供给与需求状况来支付流动人口工资；另一方面，虽然对于技术性相对较强的劳动应给予相应的工资，但有些企业无视市场供求关系，坚持以低于市场标准的工资招收农民工。比如，2010 年两会期间，广东省委书记汪洋提到，因为中小型企业的工资待遇不高和福利保障制度不完善，工人在选择就业岗位时，倾向于福利待遇比较好的大企业（搜狐网，2010－03－06）。不合理的工资工酬制度使得农民工工资收入与农村居民收入差距减小。比如，1990 年，中国农民人年均纯收入为 686.3 元，以平均每个劳动力负担 1.5 人（含本人）计算，相当于月工资收入 85.8 元。当时珠三角农民工的平均月工资约为 450 元，相当于农民月平均收入的 5.2 倍，故 400～500 元的月工资对农民工很有吸引力。2004 年，中国农民人年均纯收入为 2936 元，折合成月收入为 367 元。当时，若农民工的月工资为 700 元，则仅相当于农民平均收入的 1.9 倍（叶裕民，2006）。2011 年，中国社会科学院的《社会蓝皮书》显示，农村居民人均现金收入达 4869 元，但乡—城流动人口的这一收入为 17004 元，仅为农村居民收入的 3.5 倍，低于 1990 年的相对差距。

可见，在家务农和外出就业之间的收入差距在缩小。与此同时，城镇生活的成本不断提高，增加了流动人口在城镇工作生活的负担。随着中国经济通货膨胀的加剧，房屋租赁、日常生活支出、往返家乡的交通费用等都在大幅度上涨，而工资上涨幅度远滞后于物价上涨水平，在城市中务工的成本接近甚至超过工资收入；在次级劳动力市场就业的流动人口，更是长期处于收入的最低水平线。这些都会降低他们在城镇工作的可能性和积极性；纵使他们有融入城市生活的愿望，也会被残酷的现实所吞噬。

3. 城市生活容量不足制约流动人口社会融入的实现

科学合理的城镇化进程是，一方面要逐步完善社会保障体系，另一方面要建立与工业化、城镇化发展相适应的基础设施体系。城市是各种发展要素的聚集地，其吸纳及承载能力不断扩大发展。城市承载能力的提高，主要依赖于城市基础设施建设的推进、城市公共资源的开发。换言之，它必须能为包括流动人口在内的城市常住人口提供相应的城市公共资源：各种生活能源、交通、教育、医疗资源，等等。

然而，中国目前城镇基础设施建设滞后，结构不合理，城乡资源整合不充分，导致城市的一些基本功能难以正常发挥，严重制约了流动人口社会融入的进程。北京是中国城市基础设施水平较高的城市之一，但即便如此，其基础设施水平、公共设施的开发利用、基础能源储备与发达国家的大城市相比，差距很大。规模庞大的外来人口无疑又增加了对各项基本生活能源和公共基础设施的需求，加剧了城市社会公共资源的紧张、公共物品总量的短缺。比如，近十年来，北京市水资源总供给量年均递减0.4%；公共交通也遇到很大压力，平均每千人拥有公共汽车1.0辆（王竹林，2010）。公共资源供给与需求之间的矛盾，驱使流入地户籍人口基于自身权益的考虑，对外来流动人口产生排斥情绪，视其为社会资源的竞争者，从而拉大了流动人口与本地市民的社会距离，阻碍了其在城市的社会融入。

总之，由于中国城镇化发展尚不充分，城镇能为人力资本积累薄弱的乡—城流动人口提供的就业岗位也多是一些体力劳动和基础性服务工作，他们付出的劳动只能获得较低的收入。同时，城镇的承载力和经济社会发展水平亦有诸多局限，就业、医疗、教育、社会保障等公共资源或公共产品本已相对紧张，城镇市民作为这一特权的享有者和管理者，也不希望与外来人口分享。因此，在乡—城流动人口无法在短期内拥有较高人力资本水平、进入高端就业领域，而流入地公共资源在短期内也难以大幅度扩展的情况下，流动人口在流入地的融入障碍难以随着不彻底的户籍制度改革而一并消除。

4. 半城镇化使得流动人口的身份不尴不尬

劳动力从乡村向城镇的转移是伴随工业化与城镇化发展过程而出现的必然现象，农民工是我国农村劳动力转移在特定历史背景下伴随工业化、城市化和市场化推进而出现的。由于多种资源的缺位和错位，农民工和城市流动人口表现出了不同于其他国家流动人口的特征和状态，他们退出农业难，进入非农产业取得稳定的工作进程缓慢，融入城市状况差，这些特点决定了我国城镇化是一种半城镇化（semi-urbanization）（辜胜阻等，2006）。所谓“半城镇化”是指“农村人口虽然进了城市但并没有完全成为城市居民（市民）的现象”（王春光，2005），它是农村人口向城市人口转化过程中的一种不完整状态，表现为农民已经离开乡村到城市就业与生活，但在劳动报酬、子女教育、社会保障、住房等许多方面并不能与城市居民享有同等待遇，在城市没有选举权和被选举权等政治权利，不能真正融入城市社会。因此，他们又被称为“灰色人口”（中国发展研究基金会，2010）。

改革开放以来，中国的城市化以前所未有的速度和规模快速推进。一方面，大量农村剩余劳动力以“民工潮”的形式进城打工，他们进入城镇有两种模式：第一种模式是农民工通过改变自我去适应城市生活；第二种模式是农村人在城市中重建乡村社会的生活环境和文化模式（吴振华，2005）。第二种模式下，农民工只是初步完成了劳动力的城市化，而非人的城市化。另一方面，城市发展亟须大量建设用地，从而造成了土地的城市化。由于城乡系统之间的不衔接、社会生活和行动层面的不融合以及在社会认同上的疏离化，无论是劳动力城市化，还是土地城市化，均非完整意义上的城市化，由此带来许多问题，也面临诸多挑战；这种被学界称为“半城镇化”的现象不容忽视。城市化的完整含义应该是，农业人口转为非农人口，以让进城就业的农民在城市定居，并享有城市居民享有的一切权利，不应该是身份上属于农民、职业上属于工人，也不应该是地域上属于城镇、职业上还是农民，更不应该是大规模、长期化、一代接一代地流动就业。

我国当前的“半城镇化”突出地表现为农民工既不能完全从农村和农业中退出，也不能完全地融入城市，身份得不到确认（辜胜阻等，2006）。他们的职业是工人，但身份是农民；他们活在城市，但死要回到农村。它的产生主要由于农村的“拉力”和城市的“推力”（辜胜阻等，2006），“拉力”主要是指农村的土地保障，“推力”主要是城市的各种障碍性因素，比如户籍制度以及附着于户籍之上的一系列社会福利和公共服务。有了这两种力量的作用，农民工很容易在城市不如意的情况下，退而求其次，回归家乡，融入城市社会的期望似过奢侈，甚至不是多数乡—城流动人口敢想之事。

半城镇化还表现在城市生活对流动人口的排斥方面。比如，北京市等许多大城市对外来人口在购房、购车等方面出台了明确的限购令或附加条件，这在很大程度上限制了外来人口在本地的生存和发展。其楼市调控政策要求，已拥有 2 套及以上住房的本市户籍居民家庭、不能提供在北京累计 5 年以上纳税证明和拥有 1 套或以上住房的外地人，都将不被允许购房。在被限购的外地人中，一批是无社保和无累计 5 年纳税证明的中低收入者，一批是企业纳税的股东，还有一批是给北京带来财富和消费税的非工资性收入者，他们缴纳的虽不是个人所得税，但对城市建设同样有贡献。可见，北京的限购令扰乱了城市化进程，会阻碍城市经济的正常发展，也会干扰流动人口的融入过程。

本章小结

本章简要地描述了流动人口经济融入的宏观背景。在过去30年中，中国经历了深刻的经济转轨、社会转型、人口转变。这些变化与人口流动互依互动、互为因果：经济转轨既是人口流动的后果，也是人口流动的动力。城乡经济体制改革为人口的自由流动提供了可能性、必要性和前提条件：一方面，因改革而生的规模庞大的农村剩余劳动力亟待寻找出路和发展空间，形成了人口流动的直接推力；另一方面，工业化和城镇化的发展对劳动力产生巨大需求，提供了大量的就业机会、相对于农业而言的较高收入水平和更好的发展空间，构成了人口流动的直接拉力。

在经济变革和人口布局重构的同时，整个中国社会也在经历着深刻的转型，各种社会制度都在发生或多或少的变化。但是，户籍制度及其衍生出来的错综复杂、盘根错节的城乡二元就业制度、劳动力市场、社会保障制度、教育制度等还在延续着。同时，过去数十年中，中国快速的城镇化在很大程度上并非有机、自然的过程，数量重于质量，城市方方面面的容量都明显不足，“半城镇化”特征鲜明突出。中国流动人口的经济融入就是发生在这样一个特殊的、转型的历史时期，既有对流动人口的迫切需求，又在需求过程中设定了种种制约条件。

人口的空间移动是一个全球性的普遍的社会人口现象；在近百年中，美国等发达国家比中国更早地经历了大规模的移民潮或境内人口迁移与流动。在任何一个新地方，迁移或流动人口都会面临新环境的适应问题。那么，流动人口需要经历哪些方面的适应呢？对该问题的回答是研究流动人口经济融入现状、特点、影响因素的前提，即回答经济融入的内涵问题。下一章将通过介绍欧美移民社会融合理论和融合测量指标（体系）来回答这个问题。

第二章
美欧移民社会融合理论与指标体系

国内外研究表明，移民（或流动人口）的社会融合是一个渐进的过程，呈现多维特点，具有多种机制，需要多方面共同努力。一个基本的规律是，不管他们来自哪里，也不管他们具有怎样的个人特征，在进入流入地伊始，由于行为习惯、价值观念等方面与流入地居民存在差异以及流入地社会的制度障碍或主观歧视，大多数移民（或流动人口）都会经历一个或长或短的隔离过程，甚至可能出现边缘化和隔离现象，产生无所归依的心理（Park，1928）。随着时间的推移，在个体自身的努力、政府和社会的帮助下，有人逐渐融入流入地社会，有人融入流入地与移民享有共同文化来源的少数族裔文化中，有人在某些方面融入流入地主流社会，在其他方面却保持着自己的特点，也有人始终完全未能实现融入的目标。

从国际上看，美国学术界和（或）政府部门对国际移民在接受国的社会融合有着悠久的研究历史、较为成熟的理论体系、比较完善的分析框架。欧盟虽然没有严格意义上的关于移民的社会融合理论，却很早就提出了“社会整合”（social integration）、“社会统合”（social cohesion）、“社会凝聚”或“社会团结”（social solidarity）理论；近些年（特别是21世纪以来），对国际移民的社会融合问题也有较为广泛的研究，其移民社会整合政策指标体系更是独树一帜。概而言之，当前有关移民社会融合的理论或测量指标可分为两大体系和价值取向：一个是美国自下而上的体系，即通过学术研究推动政策的出台，从而消除国际移民社会融合的障碍；另一个是欧盟自上而下的体系，即直接通过政府主导，推进国际移民的社会融合。中国大规模的人口流动是近30年出现的新人口现象，故迄今大部分学术和政策研究主要集中在流动人口的总量、分布、特征及其宏观经济社会后果方面，有关流动人口社会融入及经济融入的研究才刚刚起步，尚未形成较为成熟的理论框架和指标体系。

尽管欧美理论并非专门针对移民的经济融入，但我们看到，不管是美国还是欧盟，经济融入是其最重要的关注点。从这个意义上来说，欧美两类不同的模式或体系对构建中国流动人口社会融入（和经济融入）理论都具有十分重要的借鉴意义。本章主要回顾、比较美国和欧盟与移民社会融入有关的理论和指标体系，为后面回顾文献、构建理论提供参考。具体安排如下：依次介绍美国移民社会融合理论、欧盟移民社会融合理论、美国移民社会融合的测量指标、欧盟社会融合的测量指标，并对两地区的理论和体系进行对照分析。

一 美国移民社会融合理论

社会融合理论源自美国这个移民国家。美国移民社会融合理论是在工业化、城市化进程中，随着西方社会移民潮的兴起而发展起来的。19 世纪末和 20 世纪初，大量移民进入美国，作为一个新的特殊群体，他们一方面必然会遇到就业、居住、社交等诸多方面的问题；另一方面，不同民族、不同文化、不同信仰和不同语言的移民共同生活在同一块土地上，竞争、误解、冲突在所难免。如何了解移民社会融合的现状、特点及影响因素，加快促进移民的融合过程，使社会成员达到相互包容和团结（而非社会隔离和冲突），成为学术界极其关注的重要论题。反过来，关于移民融合的学术知识传递到政府部门的政治决策和实际工作当中，促使学术研究与政策研究相互衔接、相互影响，并最终深刻影响到西方现代工业社会的结构塑造、演变路径、政治事件等（梁波、王海英，2010）。本节简要回顾美国学术界关于社会融合的理论及其演进。

美国在近一个世纪的社会融合研究过程中，产生了众多流派，其中影响最大的包括“融合论”（assimilation）和“多元文化论”（multiculturalism）；而融合论又可分为古典融合论（即线性融合理论）、非线性融合论（bumpy assimilation）、区隔融合论（segmented assimilation）和新融合论（new assimilation），它们均可用来理解和解释移民及其子女在流入地的经济成就、行为适应、文化融合、政治参与的过程和结果。

（一）融合（或同化）论

融合论的理论基础是“熔炉论”。早在1782年，美（法）国农学家和制图学家J. Hector St. John de Crèvecoeur（埃克托·圣约翰·克雷夫克尔）[①] 在“一个美国农民的来信”（*Letters from an American Farmer*）中，提出了原始的熔炉论思想，尽管他使用的术语是“熔化”，而不是“熔炉”（Winthrop S. Hudson，1970；Peter Kivisto，2002）。在这部叙述体小说中，作者认为，美国是一个“机会之乡”（land of opportunity），不同阶级、不同民族在拥有了共同的思想、意识、观点、信念和忠诚之后，熔化（melting）成“一个新民族”。在整个19世纪，“熔炉说”和美国作为不同民族大熔炉的思想得到广泛认可，Crèvecoeur也常常被看成是“熔炉说”的第一人。

正式明确地使用“熔炉”一词的是美国犹太作家Israel Zangwill（以色列·赞格维尔）。在其1908年的戏剧《熔炉》[②] 中，他把美国描述为来自世界各地所有之人的共同圣地、民族的中心和持久的神话；人们在那里能够不记怨恨，开始新的生活，并锻造一个自豪的、有成就的、团结的新民族。他充满激情地写道：“多么伟大的熔炉——听！难道你没有听到她那美妙而洪亮的声音？数以千计之人从遥远的天际来到美国的港口……多么伟大的冶炼家把他们放在净化的火焰上冶炼，使他们融入这个人类的共和国与上帝的王国。……这里是所有民族和种族生活和发展的地方。”“美国是上帝的熔炉，来自欧洲的各个种族在那里得到融合和改造，德国人、法国人、爱尔兰人和英格兰人、犹太人和俄国人统统融合在一起，这是上帝正在造就美国人。”

这一关于“熔炉”的论述迎合了当时美国的国内思潮，给美国人留下了极为深刻的印象，“熔炉说”也得到普遍的认同、广泛的接受和使用。当时，他本

---

① J. Hector St. John de Crèvecoeur（1735~1813）出生于法国的诺曼底（Normandy），美法战争时来到美国。战争结束后，他遍游北美殖民地，于1769年在纽约的橙县（Orange County）定居，耕田种地，养家糊口。在独立战争期间，他先是因为对英王的忠诚而受到爱国者的迫害，而后忠诚派又怀疑他是爱国者而将他投入监狱3个月。他曾经回到巴黎的学术沙龙，并担任法国驻纽约市的领事；1790年后，他回到法国定居（Boyer，2011）。“一个美国农民的来信”以一个叙述者的口吻，向伦敦贵族讲述了宾夕法尼亚州第三代农民的经历（2011年3月31日引自http://en.wikipedia.org/wiki/J._Hector_St._John_de_Cr%C3%A8vec%C5%93ur）。

② 该剧描写了一个在美国的俄国移民与一个英国移民的爱情故事。

人作为一个非美国主流文化（即 WASP——White Anglo - Saxon Protestant，即祖先是英国清教徒的盎格鲁·撒克逊美国人）的移民，通过现身说法，展现了美国这个熔炉强大的熔化力量。

作为一个由移民组成的新民族国家，其形成必然意味着对原有各种成分的改造和重新塑造，故把美国比喻为熔炉应该说是恰当的。那么，这个大熔炉是如何融汇外来移民的呢？一般认为，移民被熔化的过程也就是融合（assimilation）过程。

融合包含两方面的含义：一是被动的，即由“百分之百的美国人”（也就是 WASP 所代表的那部分美国人）去改变其他民族和种族移民的历史传统、文化特性和道德标准；二是主动的，即新移民学会适应新文化、接受新思想，进而成为新民族中的成员。美国移民的社会融合具有十分典型的意义。下面主要介绍最有影响力和最具代表性的一些观点和论述。

融合论作为社会科学领域的一个理论范式，最早可以追溯到 20 世纪初美国芝加哥大学的社会学派（Chicago school of sociology），尤其是 R. E. Park、W. I. Thomas 及其同事和学生。所谓社会融合，就是“个体或群体互相渗透（interpenetration）、相互融合（fusion）的过程；在这个过程中，通过共享历史和经验，相互获得对方的记忆、情感、态度，最终整合于一个共同的文化生活之中”（Park，1928；Park and Burgess，1921：735）。换言之，随着在居住地居留时间的延长、语言的适应、经济的融入、文化的认同、身份的改变，移民终将融入美国主流社会。

Park 等学者认为，移民要达到融合的目的，通常可采取两种途径、经历四个阶段。这两种途径分别是：新移民适应美国 WASP 文化；移民与主流社会人群之间进行语言交往和对话，这不仅是新移民转变的过程，同时也是主流社会接纳他们的过程。当两个群体——不论这两个群体都是移民还是只有一个是移民——相互面对时，都必须经历四个阶段：接触（contact）、冲突（conflict）、适应（accommodation）、融合（assimilation）。这四个阶段也是四种主要的互动，始于经济竞争、政治冲突、社会调适，终于文化同化（acculturation）。对于绝大多数移民而言，这是一种理想范式（ideal type）：一方面，不是所有移民都能完整地体验所有过程；另一方面，也不是所有移民都愿意完全放弃自己的文化传统、全盘接受流入地的文化。

20世纪中期，Milton Gordon（密尔顿·戈登）进一步推进和完善了Park等早期学者关于融合论的研究，使之成为一个更为完整的理论体系。Gordon指出，融合这个漫长的过程可区分为七种类型或七个阶段（Gordon，1964：169）。

第一阶段：文化和行为同化（cultural or behavioral assimilation）。在这个过程中，少数族群成员学习主流族群的文化；移民同化于美国盎格鲁·撒克逊文化，就是学习英语、改变服饰和饮食习惯、接纳新价值观和改变姓名或称呼方式的过程，即“change of cultural patterns to those of the host society”（e. g.，language，dress，and daily customs including values and norms）。当价值、信仰、教条、意识形态、语言等与主体文化的符号系统相适应时，“文化同化”就发生了。

第二阶段：结构同化（structural assimilation）。所谓结构同化，是指包括移民在内的少数族群进入主流社会结构中，包括次级领域（secondary sectors，即学校、工作单位等公共部门）和初级领域（primary sectors，如家庭、朋友圈等）的同化，即“large - scale entrance into cliques，clubs and institutions to the host society，on primary group level”。这两个领域的同化呈现先后序次：次级领域的同化发生在先，然后逐步进入初级领域；当一个少数族群进入核心社会的公共部门或领域时，其他阶段的同化过程将不可避免地接踵而至。两个族群在次级领域形成的交往关系最终会推动他们在初级领域中建立关系。虽然族群成员渗透到次级领域社会中，但他们仍然与主体族群缺乏重要的、个人的联系。只有双方成为熟人后才有可能交朋友（即进入初级群体和组织中）。

第三阶段：婚姻同化（marital assimilation）。Gordon认为，人们将倾向于在初级领域建立的关系网络中寻找自己的伴侣，当两个群体在初级领域产生高度的同化时，就会出现大规模的族际通婚，实现婚姻的同化，即“large - scale intermarriage”（p. 169）。

第四阶段：认同同化（identificational assimilation）。它是指少数族裔感到与主流文化捆绑在一起，即“development of sense of peoplehood based exclusively on host society”。

第五阶段：态度接纳（attitude receptional assimilation）。主体族群对少数族群歧视性的偏见和刻板印象消失，即“absence of prejudice”，代之而起的是前者对后者的认可。

第六阶段：行为接受（behaviour receptional assimilation）。主体族群对少数族群的歧视性行为消失，即“absence of discrimination”，代之而起的是前者对后者的接纳。

第七阶段：市民同化（civic assimilation）。个人不再认为有什么特征与主体族群成员不同，族群之间基于价值和政治取向的冲突减少（即“absence of values and power conflicts”），且成功地进入主流社会之中。Gordon（1978）所列举的例子包括避孕、离异和人工流产。

Gordon 这里论述的是少数族裔与主流社会的融合；他继续将以美国欧裔白人为代表的文化描述成一个大熔炉，移民的融合始于文化接触和行为适应，经过结构性融合，与主流族裔的通婚，最终达到身份认同（即认为自己是一个真正的美国人）。不过，移民的最终融入不是由他们自身可以完全决定的，而必须有主流社会的态度认同和行为接纳，故在融合的七个阶段中，每个阶段都涉及少数族裔和主流社会这两个主体。

但是，粗略而言，二者在每个阶段中所起的主次作用不同。其中，在前四个阶段中起主导作用的是移民（或少数族裔）；在随后两个阶段中起主导作用的是美国主流社会人群，即第五和第六阶段虽然是从移民的视角出发，但所谈的实际上是美国主流社会人群对待移民的态度和行为；而最后一个阶段强调的是双方的共同努力，通过消除冲突，移民实现身份融合。可见，Gordon 的融合论认为，移民的融合是美国白人和移民共同努力的结果。一方面，只要移民愿意学习、适应、接受流入地的生活方式和文化价值观念，抛弃原有的社会文化传统和习惯，就可能实现融合；另一方面，融合的实现也需要主体族群在态度和行为上的包容和接纳。[①] 显然，这里既提出了融合的内涵，也指出了融合的部分原因。

在美国社会融合理论的研究上，这七个融合阶段具有里程碑式的意义，为此后的研究提供了指导（Hirschman，1983：401）。

此后，线性融合理论（straight - line assimilation）（Sandberg，1973）、非线性融合理论（Gans，1992）和区隔融合论被相继提出，补充并发展了古典社会融合理论。它们的共同之处是，在全球化的新历史环境及非欧洲移民替代欧裔移

① 可能是受到多元文化主义思潮的影响，Gordon 于 1981 年提出了“文化多元”的融合视角。

民的情势下，移民融合的模式趋于多样化：多元化或跨国化、区隔融合或向下融合（即融入城市低层社会）并存。

（二）区隔融合论

区隔融合论是对传统融合理论的补充和发展，用来解释在新的历史时期和社会环境下，传统融合理论无法解释的一些新现象。该理论允许个体和结构特征的差异，考虑到不同少数族裔在流入地所处的社会经济背景。它认为，移民的人文资本（如：教育、技能、文化）与他们在流入地最早受到的待遇和融合模式（modes of incorporation）存在互动。公共政策和社会成员表现出来的敌意、漠不关心或接纳的态度和行为对融合的过程及结果产生至关重要的影响（Portes，1995；Portes and Zhou，1993，2001）。

区隔融合论主要是用来解释美国移民子女融合状况的一个理论框架，即注重新移民群体中的第二代和第三代移民。研究表明（Boyd，2002；Hirschman，2001；Jensen and Chitose，1996；Perlman and Waldinger，1997；Portes and Zhou，1993，2001；Zhou and Xiong，2005），由于与成人所处的角色、迁移的目的、生活经历不同，子女在目的地的文化融合、行为适应、身份认同的路径和机制都与亲代有很大差别；他们的社会融合问题难以完全从父母的融入经验中找到答案。通过对美国第二代移民（second generation）的研究，Portes and Zhou（1993）发现，流动人口子女的融合可能具有三种模式，区隔融合是其中的一种，即来自许多地区的第二代移民在美国并未能完全融入美国的主流社会；相反，他们表现出“区隔融合”的特征。该理论比传统的线性融合更复杂，旨在解释新移民或第二代移民（尤其是后者）怎样和为什么走了一条不同于先辈融入美国社会的路径。

区隔融合理论认为，传统的线性融合理论不再适合揭示当代移民的融合趋势和路径。相反，当代移民群体中和群体间将会产生不同的融合结果，主要表现如下。

其一，融入主流社会。某些移民群体拥有较高的人力资本，受到当地文化的青睐，故而可能较快地融合到主流社会中，并可为子女提供较好的教育机会，加速子女的社会融入步伐。

其二，融入城市贫困文化（即向下融合）。一些群体拥有的资源较少，难以找到稳定的工作、获得像样的收入，难以为子女提供较好的教育机会；因而，子女向主流社会流动也受到限制。甚至，第二代移民或许被暴露于城市少年文化环境和市内质量低劣的学校，使他们失去学习的兴趣和追求向上层社会流动的动力（Gibson and Ogbu，1991；Suárez - Orozco C and M. Suárez - Orozco，2001）。某些种族子女尤其如此：那些没有人力资本而位于底层社会之人，连同其所在的“弱势”群体，将会融入黑人和拉丁裔美国人占主导地位的中心城市文化中。然而，区隔融合模式可能会预测一个“中心城市少数民族青年过于悲观的未来”。

其三，选择性融合。一些父母有意识地选择对子女进行更好的教育，但限制子女对美国青少年社会文化的认同，鼓励他们坚守传统文化观念与价值。

虽然一些研究支持区隔融合论，但另一些研究发现，尽管父母的受教育程度和收入水平较低，但移民子女并未呈现出明显的向下融合的迹象（Foner，2005）。相反，绝大多数移民子女在经济社会地位方面都取得了超过父辈的成就，且不输于本地同龄人（即便不比本地同龄人更好）。这些成就的取得与流入地社会在经济、社会、法律等方面对移民实施的倾斜政策是密不可分的，因为倾斜政策使移民的子女受到保护、得到机会，并从中受益（Farley and Alba，2002；Kasinitz，Mollenkopf and Waters，2002）。比如，公民化运动（civil rights movement）、肯定性行动计划（confirmative action）、主流制度中众多的推进包括移民在内的少数族裔发展项目（minority advancement）等，都为移民子女打开了机会之窗，使他们在很大程度上避免（或减弱）了受主观歧视或陷入结构性困境的遭遇。

（三）新融合论

然而，自1960年代以来，在美国关于新移民及其在流入地土生土长的后代的研究领域中，传统的融合理论因被认为具有以下局限而遭到抨击：其一，该理论暗示，移民最终将不可避免地被融合于主流社会中；其二，融合的目标一成不变地为中等资产阶层、欧裔白人，他们构成了价值规范、行为准则、习俗标准，移民以此为依据，调适自己的行为、追求自己的理想（Alba and Nee，2003）。Warner and Srole（1945）指出，融合理论假定，少数族裔将会彻底摒弃自己的传统、改变自己的行为，达到与流入地主流文化融合的目的，而对流入地的文化基本不产生影响。可见，古典融合理论没有给少数族裔留下任何贡献的余地（Alba and Nee，2003）。

针对此局限，Alba and Nee（2003）提出了新融合论（new assimilation theory）。该理论认为，融合并非少数族裔从进入流入地开始就不可避免地向中等资产阶级看齐的一个线性轨迹，而是自己的传统逐渐弱化的过程；此过程是长期的、累积的、世代的，既包括个体自觉的行为，也包括自发的日常生活的决定；融合过程不是由某个因素简单决定的，而是不同层面多个因素共同作用的结果（pp. 38 – 39）；融合的内容也不是单一的，而是涵盖了多个维度，包括语言和文化同化（acculturation and language assimilation）、社会经济地位的整合（socioeconomic position，即第一代和第二代移民的劳动就业、受教育程度、职业声望和收入水平）、居住隔离的淡化（residential change）、社会/婚姻关系的融合（social relations or intermarriage）。

在 Alba and Nee（2003）看来，种族实质上是一种社会边界；而社会边界是一种分门别类的差异，不同的社会成员认识到这种差异，并影响到他们对彼此的心理取向和行为。换言之，基于边界而划分的差异影响和塑造人们的日常行为和社会心理；而这种差异通常嵌入各群体的社会和文化中。融合作为种族变化的一种形式，可以因边界两侧群体的变化而发生。

Alba and Nee 将融合定义为“种族特质及伴随的文化和社会特质衰退的过程”（p. 11）。此定义不同于此前融合定义之处在于，它有意地允许这样的可能性，即：（1）主流群体的性质也将在少数群体和个体融合的过程中发生变化；（2）主流群体不仅限于中产阶级，还包括工人阶级甚至一些穷人。差异衰退的关键标志是社会边界的跨越与改变。因此，所谓融合，是指界限的跨越、界限的模糊、界限的重构，而跨域、模糊和重构对应着不同的层面：边界跨越与个体水平上的融合相对应，边界模糊暗示社会差异的模糊化，边界重构则涉及群体之间边界的迁移。只有实现了社会边界的跨越，个体水平上的融合才成为可能；只有实现了社会边界的模糊，群体之间的差异才可能消失；只有实现了社会边界的重构，群体之间的社会边界才可能发生改变，社会融合才能真正实现。可见，总体而言，当基于种族认同原则对稀缺资源的竞争减弱时，边界开始混合，此时的竞争被视为个人参与而非种族群体参与的活动。

实现融合的机制包括间接机制和直接机制两类。前者是指通过社会制度推进融合，而后者包括具有目的性的行为、网络机制以及不同类型的资本。然而，社交网络和规范本身并不自动地构成融合的因果机制（causal mechanism），只有所有当事人采取联合行动，并以此作为一种手段来实现集体目标的社会交换机制，才能成为因果机制。美国社会的融合不仅受制于移民家庭的社会、经济和人力资本，而且取决于这些个体如何在既存种族网络及机制内部和外部有效地运用这些资源。“资本类型”模型的作用之一就是，它不仅提供了一种融合机制的说明，其中肤色不是对融合造成障碍的具体原因，还提供了一个基于实证研究的途径，用来理解目的性适应的不同规律。直接机制和间接机制结合在一起，可以解释为什么在美移民的社会融合会出现不同的过程及结果。因此，为了更好地理解融合的轨迹，我们必须要理解移民及其后代的目的性行动和社会背景——制度结构、文化信仰及社会网络——的相互作用。换言之，移民的社会融合是制度、个人背景、社会资本等因素综合作用的结果。主流文化所包含的机会结构为移民实现融合提供强烈的动机，因为融合能给移民及其后代带来很多好处。

总之，与传统融合论不同的是，新融合论认为，移民的社会融合是一个双向的过程，既有移民对流入地主流文化的主动适应，同时强调移民对主流文化的贡献，有取亦有予。

纵观美国移民的社会融合研究，可以看出有三个高潮时期：第一个时期以 Park 等人为代表，主要出现在 20 世纪二三十年代；第二个时期是以 Gordon 为代表，主要出现在 20 世纪五六十年代；第三个时期以 Portes、Alba 等人为代表，主要出现于 1990 年代以后。表 2-1 简要比较了不同时代移民融合理论的主要代表人物及其观点。

表 2-1　“融合理论”的主要代表人物及其观点

主要代表人物	年份	主要观点	涉及维度
Park and Burgess	1924，1928	经济竞争、政治冲突、社会调节、文化同化	经济、政治、社会、文化
Gordon	1964	偏见、歧视、价值和权力冲突、文化接触、结构性同化、通婚、族群认同	文化、行为、经济、社会、政治、身份
Portes and Zhou，Zhou et al.，Alba and Nee	1993，2001，2005，2003	区隔融合（融入当地同族人群），界限跨越、界限模糊、界限重构	主要指第二代移民的教育，但该概念同样适用于成人多方面的社会融入；文化、经济、居住、社会关系

（四）多元文化论

与认为移民终将放弃自己的传统文化以适应主流社会的融合论不同，多元文化论用来形容多民族、多文化、多语言的社会，认为种族、民族、群体之间虽然迥异，但本质上只有肤色、制度等方面的差异，而无智力高低或文化优劣之分，孰优孰劣乃仁者见仁，智者见智。

虽然20世纪初的主流思想是社会融合，但作为对“融合论”的反叛，犹太裔美国学者Horace Kallen（霍勒斯·卡伦）于1915年在《民主对熔炉》（*democracy versus the melting-pot*）一文中，明确提出了“文化多元论”（cultural pluralism）。其基本论点是，美国文化就像拼凑的“马赛克”，由不同部分构成，每一成分都有自己的作用。作者在文中用“乐队”取代了“熔炉”，认为美国文化就像一个管弦乐队，它需要不同的声音才能演奏出动听的音乐。Kallen所谓的“文化多元”，是指在一个大的社会中，小群体保持自己独特的文化身份，且其价值和习俗得到其他文化的认同和认可。① 换言之，Kallen强调不同种族或社会集团之间应享有保持差别的权利，而这为日后多元文化主义政治思潮的形成和发展奠定了理论基础。

然而，在20世纪中期之前，“文化多元论”一直没有得到重视。这主要是因为，作为移民国家的美国（及加拿大和澳大利亚），逐渐形成了由英语移民及其后裔构成的主体民族。为维持种族纯洁、保持文化同质，移民国家一方面长期实施同化政策，否定和排斥民族文化的多样性；另一方面，它们推行限制性移民政策，严格控制有色人种的进入。

第二次世界大战后，特别是1950和1960年代美国的人权运动和大量拉美及亚裔移民的流入，② 逐步打破了诸多人为设置的种族隔离藩篱，改变了美国的人口结构，英语民族在总人口中的比重下降，民族结构的多样化愈发突出，民族文化空前发展，民族之间的交流和互动更为频繁。少数民族群体愈发体会到自己民族人口的增长，黑人、亚裔人、拉丁裔人和印第安人的民族意识随之增强，他们也更加关注自己民族的文化特性，要求得到主流社会的承认，提高政治、经济和文化地位。随着不同种族和族裔群体越来越多地倾向于从本种族和本族裔中寻找

---

① 引自http：//en. wikipedia. org/wiki/Cultural_ pluralism。

② 数据显示，1960~1990年，约有1600万拉美和亚裔移民流入美国。

文化认同和文化身份，多元文化主义观念自然而然地应运而生。①

在民族运动日益增长、移民成分愈发复杂、民族意识不断高涨之时，多元文化主义的思想理论基础也已成熟。② 苗延波将其整理为三个来源：（1）Jürgen Habermas（哈贝马斯）的宪政民主思想为多元文化主义奠定了法律基础，“权力系统……既注意不平等的社会条件，又考虑文化差异”（Jurgen Habermas，1994）；（2）Charles Taylor（查尔斯·泰勒）的“政治承认”（political recognition）理论为多元文化主义奠定了现实基础，③ 即人的自我认识和社会身份与社会给予的政治承认有直接关系；（3）解构主义（deconstruction，deconstructionism）理论为多元文化主义奠定了理论基础。解构主义认为，任何共同的标准，都是掌握政治权、占有话语权和控制社会资源的群体行使他们权力的面罩，因而是为社会强势群体服务的，社会边缘群体不仅无法从中受益，反而会成为它的受害者，故没有必要建立共同思想文化标准（Amy Gutmann，1995）。“总而言之，哈贝马斯强调关注社会条件和文化差异的宪政民主思想，泰勒要求民主政体承认社会群体文化特性”，解构主义挑战话语霸权和正统理论，这些都为多元文化主义奠定了思想理论基础（苗延波，2011）。

可见，多元文化主义是在现代社会多元化、全球化特征逐渐明显，人群关系日益复杂，人口流动日趋频繁，人们交流日渐增多的情势下，在美国出现的一个以关注包括国际移民在内的弱势群体为其主旨思想的民主主义文化思潮。它强调的是全体人，而不是某一个族裔的权利，包括基本生活权利以及政治、文化、教育、宗教等权利的平等。

多元文化主义的思想和主张被提出后，受到了非主流社会群体和相当一部分主流社会人群的积极响应。或出于政治考虑，或出于社会正义，或出于群体利益，或出于反叛心态，上至政府机构、公民社会，下至草根社区、学校家庭，多

① 王希：《多元文化主义的起源、实践与局限性》，《美国研究》2000 年第 2 期，第 45 页。

② 详见苗延波《美国文化多元主义与美国法律文化》。http：//www. myanbo. com/mgwhmgfl2. htm，2011 年 3 月 20 日。

③ 一般来说，西方政治哲学家把自由民主政体归结成一条原则，即“把所有的人都看作是自由和平等的人”。但是，如何贯彻和执行这一原则，民主政体一直存在着两种观点。一种观点认为，当公民在社会运作问题上发生意见冲突时，政府应保持中立态度，不偏向任何一方。另一种观点认为，只要所有公民的权利得到保护，且没有一个人被迫接受某种价值观，那么政府就有权干预，提高某一社会群体的文化价值（引自苗延波）。

元文化主义成为街谈巷议的话题。人们言必称“多元”，凡事皆“文化”，什么都“主义”，似乎任何问题、任何价值均可用多元文化主义理论予以解构，任何人都是“多元文化主义者”（苗延波，2011）。

然而，时至今日，对于究竟什么是“多元文化主义”，美国学者的定位依旧存在诸多分歧。总体来看，多元文化论主要是一种政治主张，目的是为了对抗长期以来占据统治地位的、以欧裔白人为中心的、具有明显种族歧视的同化论。它涉及移民、人种、种族、宗教、语言、人口等诸多因素。围绕着国际移民的社会融合问题，多元文化主义对“承认”和“平等”提出了种种要求。多元文化主义者指出，在美国的教育界和商界，白人男性占绝对主导地位，少数民族之人凤毛麟角。这种对社会弱势群体的“不承认”显然是严重不公的反映，是社会强势力量的霸权行为。不改变这种状况，社会弱势群体将永无翻身之日，文化多元也将成为无稽之谈。因此，多元文化主义者强烈支持“affirmative action”，希望借助政府行政法令和国会立法，让少数民族和其他弱势群体在就业、晋升、银行贷款和获取合同方面得到优先考虑。只有通过政府介入等强硬措施，弱势群体的不平等局面才有可能扭转过来。比如，在中小学教育方面，它要求政府实施双语教育，以“消除拉丁裔人语言障碍所造成的不利条件”，体现知识传授上的公平性。在大学招生方面，多元文化主义要求美国高校对黑人等社会弱势群体实行倾斜政策，以低于录取分数线的标准录取他们。在公司企业人才录用方面，录用政策也必须体现“承认”和“平等”精神。

（五）融合论与多元文化论之比较

美国关于移民社会融合的理论远不止上述四种，但它们更有代表性和普遍性，各有所长，相互补充。它们源于不同的宏观历史情景，较好地解释了各自时代对移民的认知和态度，对移民及其文化与美国主流人群及其文化的关系进行了理论理解和价值判断。事实上，在20世纪后半期，美国社会科学家们一直处于“文化多元”和“文化融合”的争议之中，且该争议从未停止，也未能得到最终解决，理论和实证研究依旧得出相互矛盾，甚至冲突的结论。

如前所言，融合论源于20世纪初期，是最早关于移民在美国的适应过程的理论框架，虽然遭到抨击，但对此后的理论发展和实证研究起到巨大的指导作用。需要强调的是，早期的融合理论强调融入的途径、过程、机制，是从移民的动机和目的来考察的，且强调文化之间的相互交融和渗透，并未否认移民的贡献，本身并不直接涉及文化的优劣问题。虽然这种暗示在早期的理论中可能是存在的，但是，绝大部分进入美国的人，难道不想融入美国社会吗？对大部分早期移民来说，所谓保存自己的文化，或许是难以实现融入的无奈结局；早期到达Alice Island（爱丽丝岛）的移民，除特殊情况外，哪一个不是欣喜若狂、对这片新大陆充满了期待和梦想呢？

但是，该理论后来被一些政治家们曲解、利用，成为在以白人为中心的种族优越论的指导下，对少数民族实行同化政策，进行种族歧视、排斥、拒绝和否认的工具。以欧裔白人为核心的美国人曾力图将所有其他种族同化到WASP种族之中，用熔炉来维护WASP文化的统治地位。国际移民进入美国，即意味着放弃原来的风俗习惯、语言，在感情上和行动上都要像一个美国人，并无条件地认同和接受美国的主流文化，从而达到“融合”的目的。

区隔融合论和新融合论考虑到美国新的社会情势、发生了明显变化的国际形势、移民的经济社会背景以及整个20世纪融合理论的应用情况，强调个体人文和社会资本与宏观场景的互动，提出多种融合路径，但它并不是对融合理论的背离，而是对其的补充和发展：保存自己的文化并不意味着不愿融入主流社会，而融入城市贫困文化只是一种无奈的选择。因此，区隔融合论与传统融合理论并不矛盾。同样，新融合论虽然对经典融合论有较多批判，但它也是经典融合论在新的人口态势、全球化和文化多元背景下的理论发展。

早在熔炉文化占统治地位之时，文化多元在美国就已出现和存在。当应用到国际移民领域，“多元文化论”强调，当流入地文化更具包容性时，新移民会倾向于维持原有的文化价值，同时他们也会在新的定居地重新塑造其身份认同、价值观念，从而有助于形成多元化的社会和经济秩序（Portes et al，1980；周敏，1995）。这股强劲的思想思潮和相应的大量著作①对实证研究工作的指导作用虽然小于融合理论，但在促进政府出台促进移民社会融合的政策措施方面起到了推动作用。

---

① 比如：Nathan Glazer and Daniel Partrick Moynihan. 1970. *Beyond the Melting Pot*. Cambridge：MIT Press；Peter Schrage. 1971. *The Decline of the WASP*. New York：Simon and Schster；Michael Novak. 1971. *The Rise of the Unmeltable Ethnics*. New York：Macmillan。参见董小川（2006：52）。

可见，从WASP文化到新融合论，再到多元文化，构成美国学界对新、老移民适应美国社会的认知过程和基本脉络。美国文化的发展其实就是一个从熔炉文化走向多元文化的过程。在这一过程中，有对熔炉文化的认定与首肯，也有对多元文化的讨论与否定。但发展到今天，熔炉之火未灭，文化多元已成。这个过程就是熔炉文化与多元文化的认定与反思的过程。①

二 欧盟移民社会整合理论

尽管严格地讲，欧洲并没有像美国那么系统的针对移民的社会融合理论，但却有十分完善的社会团结、社会排斥、社会整合理论。由于社会团结、社会排斥、社会整合理论所涉及的人群包括移民，且由于这三个理论对当前欧洲移民的研究具有深刻的影响，故本节简要介绍这些理论。

追寻欧洲社会融合的历史，学者往往推溯到现代社会学奠基人之一、法国实证主义社会学家Emile Durkheim（埃米尔·迪尔凯姆）（Pahl，1991）。迪尔凯姆在其著名的《自杀论》（*Suicide*）（1897年）一书中，提出了社会整合、团结、凝聚等概念。这些思想也一直影响着欧洲社会及学术界在社会建构方面的发展，同时也对美国的社会学界产生了很大影响。但是，值得注意的是，“社会整合”（integration）与移民的“社会融合”（assimilation）并非同一概念：前者涉及一个社会中包括移民在内的所有弱势群体，而后者主要是指移民在流入国方方面面的适应情况。本书仅关注移民的社会融合。另外，还需要指出的是，目前国内有关流动人口社会融合的理论介绍和相关研究存在两个问题：一是在介绍欧洲社会融合理论时，往往将“社会整合”“社会统合”“社会融合”混为一谈，这显然是不合适的；二是只要涉及移民的社会融合理论，必然首推欧洲，而这也是与事实相悖的。如前所言，美国学者是最早关注移民社会融合问题的。

（一）社会团结理论

在美国“熔炉”之声正酣之际，以迪尔凯姆为首的欧洲社会学家提出了“社会团结”（solidarity）、“社会整合”（social integration，integrity）的理论思

① 董小川：《美国文化概论》，人民出版社，2006，第69～70页。

想。在1893年出版的《社会分工论》（*The Division of Labour in Society*）一书中，迪尔凯姆基于不同的社会分工模式，区分了两类团结模式：“机械团结”（mechanic solidarity）和“有机团结”（organic solidarity）。他认为，这两种类型的团结对应着不同的社会形态。在规模小、结构简单的传统社会中，机械团结是社会凝聚的主要模式；凝聚（cohesion）和整合源于个体之间的同质性，连接的纽带往往是亲属关系、类似的工作、相同的宗教信仰和生活方式。而在工业化和现代化社会中，随着社会分工的深化，个人意识的张扬，集体意识的淡化，人与人之间、群与群之间异质性的增强，社会整体一致性的道德规范遭到破坏，传统的团结模式难以适应新的社会发展，出现了“行为失范”和“社会解构”现象。在这种情况下，有了团结的另一种模式，即有机团结。有机团结源于社会成员之间的劳动分工、互补互惠。在这样的团结模式下，虽然人们从事不同的工作，且价值观念和兴趣各不相同，但人与人之间的依赖性更强。可见，迪尔凯姆所谓的“有机”，是指社会各成员之间的互依与共存。

1897年，迪尔凯姆在《自杀论》一书中，进一步发展了社会团结的思想，提出了社会整合的理念。该思想后来得到美国结构功能主义的代表人物、社会学家Talcott Parsons（塔尔科特·帕森斯）的进一步发展。社会整合也称社会一体化，是指社会上的少数人群体（如：少数民族、难民、社会底层之人）与主流社会的整合过程，从而获得与主流社会群体同等的机会、权利、服务。在社会学理论中，社会整合与社会团结犹如一对孪生姐妹：前者是一个接受行为，而后者是一种分享行为（维基百科，social integration）。

社会团结、社会整合以及与此相关的社会凝聚等思想理念的提出，与当时的社会背景密不可分。19世纪中叶以来，欧洲在工业化、现代化进程中，出现了严重的社会分化、秩序混乱、失业贫困、行为失范等问题，给其经济社会的发展带来了巨大且严峻的挑战。为了重构处于转型时期的社会结构、社会秩序、社会规范，需要建立一种与新的社会分工相适应的多层次的社会道德规范体系，达到自我与社会的调节，并在个人需求与社会规范之间建立某种平衡。尽管这些思想并非直接针对移民的社会融合，但社会团结和社会整合的理论对此后欧美社会学界、社会思想界及近年欧盟移民社会整合政策产生了很大的影响。

（二）社会排斥理论

继迪尔凯姆之后，由于欧洲遭遇了第一、二次世界大战和战后重建，其有关社会整合的理论处于发展停滞状态。相反，如前所述，在整个20世纪前半期，移民社会融合理论在没有受到太多战争侵扰，且接纳了大量移民的美国得到空前的繁荣发展。不过，随着战争影响的式微，社会较长时间的稳定，诸多新的社会矛盾兴起或更加尖锐，社会分层现象越发深刻。一些新的关乎不同人群、解释新的社会问题的理论应运而生。其中，影响较大的是社会排斥理论。

社会排斥（social exclusion）是与社会融合相对应的一个概念，也是一个较为年轻的理论概念。1960年代，法国一些政治家、活动家、官员、新闻记者和学者经常在意识形态上模糊地提到穷人是“受排斥者”。1974年，法国官员勒内·勒努瓦（Rene Lenoir）首次明确提出了“社会排斥”概念，这一概念在此后得到许多学者的发展。所谓社会排斥，“是指某些人群或地区在遇到诸如失业、技能缺乏、收入低下、住房困难、罪案高发的环境、丧失健康以及家庭破裂等交织在一起的综合性问题时所发生的现象”［Social Exclusion Unit（英国政府“社会排斥办公室”），2001］。

概而言之，该理论具有以下特点：

其一，社会排斥是一个动态过程。在这个过程中，某些群体因为民族、种族、宗教、性取向、种姓、血统、年龄、失能、HIV感染、流动、居住地点等多方面（或单方面）的原因而遭受歧视和污名化，不能或很少享受社会发展的成果，呈现出系统性弱势。

其二，社会排斥具有多维度性质，包括经济活动、政治参与、文化排斥、社会关系隔离（Gordon et al.，2000），等等，且不同维度的排斥相互强化，从而使得被排斥群体不仅难以摆脱困境，而且使他们与主流群体之间的差别呈现不断扩大的趋势。其中，经济排斥主要表现在职业分布、收入状况和居住条件方面；在公共服务领域，弱势群体不能享受到与主流群体同样的权利和福利；在政治方面，边缘群体难以行使政治权利、有效地参与政治生活，成为“政治边缘人”；在社会关系方面，他们获得的社会支持十分有限，呈现明显的社会排斥趋势。正因如此，弱势群体长期处于边缘境地，不被主流社会所认同、接纳，反而被忽视、歧视甚至伤害；他们不仅享受不到相应的社会成果和公共权利，甚至连自身的合法权益也难以得到保护。于是，他们产生巨大的社会焦虑和心理压力，出现相对经济贫困和精神贫困。

其三，社会排斥具有累积和传递特点（Littlewood et al.，1999）。一方面，某个维度的排斥会导致另一个维度的排斥；另一方面，被排斥之人不仅会逐渐内化自身的弱势，而且还会通过世代传递而延续到下一代，其边缘化的困境被不断地“再生产”。

其四，社会排斥源于多重因素，特别是国家、社会、团体与个体之间的多重逆向互动。排斥可能发生在任何情景之中。即便在社会接纳的宏观政策背景下，社会排斥也难以避免；主流社会总会想方设法且行之有效地利用现存的制度、结构、心理等多种因素和手段将某些群体排斥在外，以便维系自身利益的最大化。

上述种种特点使得被排斥的社会成员或特定的社会群体不仅物质生活水平低下，而且更重要的是，他们与社会整体之间的关系出现断裂，无法有效地参与经济、社会、政治和文化生活，不能获取正当的经济、政治、公共服务等资源和享受社会发展成果，在某种程度上被异化，与主流社会出现隔离（Duffy，1995），呈现系统性弱势。

经验表明，长期受到排斥之人不仅难以融入流入地社会，而且可能产生对整个社会的疏离感、责任匮乏心态，甚至形成对抗社会的心理，从而造成或激化社会矛盾。2005 年，法国巴黎非裔骚乱就是一个典型的例证。① 另一个极端的个案是，2011 年 7 月 22 日发生在挪威首都奥斯陆市的爆炸事件与数小时后发生在于特岛的枪击事件。② 枪手是一个 32 岁的挪威人安德斯·贝林·布雷维克。共有 77 人死于这两宗袭击。这是挪威二战后遭受的最大规模袭击，也是继 2004 年马

① 2005 年 10 月 27 日，巴黎两名非裔少年在躲避警察追赶时触电身亡。两天后发生骚乱，并延及其他城市，前后共持续三周。主要原因有二：一是法国大城市与周边郊区（特别是非裔和阿拉伯移民区）在贫富、治安、就业上的强烈落差；二是法国一直以来寻求的种族、民族、文化同化政策反而加深了对立。城区与郊区的相对隔绝，让法国政府推行的文化融合遭到“地缘文化”的阻碍。这些移民和他们在法国出生的下一代抱怨饱受警察骚扰，并且在就业、置业、机会上受到排斥。骚乱是法国为 30 多年来的社会、地域、种族隔离付出的代价。

② 当地时间 15 时 26 分，位于奥斯陆市中心的挪威政府办公大楼附近发生爆炸，挪威政府大楼、财政部大楼以及对面的世界之路报社在爆炸中受到破坏，伤亡惨重。在炸弹爆炸发生 2 小时后，在位于奥斯陆以西约 40 公里处于特岛发生枪击事件，一名装扮成警察的枪手向在岛上参加挪威执政工党举办的青年团的人群射击，伤亡更为惨烈。

德里连环爆炸案和2005年伦敦爆炸案后欧洲最严重的屠杀事件。据挪威国家电台报道，两起事件的制造者是土生土长、金发蓝眼的挪威人，有基督教极端主义倾向，属于极右派行动成员。他制造恐怖事件的重要原因是对移民的恐惧和仇视，他担心挪威的“白人血统”会消亡，警告政府不要向移民敞开大门，也不要采取多元文化主义。这虽然是个案，但深刻地反映了流入地社会居民对外来移民的担忧心理。

社会排斥理论一经提出，就得到政府部门和学术界的普遍重视，并于1980年代末，被欧洲委员会所采纳，被作为其社会政策的核心。同时，欧洲委员会把社会排斥概念更紧密地与“社会权没有充分实现”这个理念联系起来，它们把社会排斥定义为“涉及公民的社会权……涉及一定的生活水平和涉及参与社会中主要的社会与职业的机会”（陈树强，2002）。

（三）移民社会整合理论

必须指出的是，与美国不同，在欧洲，不管是早期的社会团结、社会整合理论，还是1960年代以来的社会排斥、社会包容（或接纳）、社会保护理论，从来都没有专门关注过移民的社会融合问题。相反，它们更多的是从整体社会和全部弱势群体的视角来考量社会融合；欧洲的理论一直秉承的是欧洲哲学思辨的传统，把社会融合看作一种整体的社会发展状态，解释不同时期所面临的种种社会问题。

但是，20世纪中叶以来，特别是1990年以后，欧洲社会格局和经济格局发生了重要变化，洲际和洲内人口流动频繁，给许多国家带来了一系列的社会经济问题，具体表现在人群之间的不平等、利益冲突、移民的安置成本、对本土经济的冲击、社会安全等多个方面（宋全成，2007）。这些社会中新出现的结构性问题加剧了欧洲社会融合的复杂性，包括移民在内的社会融合问题得到了欧洲社会及各国政府更为普遍的关注，且移民不再是作为弱势群体、边缘群体的一部分，而是作为主角成为关注的焦点。

欧盟关于移民社会整合的相关研究是基于其人权理论及在欧洲的制度化实践中形成的最具代表性的法律文件《欧洲人权公约》和《欧洲社会宪章》之上的，它们规定了人有流动和迁徙的自由。《保护一切迁徙工人及其家庭成员权利国际公约》中的条款也规定，一切流动工人在受到居住国国民平等对待的基础上，享有平等的社会保障权，并在一些特定情形下享有辅助的社会保障福利和服务。

基于以上人权理论和法律，欧盟更注重从公民权利平等的视角阐释社会整合。2003 年，在有关社会整合的联合报告中，欧盟对社会整合进行了如下定义：社会整合是这样一个过程，它确保具有风险和社会排斥的群体能够获得必要的机会和资源，通过这些机会和资源，他们能够全面参与经济、社会、文化生活。社会整合的目标就是要确保他们有更多的基本权利和参与决策的机会。Scott 认为，社会有义务确保每一个公民意识到他们自己所具有的潜能和条件，一个真正的整合社会应该使其社会成员在物质环境和发展结果上有更多的平等地位。Amartya Sen 认为，社会整合是指社会成员积极而充满意义地参与社会生活，平等、共同地享受社会经验并获得基本社会福利。

欧盟在移民社会整合实践中，主要关注非欧盟成员国在成员国中的移民。这些移民由于宗教、文化、语言、政治等因素的不同，往往难以融入流入国，故推行移民整合政策是欧盟移民政策的重要组成部分。欧盟的移民整合政策强调文化的多元性，认为整合应当是移民和移民接受国双方的互动，移民整合政策应更多地涉及儿童教育与语言促进、就业市场融入、住房、健康、反暴力等领域。

欧盟社会和公民融合建立于机会平等的基础之上。从社会经济角度而言，移民必须拥有同等的机会，能够像本地人一样有尊严、独立、积极向上地生活。从公民角度而言，全体居民必须在平等的基础上履行其权利与义务。当移民感到安全、自信、被接纳时，他们便能够对这个新居住国家有所付出，为社会做出贡献。随着时间的推移，移民可以争取更多的参与机会、权利、责任甚至加入国籍（如果他们愿意的话）。

基于个体和地方社区的能力和需求，整合的过程是具体的、有差别的。但在影响整合的诸多要素中，国家政策至关重要，因为它给整合的其他方面设立了整体的法律与政治基础框架。政府可通过倡导全体人民参与、实行平等的公民权利和义务以及培养处理跨文化事务的能力，为扫清障碍、取得平等的结果和无差别的国籍而奋斗。

（四）美国和欧盟社会融合理论之比较

严格地讲，虽然欧洲早期的一些社会学研究对美国后来移民社会学研究产生了一定的影响，但国际移民社会融合的理论根据地在美国，而非欧洲；针对移民社会融合的实证研究主要也是在美国，而非欧洲。这与它们各自的宏观历史背景是密不可分的：欧洲有着庞大的海外殖民地，故而它通过殖民将自己的经济、社会、文化体系传播到殖民地社会；而美国是一个移民国家，它通过改造移民使自己的文化体系深入非欧裔白人的文化中。

在欧洲这块古老大陆上，各国文化背景比较相近、宗教信仰较为一致、种族群体差别不大，具有很强的同质性；同时，两次世界大战爆发于欧洲，且欧洲是主要战场，移民较少，故移民融合问题不是欧洲社会的主要问题。因此，欧洲直接针对移民融合的研究也相对较少。相反，美国这片新大陆却有着十分鲜明的特点。直到20世纪初期，它曾经是欧洲行为失范和冒险者的避难所、非洲黑奴的落脚地、亚裔劳工的劳动场，以及其他多种不同身份移民的驻足地，从而驱动了移民社会融合理论研究的第一个高潮。两次世界大战期间，美国本土没有受到冲击和破坏，因而吸引了不少欧洲移民及其他种族移民。战争结束后，国际关系出现深刻调整，美国成为全球经济中心。于是，流向美国的移民浪潮进一步高涨，不同文化、不同宗教、不同肤色的移民在这里会聚；人与人之间、种族与种族之间、文化与文化之间、行为与行为之间、经济活动与经济活动之间、政治参与与政治参与之间的矛盾和冲突必然出现甚至加剧，给美国政府的管理及社会秩序带来严峻挑战。这就驱动了移民社会融合研究的第二个高潮。随着20世纪末21世纪初移民总量的居高不下，移民成分的愈发复杂，对传统融合论的反思，给美国移民理论研究带来了第三个高潮。

正是在这种不同的宏观背景下，美国和近年的欧盟有关移民的社会融合理论呈现出不同的特点。

其一，价值取向不同。美国关于移民社会融合的研究主体主要是个人，是微观层面的研究，而欧盟的研究主体主要是国家，是宏观层面的研究。美国的研究始于理论，后修正并发展理论，再后来通过数据验证理论，故而走的是一条“理论—实证—理论”的路线。而欧盟的研究实际上有两个体系：一是宏观层面的理论性研究，其主要词语是统合（cohesion）；二是纯粹的经验性研究，关注国际移民的整合，以服务于公共政策的制定或修正。前者追求宏大的理论，重点在于整个社会的统合状态和水平，忽视移民本身；而后者研究视野有所缩小，在方法上从理论性思辨向实证化分析转化，研究不再以整体社会为主要对象，而是关注国家层面移民的整合问题。不同的取向使得美国学者和欧盟研究者对社会融合的理解出现很大差异，美国的研究个体色彩较强，而欧洲学者则将社会融合看作是对贫困、排斥等问题的包纳和发展，并将其作为社会发展的整体性目标。

其二，理论取向不同。美国关于移民的融合理论是一个过程理论，关注的是融合本身及其过程，虽然也涉及融合过程中的诸多因素，但这些因素被当成是过程中的一个个节点和事件（如：劳动参与、与白人通婚）；相反，欧盟社会融合理论是一个影响因素理论，关注的是弱势群体在社会融合过程中，公共政策所起的作用。在这两种不同的体系中，一个是自个体到群体，并基于实证研究结果推导公共政策，而另一个自群体到个体，始于对公共政策与社会融合理论关系的思考，提出促进融合的政策并通过对政策的评估，推断弱势群体的融合水平。换言之，前者是基于移民的个人发展能力（如：年龄、受教育程度、语言能力）来推断融合结果，而后者则通过制定、推行有效的社会政策，提高移民在流入地的各种适应性。可见，我们不妨将这两个体系分别理解为一个是自下而上的体系（美国），另一个是自上而下的体系（欧盟）。

其三，驱动主体不同。关于国际移民的社会融合研究，美国主要是学者从学术的角度进行的，并未设立一个独立的、专门的推动移民社会融合的政府机构。但是，欧盟的许多研究都是由政府驱动的，且不少成员国都成立了相关的政府机构，推进包括国际移民在内的弱势和脆弱群体享有平等的机会，更好地融入主流社会中去。比如，欧盟委员会在就业、社会事务和机会平等事务部专门设有社会保护和社会整合司，从事有关整合政策的制定以及各成员国社会整合管理；社会整合的研究者多是社会政策的制定者、执行者，而非独立的研究者。

其四，覆盖对象不同。美国社会融合的研究对象一是特指非欧裔国际移民，包括新移民和老移民，二是泛指所有少数族裔（minorities）人群；而欧盟社会整合的研究对象包括所有脆弱群体，既有国际移民，也泛指本国其他弱势群体，如因民族、种族、宗教、性取向、种姓、血统、年龄、失能、HIV 感染、流动身份、居住地点等多方面原因而呈现出系统性弱势的群体。

其五，关注内容不同。由于理论取向的差别，欧美关于社会融合的研究内容亦有差别：美国的研究内容是个体的融合程度；欧盟的研究内容是欧盟成员国及相关国家移民政策及其执行、落实的情况（虽然政策研究依旧会涉及移民个体）。在美国，国际移民社会融合研究主要是从个体视角出发的，关注个人的社会经济融合水平（如：受教育程度、职业地位、收入水平、住房拥有、居住隔离）、文化适应（如：英语能力、婚育行为）、身份改变（如：入籍），基于学者对个体融合现状、特点和影响机制等问题的科学、细致、深入的研究结果，评估国际移民在某些（个）方面的社会融合程度。研究内容本身很少涉及公共政策（这并不排除专门的政策研究），研究结果的政策意义主要是基于研究结论归纳总结而得出的。相反，欧盟研究的内容主要是国家层面的公共政策，即针对旨在推进包括国际移民在内的弱势或脆弱群体社会融合公共政策体系的构建和实施效果评估，并给予评估结果，以提高各成员国移民群体的整合程度。

其六，使用术语不同。正因存在上述种种差异，欧美社会融合理论各自使用不同的术语。表2－2列举了欧美移民社会融合研究中常用的术语及其含义（这里并未穷尽所有相关词语）。它们在中文中可能都被翻译为“融合”或“社会融合”。的确，这些与社会融合有关的概念并非完全相互排斥，也没有绝对清晰的区分，而是交叉互补，或是针对社会融合的某个维度、某个阶段的描述，或是从多个视角进行综合阐释，且混用的场合也很常见。

表2－2　欧美常用的与社会融合有关的概念及释义

英文概念	中文翻译	相关英文解释
melting-pot	熔炉	The immigrant cultures are mixed and amalgamated without state intervention. The melting-pot implied that each individual immigrant and each group of immigrants assimilated into American society at their own pace.
assimilation	文化融合	the process whereby a minority group gradually adopts the customs and attitudes of the prevailing culture
accommodation	文化调适、行为适应	adaptation; adjustment
fusion	融合、熔化	a merging of diverse, distinct, or separate elements into a unified whole
interpenetration	互相渗透、相互穿透	mutual penetration; diffusion of each through the other; penetration between, within, or throughout
acculturation	文化同化	the processes of cultural learning imposed upon minorities by the fact of being minorities

续表

英文概念	中文翻译	相关英文解释
adaptation	适应、配合	any change in the structure or functioning of an organism that makes it better suited to its environment(生物定义)
identificational assimilation	身份认同	the members of the immigrant or minority group identify fully with the host
solidarity	团结、凝聚	the integration, and degree and type of integration, shown by a society or group with people and their neighbors
integration	融合、统合、整合	the act or process or an instance of integrating: as incorporation as equals into society or an organization of individuals of different groups(as races)
inclusion	包容、融合、共享	A relation between two classes that exists when all members of the first are also members of the second. In social inclusion of persons: (1) inclusion (disability rights), accommodating any person with a disability; (2) inclusion (value and practice), a practice of ensuring that people in organizations feel they belong.
cohesion	凝聚、团结	the bonds or "glue" between members of a community or society
protection	保护	supervision or support of one that is smaller and weaker

注：这里的英文解释来源于 Merriam-Weber Dictionary 和 Wiki-Wikipedia，the free encyclopedia。

尽管如此，在谈及社会融合时，欧美的用词常常有别：欧洲多用 social solidarity，social cohesion，social inclusion（与 social exclusion 相对应），social protection，而美国多用 acculturation，accommodation，assimilation，adaptation。虽然欧美都使用 integration，但美国使用 integration 时，主要是指经济结构方面的整合（如：教育、职业、收入，即 economic integration），常为经济学家（和社会学家）使用；当泛指移民的社会融合之时，美国主要还是使用 assimilation，特别是在经济领域以外的其他人文社科领域中。当欧洲使用 integration 时，更多的是指社会整合（social integration）。因此，在社会融合场合，虽然将 cohesion，inclusion 等词语翻译为“融合”并不能说完全错误，但需要考虑语境。

这些概念的层次也不一样。比如，social cohesion，social integration，social inclusion 是目前欧洲相关政府部门、公共政策、政治学、社会学、社会心理学等领域普遍使用的一个概念。与 assimilation 相比，这些概念的意义更深、视角有别，涉及宏观、中观、微观三个层面：不仅针对国际移民，而且包含国内其他脆弱群体；不仅指外来人与本地人融洽相处，而且包含流入地社会对外来人的接纳态度和行为；它们往往不是指个体的适应行为，而是指社会的态度和公共政策。另外，social cohesion 不仅涵盖而且超越了 social integration，social inclusion 的内涵，是指整体社会的统合。从这个意义上看，不同的术语涵盖不同的范畴：social cohesion 是指社会整体的凝聚与统合，是宏观层面的概念；social integration，social inclusion 主要是指政策层面（即公共政策）的接纳，属于中观层面的概念；而 assimilation 是较低层面的概念，是指个人层面的融入。虽然这些词语在中文翻译中没有明确的区分，但在英文原意中，有的区别明显，有的差异微妙。这提醒我们，在使用这些术语时，也须多留意语境。

总而言之，欧美这两个体系，一个是从国家层面出发，通过对各欧盟成员国及相关国家移民政策推行后果的评估，从群体的角度考量政策对移民的接纳程度，其目的是利用公正的公共政策，有效推进移民的社会整合；另一个是直接针对个体的融合本身，包括过程和结果。

就对我国社会融合理论的借鉴意义而言，首先必须清楚研究目的是什么。若是分析个体的融合特征，更有借鉴意义的是美国的理论；若是考量各地政府在包括流动人口在内的公共政策均等化方面的实施后果，则前者和后者都具有借鉴意义。比如，通过对各地流动人口融合状况和影响因素的分析，间接考察各地流动人口在公共服务享有方面与本地人的差别；又如，通过评估各地公共服务和公共政策的推行效果，考察各地在推进流动人口社会融合方面的作为。但是，第二种评估其实也是建立在第一种情况基础之上的；而且，若要从宏观层面进行评估，首先还需要构建一套以保护公民权为核心的宏观层面的评价指标体系。

三　美国移民社会融合测量指标及体系

社会融合是一个抽象、涵盖宽泛的理论概念，覆盖多个维度，且每个维度之下涉及众多测量指标。因此，选择合适的指标测量社会融合的程度是社会融合研究的另一个核心内涵。欧美已有较为成熟的测量指标或指标体系，值得我国借鉴。

与理论相比，美国学者对社会融合指标体系的构建却要逊色得多；事实上，直到近年，其指标体系基本是缺失的。这与美国的研究传统密不可分，因为美国关于移民的研究主要是从单个指标进行的。不过，2008 年，Duke University 从事公共政策研究的 Vigdor 创建了一个涵盖三个维度的融合指标体系，并计算指数，既从三个维度，也从总体上，还从单个指标比较不同种族移民群体的融合水平。下面分别对单个指标和综合指数予以简要介绍。

（一）四维度测量指标体系：语言文化、社会经济地位、居住融合、社会关系

美国的研究多使用单个指标测量跨国移民的社会融合程度。常用的指标包括：受教育程度、就业状况、职业声望、收入水平、住房拥有、住房状况、住房位置、英语能力和在家里是否说英语、① 社会关系、是否与欧裔美国白人结婚、生育数量、选举投票、申请入籍、成功入籍，等等（Alba and Nee，2003；White and Glick，2009）。概而言之，这些指标可以归纳为四个维度。下面以 Alba and Nee（2003）的研究为例予以介绍。

1. 文化同化和语言融合（acculturation and language assimilation）

学界的普遍共识是，随着移民在流入地居留时间的延长，一定程度的文化融合是不可避免的。文化交融始于第一代移民日常用语的改变。② 只有能（流利地）讲流入地的语言，才能在日常生活和工作中更好地与流入地居民沟通交流，也才能融入流入国的主流文化中。

2. 社会经济地位整合（socioeconomic position）

当前的美国社会包括两类移民：一是传统型的劳动力移民，以墨西哥和中美洲的移民为代表；二是新型的人力资本移民，以拥有技能资本的欧洲和亚洲移民为主。这两股截然不同的涌入美国劳工市场的人流反映出当今美国（及其他发达国家）移民社会背景的多样性。虽然与传统的劳动力移民相比，学术界对人力资本移民的关注较少，但人力资本移民在到达异国之后不久，多能在经济和文

---

① 比如：2000 年美国人口普查的第 11 个问题问及受访者是否懂英文、是否讲英文，若不讲英文，讲何种语言？该问题包括：（11c）受访者的英语程度如何（很好、好、不好、一点也不会）？（11a）除英语以外，受访者是否使用其他语言（是、否）？（11b）若是，讲哪种语言？该指标被普遍用来衡量移民的文化融合程度。

② 不多，对于第二代移民，问题并非能否讲流利的英文，而是如何不丢掉母语。Portes and Rumbaut（2006）、Alba and Nee（2003）的研究表明，即便第二代移民可以讲流利的母语，但随着时间的推移，英语能力得到进一步强化，其母语能力却被弱化，并且这将出现在不同年龄段移民中。

化上与当地的主流文化趋于同步。因此，大量人力资本移民的存在，对区隔劳动力市场理论所主张的移民受限角色提出很大挑战（p. 231）。对此，Alba and Nee 从以下几个方面予以分析。

其一，民族经济中的移民（immigrants in the ethnic economy）。Portes 提出“民族经济”的假说。该假说认为，具有相同文化传统的民族经济对移民尽快适应美国的生活十分重要：为培养和教育第二代移民奠定了基础，也为因种族歧视而受到主流经济机会排挤的，甚至受过大学教育的第二代移民提供了生存和经济收入。虽然民族经济中的工作机会比较有限，但对语言和人文资本均无优势的新移民来说，他们没有其他更好的选择。因此，与劳动力移民不同的是，民族经济帮助种族团体不必依赖于当地薪水过低的工作。

但是，实证研究（如：中国移民）结果似乎并不支持“民族经济”假说。而且，对许多移民来说，民族经济只是他们的第一个落足之地；随着时间的延长，他们也会选择薪水更高、条件更好的工作（pp. 233 – 235）。

其二，开放劳动力市场中的移民（immigrants in the open labor market）。对于在普通的劳动力市场中就业的移民融合情况，学界存在争论。比如，Chiswick 提出，移民之初的成本较高，而经过一段时间后，其收入与美国白人相当；相反，Borjas 通过队列分析方法，得出移民融合质量趋于下降的结论。当然，Borjas 并未考虑那些取得成功并回到故乡的移民们。事实上，如果与第一代成年移民相比较，儿童移民和第二代移民均达到了与当地人平等的经济水平，支撑了 Chiswick 的论证。研究显示，对 1965 年以后的劳动力移民而言，其收入的偏低主要不是种族本身造成的，而是由他们自身相对较低的人力资本所致，非法和无证的移民尤其如此（2000 年时，美国大约共有 800 万非法移民）。这与美国的经济结构有关，因为对熟练技术工人的需求大于对缺乏娴熟技术工人的需求。

其三，第二代移民的受教育程度（educational attainment of the 2nd generation）。研究表明，虽然在美国社会，移民子女接受教育受到一定的阻碍，但由于教育资本的代际传递及移民父母对子女教育的重视，第 1.5 代和第二代移民的受教育程度普遍超过社会平均水平，人力资本移民和劳动力移民的子女都是如此。第一代移民的子女（即 1.5 代）可能已在教育上高于多数人的平均水平，而第二代子女的教育水平更是呈现出毋庸置疑的优势（p. 241）。可是，也有数据显示，第三代移民的教育水平在某些特定的种群（如：墨西哥人）中出现恶化的现象，有下降的趋势。

其四，第二代移民的劳动力市场地位（labor market position in the 2nd generation）。对于不同种群，第二代移民在职业声望上普遍具有较大的优势，即便低收入的劳动力移民也是如此，虽然他们未能发展到与当地白人相配的高度（p. 245）。然而，由于以下原因，我们对此不能过分乐观，必须采取谨慎的态度：一是我们未能将他们与其家族联系起来，而只能进行一个平均水平的比较；二是不知道第二代移民在当地劳动力市场中取得了多大的成功。因此，我们所能得出的结论是，“在大量的第二代移民中，找不到衰退或停滞的迹象”（p. 246）。但是，还是有理由为在美国出生的移民后代的经济社会状况担忧：一是因为种族；二是第三代移民的问题；三是非法移民的孩子面临十分严峻的劣势。

3. 居住融合（residential accommodation）

新一代移民一个最显著的特点是，由于社会网络的引导以及在美国社会语言不通、文化陌生等因素，他们多在为数不多的州和大都市地区集中居住。在大都市地区，移民集居现象更为突出，尽管这不像1965年之前的种族隔离那么严重。“种族隔离”又称相异指数，是指“一个群体的空间分布与对照群体（通常是主流群体）空间分布之间的差异”。这样的差异可能因移民社区的存在等因素而起。美国1990年人口普查资料显示，西班牙裔和非西班牙裔之间的平均相异指数为0.4，几乎与1980年的指数没有差别（p. 252），这表明十年间美国中南美移民与欧裔白人之间的居住隔离没有改善。移民群体的集居与种族人口的快速增长极不适应。虽然第二代移民已经出现了适度分散的迹象，但该趋势还有待进一步观察（p. 248）。

4. 社会关系与异族通婚（social relations and intermarriage）

社会关系中最常见的研究是关于异族婚姻的。在世界范围内，同族通婚的行为模式一直被用作维持民族社会边界的常规机制，故其逐渐消退可以被理解为反映了种族认同的变化和族际的跨越。研究反复表明，虽然增长率各不相同，但异族婚姻在所有种族之间都在增加（p. 262）。这可能与受教育程度有关，因为受教育程度的提高可促进种族之间对障碍的跨越。对美国1980年和1990年人口普查数据的分析发现，所有种族的男性与女性的同族婚姻率都有所下降，同时伴随着异族婚姻比例的上升。总体而言，亚裔与欧裔白人之间的跨族婚姻最多，其次是西班牙裔白人与欧裔白人，最后是黑人与白人之间。这十年间，同族婚姻的减少在受教育程度较高的男性和女性之间最为明显，亚裔、欧裔、西班牙裔的受教育程度趋于一致。至于“白人女性的下嫁婚配”（hypogamy for white women），是指白人女性将她们较高的种族地位与其他种族男性更高的收入所进行的交换。此外，白人女性也可能与教育程度相对较低的亚裔男性结婚。因此，对于异族婚姻的后代，多民族或多种族认同更加普遍（pp. 265 - 267）。

Alba and Nee 的研究代表了 21 世纪美国社会学界基于新时期移民的特点，对美国移民理论、方法和测量指标所进行的新思考、新思路。此外，White and Glick（2009）也利用美国历次人口普查数据，较为全面地比较、分析了美国移民的文化、经济、社会融合等方面的情况。总体而言，这些研究都具有两个特点：一是针对单个指标进行；二是与美国欧裔白人进行对比。

（二）三维度测量指标体系：经济融合、文化习得、身份认同

除单个指标外，Vigdor（2008），一位美国政治学领域的学者，将在美移民的社会融合区分为经济、文化、市民化三个维度，并构建综合指数，全面、系统地考察美国移民的融合情况。其中，每个维度包括一些具体的测量指标。

1. 经济融合（economic assimilation）

经济融合包含教育、就业、失业、收入、职业、住房六个指标。经济融合描述移民或移民团体对流入地的贡献是否与本地人有明显的差距。若移民聚集在经济阶梯的某个区段（尤其是低技能阶梯上），则表明他们的融合程度较低；反之，若他们在经济阶梯的分布与本地出生的美国人相似，则表明融合程度较高。

经济融合指数与政策争论的两个主要领域尤其相关：一是移民对劳动力市场的影响；二是移民对财政预算的影响（the fiscal impact of immigration）。就劳动力市场而言，简单的计算即可表明，通过降低消费价格、提高股东收益，移民的劳动力市场参与每年都会产生 500 亿美元的纯收益。但是，该收益伴随着在同样市场上竞争的本地工人工资的减少。也有观点认为，技术移民创造新的工作岗位，而经济融合指数将有助于跟踪移民的技术是否与本地工人相当。从财政的角度来看，经济融合指数揭示以下信息，即移民是否占用了过大份额的福利或依赖慈善机构提供的医疗保障。该指数同样与移民对社会保障和医疗保险（social security and medicare）信托基金的贡献有关，且有助于决定移民住房需求对财产价值和地方财产税收的影响。

2. 文化习得（cultural assimilation）

所谓文化融合，是指移民或移民团体对本地风俗习惯的适应程度是否与本地出生的美国人存在明显的差距。用于测量文化融合的因素包括族群通婚、英语能力、婚姻状况、子女数量。其中，前二者一直是美国移民文化融合研究领域重点关注的对象。

有关移民政策的一些最激烈的争论与文化融合有关。其中，有些争论比较抽象——比如，美国传统文化的价值；有些争论比较具体——比如，州和地方政府常常面临提供服务（如：为非英语国家移民提供公共教育）的成本负担。将生育模式纳入指数中，有助于测量在不久的将来，移民对公共学校的潜在影响，以及从长远的角度，对更广泛意义上的财政问题的影响。婚姻模式——包括决定是否与本地人通婚或单身居住在美国——提供关于移民长期打算的线索，故而对了解移民给财政问题带来的长期后果同样至关重要。

3. 公民化或身份融合（civil assimilation）

公民化是指移民正式参与美国的社会生活，其主要测量指标是入籍。由于在美国出生之人自然就是美国公民，随着越来越多的移民加入美国国籍，身份融合也会随之提高。该指标同时还包含当前和过去军队服役信息（除 1900 年和 1930 年外）。由于男性服役比女性服役更为普遍，故而该指标分别针对男性和女性进行测量。入籍和服军役都是对美国的坚决承诺，尽管该承诺直接与美国的政治有关：政府确定入籍的标准，设定公民和非公民不同的政策待遇，部分地决定了入籍的好处。

从理论上看，身份融合的变化既可能反映对移民的态度的变化，也可能反映政策的变化。在某种程度上，与文化融合相比，身份融合是移民意愿的一个更强指标。选择成为美国公民或为美国军队服役，明显地展示了对美国社会的献身精神。因此，身份融合可以预示移民的长期影响，不管是从财政意义上，还是从更为抽象的文化意义上都是如此。

Vigdor（2008）认为，对综合指标的考量，使得对不同族群之间、不同时点之间移民的比较分析具有可行性和简明性。显而易见的是，这个体系的一个重要特点是，不仅考虑移民的融合维度，而且通过对移民融合情况的考量和对未来的预测，判断移民对美国社会的反作用。

将该指标体系与 Alba and Nee 的测量指标进行对比，我们不难发现，二者有同有异。就同而言，经济融合是基础，不管是单个指标还是综合指标，经济维度不可或缺，虽然二者的具体测量变量并不完全相同；语言文化的融合也是美国相关研究关注的焦点，只要是对移民融合进行综合考虑，都会涉及这个维度。就异来说，Vigdor 将住房作为经济融合的一个测量指标，而 Alba and Nee 却将居住独立出来；Alba and Nee 将族际通婚作为社会关系的衡量指标，而 Vigdor 是将婚育行为作为文化适应的指标；Alba and Nee 没有涉及身份融合，而 Vigdor 认为该指标对美国社会具有长期后果。这表明，美国学者之间对移民社会融合的认识存在分歧；但是，进一步仔细考量，我们不难发现，虽然他们在具体变量所归属的维度上有所不同，但基本指标十分类似，说明美国学者对移民融合问题的认识同大于异，而这种一致性将对我们构建中国流动人口的融合维度具有重要的启示作用。

虽然移民指标涉及经济、文化、政治（入籍）、社会等诸多维度，但没有突出个体的参与行为。当然，这并不是说美国学者忽视了这个方面，而只是将行为指标置于其他维度之下。比如，在 Vigdor 的体系中，一些指标实际上反映的是移民的参与行为，而不仅仅是对流入地文化的认可（如：生育模式、婚姻模式、入伍从军）；Alba and Nee 的族际通婚也是如此。这些指标无疑与文化或认同有关，却更明确地折射出行为的适应。

总体而言，虽然存在这个三维度指标，但多数关于美国移民社会融合的研究都是针对移民个体在单个指标上的成就进行的，只有少数研究通过整合个体测量指标，分析地区层面的移民融合情况，如某地移民总体犯罪率、福利水平、居住的稳定性（通过每百名居民中外地出生的比率）、婚姻的稳定性、异族通婚比率、收入分布和种族多样性等（Vigdor，2008）。

四　欧盟移民社会融合测量指标及体系

如果说美国学者更多的是从单个指标来测量移民的社会融合水平的话，欧盟的相关指标体系却极其完善；如果说欧盟不是移民社会融合理论研究中心的话，它却是移民社会整合政策指数体系的核心。其中，几个比较有影响的测量指标体系分别是：（1）2000 年 Berger-Schmitt 向欧盟递交的社会统合（social cohesion）指标体系；（2）欧盟保护委员会（Social Protection Committee）提出的“欧盟社会接纳”指标体系（EU social inclusion indicators）；（3）2003 年 Han Entzinger and Renske Biezeveld 提出的“移民整合基准”（Benchmarking in Immigrant Integration）；（4）2004 年首次公布的“移民政策整合指数”（Migration Integration Policy Index，MIPEX），该体系在很大程度上受到前三个体系的影响，对欧盟国家推进移民整合产生了重大影响，并得到美澳等非欧盟成员国的认可，从而得到发展与完善。

在几个指标体系中，仅有“移民整合基准”指标体系是直接针对移民个体并用于测量其融合程度的，而其他几个体系要么是针对国家层面移民政策的，要么是针对包括移民在内的多个弱势群体的，故本书仅介绍“移民整合基准”体系。①

不管是社会统合，还是社会保护指标体系，都是针对所有弱势群体而言的。作为弱势群体中的一员，欧盟的新近移民往往与贫困者、老年人、HIV 感染者、失能者一样，被当成是社会中的“受排斥者”，是需要被包容、接纳、保护的一个群体。然而，1990 年以来，在欧盟推进一体化进程中，人口的流动性增强；21 世纪初，欧盟吸纳了越来越多的第三国移民（即非欧盟成员国移民）。种族的多元化趋势愈发明显，一系列与移民有关的社会现象应运而生，社会问题也愈发尖锐。这些新现象、新问题推动了欧盟专门针对移民社会整合问题的研究，使这个问题成为移民研究和社会融合研究同时关注的重要内容。

2003 年，Han Entzinger and Renske Biezeveld 给欧洲委员会（European Commission）提交的关于“Benchmarking in Immigrant Integration”的报告中，提出了专门用来测量移民社会整合的指标体系，即“移民整合基准”。其中，作者回顾了欧美社会融合的研究历史，明确界定了“integration”这个概念，区分了 integration 和 acculturation，构建了移民整合的四个维度及测量指标，提出了改进移民政策的意见和建议。

这四个维度分别是：社会经济维度、文化维度、法律政治维度、居民态度维度。下面分别叙述这四个维度。

其一，社会经济维度（socio-economic integration）。首要且得到普遍认可的

① 本节引自“Benchmarking in Immigrant Integration”，http：//ec. europa. eu/justice/funding/2004_2007/doc/study_ indicators_ integration. pdf。2011 年 5 月 25 日。

指标是移民劳动力市场的参与情况以及促进或阻碍整合的因素（如：受教育程度和语言能力）。经济维度包括五个测量指标，即劳动就业（employment）、收入水平（income level）、社会保障（social security）、受教育水平（level of education）和居住隔离（housing and segregation）。

其二，文化维度（cultural integration）。近几年，整合不仅限于经济领域这一观点得到广泛认可，故仅仅考虑劳动力市场参与、保障和居住等客观指标显然是不够的，还必须加强对文化领域整合指标的研究。文化整合比社会经济领域的整合更难。不管是移民文化还是欧洲国家的文化，都具有多元化特征，故在评估移民文化认同时，需要确认构成这个社会的核心因素、基本价值观和规则。具体而言，文化维度指标包含五个方面，即对东道国基本规则和习俗的态度（attitude towards basic rules and norms of the host country）、与东道国及家乡的联系频度（frequency of contacts with host country and country of origin）、配偶选择（choice of spouse）、语言能力（language skills）及失范行为（delinquency）。

其三，法律政治维度（legal and political integration）。欧盟高度重视赋予所有成员国公民同等权利，不管他们是本地出生，还是外地出生。同时，欧盟也同样重视赋予第三国公民同等权利。为此，欧委会 2000 年颁布了“Community Immigration Policy”，引入了“civic citizenship”概念（欧委会，2000），确保移民在若干年内逐渐获得特定的核心权利与义务。最终，移民将在东道国同该国人享受相同的待遇，即便没有入籍。法律和政治参与包括四个方面，即入籍率（numbers of migrants naturalized annually or who obtain a secure residence status）、双重国籍率（numbers of migrants with dual citizenship）、政治参与（participation in politics）和市民社会参与（participation in civil society），包括社会性活动与社会组织参与等方面的改善状况。在关于欧盟的移民政策研究中，他们指出，政府在考虑移民的政治融入的时候必须充分关注他们取得合法政治地位的愿望，给予移民子女同等的受教育权利。当然，这种政治性融入还要强调移民对相关社会义务的承担。

其四，居民态度维度（attitudes of recipient societies）。显然，整合不是一个仅有移民参与的单边过程，东道国及其公民肩负着同样的责任。为使第三国公民在居住国有家的感觉，必须营造一个能使他们感到“受欢迎”的氛围。相反，显性和隐性的歧视与种族主义（如：针对移民的暴力，拒绝给移民提供工作或住房，结构性歧视）会严重阻碍移民劳动力市场的整合进程，使他们处于一种贫困状态。国际劳工组织对一些成员国的调查研究表明，歧视在很多地方都十分常见（Zegers de Beijl，2000）。东道国居民的态度包括四个方面：记录在案的歧视个案数（reported cases of discrimination）、东道国对移民的看法（perceptions of migrants by the host society）、多样化政策实施效果（incidence and effects of diversity policies）、媒体角色（role of media）。

需要指出的是，虽然对这四个维度的介绍是分别进行的，但它们之间相互关联、密不可分。与社会统合和社会保护指数体系相比，“移民整合基准”将欧盟移民社会整合指标的研究向前推进了一大步。比如，它不仅考虑了社会整合所涵盖的维度、指标，而且首先从理论上明确地界定了“社会整合”的概念，并与美国常用概念加以区分。相反，前面两个体系由于维度较多、各维度之间相互独立，缺乏鲜明的主线把它们联系起来，显得松散、凌乱，而本体系较好地克服了这个问题。

值得关注的是，相比于前两种分类模型，Entzinger and Biezeveld 的四维模型的贡献与创新主要体现在：他们更意识到了移民的融入不仅仅是移民个体或群体自身对流入地社会的同化与适应，同时也包含着流入地社会在面对移民群体时发生的变化。这种变化的重要指标就是东道国社会（主体社会）的态度——对于移民群体是持接纳还是拒斥的态度。也就是说，移民的融入过程是两个相互调适过程的集合，一方面是移民群体相对于流入地社会的融入，另一方面是流入地社会各群体之间的再融合过程。面对移民群体的涌入，东道国社会成员如果不能以正确理性的方式和态度来看待并接纳移民，不能及时有效地进行自我心理调适，就会形成对移民群体巨大的社会（心理）排斥，甚至加剧两类群体之间的冲突与隔离。

本章小结

美国和欧洲国家拥有不同的移民背景：作为移民国家的美国，是国际移民社会融合理论的发源地，也是相关实证研究的重地；作为殖民国家的欧洲各国，直到 20 世纪后期，才面临移民的整合问题，且对该问题的认识一直是放在降低弱势群体的贫困率和社会保护视角进行的，对该问题的真正重视是近 20 年的事情。

因此，虽然美、欧关于移民社会融合的很多关键性问题（比如：移民融合的维度和具体测量指标）大同小异，但关于移民社会融合的理论和测量方法却形成了两种不同的体系。美国的移民理论发源于文化传统，虽然后来扩展到其他领域，但文化这条主线依旧是显而易见的；而且，其视角是自下而上的，即从对移民个体的研究，提升到政策层面。相反，欧盟的体系源于公共政策，是自上而下的体系，即通过对移民整合政策的梳理，考察欧盟国家对移民的接纳程度。换言之，美国体系强调的是个体的主观努力，即个体积极、主动地融入流入地；而欧盟体系强调的是政策的接纳，即通过有利的移民政策，促进流动人口的整合。因此，这是两个不同层面、不同视角的测量体系：美国是个体维度的；欧盟是政策维度的，从社会统合的视角将移民纳入政策框架中，拥有一个更宽广的视界。

不管是哪一个体系，都对我国流动人口的社会融入（经济融入）问题有着十分重要的启示和借鉴意义。下一章将对国内流动人口经济融入的相关文献进行梳理和述评。

第三章
国内流动人口经济融入文献述评

中国流动人口的经济融入是在如第一章所述的经济转轨、社会转型、人口转变这个特殊的历史时期，在城乡、内外有别的宏观背景下发生的。经济融入是社会融入的最基本维度，是流动人口在流入地生存和发展的基础，也是流动人口实现其他方面融入的基础和前提，对流动人口整体社会融入水平的提高起到至关重要的作用。

任何以务工经商或是其他为目的的流动人口，在进入流入地后面临的首要问题都是找个住所、找份工作，并由此而开始漫长的适应流入地经济、社会、文化生活的旅程。有些人最终成功地融入流入地社会，而有些人则因为种种原因最终未能适应流入地的生产和生活，始终以外来人的身份在城市中游离着、飘荡着。

目前，中国流动人口在流入地的经济融入状况如何？具有哪些特点？他们在哪些方面更容易实现经济融入、在哪些方面更难在经济上融入流入地？哪些因素促进他们的经济融入、哪些因素阻碍他们的经济融入？现存研究具有哪些优势、存在哪些问题？未来的研究又可从哪些视角推动现有研究？这些都是本章需要回答的问题。

笔者在《流动人口在流入地社会融入的指标体系——基于社会融入理论的进一步研究》一文中，基于国内外相关研究，提出了经济融入的测量指标。本章将在该指标体系的指导下，回顾国内有关流动人口经济融入的相关文献。由于相关文献众多（虽然大部分文献并未冠以“融入”或“融合”之名），为便于组织和把握，这里将现有相关研究从劳动就业、劳动合同和劳动时间等劳动保护视角，职业声望和收入水平等经济地位视角，社会保障、居住环境等指标，按照融入的现状、特点（子群体差异）、影响因素分别进行梳理。对国内文献的收集、梳理将进一步帮助笔者深化对流动人口经济融入的理论思考，发展和完善经济融入的理论和指标体系，并为第四章构建经济融入的理论分析框架、提出研究假设奠定基础。本章最后还将对目前研究的现状进行总体述评。

一　经济融入的现状

在流动人口社会融入指标体系中，经济融入是融入流入地的起点和基础，是立足流入地的前提和保障，只有流动者拥有了一定的经济实力，获得了像样的经济地位，他们才会更有信心、更有能力与流入地居民进行深层次的交往，也才能更好地被当地人接纳，从而促进其他方面的社会融入。经济融入属于客观指标，因其容易测量和至关重要而引起学术界和政府部门的最多关注，相关研究也较多，这里的梳理叙述难免挂一漏万。

（一）劳动就业

流动人口的主体是农村外出劳动力，也就是俗称的“农民工”，他们是现存研究关注的焦点。研究表明，种种因素使得他们多被排斥到相对低端的次级劳动力市场，在低端领域就业，处于城市社会的底层（段媛媛、殷京生，2002；格丽娅，2007；王章华、颜俊，2009；万向东、孙中伟，2011）。具体的劳动就业现状总结如下。

其一，就业比例较高。几乎所有的研究都一致表明，流动人口的就业比例较高。但是，这并不表明他们有更好的劳动就业机会；相反，这可能是自我选择的结果：找不到工作之人可能已返回家乡，留在城市里的人大多是有工作的，这无疑会使就业比例偏高。另外，少数流动人口多随亲戚流动，往往是先得知有工作机会，然后再进入流入地，故不能仅靠就业比例来判断其就业机会，还需要综合考察其就业分布。

其二，就业行业集中。农民工集中的就业行业主要是建筑业、制造业、批发零售餐饮业和其他低端商业服务业等劳动密集型产业。比如，《2009年农民工监测调查报告》显示，无论男女、不分长幼，在所有外出农民工中，从事制造业的比重最大，占39.1%，其余依次为建筑业（17.3%）、服务业（11.8%）、住宿餐饮业（7.8%）、批发零售业（7.8%）及交通运输仓储邮政业（5.9%）。虽然就业行业并非融入指标，但毫无疑问的是，一般而言，在党政机关等国有集体行业就职可能好过在建筑业、制造业等行业的就业。即使青年农民工（第二代或1.5代）与第一代农民工存在差异，但在劳动就业方面依然传承了父辈的特点。

全国如此，各地区亦然。上海市2000年人口普查数据显示，在业流动人口中，位居前三位的依次是制造加工人员（占25.8%）、建筑施工人员（占19.5%）、商业服务人员（占13.9%）（王磊，2010）。同样，上海市15～64岁户籍就业人口从事第一、第二、第三产业的比重分别为6.0%、39.2%、54.9%，产业分布呈“三、二、一”特征；而非户籍就业人口则呈“二、三、一”特征，从事第一、第二、第三产业的比重分别为2.3%、54.1%、43.6%（朱宝树，2008）。

其三，就业层次低下。上海本地市民就业人口在机关团体事业单位和国有及国有控股企业工作的比重为41.8%，而流动就业人口就业于这些机构的比例仅为6.0%（朱宝树，2008）。相反，绝大部分流动人口就业于个体、私营企业或其他单位：2009年，私/民营企业和个体企业分别吸纳了41.2%、40.1%的流动人口（国家人口和计划生育委员会流动人口服务管理司，2010：39）。

其四，就业身份以雇员和自营劳动力为主。2005年底，北京市流动劳动力的就业身份以雇员为主，占全部流动劳动力的57.6%；其次是自营劳动者，占35.2%；雇主和家庭帮工所占比例很小，分别只占6.4%和0.9%（翟振武、段成荣、毕秋灵，2007）。《2009年农民工监测调查报告》显示，以受雇形式从业的农民工占93.6%，自营者占6.4%（夏荣静，2011）。不过，就业身份存在很大的地区差别：东部在京流动劳动力中雇主所占比重为7.0%，明显高于中西部来京者（分别为6.5%和4.4%）；中部地区在京流动劳动力中自营劳动者占43.1%，高于其他两个地区；而来自西部之人的雇员身份高达76.4%，说明西部地区在京劳动力多为被雇用者，多从事雇员、帮工类职业（郭琳、刘永合，2011）。

（二）劳动合同

《中华人民共和国劳动法》（以下简称《劳动法》）规定，用人单位与劳动者建立劳动关系时，必须签订劳动合同。劳动合同即劳动契约，是指企业、个体经济组织、事业单位、国家机关、社会团体与劳动者之间建立劳动关系，明确双方权利和义务，确定劳动关系的法律凭证。一经签订，并在劳动合同中明确劳动者的权利，即形成了规范双方当事人劳动权利和义务的依据。劳动合同的签订，有助于保护劳动者的合法权益，有助于劳动者选择职业或使其拥有择业主动权。然而，现存研究表明，流动人口的劳动权益并未得到有效保护，他们依旧多在不受法律和制度保护的情况下就业。

其一，劳动合同签订率低。2005 年全国 1% 人口抽样调查数据显示，在剔除了雇主及自营劳动者后，没有签订劳动合同的流动人口占全部流动人口的 59.8%，签订了固定期合同的占 36.7%，而签订了长期合同的仅占 3.5%（段成荣、杨舸等，2008）；2006 年，北京市就业流动人口与雇主签订劳动合同的比例仅占 32.8%，其余 67.2% 之人未与雇主签订劳动合同（翟振武等，2007）。虽然这两个数据存在很大差别，但合同签订率很低却是一致的。

其二，劳动合同难以得到有效执行。即使签订劳动合同，合同的执行情况却得不到保证，使得很多在业流动人口的合法权益根本得不到劳动合同的保护。再加上流动劳动力属于弱势群体，也没有能力保证合同条款得到有效实施，因此，他们碰到的各种劳动纠纷常常得不到合理解决，不少纠纷往往以农村流动人口的利益损失而告终。

（三）劳动时间

根据 1995 年起实施的《国务院关于职工工作时间的规定》，中国现行的标准工时制度是劳动者每天工作不超过 8 小时，平均每周工作不超过 40 小时。在正常情况下，任何单位和个人不得擅自延长工作时间。1994 年制定的《劳动法》规定，工人每周劳动时间不超过 44 小时。然而，虽然政府对劳动者标准工时的规定已颁布了十余年，但流动人口的劳动时间依旧很长，基本劳动保障未能得到有效落实，具体表现如下。

其一，劳动强度大。现存研究一致表明，流动人口的劳动强度大、劳动时间长（李强，2002；王桂新，2007），且该特点并未因时而异。1990 年代的调查数据就已表明，在工厂流水线上工作的农民工，平均每天工作时间为 10 ~ 13 小时，大多数没有休息日（北京大学“东莞民工调查课题组”，1995；刘世定等，

1995）。到了21世纪初，这一情况仍未得到改善。比如，《中国劳动统计数据》（2006）显示，2005年，城镇就业人员每周劳动时间近48小时，即每周平均工作6天或每周以5天计，平均每天工作9小时多（国家统计局，2006）；同年的《中国人才发展报告No. 3》也指出，中国已成为全球工作时间最长的国家之一，工作时间超过48小时的劳动人口占总劳动人口的39.6%，人均劳动时间远远超过欧美等发达国家，也高于日本和韩国（潘晨光，2005）。在有些地方，产业农民工每月工作时间在26天以上，每天平均工作时间为11小时左右（国家人口和计划生育委员会流动人口服务管理司，2010）。虽然《劳动法》规定劳动者每周至少要休息1天，但调查显示，46.9%的农民工每周工作7天，36.7%的农民工每周工作6天，仅有16.4%的农民工每周工作5天或4天，普遍反映“工作太辛苦”（郑功成等，2007）。

地区性的数据也揭示了类似的特点：在上海市的闵行区，受访对象每周工作超过72小时的占25.2%，工作49～70小时的占35.4%（孟庆洁、乔观民，2010）。若按当前流动人口普遍工作6天计算，加班人员占总体的60.6%。同样，在石家庄市，受访农民工每天工作6～8小时的占19.1%，8～10小时的占45.4%，10小时以上的占33.0%（宋惠敏、李国强，2011）。

其二，闲暇时间短。普遍的加班现象说明，流动人口每周工作标准时间40～45小时的比例很低，而加班无疑会挤占他们的闲暇时间。2004年，劳动和社会保障部课题组在其发布的《关于民工短缺的调查报告》中指出，很多用人单位完全无视《劳动法》规定，擅自延长农民工的劳动时间，且多数农民工没有固定的休息日，经常加班，闲暇时间短，有的甚至根本没有真正的闲暇时间。

其三，拿不到加班费。《劳动法》规定：用人单位在节假日安排劳动者加班的，应按照不低于劳动者本人日或小时工资的300%支付加班工资；休息日用人单位安排劳动者加班的，可以给劳动者安排补休而不支付加班工资，如果不给补休，应当按照不低于劳动者本人日或小时工资的200%支付加班工资，而平常的加班费约为150%。然而，流动人口虽然经常加班，但并不能按国家规定拿到加班费。比如，对石家庄市流动人口的调查表明，完全不能拿到加班费的占17.8%，给不给由老板说了算的占18.4%，按平时工资标准支付的占41.8%（宋惠敏、李国强，2011）。

（四）职业声望与稳定性

职业是个体经济社会地位的重要标志，也是衡量流动人口经济融入的主要指标之一。流动人口背井离乡的一个重要目的就是找到一份理想的工作，获得较高的收入。的确，绝大多数在业乡—城流动人口都走出了传统的“面朝黄土背朝天”的农业劳作，转入了非农工作，但他们在城市的职业基本上只是对流入地本地劳动力所从事职业的一种补充，多与城镇主流人群的职业相隔离。具体表现如下。

其一，职业声望低。绝大多数农民工在流入地社会从事着本地市民不愿干的粗、重、脏、累、险、苦的工作（甘满堂，2001；张慧琪，2006），在职业阶梯中处于中低层，总体社会地位低下（李路路，2003；马九杰等，2003；高文书，2006；格丽娅，2007）。

其二，职业隔离明显。农民工一般都集中在职业声望较低、流动空间较小的建筑业、加工制造业、低端服务业，多被限定在特定的经济和社会空间之内，与本地市民之间的职业隔离十分明显。

其三，职业稳定性差。流动人口之所以称为“流动人口”，重要原因之一就是经常处于流动状态；而他们之所以常常流动，主要在于工作变动频繁，且经常遭遇失业问题（李强，1999；李春玲，2006）。比如，中国社会科学院社会学研究所“当代中国社会结构变迁研究”课题组 2001 年底收集的全国性数据显示，流动人口从未换过工作的仅占 27.4%，换过一次工作的占 40.4%，而换过 2 ~ 6 次工作的超过 32.0%，换过 7 次及以上工作的占 0.1%（李春玲，2006）。

其四，职业升迁机会小。农民工一方面频繁地经历着工作变动，而另一方面却很少有向上流动的机会；即使有，大多也是处于远离国家控制和制度规范较弱的领域；换言之，农民工所能取得的较高的阶层地位一般是中小企业主和中小企业的管理者，而不太可能成为正规经济部门的管理人员和专业技术人员以及政府机关干部（李春玲，2007）。

农民工的这些就业特点使得他们始终处于流入地社会的边缘，难以通过工作经历的积累而获得职业地位的上升（李强，1999），有效地实现垂直的社会流动。反过来，这对他们尽快地融入流入地社会也具有极其不利的影响。

（五）收入水平

收入是流动人口经济融入的最核心指标之一，也是国际移民研究中最早、最为关注的问题。研究表明（杜鹰、白南生，1997），中国1980年代的人口流动主要是为了工作，而1990年代的人口流动主要是为了收入。为此，关于农民工收入水平的研究也受到广泛的关注和重视。在21世纪的头十年中，其收入情况大体如下。

其一，工资待遇差、收入水平低。由于数据的局限，现存有关收入（及其他方面）的研究多是地区性的，而各地的经济结构和发展水平差别甚大，故而不同研究得出的具体工资或收入存在差异。尽管如此，流动人口的工资和收入偏低却是公认的。比如，2004年，在珠江三角洲和沿海地区，农民工即便每天工作12小时，月工资却只有600~700元，甚至仅有500元（国家人口和计划生育委员会流动人口服务管理司，2010：157）；2005年前后，城镇农民工的月工资收入主要集中在500~800元（朱琳，2007）。

其二，低收入比例高。上海市的调查数据和相关研究表明，2003年，外来劳动力低收入的比例较高（高慧、周海旺，2007）：收入低于1000元的占50.6%，超过本地劳动力近14个百分点；在不足600元的低收入比例上，外来人口超过本地劳动力8个百分点；而在1600元以上高收入比例上，他们比本地劳动力约低16个百分点。

其三，与本地市民的收入差距大。就上海市流动人口而言，外来劳动力与本地劳动力的基本工资收入之差为59元；但若将奖金、各种津贴和补贴计算在内，差距达到268元；若把本地劳动力的隐性收入包括在内，差别会进一步拉大（高慧、周海旺，2007）。因此，虽然单纯从数字上看，农民工的工资和普通市民的相差不多，甚至稍高，但不能以此推断农民工的收入超过本地市民（宋惠敏，李国强，2011）。后者受益于城市社会保障，除了工资之外还享受各种社会福利性收入（如：医疗保险、养老保险、最低生活保障、失业保险、住房公积金，等等）；而农民工在城市享有的社会保障微乎其微，工资基本上就是其全部收入。

其四，工资存在拖欠现象。在前些年，农民工的工资拖欠情况比较严重（李强，2002；郭星华、胡文嵩，2006；朱琳，2007）。不过，随着政府的重视，这一现象在近些年已得到很大缓解。比如，2009年国家人口和计划生育委员会

(2010：40)“流动人口动态监测调查”数据显示，流动人口中被拖欠过工资的比例仅为2.3%。虽然如此，但这个数字依旧表明，农民工工资拖欠现象尚未完全消失。农民工经济条件本来就差，对其工资的依赖程度高，即使很小比例的拖欠，对他们的生活都可能产生很大的影响。

其五，收入增长较快。尽管农民工的收入水平存在诸多不尽如人意之处，但从绝对水平来看，其收入增长相对较快。比如，《2009年农民工监测调查报告》表明，农民工月平均收入为1417元，比上年增加77元，增长5.7%。其中，月均收入不足600元的占2.1%，600～800元的占5.2%，800～1200元的占31.5%，1200～1600元的占33.9%，1600～2400元的占19.7%，2400元以上的占7.6%。而国家人口和计划生育委员会同年的调查数据得到的收入更高：农民工的月平均收入达到1942元（国家人口和计划生育委员会流动人口服务管理司，2010：40）。

（六）社会保障①

在空间流动过程中，流动人口面临着许多风险和不确定因素，而社会保障是他们规避各种风险的重要途径之一，也是流动人口社会保护的重要组成部分。虽然流动人口的社会保障体系在经历了一段时间的建立之后，已经在覆盖面、待遇水平、保障项目等多方面都取得了一定的成就，但总体看来，仍存在参保比例过低、退保率较高、制度结构混乱等问题，大部分流动人口仍被排斥在城市社会保障体系之外（林李月、朱宇等，2008；廖康，2009）。

目前学界有关流动人口社会保障的研究较多，其内容可粗略地分为两类：一是关于社会保障体系的研究；二是有关现行保障体系中存在的问题及对策的研究（国家人口和计划生育委员会流动人口服务管理司，2010）。下面将对流动人口的“五险一金”情况分别进行梳理。

1. 医疗保险

医疗保险是农民工参保比例相对较高的一类险种。尽管如此，参保率低和退保率高依旧是农民工医疗保险制度中面临的主要问题。表3－1列出了2000～

① 这里引用的一些参保数据与现存文献中基于地方性调查数据得出的数值有一定的出入。这可能与各研究中分子、分母的具体数目有关，也与样本的不同有关。

2010 年农民工和城镇就业人员医疗保险的参保比例。总体而言，农民工的参保率随时间的推移而上升，但上升的幅度较小，2006～2010 年，其上升幅度仍然小于城镇就业人员。具体而言，参加医疗保险的农民工由 2006 年的 11.13% 上升到 2010 年的 18.92%，提高了近 8 个百分点；同时，城镇就业人员的参保比例从 40.90% 提高到 55.10%，上升幅度超过 14 个百分点。可见，不仅农民工的总体参保比例远低于本地在业人员，而且其增长幅度也远远低于城镇在业人员的增长幅度。

表 3－1 2000～2010 年农民工与城镇就业人员的医疗保险状况

单位：万人，%

年份	农民工			城镇就业人员		
	农民工人数	参保人数	参保比例	就业人员数	参保人数	参保比例
2000	—	—	—	21274	4332	20.36
2001	—	—	—	23940	5471	22.85
2002	—	—	—	24780	6926	27.95
2003	—	—	—	25639	7975	31.10
2004	—	—	—	26476	9045	34.16
2005	—	—	—	27331	10022	36.67
2006	21271	2367	11.13	28310	11580	40.90
2007	21906	3131	14.29	29350	13420	45.72
2008	22542	4266	18.92	30210	14988	49.61
2009	22978	4335	18.87	31120	16410	52.73
2010	24223	4583	18.92	32288	17791	55.10

计算方法：1. 由于统计公报中没有直接给出，故 2010 年城镇就业人员数由上一年的数据加上全年城镇新增就业人员 1168 万人（来自《2010 年度人力资源和社会保障事业发展统计公报》）。2. 农民工的参保比例：参保农民工数/农民工人数，城镇就业人员的参保比例：参保人数/城镇就业人员数。

数据来源：1. 城镇就业人员数、城镇参保人数（仅指参保职工）来自历年的《劳动和社会保障事业发展统计公报》《人力资源和社会保障事业发展统计公报》。2. 农民工人数和参保人数：2006、2007 年数据由中国农民工调研报告公布的 2004 年农民工数量为 2 亿左右，结合 2008 年数据推测获得；2008～2010 年人数来源于历年《人力资源和社会保障事业发展统计公报》。

2. 养老保险

与医疗保险相比，农民工参加社会养老保险的比例更低，由 2006 年的 6.66% 上升到 2010 年的 13.56%；城镇就业人员的养老保险参保比例从 2006 年的49.92%升至2010年的60.09%，虽然农民工参保比例的增长速度超过城镇就业人员，但是在比例绝对值上二者之间的差距尤大（见表3-2）。

表3-2　2000~2010年农民工与城镇就业人员的养老保险状况

单位：万人，%

年份	农民工			城镇就业人员		
	农民工人数	参保人数	参保比例	就业人员数	参保人数	参保比例
2000	—	—	—	21274	10448	49.11
2001	—	—	—	23940	10802	45.12
2002	—	—	—	24780	11128	44.91
2003	—	—	—	25639	11646	45.42
2004	—	—	—	26476	12250	46.27
2005	—	—	—	27331	13120	48.00
2006	21271	1417	6.66	28310	14131	49.92
2007	21906	1846	8.43	29350	15183	51.73
2008	22542	2416	10.72	30210	16587	54.91
2009	22978	2647	11.52	31120	17743	57.01
2010	24223	3284	13.56	32288	19402	60.09

注：数据来源和计算方法均同表3-1。

全国如此，各地亦然。2006年北京市流动人口调查结果也显示，仅有5.7%的流动人口参加了基本养老保险（翟振武、段成荣、毕秋灵，2007）；部分经济较发达的地区如广东、大连，参保率也仅达到20%左右（张永丽、郭天龙，2010）。

各地流动人口不仅参保率低，且退保现象普遍。南京市社会保险结算管理中心的统计数据显示，截至2005年8月中旬，该市有1600多人取消了社会保险账户，最多每天有200多名流动人口办理养老保险退保手续（张永丽、郭天龙，2010）。广东省的情况亦不乐观：2002~2007年，共办理农民工退保近1000万人次，退保人次年均增长17.0%左右；仅东莞市，2007年就有超过60万人次办理退保手续，一天退保现金最多时达30多万元（吴冰，2008）。深圳市每年退保人数超过12万人（彭娜，2010）。

3. 失业保险

人力资源和社会保障部统计数据显示，在医疗、养老、工伤、失业四类保险中，农民工参加失业保险的比例最低（见表3-3）。

表 3-3　2000～2010 年农民工与城镇就业人员的失业保险状况

单位：万人，%

年份	农民工			城镇就业人员		
	农民工人数	参保人数	参保比例	就业人员数	参保人数	参保比例
2000	—	—	—	21274	10408	48.92
2001	—	—	—	23940	10355	43.25
2002	—	—	—	24780	10182	41.09
2003	—	—	—	25639	10373	40.46
2004	—	—	—	26476	10584	39.98
2005	—	—	—	27331	10648	38.96
2006	21271	751	3.53	28310	10139	35.81
2007	21906	1150	5.25	29350	10495	35.76
2008	22542	1549	6.87	30210	10851	35.92
2009	22978	1643	7.15	31120	11072	35.58
2010	24223	1990	8.22	32288	11386	35.26

计算方法：

1. 由于统计公报中没有直接给出，故 2010 年城镇就业人员数由上一年的数据加上全年城镇新增就业人员 1168 万人（来自《2010 年度人力资源和社会保障事业发展统计公报》）。

2. 农民工的参保比例及城镇就业人员的参保比例计算方法同表 3-1。

3. 城镇就业人员参加失业保险人数 = 全部参加失业保险人数 - 农民工参加失业保险人数（2007、2008、2009、2010 年）；2006 年失业保险数据由 2007、2008 年失业保险数据推测得知。

4. 2007 年城镇就业人员参加失业保险人数 = 2007 年全部参加失业保险人数 - 2007 年农民工参加失业保险人数 = 11645 - 1150 = 10495（万人）（全部参加失业保险人数和农民工参加失业保险人数来自《2007 年度劳动和社会保障事业发展统计公报》）。

5. 2008 年城镇就业人员参加失业保险人数 = 2008 年全部参加失业保险人数 - 2008 年农民工参加失业保险人数 = 12400 - 1549 = 10851（万人）（全部参加失业保险人数和农民工参加失业保险人数来自《2008 年度人力资源和社会保障事业发展统计公报》）。

6. 2009 年城镇就业人员参加失业保险人数 = 2009 年全部参加失业保险人数 - 2009 年农民工参加失业保险人数 = 12715 - 1643 = 11072（万人）（全部参加失业保险人数和农民工参加失业保险人数来自《2009 年度人力资源和社会保障事业发展统计公报》）。

7. 2010 年城镇就业人员参加失业保险人数 = 2010 年全部参加失业保险人数 - 2010 年农民工参加失业保险人数 = 13376 - 1990 = 11386（万人）（全部参加失业保险人数和农民工参加失业保险人数来自《2010 年度人力资源和社会保障事业发展统计公报》）。

数据来源：同表 3-1。

从表 3-3 不难看出，农民工参加失业保险的比例较城镇就业人员的参保比例低很多。比如，2006 年，农民工参加失业保险的比例仅为 3.53%；以 2008 年年末全国农民工总量 22542 万人为基数计算，则参加失业保险的仅为 6.87%；虽然2010年农民工的参保比例与2006年相比增加了1倍以上，但比例也不超过9.00%。换言之，绝大多数农民工都没有享受到失业保险的益处。

有意思的是，在农民工参保比例缓慢上升的同时，本地城镇就业人口参加失业保险的比例却呈下降趋势，从2000年的近50.00%降至2010年的35.26%。这说明，城镇就业人员的增加远远快于相应的参保人员的增加，城镇失业保险发展比较缓慢。

4. 工伤保险

由于不少农民工从事高危工作，在工作过程中常常因突发事故而受到意外伤害，或长时间工作在条件恶劣的环境中，其身体健康受到伤害，容易导致职业病的发生，故工伤保险对他们格外重要。数据表明，每年约有数十万劳动者因工伤事故和职业病致残、致死。比如，仅尘肺病，全国累计发病55.8万例，其中绝大多数是农民工（常凯，2004）。同样，人力资源和社会保障网的资料显示，2008年，全国共发生各类事故413752起，死亡91172人，绝对数依旧很大。2009年，全年认定工伤事故95万人，比上年略有增加；全年评定伤残等级人数为39万人，比上年增加1万多人。

一方面是农民工的工伤事故、职业病发生率很高，另一方面是参加工伤保险的比例很低。尽管与其他保险项目相比，农民工工伤保险项目的发展与普及化程度是最高的，但相对于中国庞大的农民工群体而言，他们目前的参保比例依旧极低。1993~2003年，全国就业人数从66808万人增加到74432万人，其中第二产业就业人数从14965万人增加到16077万人，但参加工伤保险的人数却不到5000万；而在1亿多没有参加工伤保险的劳动者中，农民工占绝大多数（张永丽、郭天龙，2010）。

据人力资源和社会保障部公布的数据，2008年参加工伤保险的农民工人数为4942万人，2009年年末为5587万人，比上年年末增加645万人，2010年又升至6300万人。然而，尽管与2006年相比，2010年农民工参加工伤保险的绝对人数和相对比例都有提高，但依旧仅有大约1/4之人参加了工伤保险。同样，我们也可以看到，本地城镇就业人员参加工伤保险的比例也很低，不到全部就业人口的1/3，是本地市民“四险”（不包括生育保险）中参保比例最低的险种，也是与农民工差别最小的一个险种（见表3-4）。

表 3-4 2000~2010 年农民工与城镇就业人员的工伤保险状况

单位：万人，%

年份	农民工			城镇就业人员		
	农民工人数	参保人数	参保比例	就业人员数	参保人数	参保比例
2000	—	—	—	21274	4350	20.45
2001	—	—	—	23940	4345	18.15
2002	—	—	—	24780	4406	17.78
2003	—	—	—	25639	4575	17.84
2004	—	—	—	26476	6845	25.85
2005	—	—	—	27331	8478	31.02
2006	21271	2537	11.93	28310	7731	27.31
2007	21906	3980	18.17	29350	8193	27.91
2008	22542	4942	21.92	30210	8845	29.28
2009	22978	5587	24.31	31120	9309	29.91
2010	24223	6300	26.01	32288	9861	30.54

注：数据来源和计算方法均同表 3-1。

工伤保险不仅对个体的福利、家庭的幸福十分重要，而且对一个地区，甚至整个社会的和谐与稳定都至关重要。工伤事故若是不能得到及时妥善的处理，可直接导致一系列矛盾冲突，引发群体性事件，给社会稳定造成不利影响（张永丽、郭天龙，2010）。

5. 生育保险

随着中国城市化进程的加快和区域经济发展的不平衡，人口流动越来越普遍，许多女性也加入流动人口队伍中，进入城市或从一个城市流入另一个城市。资料显示，2002 年，外出就业的女性劳动者占外出人数的 29.9%，2003 年升至 34.3%，2004 年增至 34.6%，而育龄妇女约占女性流动人口的 82.5%（熊小四，2010）。

关于生育保险，人力资源和社会保障部并未提供相关数据。学者的研究表明，2007 年底，全国参加生育保险的城镇女性职工为 7775 万人，2009 年年末达 10876 万人，比上年年末增加 1622 万人，但女性农民工基本未参加生育保险（张永丽、郭天龙，2010）。事实上，许多女性农民工在怀孕之后就被企业辞退，结婚生育可能就意味着打工生涯的结束，或生育费用均由自己负担（张永丽、郭天龙，2010）。

6. 住房公积金

如前文所言，大部分农民工在低端行业就业，属于城市中的低收入群体，而住房公积金按照职工的收入比例每月扣缴一定数目，故低收入群体缴纳的住房公积金也较少。同时，因为住房公积金需要工作单位定期补贴给农民工同样额度的资金，从而增加了企业的成本，故大量雇用农民工的单位缴纳公积金的积极性不高。“据福建省建设厅住房公积金监管处资料显示，福建省在岗职工300多万人，缴纳住房公积金的不足150万人，绝大多数是国家机关、事业单位、国有企业人员，而沿海一带的泉州、厦门、福州等市由于农民工多，缴存比例非常低。泉州市有93万劳动工人，20多万人缴纳了公积金，没缴的大多是农民工，目前缴纳公积金的只有安利、肯德基、沃尔玛等大型外资企业，还有几家是需要到香港上市的企业”（贺小燕，2010）。

总之，中国特色的社会保障制度极度向城市居民倾斜，农民工尽管以在城市打工为主要谋生手段，为城市的发展付出了辛勤的劳动，却被排斥在城镇社会保障体系之外（王凡，2007），没有得到应有的社会保障（程海峰，2005），未能享受与城市居民同样的医疗、养老、失业等社会保险（郭星华、胡文嵩，2006；甘满堂，2001）。概而言之，目前流动人口的社会保障可以简单地概括为“缺、乱、损”三个字：“缺”是指绝大多数流动人口在流入地缺乏起码的社会保障，“乱”是指各地进行的流动人口社会保障试验相当混乱，“损”是指流动人口的社会保障权益处于受损状态（郑功成，2007）。

（七）居住环境

住房是人口的基本消费。住宅作为私人财产，是安居必需的生活资料，是个人财富与社会地位的凝聚与物化。在欧美等地区和国家（特别是美国），移民在城市的空间分布及其所表现出来的居住隔离（residential segregation）是测量新老国际移民社会融合的最重要指标之一。隔离不仅表现在地域空间之上，而且也表现在居住模式、住房环境、居住条件、房内设施等多个方面。隔离程度越弱，表明融入程度越深，反之亦然。同时，未能有效地融入流入地主流社会也会进一步加深其居住隔离程度。

现存研究表明，农民工的居住状况具有明显的隔离特征，且居住条件和居住环境均较为恶劣，具体表现在以下几个方面。

其一，空间分布隔离。流动人口主要集聚于“城中村”、城郊结合部、城市角落或未经改造的老城区；居住空间呈现出大分散、小集中的群体聚集模式（蒋建林、王琨，2008），在空间位置上明显与本地市民隔离开来。

其二，居住模式单一。“村落型”聚居是乡—城流动人口主要的居住形式。比如，2008 年，北京市“城中村”居民中，85.0% 以上为农民工（郑思齐等，2009）。

其三，居住面积狭小。在南宁市，15.0% 的新生代农民工住在面积只有 7 ~ 8 平方米的小房间里，有的集体宿舍面积稍大，但由于住人太多，人均住房面积也仅有 5 ~ 8 平方米（王超恩、张林，2010）；同样，在广州市番禺区，农民工人均居住面积约为 8 平方米（张新民，2011）；而北京的城中村中，人均住房使用面积不足 5 平方米的住户占到 40.0%（郑思齐等，2009）。

其四，房屋条件较差、房内设施破旧。不管是集体宿舍还是租住的板房或地下室，房屋陈旧，光线黑暗，建筑工地宿舍往往仅有简易的床铺，公共设施缺失或严重不足。比如，南宁市 55.0% 的农民工住房不带卫生间（王超恩、张林，2010）；北京的“城中村”中，90.0% 以上的住房缺乏独立厕所和厨房（郑思齐等，2009），生活条件十分恶劣。这与他们亲手建造或提供的服务环境良好、设备齐全的新型楼宇形成鲜明的反差。

其五，房屋拥有率极低。流动人口的住房来源以租屋和单位宿舍为主，其中，租屋是农民工主要的住房形式。全国性的调查显示，2006 年，农民工租房比例约占 60.0%，用人单位提供住宿的占 30.0%，自购房的不足 5.0%，以投靠亲友及其他方式解决住房的占 5.0%（国务院研究课题组，2006）；南宁市的调查结果也显示，租赁住房的比例最高（45.0%），其次为集体宿舍居住（42.0% 的新生代农民工居住于集体宿舍）（王超恩、张林，2010）。不过，《2009 年农民工监测调查报告》提供的数据表明，仅 34.6% 的外出农民工居住在出租房屋中；此外，集中居住在（建筑工地）单位宿舍或工棚（棚户区）的情况也很普遍。可见，流动人口中很少有人能够真正拥有自己的房屋，住房拥有率很低。

其六，住房安全性差。不管是租住城郊结合部的一些私建违章建筑、城中村、本地市民淘汰下来的旧建筑物，还是居住在单位的集体宿舍，都存在明显的安全隐患，一些火灾事故就是最好的证明。

故此，我们可以就流动人口的住房情况得出以下几点结论：一是居住空间与本地市民呈现出明显的区隔；二是住房条件与本地市民“冰火两重天”；三是“二元”社区的特点十分突出。

二　经济融入的特点

前面把流动人口作为一个整体，总结了他们经济融入的基本状况。但流动人口从来都不是一个高度同质的群体，其内部存在很大分化，经济融入水平可能因子群体而异。关注社会融入的群体差别可以更好地辨识、判断哪些群体在融入过程中面临更大的障碍和困境。虽然某些子群体尚未得到学术界和政府部门的重视，但多数相关子群体之间的差异已经引起了足够的重视。本节将从流动人口的户籍身份、人口学特征、社会经济特征、流动特征等方面，对群体差别进行归纳和总结。

（一）户籍身份差异

根据户籍地点，可将流入地居民区分为“本地人”与“外来人”；根据户籍性质，可将流动人口区分为城—城流动人口和乡—城流动人口。虽然目前的研究主要是关于流动人口中的农民工，但少数学者也开始关注因户籍性质而可能造成的流动人口之间的分层：城—城流动人口的经济融入水平较高，而乡—城流动人口的经济融入水平较低。

朱宝树（2008）对上海市数据的分析发现，外来非农业户籍人口的平均收入水平高于上海本地户籍人口，而外来农业户籍人口的平均收入水平则低于上海本地户籍人口。也有研究将农民工与城镇户籍职工之间的工工资差异分解为两部分：一部分是可被劳动力人力资本禀赋及相关个人特征差异所解释的部分，另一部分是其不能解释的部分，并将后者归之于由户籍歧视因素所致。分析结果是，农民工与城镇户籍职工工资差异的76.0%（王美艳，2003）、44.0%（Knight等，2004）或30.0%（姚先国、赖普清，2004）可归之于户籍制度。而刘传江、程建林（2009）的研究也显示了类似的特点：农民工的工资占城镇户籍职工工资的比例最低只有42.0%，最高的也只是82.8%，且小时工资差异大于月工资差异。尽管这些研究的结论存在着较大差别，但户籍所造成的工资歧视十分明显。

社会保障在户籍身份上的差别更为明显（蔡昉，2004；任远、邬民乐，2006；郭星华、杨杰丽，2005；王凡，2007；刘传江、董延芳，2007；李春玲，2006；王桂新、罗恩立，2007）。虽然不管是什么户籍身份，外来人的保障水平都很低，但城—城流动人口的保障水平要超过乡—城流动人口（张展新，2007；张展新等，2007）。同样，采用与工资户籍歧视类似的方法分析农民工在非工资福利方面遭遇的歧视后，姚先国、赖普清（2004）发现，农民工在养老、医疗、失业保险方面同样受到非常明显的户籍歧视，分别有31.0%、26.0%与21.0%的部分可归之于户籍歧视。这一结果有力地表明，农民工在享有社会保险福利方面确实存在较为严重的户籍歧视（刘传江、程建林，2009）。

（二）年龄及代际差异

流动人口的经济融入存在很大的年龄和代际差异。任何一项工作、任何一种职业都需要经验和技能的积累，而这两方面的积累最直观的表现就是时间的累加。代际（也就是通用的“新生代”“老生代”）也是年龄的一种反映，是其粗略测量。

新生代农民工是目前学界和政府部门都十分关注的人群。关于这个群体，还有几个不同的名称：第二代农民工、青年流动人口，且不同时期、不同学者的定义亦有不同。2010年中央一号文件首次明确提出要“着力解决新生代农民工问题”后，有关新生代乡—城流动人口的各种报道和研究得到进一步发展。社会普遍认为，与父辈相比，新生代农民工具有“四高”“一低”“一薄弱”的特点：教育程度较高、职业期望较高、消费水平较高、保障程度较高，工作耐受力低、乡土观念淡薄。虽然该人群渴望融入城市社会，成为新市民，但由于多种因素而遭到排斥，他们最终成为“无根漂泊的一代”。

一个刚从农村进城或刚从一个城市来到另一个城市的年轻人，可能因为工作经验不足、资历较浅、技能缺乏而在劳动力市场上的议价能力很低，难以找到一份理想的工作。相反，则相对容易找到一份比较满意的工作。但是，正是由于各方面条件相对较好，加上多种因素的共同作用，年轻人“跳槽”的频率更高；如果“跳槽”是跨行业进行的，则经验和职业技能的积累很可能中断，故而在劳动力市场上处于更为劣势的地位。

杨菊华（2010c）利用2005年全国1%人口抽样调查数据和2009年“流动

人口动态监测调查”数据，从人力资本、职业声望、劳动强度、收入水平、社会保障、劳动合同、住房环境、心理认同八个方面，系统、全面地描述了青年流动人口（定义为出生于1980年后、没有本地户籍的外来人）的基本特点。分析区分城—城流动人口和乡—城流动人口，并以青年乡—城流动人口为重点，将其与年长流动人口进行对比（即代际比较）、与本地同龄人群进行对比、与青年城—城流动人口进行对比（即横向比较），以便准确地把握青年流动人口（特别是乡—城流动人口）在上述方面与相关人群的异同，辨识并澄清目前学界、社会、政府部门对新生代流动人口的认识误区，找出他们面临的共同和独特的问题。通过系统比较，杨菊华发现，青年乡—城流动人口在劳动就业、社会保障、身份认同等方面展现出“五低”“二差”的特点：职业声望低、收入水平低、保障程度低、标准劳动时间低、身份认同低，就业行业差、住房条件差。

最近两年的其他相关研究也得出类似结论。虽然在就业行业上，新、老流动人口之间具有传承性，大都集中在建筑业、加工制造业、服务业等劳动密集型行业，但在反映工作状态的务工时间和工作稳定性上，老一代明显优于新生代（佀传振、崔琳琳，2010）；父辈流动人口的收入水平也超过青年流动人口，从而可以判定，在劳动就业、经济地位方面，青年流动人口并无优势可言（姚俊，2010）。这些分析结果不完全支持当前社会对青年乡—城流动人口的流行看法，不管是从其绝对状况判断，还是与其他人群（特别是父辈乡—城流动人口）相比较的相对水平而言都是如此。

若对年龄进行细分则会发现，年龄与流动人口的月收入呈倒U形关系：开始随年龄的递增而提高，26～35岁者的收入最高；随着年龄的进一步增长，收入趋于减少（杨菊华，2011b）。

在居住方面，虽然新生代农民工多选租房，而老一代农民工租住地下室和简易房的比例均略高于新生代，且更倾向于群体性地居住在“城中村”“棚户区”以及建筑工地宿舍，但通过对人均住房面积、独租/合租情况的比较发现，不同代际农民工的住房面积无明显差异（宛恬伊，2010）。

（三）性别差异

研究表明，虽然两性在流入地的方方面面都处于劣势，但性别差异依旧明显，女性流动人口的经济融入现况明显差于男性（李树茁等，2007；陈月新等，

2006；高文书，2006）。

其一，行业和职业隔离明显。尽管两性都集中在低收入行业和职业，但女性集中的行业收入水平更低：比如，女性在进入流入地后，大多从事服务员（30.3%）、其他工人（25.0%）和家政或保姆（9.2%）等工作；男性则主要集中在建筑业、加工制造业等行业（田乔等，2010）。

其二，绝对收入差距明显。一是女性的收入普遍低于男性，二是女性很难找到高收入的职业，三是相对收入更显男性的优势。若以本地市民为参照对象，将流动人口的收入测量为相对于本地市民的相对收入则发现，女性的收入与本地市民相比，显著低于男性与本地市民相比的收入。张文宏、雷开春（2008）发现，男性流动人口的收入比女性流动人口的收入高25.9%；而在乡—城流动人口中，男性每小时的工资高出女性23.8%。

其三，女性保障福利水平低。蒋美华等（2009）的研究发现，在农村女性流动人口中，70.0%没有参加医疗保险，83.0%没有购买养老保险，近50.0%在现在的工作单位没有任何福利和保障，即便是对女性十分重要的生育保险，保障水平也非常低。

（四）民族差异

到目前为止，中国学界和政府部门对少数民族流动人口的研究还处于起步阶段。在现存研究中，直接涉及民族流动人口的研究很少；即便考虑民族，也仅是将其作为一个控制变量，民族差异尚未成为流动人口研究中一个被关注的议题。在为数不多的相关研究中，对民族的测量和划分往往只是区分汉族和少数民族，或者将少数民族进行大致的划分。研究的不足使我们对少数民族流动人口的规模、特点，尤其是其经济融入特点的了解还非常粗浅。

概而言之，与汉族流动人口相比，少数民族流动人口在就业行业、职业、收入等方面的融入程度更低（李伟梁，2010）。这主要表现在以下几个方面。

其一，经济类型单一。少数民族流动人口多是自愿经济型流动，很多人在流入地社会经营着具有民族特色的单一经济：具有地方特色的餐饮业，出售民族土特产品的零售业（如：新疆维吾尔族的葡萄干和烤羊肉串、藏族的饰品）。

其二，行业更为集中。农业部的调查数据显示，与汉族流动人口类似的是，建筑业、工业和餐饮服务业是西部外出劳动力（其中的一部分是少数民族流动人口）主要集中的行业；其中，建筑业比重最高，其次是工业、个体和特色餐饮服务业（陈云，2008）。上海的研究也发现，在沪少数民族流动人口中，自营小生意者所占比重较大，另外餐饮服务人员和商业服务人员的比例也很高（汪志等，2011）。

其三，职业声望更差。与汉族流动人口相比，少数民族流动人口从业的职业类型比较单一；虽然一些高学历专业技术人员分布于各行业，但所占比例较低（汪志等，2011），更多的是就职于声望很低的职业中。

其四，族内融入水平相似、族间差别明显。因来自不同地区的少数民族流动人口更容易群居在一起，故来自相同或相近地域的少数民族流动人口的融入程度比较接近。比如，“江苏省少数民族流动人口状况抽样调查”数据分析结果显示，通过计算少数民族流动人口社会融入指标体系得分，西北地区少数民族流动人口得分相近，西南地区得分也相近，但西南与西北各民族之间得分差异较大（王振卯，2010）。

（五）婚姻状况差异

流动人口的经济融入水平可能因婚姻状况而异。研究发现，已婚（尤其是与配偶同行）流动人口的经济融入水平超过未婚人群，但这只是总体情况，在具体测量指标上存在差别。事实上，经济融入水平与婚姻状况之间的关系并无确定的单一答案，而是因测量指标而异。此外，婚姻与经济融入的关系还可能受到性别和户籍的调节，比如，婚姻是农村女性外出就业行为选择的主要考虑因素：未婚女性是否外出打工主要基于个人的意愿，受家庭的束缚较小；已婚女性的个人意愿则需要服从家庭的安排（边静，2010），是否流动要看流动可否带来家庭利益的最大化。

（六）受教育程度差异

受教育水平是人力资本积淀的直接反映，影响流动人口对新环境的适应能力、对新知识的学习能力、在劳动力市场上的议价能力，以及人与人之间的沟通能力，等等，从而帮助他们在流入地更好地克服文化障碍和结构性、制度性限制，提高社会资本积累（杜鹏等，2005），促进社会融合（张蕾、王桂新，2008）。

流动人口的文化资本越高，就越可能找到一份理想的工作，获得像样的收入，得到更好的社会保障，于是也就越可能对流入地产生认同感。

其一，劳动就业的差别。随着受教育程度的提高，流动人口获得基于个体能力报酬的岗位的可能性越大，竞争相对公平，得到更为平等的待遇；换言之，受教育程度越高，企业对待本地人和外地人的待遇差异越小（董立群，2009）。

其二，职业阶梯的差别。受教育程度影响人们的职业分布。比如，赖晓飞（2009）在厦门市对某工厂的蓝领工人和白领工人的研究发现，与蓝领工人相比，白领工人一般都具有中专或高中以上的文化。又如，非农流动人口与农业流动人口的职业分层以教育和技术资本为主要特征。在非农流动人口中，中层以上职业人口比例远远超过农业流动人口；超过一半的非农流动人口属于“白领”阶层的中间阶层。从结构上来看，非农流动人口的职业分布接近“橄榄形”，而农业流动人口的职业分布仍是低层人口规模较大的“烛台形”（张翼、候慧丽，2004）。

其三，收入的差别。受教育程度可以提升流动人口的收入水平（赵延东等，2002；李春玲，2006；李树茁等，2007；高文书，2006）。比如，陈卫等（2010）利用“北京市1%流动人口调查”数据分析得出，教育对工资收入的贡献率为5.4%，即受教育年限每增加一年，流动劳动力的月收入增加5.4%。

其四，职业技能培训的差别。据《2009年农民工监测调查报告》显示，51.1%的外出农民工没有接受过任何形式的技能培训，且文化程度越低，接受过技能培训的比例也越低：文盲半文盲、小学、初中、高中、中专以上教育所对应的接受过技能培训的农民工比例分别为26.3%、35.5%、48.0%、54.8%和62.5%。

（七）行业和职业差异

一方面，劳动就业、职业声望和收入水平等是经济融入的关键指标；另一方面，它们也与其他融入指标密切相关。

其一，收入因行业、职业、劳动时间、劳动合同等因素而异。不同的职业对受教育程度、职业技能水平的要求不同，形成的社交“圈子”也有别——比如，建筑工人大都以初中文化程度为主，他们会以工地为基础形成自己的“同乡圈”。同样，不同的职业对应着不同的收入和保障水平。比如，制造业、服务业和住宿餐饮业收入水平偏低，批发零售业和采矿业的收入增长相对较慢（《2009年农民工监测调查报告》）；国家机关、事业单位、国有企业人员的保障水平较其他职业高，而这些又会进一步影响融入水平。

其二，劳动合同签订因职业而异。比如，在2006年的北京市，专业技术人员和办事人员与雇主签订劳动合同的比例相对较高，分别为48.4%和40.7%；生产运输设备操作人员与雇主签订劳动合同的比例为28.0%，而商业服务人员与雇主签订劳动合同的比例仅为26.6%（翟振武等，2007）。

其三，保障水平因行业而异。总体而言，在其他条件相同的情况下，制造业者的保障水平超过建筑业、商业服务业、交通信息业和事业机关单位的就业人员。这说明，对流动人口而言，并不是就业行业越好，保障水平就越高。特别值得关注的是，即便在工伤风险较高的建筑行业，雇主或单位为农民工缴纳工伤保险的比例仅为15.6%，与《工伤保险条例》的要求相差甚远。同时，在建筑业，就业者参加养老保险、医疗保险和失业保险的比例也显著低于其他行业，参保比例分别为1.8%、4.4%和1.0%（《2009年农民工监测调查报告》）。

（八）流动特征差异

流动特点主要包括四个方面：流动身份、流动原因、流动所跨越的行政区域、在现居地居留时间（或离开户籍地时间）。流动人口的经济融入水平可能因这四个因素而异。

其一，经济融入程度因流动身份不同而异。杨菊华（2011a，2011b，2011c）利用2005年全国1%人口抽样调查数据对流入地本地市民、务工经商的城—城流动人口和乡—城流动人口的收入、劳动强度、社会保障等进行了一系列的研究。结果表明，就收入和社会保障而言，不管是绝对水平还是相对水平，城—城流动人口都超过乡—城流动人口；在劳动强度上，乡—城流动人口劳动时间最长。

其二，居留时间的长短导致经济融入的差异。2006年北京市流动人口调查数据显示，在北京居留的初期，随着居留时间的延长，流动劳动力的月收入不断提高，但达到一定的居留时间以后，月收入反而减少（陈卫等，2010），即收入与居留时间呈倒U形关系。但是，其他研究发现，流动人口的收入水平随着在流入地居留时间的延长而提高（高文书，2006；李树茁等，2007；张文宏、雷开春，2008；杨菊华，2011b）。此外，在流入地居留时间的长短与流动人口的社会保障水平显著相关。居留（流动）时间越长，流动人口的保障水平越好（杨菊华，2011c）。

其三，流动区域的差异也会导致经济融入的差异。2005 年，地区内流动者的社会保障得分高于跨地区和跨省流动者（杨菊华，2011c）。《中国流动人口发展报告（2010）》也显示，乡—城流动人口所跨越的行政区域越大，越难以融入流入地社会（而这主要表现在社会保障程度和住房条件方面）。

三 经济融入的影响因素

前两节描述了流动人口经济融入的现状及其特点（人群差异），本节将梳理现存文献中影响经济融入现状和特点的主要因素，分析融入的影响机制，而这将为第四章“经济融入的理论分析框架与研究假设”提供参考。有两点需要说明：一是这里关于机制的分析，一部分是对现存研究的梳理，但主要是基于笔者对现存文献的理解和思考所进行的归纳、总结、提炼，其中难免误解原作之意；二是这个梳理亦是挂一漏万，许多重要的文献可能被遗漏，均请作者和读者谅解。由于流动人口经济融入影响因素的研究众多，有的是数据分析结果，有的是理论推论结果，为便于把握，本节主要关注前者，并从个体因素，流动特征，流入地的经济社会结构，社会制度、政策环境和公共服务均等化四个方面进行收集和梳理。

（一）个体因素

经济融入首先是个体的行为过程和结果，无疑受制于流动人口自身的发展能力，包括人口学特征、人力资本和社会资本等。现存研究从流动人口的年龄、性别、民族、婚姻状况等角度进行了分析。下面分别进行梳理。

1. 人口学特征

（1）年龄。笔者在《对新生代流动人口的认识误区》一文中说到，青年乡—城流动人口在经济融合诸多方面的基本特点与父辈乡—城流动人口的模式几乎完全一致，看不出本质的差别。但是，通过上一节的特征梳理，笔者却发现，其他研究多认为，新生代流动人口与年长流动人口存在明显差别，且新生代胜过老生代。这两种说法看似矛盾，其实不然，因为笔者所说的是模式，而不是绝对水平。这并不否认该群体与父辈之间的差距：生长在不同时期、具有不同人口学特点的两三代人存在差异十分正常。所不同的是，其他学者认为新生代流动人口的融合情况超过老生代，笔者却认为不然。此外，也需要注意的是，不同研究对新生代的年龄界定不同，这无疑也会影响到特征的差异性。

的确，新生代农民工年轻，受教育程度较高，像当地人一样穿着打扮，注重形象，追逐时尚，追求合乎自己兴趣的生活，愿意与城里人交往，故其消费方式、生活方式、价值观念更加接近城里人；且他们的就业渠道较宽，工业化和城市化使他们既可以选择“离土不离乡”，又可以“离土离乡又脱农”（梁宇，2007）。然而，虽然他们在人文资本、社会保障方面超过父辈流动人口，但总体而言，其经济融入的其他指标多不如老生代。换言之，流动人口之间存在明显的代际差别，但青年人的经济社会地位不是更高，而是略差或没有显著差别。

年龄影响经济融入的原因和机制是多方面的。

其一，年龄本身的生理特点可能作用于流动人口的经济融入。年轻本身就是一种资本，年轻意味着活力、热情和激情，对新鲜事物有着更浓厚的兴趣和好奇心，对未来也有更强烈的期盼，故城市生活对年轻人更具亲和力和吸引力。

其二，年龄可能通过对职业的自然筛选而影响收入、保障和生活方式（包括对住房条件的选择）。年龄影响知识和技能的积累，进而决定流动人口在劳动力市场的议价能力。一方面，一些职业更适合年轻人；另一方面，年龄也自然而然地会影响人们的职业选择，即便这种选择是无奈的。青年人缺乏工作经验和职业技能，也很少有自己经营的资本，故多只能替人打工，就职于低端和声望较差的工作，因此收入较低；反过来，这会进一步影响到他们日常生活的其他方面，比如住房、消费、子女教育等，从而影响到流动人口的整体经济融入水平。

（2）性别。性别对经济融入的影响与两性的人力资本、社会性别角色观念和行业、职业特点密切相关。比如，乡—城女性流动人口较低的人力资本不利于她们在流入地获得更高的经济社会地位；又如，受制于性别社会化的规制，女性对职业、收入的心理期待普遍较低，阻碍她们在流入地的社会追求；再如，在人口流动家庭化的背景下，流动女性在流入地往往需要照护子女、操持家务，没有更多的时间、精力及社会资源来获取更好的职业发展机会。

（3）民族。少数民族流动人口较低的融入程度主要与他们较低的受教育水平、语言沟通障碍、相对封闭的文化传统等因素有关。

其一，语言障碍和文化差异造成族际的沟通不畅。语言是人与人之间进行日常生活交往和工作交流的主要工具。但是，许多少数民族人口不会讲或讲不好普通话；一旦离开自己的民族聚集地，来到一个陌生之地，语言环境就会发生变化；怎样有效地与流入地社会主流人群进行沟通就成为他们面临的首要问题。语言障碍很可能成为族群之间交流和交往的拦路虎，延缓其融入进程。

其二，强化了的民族意识，阻碍了族群之间的交流。少数民族的族群认同意识本来就较强，而基于特定地域和文化的族群关系，或基于族群权益的保障策略使得原本隐而不现的族群差别意识（或族群认同意识）在流入地更得以彰显，强化了族群内部的整合。同时，语言交流的不畅驱使相同、相邻或相近民族的流动人口内部抱成团，民族人口之间的社会交往出现“内卷化”倾向，这进一步阻断了其与流入地人群之间的交往，甚至因被“边缘化”而产生敌对情绪和态度，不利于其融入主流社会的经济社会生活中（李伟梁，2010）。

其三，单一独特的经济类型和经济活动使少数民族流动人口“内卷化”严重，并被逐渐边缘化（陈云，2008）。少数民族流动人口虽然脱离了来源地的文化和生活圈，但由于多聚集在本民族聚集区，且经济活动封闭单一，整个交往和生活圈子不仅未能突破族群的局限，而且还在现居地“再造”一个微型的来源地，难以与流入地的生产和生活方式进行对话。因此，他们虽然脱离了来源地的文化和生活圈，却遭到流入地生产、生活方式的排斥。

（4）婚姻状况。婚姻强化家庭责任感。婚姻意味着责任；不管配偶和子女是否在身边，进入流入地的已婚者既不是一个人在奋斗，也不是为个人而奋斗。他们需要更多地为家庭、为子女考虑。为此，他们必须找到一份工作，获得相应的收入，才能养家糊口。

2. 经济社会特征

绝大部分以务工经商或其他目的而流动的人口来自经济社会较为落后的农村地区或城镇，在进入经济社会相对发达的城镇之后，面临着职业、生活方式、社会交往关系等一系列的转变；乡—城流动人口还要适应从内向封闭、悠闲自在的农村生活工作方式向外向开放、节奏紧张的现代都市生活方式的转变。由于他们的受教育程度较低、社会适应能力和发展能力较弱，故而在流入地面临工作竞争等生存压力，以及其他许多方面的挑战。

（1）教育程度与职业培训。教育和职业培训既是流动人口人力资本积累的重要方式，也是人力资本本身。人力资本既包括正规化的教育，也包括流动前后的职业培训。职业培训不仅能帮助流动人口获得新的人力资本，而且也能为其原有人力资本的转化开辟渠道，对流动人口经济地位的提升具有重要作用。丰厚的人力资本对他们在城市长期生存、生活和发展具有深远的影响。美国国际移民的研究表明，移民进入的若是一个公开竞争的市场，则他们在流入国的经济成就主要取决于其人力资本水平（贝克尔，2007）。如前一节所述，国内研究也证实，与正规教育、职业培训相关的人力资本在流动人口经济融入中具有正向作用（李培林等，2001；赵延东，2006）。这主要是因为以下几个方面的原因。

其一，教育可提升人们的综合素质，开拓人们的视界与潜能。进城农民工的整体素质影响市民资格的获得，决定农民工市民化的成功率（卢建中、谢沅芹，2009）。一般情况下，受教育程度较高的流动人口更能吸收新思想、新观念，也更易掌握新技术、适应新环境（卢建中、谢沅芹，2009）。

其二，教育可提高人们的公平意识，促进就业和职业选择。较高的受教育程度可提高流动人口的劳动生产率，改变其就业意识。流动人口的受教育程度越高，对公平待遇的要求也越高，且更为敏感，从而驱使他们在选择就业单位和就业岗位时，尽可能规避不公平性，进入相对公平的就业环境，从而使其合法权益得到更好的保障（董立群，2009），也可以促进他们在行业之间和地区之间的有效流动。

其三，教育会影响宏观政策的制定，加速或延缓流动人口经济融入的步伐。教育不仅折射出个体的人力资本，而且还通过宏观政策作用于流动人口的经济融入。比如，一些地区将教育年限与就业、户籍的获得挂钩：《2007年非上海生源高校毕业生进沪就业评分办法》明确规定，最高学历为本科者可获得21分，硕士可获得24分，博士可获得27分，而其他学历不得分。因此，受教育程度较高之人面临较少的社会排斥，更可能获得流入地的户籍，找到稳定的工作（张文宏、雷开春，2008），推进融入进程。

（2）职业声望。职业带来的不仅仅是收入，而且还有社会声望；职业的差异不仅表现在收入水平上，而且表现在许多其他方面。每个人都希望找到一份高收入、高声望的职业，但是，由于自身发展潜能不足（如：受教育程度较低、技能培训缺失），加上各种制度性的藩篱，农民工多聚集在以他们为主体、声望较低、社会流动空间较小的职业中。这既反映出农民工在工作上未能融入流入地社会，也不利于他们获得正当的劳动保护和社会保障，阻碍了他们经济融入整体水平的提高和其他相关维度的融入。

（3）劳动时间。对流动人口而言，较长的劳动时间与较高的收入水平联系在一起。一般说来，流动人口要想获得较高的收入，最主要的渠道就是延长劳动时间。在流动人口中，超长时间工作是一种常态，从而减少了他们与本地市民交往的机会，进而阻碍他们在其他方面融入的步伐。

（4）收入水平。对于因务工经商之目的而流动的人而言，收入水平是经济融入的最重要指标，追求较好的就业机会和较高的收入水平是人口流动的主要动力。收入受到正规和非正规教育、职业、劳动时间、健康水平、流动特征、流入地区、流入地的结构性特征等多种因素的影响。不仅如此，收入直接事关流动人口的生存能力，制约着其发展能力，故而也极大地制约着流动人口方方面面的融入。

其一，收入影响社会保障和劳动保护。收入是经济基础；若经济基础比较坚实，其他问题都能较好、有效地解决。比如，若正常的工作时间能获得较高的收入，流动人口就不必为了追求像样的报酬而拼命地加班加点，也有更强的实力考虑当前和未来的社会保障；在收入较低的情况下，流动人口首先要考虑的只能是温饱问题，谈不上社会保障和劳动保护。

其二，收入影响居住环境和居住条件。收入越高，流动人口就越可能租住，甚至购买地点较为便利、设施条件较好的住房。一般情况下，地点越好，与本地市民混住的可能性越大，居住隔离就可能相应削弱，人群之间进行交往互动的可能性也越大。

3. 健康水平

健康是人力资本的重要组成部分，对流动人口而言更是如此。没有健康的体魄，就难以获得像样的工作和收入，也难以在经济上融入流入地社会。然而，学术界关于健康对流动人口就业收入的影响并未达成一致意见。多数研究认为，健康状况越好，工资收入越高；但对营养调查数据分析得出的结论却表明，健康对工资的影响不显著（魏众，2004）。此外，还有研究发现，健康对流动人口的收入有负向影响（陈卫等，2010）：不健康之人上个月的收入超过健康状况良好之人。作者的解释是，健康状况不佳之人虽然收入较高，但这是通过高强度、高压力的工作换来的；相反，没有太大工作强度和压力的流动人口的健康状况则相对较好。

4. 社会网络

人口流动过程中的每一个环节都受制于流动者的社会资本及社会网络（Portes，1998），而社会网络反过来也直接作用于流动人口的经济融入。社会网络是行为适应（即社会融入的一个维度）的一个重要指标，但它也影响流动人口的劳动就业和收入保障等。流动人口在流入之初，多依赖基于亲缘、血缘、地缘的初级社会网络和社会资本获得工作机会、应对生存压力。但是，若要在流入地社会更好地生存和发展，就必须建立以业缘、友缘为特征的社会关系网。比如，要融入当地社会，就需要有融入的人情资本，以获得必要的社会支持。这就要求除了原有的同质关系外，还必须扩展新的个人和家庭社会关系网，与流入地社会结成网络（梁鸿、叶华，2009）。然而，虽然随着在流入地居留时间的延长，流动人口的社会网络构成会发生一定的变化，但新社会网络的形成与构成还受到流入地社会诸多因素的制约；基于户籍制度所形成的对农民工的“身份认同”与城市市民对农民工的社会排斥，限制了农民工社会网络的拓展，影响了其社会资本的数量、质量与结构（刘传江、程建林，2009）。同时，城市社会的异质性较强，正式的社会支持（如各种制度、政策、法律等）严重不足，各种制度性和态度性歧视普遍存在，也使农民工新的社会支持网一时难以建立，社会网络的更新变化极为有限，对乡—城流动人口来说尤其如此。事实上，即便在流入地居住了很长时间，流动人口在流入地的社会关系依旧多为强关系，弱关系处于社会资源相对稀缺、个人的高层次需求得不到满足、正当利益得不到有效保障的低水平阶段，从而也降低了他们的城市适应性（李立文、余冲，2006）和心理认同。

（二）流动特征

如上所言，流动特征主要包括四个方面的因素：流动身份、流动原因、流动所跨越的行政区域、在流入地居留时间。流动身份影响社会融入的机制和途径在于户籍及附在其上的相关制度，为避免重复，将在后面的理论构建部分一并详细阐明。

虽然大量的研究表明，人口流动主要受经济目的驱动，但是随着经济社会的发展，人口流动的形式多样，目的各异。庞大的流动人口绝对不会是一个同质性的群体，人们的流动原因也千差万别。比如，因工作调动和拆迁搬家而流动的人与农村外出务工的人，其经济融入肯定会有差别。工作调动之人多是有组织的，其流动背后有单位和政府的支撑和保护；而外出务工之人则主要是自发的，其在流入地的各种适应和融入都需要靠自己的努力而实现。同时，由于婚姻而流动的人，更是与前面几种流动人口不同。婚姻本来就属于一种保障，基于婚姻而流动之人，可能更容易、更快地融入流入地社会。

时间是人们适应环境的有效推力，其一大功效就是帮助人们逐渐熟悉陌生的事物和环境。国内外的研究一致表明，随着流动人口在流入地居留时间的延长，其融入程度相应提高。主要原因有三点：一是增加流动人口对流入地的了解。陌生环境所带来的冲突感会随着居留时间的延长而逐渐减弱；流动人口对流入地的社会规范、生活方式和生活习惯了解越多，认识越深，在流入地立足的能力就越强，从而融入流入地的可能性也就越大。二是扩大流动人口的社交网络。在流入地居留时间的延长可以拓展流动者的生存空间，扩展其人际关系网络，日渐丰富其社会交往的内容，逐步向外延伸其互动的范围，缓解其社会网络高度的同质性，增强和加深其与户籍居民的交往和了解，从而有助于流动人口更深层次的社会融入。三是改善流动人口的福利待遇——许多流入地社会将外来人口的公共福利、劳动就业机会和待遇与居留时间挂钩。比如，在考虑居住资格或户籍资格时，居留时间是一个主要的考虑要素。

流动所跨越的行政区域包括市内跨县、省内跨地区和跨省流动三种类型。总体而言，人口流动所跨越的行政区域越来越大。现行的公共服务、社会福利和管理体制往往是针对所辖区域内户籍居民的——有些政策仅所在地的户籍市民可以享受，有些政策仅省内户籍居民可以享受，故行政区域的跨越无疑会影响到他们的经济融入过程与结果。

其一，流入地社会制度的不公。跨地区、跨省流动可能意味着流动人口在劳动就业、社会保障等方面难以享受到与本地市民同等的待遇。跨越的行政区域越大，遭遇的各种困难可能就越多，故而也越难以融入。比如，若流动跨越了市级或省级行政区域的界限，则流动人口可能面临新的劳动就业制度、社会保障制度、政府管理服务措施等，既需要调节与适应，也需要时日重新获得。

其二，社会环境的变化。行政区域的跨越意味着流动人口面临全新或较新的社会环境和社会网络。若流动发生在市级行政区域内，则流动人口在社会背景、语言文化、风俗习惯、保障制度（如：社会保险的转移支付）等方面面临的挑战都相对较小，既有的社会网络也多可沿用。因此，市级行政区域内的流动者更容易适应流入地的生活和工作，更愿意，也更有可能参与社区的各种活动，心理认同度较高，能够较快、较好地融入流入地的工作生活中，总体融入程度可能也较高。反之，则流动人口需要改变、适应的方面较多，较难以顺利地融入流入地的社会和经济生活中，融入程度也就较低。

其三，劳动就业机会和收入水平的差异。虽然省内或市内流动者更可能获得认同感（或根本就无需重获认同感），但跨省流动者所选择的流入地往往是大城市或经济更为发达之地，这样的地方常常能够提供更好的就业机会和较高的收入。因此，虽然流动所跨越的行政区域越大，流动人口在文化、行为、身份等方面也越难以顺利地融入流入地社会，但在劳动就业、工资水平等方面可能具有优势。换言之，不同的流动区域对不同维度的社会融入或社会融入的不同指标具有相异的影响。

（三）流入地的经济社会结构

经济社会结构的涵盖面很广，可以从多个角度考察。但是，现存研究中有关流入地经济社会结构与流动人口经济融入关系的研究十分罕见。比如，就产业结构而言，若流入地制造业或低端服务业比重较高，可能吸引更多的流动人口（当然，这里可能暗含双向因果关系）；若流入地为新兴的工业城市，同样对劳动力的需求量较大，提供的就业岗位（尤其是技术要求不高的低端岗位）较多，会吸引大量流动人口；又或某些大型的工业园区，有大量的生产线（如：玩具制造业）或低端服务性岗位，也会吸引众多流动人口前往就业。但是，由于这类产业的层次较低，流动人口的经济融入水平可能较低。

流入地的失业率也可能影响流动人口的融入水平。这可以从两个方面来考察。其一，流入地社会的高失业率意味着较少的就业机会、较高的失业风险；人们之所以流动，主要是受经济目的的驱动；若不能拥有一份稳定的工作，在流入地也就没有稳定的生活基础，会影响到收入、保障等多方面的融入水平。[①] 其

① 但是，目前国家的统计口径并未将在流入地找不到工作的流动人口计为“失业”，即未将他们纳入城镇失业率统计范围。其后果是，一方面，政府未为他们提供相应的失业和再就业的政策和待遇（王春光，2010a）；另一方面，流动人口的就业率出现虚高现象。

二，大多数流动人口没有失业保险，一旦失业就将处于高风险之中，而这也许暗示着新一波流动的开始，要么返乡，要么去新的地方寻找新的机会。这也就是为什么流动人口总是聚集在经济发达、就业机会多的地区的主要原因。

（四）社会制度、政策环境和公共服务

经济融入的影响因素是多方面的，但宏观层面的社会制度、政策环境和公共服务等因素对流动人口的经济融入起到关键性，甚至决定性的作用。包容、接纳、宽松的政策环境，均等化的公共服务等均可为流动人口的经济融入提供有利的起点和平台。相反，歧视、排斥的社会制度和政策环境将会阻碍他们的融入。

在流入地社会，户籍制度、就业制度、社会保障制度和教育培训制度的歧视等都是流动人口经济融入的制度性障碍（宋洪远等，2002）。同样，各级政府能否坚持“合理引导、公平对待、完善管理、搞好服务”的方针，真正落实“属地化管理、市民化服务”的原则，将流动人口的管理和服务工作纳入地方经济社会发展规划之中，无疑都会影响到流动人口的融入意愿、过程和结果。

社会制度和公共政策是本书经济融入影响因素理论框架的核心。为避免重复，我们将在第四章“经济融入的理论分析框架与研究假设”中详细回顾与阐述。

四　现存研究的局限

中国大规模的人口流动是改革开放后出现的前所未有的新的人口现象，而该现象很快对学术界和政府部门、学者和政府官员、私人领域和公共政策领域产生了巨大影响。从我们对这个新人口现象的认识和探究过程中可以看出，不管是对于人口流动还是流动人口，我们的认识都具有鲜明的时代特征，打上了深刻的时代烙印，这从对流动人口的称呼中可见一斑。比如，在1980年代和1990年代，进城寻找工作机会的农民群体被称为“盲流”（即“盲目流动”）。该术语广泛见于1980年代中后期的报纸和电视广播等媒体和学术著作中。他们进入大中城市、东南沿海地区（特别是广东），成为从事建筑业、制造业、服务业或其他生产行业的产业工人。无疑，“盲流”一词是在中国城乡二元体制下，对进城务工农民的歧视性称呼。1990年代后期，“盲流”渐渐被“民工

流”之称谓替代；2010 年代，“农民工”完全取代了对农业户口流动人口的称谓。称谓的变化实际上折射出我们对人口流动这个现象、对流动人口这个群体认知的变化。

在过去十多年中，几乎没有任何一个社会学、人口学领域的研究像流动人口研究一样，受到众多不同学者、不同学术领域、不同政府部门、不同社会团体的关注和重视。事实上，与流动人口有关的话题不限于人口学和社会学，还涉及经济学、农村发展学、城市规划学、公共管理学、社会性别研究、家庭学等众多学科领域。同样，关注流动人口在流入地生存与发展状况的政府部门也不仅仅有国家人口和计划生育委员会，而且包括国务院、农业部、人力资源和社会保障部、全国农民工工作办公室、国家发展和改革委员会等部门。多学科、多部门的关注在很大程度上促进了流动人口问题的研究；反过来，学术研究的开展也极大地推动了政府部门出台相关政策措施，完善流动人口的管理与服务工作，改善流动人口在流入地的生存与发展。

毫无疑问，本章的文献梳理仅涉及流动人口问题研究的极小部分，也仅涉及流动人口社会融入（虽然大部分研究并未冠以“融入”或“融合”之名）的一个维度，即经济融入；即便是经济融入，这里收集与梳理的文献也难免会挂一漏万。尽管如此，从这个很不全面，甚至可能有误的文献梳理中，我们依旧能深深地感受到政府和学界对这个问题的重视。同时，我们也认为，本章的梳理大致反映了到目前为止，国内有关流动人口在流入地生存与发展状况研究的基本面貌、主要发现、基本观点。这些研究无疑加深了学界、政府部门和公民社会对流动人口经济融入现状及特点的认识，为后续学术研究的进一步发展奠定了基础，为促进各地流动人口的管理和服务工作提供了考量标准，也为政府部门出台促进流动人口经济融入的政策措施提供了实证依据。

不过，由于认识本身、研究理论、研究方法（如：数据来源、样本选择等）和研究视角等方面的局限，现存研究也存在有待进一步发展和完善之处。对此，前言部分已有介绍；限于笔者的能力和视界，这里将目前研究的不足进行更为详细的归纳总结。

其一，在研究形式上，理论与数据相脱节，或关注理论叙述或关注数据描述，忽视二者的有机整合。现存有关流动人口融入问题的研究可粗略地分为四大类：一是在理论指导下的实证研究或尝试利用数据的分析结果来验证理论，但到目前为止，这类研究为数甚少；二是纯粹的理论性分析，这类研究主要见于社会学领域；三是单纯的现状描述，这是自1980年代起至今最常见的研究模式；四是缺乏理论指导的实证研究，这类模式在当前人口学领域的相关研究中占绝大多数。在认识问题、了解问题和理解问题的过程中，纯粹的理论思考和单纯的数据描述都是必不可少的。前者有助于明确考察问题的思路和视角，提高研究的深度，并成为实证研究的指导，用于回答“为什么”的问题；后者有助于对某个具体问题的现状和特点进行初步认识（如：经济融入的现状和特点），能够初步回答“是什么”的问题。但问题是，在前一个类型中，有的甚至谈不上是理论阐述，而多是泛泛而论（如：户籍制度和农民工个人素质低等因素阻碍了流动人口的经济融入），有的是人云亦云或者换个说法，且这样的文献所占比例很大，对其他研究的启示作用不强。真正的理论思辨文献寥寥无几，且有的过于强调理论性话语，多缺乏实证的检验与支撑。

单纯的数据描述是现存研究的主要形式，大部分人口学的研究属于这一类，反映了这个领域研究的广度。这类研究伴随着流动人口的成长，已经延续了近30年。在1980年代和1990年代，除了讨论人口流动对宏观经济、社会等方面的影响外，其余的就是对基本特征的描述。2000年代，越来越多的学者和政府部门不仅关注人口流动的宏观效果，而且关注流动对流动人口的家庭、流动个体的影响，这无疑是认识领域的一个进步。

但是，如果到现在为止，大部分研究还只是停留在对基本状况和特点的描述上，而不是深入探究造成目前特点的影响因素，这种状况不利于学术知识的积累，也不利于促进社会对相关问题的深层次认识。还值得注意的是，许多用来描述流动人口现状和特点的数据源于地方性的问卷调查；这些调查规模小，不仅对于全国的流动人口缺乏代表性，就是对于调查地区的流动人口，也未必谈得上有代表性（详见下文）。同时，由于数据的描述多缺乏理论指导，故而多缺乏系统性、完整性和逻辑性，往往数据中有什么就描述什么，其整体研究是由数据驱动，而不是由理论驱动的。这使得许多研究是一堆数据的罗列，一方面缺乏理论深度，另一方面也难以从中总结提炼出新的理论或验证现有理论。该现象与客观现实密切相关，这里既有考核体制的原因，也有数据的原因，但本书不做详述。为了应对理论与方法的脱节问题，本书将在第四章梳理有关流动人口经济融入的影响因素理论，并构建经济融入影响因素理论分析框架。本书的实证研究将在该理论框架的指导下进行，并通过实证研究结果，检验、修正、完善相关理论及指标体系。

其二，在研究视角上，关注绝对融入状况，忽视相对融入水平，即相对视角的缺失。所谓绝对与相对相脱节，是指绝大多数现存研究忽视了融入的相对性，就流动人口谈流动人口，而没有将流动人口与本地市民进行比较。无论是对流动人口经济融入的研究，还是其他维度融入的研究，仅仅关注流动人口群体内部状况的比较多（如：男性与女性、年轻与年长、第一代与第二代），比较流动人口与流入地市民之间差距的研究很少（例外请参见王桂新等，2008；杨菊华，2010b）。事实上，融入是一个相对概念，客观性的经济融入更是如此。只有与流入地市民相比较，才能真正谈融入（或融合），否则得到的分析结果只是一种状态。把握状态是了解融入的基础和前提，但状态不等于融入。比如，在经济发达之地，流动人口的收入水平可能相应较高，但这未必表明他们与本地市民之间的差距也相应缩小。事实上，越发达之地，本地市民与流动人口之间的差距可能越大；相反，在经济欠发达之地，由于本地市民的起点也较低，故而流动人口与他们的差距可能较小。当然，这并不是说经济越不发达越有利于融入，而是强调在不同地区，可能需要因地制宜，采用不同的融入推进模式，也表明在研究客观的经济融入时，与本地市民进行对比的重要性。为此，本书将采用两个测量指标，同时关注流动人口的绝对经济社会地位和相对经济融入水平。

其三，在研究对象上，关注乡—城流动人口（即农村户籍流动人口，主要是其中的“农民工”），忽视城—城流动人口（即城镇户籍流动人口），即分层比较的不足。2005 年，中国约有流动人口 1.5 亿人；2010 年，不包括市内人户分离人口，流动人口增至 2.21 亿。规模如此庞大的人群绝不是一个同质性的群体，其内部存在多种形式的社会分层，而其中最重要的分层因户籍类型而起。尽管在过去 30 年中，乡—城流动人口始终是流动人口中的主角，但在 2005 年，大约 20.0% 的流动人口为城—城流动人口，尽管相对比例较低，但绝对数量巨大。

然而，除寥寥几篇（如：张文宏、雷开春，2008；张展新，2007；张展新等，2007；朱宝树，2008）外，其他有关流动人口经济融入的研究要么集中于基于“农业—非农”户口类型造成的城乡差分，而忽视了因本地—外来户籍地点引起的内外之别，要么将不同户籍流动人口混为一谈，忽略了他们之间的巨大差异，故城—城流动人口至今尚未真正进入政府和学界的视界。尽管他们拥有城镇户籍，但相对于本地市民而言，他们也是外来人，与本地市民形成外、内之分。一方面，该群体日益增长的规模呼唤学界和政府部门加强对他们在流入地生存状况的关注；另一方面，由于先赋因素和自致要素的不同，不同户籍流动人口在个体自身发展能力、公共资源的可及性和可得性等方面无疑也会不同，从而增强了流动人口群体内部的异质性。因此，将流动人口作为一个整体对待的研究方法越来越不适应新时期流动人口特征的需要；忽视他们将使政府、社会、学界无法掌握近两成流动人口的基本情况和特点，而将他们与乡—城流动人口混为一谈更会拉大流动人口与本地市民之间的差距，得不出正确的研究结论。新的特征呼唤相关研究不仅必须区分外来人与本地人，还需要区分不同户籍的外来人，既考虑城乡差异，也关注内外之别。为此，本书的分析将区分不同户籍性质的流动人口。

其四，在数据的使用上，对地方性数据分析多，使用具有代表性、普遍性的数据少——当然，这并不是研究者本人的问题，也不是因为中国没有更具有代表性的数据，而是一般的研究者很难得到质量更高的数据。正是由于数据的局限，过往研究主要是对现存状况的描述或抽象的思考，实证研究多只是地区性的。鉴于地区之间的巨大差异、各研究设计的不同以及样本量较小等原因，这样的研究结论：（1）难以进行直接比较；（2）难以从总体上把握流动人口群体的特点和模式；（3）难以对全部流动人口的共同特征进行推断；（4）难以进行流动人口内部的比较。比如，有研究发现，流动人口的收入水平超过本地市民，另一些研究却得出相反的结论；有研究发现青年流动人口的经济状况超过年长流动人口，有的研究结论却相反。这表明，适用于各地区的具体情况未必适用于全国，故既需要从地区层面，也需要加强对全国层面的流动人口的研究，以揭示地区之间的差别，从而制定更有针对性的政策建议；同时，不同研究得出的结论不同本身就值得关注，表明我们对流动人口的认识还存在较大偏差，故需要全面获取有关流动人口经济融入的信息，准确把握他们的特点，并对他们所面临的问题做出更切合实际的判断（朱宇，2010）。为了克服该问题，本书将采用具有全国代表性的、大规模的人口抽样调查数据，其分析结果将具有更普遍的意义。但是，尽管如此，我们也必须承认，由于流动人口的特殊性，真正具有代表性的数据是很难获得的。不过，样本量越大，样本的异质性就越强，就越能够反映更广泛人群的特点。

其五，在指标和变量的选择上，一些现存研究较为随意，严谨的理论论证明显不足。选择什么指标或变量测量流动人口的经济融入、测量哪一个方面的经济融入都必须基于理论。但是，实证研究由于多缺乏合适的理论指导，也由于具体、系统的，既可指导实证研究，也可经过实证研究检验的融入指数指标体系的不足，故融入指标选择的科学性、合理性、逻辑性、系统性等方面多有所欠缺，学者多基于各自的理解或数据的可得性，采用多个或单个指标分析流动人口的经济融入，但对于为什么要采用这些指标或变量、它们为什么可以较好地测量经济融入却未加阐释。其后果是，一方面，不同学者由于对同一个问题的认识可能存在差异，或由于数据不能支撑而不得已选择一个并不十分合适的指标，从而得出的结果亦有差异；另一方面，现存研究得出的结论往往缺乏可比性。为此，本书将在第二、第三章的文献研究，前期的指标体系研究，第四章融入影响因素理论的指导下，基于数据的可得性，选择合适的指标，更好地应对这个问题。

其六，在研究内容上，从单个指标进行分析的多，综合考察经济融入的少。如第二章所述，单个指标或变量的分析是深度研究，有助于学界和政府部门深度把握流动人口在某个方面的融入水平、存在的问题、面临的困境、未来的方向，故而也有助于政府采取更有针对性的政策措施，改善该方面的情况。此外，利用经济融入指标体系，构建融入指数，并对指数进行分析属于广度性质的研究；它能以简明的方式，较好地反映流动人口经济融入的总体程度，可使学界和政府部门对流动人口在流入地经济方面的综合生存和发展状况做到心中有数，提供更具有指导性的政策措施，促进流动人口的融入。本书尝试将单个指标和综合指数结合起来，加强二者的互补性，既进行具体深入的探索，也关注对总体程度的把握。

上述种种局限使得现存研究多较零散、缺乏必要的系统性和全面性，也使得许多重要的问题尚未厘清。如前言所述，流动人口融入城市的意愿、过程和结果如何？他们能否较快地融入流入地社会？哪些层面的融入程度更深、哪些层面最难融入？哪些人群能较快地融入流入地社会、哪些人群难以达成融入的期望？哪些因素推动他们的城市融入、哪些因素阻碍他们的城市融入？个人自身的发展能力，流入地的公共政策、经济结构等对流动人口的社会融入起到多大作用？对这些问题的回答将有助于加深理解影响流动人口经济融入的个体因素以及潜在的制度性、结构性因素，并最终促进流动人口更好更快地融入城市生活之中。而且，全面、科学、准确地了解和把握这样一些重要的问题，还将增进我们对流动人口融入不足的潜在后果的深入反思，打破政府、学界、民众，甚至部分基层单位的政府官员对该问题严重性认识不足的局限，为政府决策部门在制定相关政策时提供必要的科学理论和实证依据，从而及时地采取必要和可行的措施加快流动人口在流入地的社会融入步伐。

本章小结

中国政府和学术界对流动人口经济融入问题的认识和关注随着该群体总量的不断增长而日渐深入。从最初只关注流动人口的总量、大规模人口流动可能带来的宏观后果，到逐渐关注流动人口本身、家庭成员、他们在流入地的生存和发展状况，展示了一个认识深化的过程。本章在融入维度理论和指标体系的指导下，系统地收集、整理、回顾了21世纪以来（尤其是最近几年来）与流动人口经济融入有关的研究文献，突出了当前流动人口经济融入的现状、特点和影响因素。尽管与实际文献的总量相比，本章的梳理难免挂一漏万，但可能反映了流动人口经济融入的基本现状和一些主要特点。同时，基于对文献的理解，笔者对现有研究的局限进行了归纳、总结、评述，并提出了后续研究应对相应局限的策略。

文献梳理的结果表明，中国流动人口经济融入的现状可以归纳为以下几点（虽然可能存在很大的群体差别）：

（1）就业渠道窄、行业范围狭；

（2）劳动强度大、安全条件差；

（3）工作不稳定、职业声望低；

（4）收入水平低、社会保障弱；

（5）工伤事故常、居住隔离强。

总之，“城市外来人口的突出问题不是增长过快，而是融入城市过慢”（朱宝树，2008）。为什么他们融入过慢呢？第四章将通过对影响因素理论的回顾和理论框架的构建，尝试回答这一问题。

第四章
经济融入的理论分析框架与研究假设

流动人口的社会融入是本地人口与外来人口，以及不同户籍外来人口之间从冲突到和解、从消极到积极、从被动到主动、从排斥到接纳这样一个逐渐包容、共同发展的过程。这个过程的时长和结果关涉流动者自身的发展能力、融入意愿、流入地居民的态度行为及流入地的经济结构、公共政策、社会制度等诸多因素。流动人口融入的实现既需要有其自身的融入意愿及融入努力，也需要流入地社会及其居民的包容理念和接纳行为，更需要国家和地方政府均等化的社会政策、公共管理和服务措施的支持和保障。

本章在前面章节的基础上，辨识关键概念，回顾现有理论，构建分析框架，提出研究假设，从而为后文的实证数据分析提供理论指导。如前文所述，流动人口的社会融入理论包括维度理论（即社会融入的概念范畴）和关系理论（即社会融入的影响因素）。本章关注后者。当然，流动人口具有多元化特点（李培林，1996；牛喜霞等，2007；王汉生等，1997），他们的经济资源和社会资源不同，在流入地的境遇各有差异，并影响到他们在流入地的融入过程、速度和结果。鉴于中国流动人口的多样性和复杂性，本书仅关注在业的城—城流动人口和乡—城流动人口。

一 关键概念的辨识与厘定

在文献收集与梳理的过程中，我们发现，一方面，学界对一些重要概念的使用并不一致；另一方面，不同学者在使用同一概念时所指亦有差别。这在理论指导上造成了较大的混乱，在分析思路上模糊不清，在分析结果上也容易引起误解。为此，本章首先辨识并界定本书涉及的几个关键概念，即“融合”与“融入”、“社会融入”与“市民化”、“社会融入”与“社会排斥”。

（一）“融合”与“融入”

探讨流动人口在流入地的融入问题时，首先必须厘定基本概念。虽然当前中国人口流动的规模举世无双，但使用的主要概念和理论体系均源自西方，其中最常见的包括古典社会融合理论、多元文化论、区隔融合论、新融合论（详见第二章）。在英文中，有多个描述融合的词语，包括 assimilation，accommodation，fusion，interpenetration，acculturation，adaptation，inclusion（相对于 exclusion），integration，incorporation 等。从字面上看，这些词语和概念的内涵既有差异，也相互重合，有时并无一个明确的划分界限，有的甚至可以通用。比如，assimilation 即融合之意，指移民融入流入地的主流文化体系中；fusion 指合并，其寓意比 assimilation 更进一层，除了指融入以外，还有融合之意，这些已在前面的相关章节中做过详细论述。

在《从隔离、选择融入到融合：流动人口社会融入问题的理论思考》一文中，笔者详细论述了“融入”与“融合”之间的联系和区别。出于完整性的目的，这里重述该文的主要观点。首先，我们使用“融入”，而不是学界常用的“融合”来描述流动人口在流入地社会的适应情况。“融入”与“融合”虽仅一字之差，内涵却相差甚远。“融合”是双向的，表示流入地文化和流出地文化融汇到一起，相互渗透、相互包容，形成一种在某种程度上具有新意的文化体系。相反，“融入”是单向的，指流动人口在经济、行为、文化和观念上都融入流入地的主流社会体系中。融合是不同文化之间接触的最终目标，而融入则是融合的第一步。

与“融入”概念相近的“同化”概念在 1960 年代后在西方遭到猛烈批判，因为该理论被认为以主流社会的文化体系为价值判断标准，忽视了少数族裔对流入地的贡献。显然，笔者使用“融入”时，也是以流入地的主流社会文化作为参照体系的。因此，使用“融入”概念难免有“主流文化优越感”之嫌，可能遭到“忽视流动人口贡献”之批评的危险。尽管如此，笔者依旧认为“融入”比“融合”更好地体现了现阶段人口流动的原因、流动人口在流入地社会融入的过程及其对流入地经济、社会、文化的影响。

其一，就人口流动的动因来说，流动具有明确的、单向的功利目的。人们之所以流动，就是认为流入地比流出地“好”，无论这个“好”表现在哪个方面，也无论这个“好”多么主观。向往目的地相对富裕的经济环境、崇尚目的地的“现代”文明、模仿目的地的行为风尚，都是驱动人口流动的主要原因。换言之，从主观愿望上看，流动人口的流动目的并不是要将自己的传统文化传播到目的地；虽然在不知不觉中，他们也可能部分地做到了这一点，但在短时间内，流出地的文化对目的地的影响之微基本可以忽略。简单的例子是，从 19 世纪中后期开始，大量的拥有深厚传统文化的中国人移民到美国，历经数代，至今已近一个半世纪，但中国文化对以欧洲文化为主体的美国主流文化，除了食物、功夫等具有猎奇的元素外，又施加了多大影响呢？当然，许多流动人口除了希望在流入地找到一份稳定的职业、获得像样的收入外，或许并无他求。如此，则他们更无文化传播之心。

其二，就流动人口的融入过程而言，他们在目的地往往是被动的、弱势的。社会“融合”概念原本就是作为对弱势群体的社会关怀而提出的（张文宏、雷开春，2008）。无论是国际移民，还是中国的乡—城流动人口，他们相对于本地市民而言都是一定意义上的弱势群体，在流动的初期阶段更是如此。虽然大多数流动人口是自愿选择融入城市社会的，但他们的融入过程多是被动的，各种结构性、制度性、文化上的制约使这个群体很难对流入地的主流社会产生影响，即便他们有心如此。

其三，就人口流动的后果而言，流动人口在流入地的经济、文化、行为等都是以目的地，而不是以流出地为参照标准的。绝大部分流动人口之所以离开家乡、远离亲人、别离过去的社会关系，来到陌生的地方，更多的是希望能够找到更好的工作，获得更高的收入，享受与目的地人群同样的社会保障福利，言行举止更像当地人，并被当地人当作当地人而不是外来人。他们希望通过融入目的地的主流社会而成为其中的一部分（梅建明，2006）；人口流动本身就是人们努力实现身份认同转换的外在表现（张文宏、雷开春，2008）。子代更是如此（王春光，2001）。许多从小随父母来到城镇的 1.5 代流动人口和出生在城市的第二代流动人口基本不认为自己是老家人，而认为自己是城里人；他们的参照群体是流入地的市民，而非流出地的农民（李立文、余冲，2006）。如果流动人口坚持自己的文化，他们最多只能实现区隔融合，而这并不是大部分流动人口流动的初衷。区隔融合是一种选择性的融合，对部分人群来说是主动的选择，对另一部分人来说是被动的、无奈的接受。比如，对在欧美已经取得了一定社会经济成就的中国移民而言，父母坚持子女学习中文，并在家里使用中文是主动选择的区隔融合；而对另外一些少数族裔之人（如：墨西哥和其他南美移民）而言，他们之所以融入自己族裔的亚文化中，主要是因为他们无法融入主流社会。国内的流动人口亦多如此，虽然也有特例。

可见，对中国流动人口（尤其是乡—城流动人口）在流入地的社会适应而言，“融入”是比“融合”更合适的一个概念。融入是融合的低级层次，是从流动人口自身出发的一个概念，也是相对而言比较容易实现的一个目标。有些流动人口最终成功地融入流入地社会，而有些流动人口因为种种原因终究未能适应流入地的生产和生活，始终以外来人的身份在城市中游离着、飘荡着。

不过，需要强调的是，流动人口对目的地的文化或人们的行为无疑也会产生一定的影响或作用。随着流动人口在流入地的融入和被真正接纳，构成目的地的主体，他们拥有了更多的话语权，可以对流入地施加更大的影响。当然，这是一个漫长的过程，不是一代人、两代人的事情。而过了数代之后，已经不再是移民的子孙们恐怕对自身的文化传统也早已淡忘——缺乏相应的纪念仪式以及身体力行的行为实践，失去了记忆传承的重要手段，父母、祖父母的生活经历和传统记忆也随着时间的流逝而淡化；于是，后代移民与老家的生活日益遥远，开始不认可，甚至反感习惯和传统（康纳顿，2000）。

（二）社会融入与市民化

社会融入与市民化（citizenization）之间是什么关系？二者是否等同？要回答这些问题，首先需要清楚市民的定义。“市民”并非简单地指在城市生活居住之人，而是特指具有市民权的人，是有身份自由、享有充分权利的城乡共同体的正式成员。

流动人口的市民化与社会融入之间既有联系也有区别。顾名思义，市民化就是指外来农民工转化为本地市民的过程（刘传江，2005），即迁居城市的农民工在城市社会环境中逐步向城市居民转变的过程；它是中国城市化发展过程的后期阶段，也是一个关键阶段（王桂新等，2008：71）。市民化是针对农民工而言的，故也像农民工一样，是中国城市化的特有现象；农民工完成市民化的重要标志，就是成为城市户籍居民，享受与城市户籍居民同等的待遇（王桂新等，2008：71）。

但是，目前学术界对于流动人口市民化概念，以及市民化与社会融入之间究竟是什么关系并未达成共识，不同学者多有不同的理解。就农民工市民化而言，往往有广义和狭义之分。农民工获得城市居民的合法身份及社会权利的过程即为狭义的市民化；借助于工业化和城市化的推动，农民在身份地位、价值观念、社会权利及生活方式等方面向市民转化的过程即是广义的市民化（何晓红，2006）。

郑杭生等（2005）对市民化的定义是，作为一种职业的“农民”（farmer 或 cultivator）和作为一种社会身份的“农民”（peasant）在向市民（citizen）转变的过程中发展出相应的能力、学习并获得市民的基本资格、适应城市并具备一个城市市民基本素质的过程。其含义涉及两个方面：一是农民在实现身份与职业转变之前接受现代城市文明的各种因子；二是在实现转变之后，发展出相应的能力（capability）来利用自身的市民权利，完全融入城市。也就是说，市民化一方面是对城市文化的接纳，另一方面是融入城市能力的获得，它强调了个体的主体作用，但市民化本身并不是融入。可见，这个定义与学界有关流动人口市民化的研究实践并不完全契合。

正因学者对市民化概念有不同理解，故在市民化内容的认识上也存在分歧。或认为包括生存职业、社会身份、自身素质以及意识行为四个层面的转变（刘传江，2005）；或认为涉及户口性质、居住地域、从事产业、文化（即生活观念、思维方式、行为习惯和社会组织形态）等四个方面的转化（赵立新，2006）；或认为可从三个方面予以考察：一是职业身份的变换（从农业劳动转向非农业劳动，即非农化）；二是居住地域的转移（从乡村社区向城市社区流动，即城市化）；三是生活方式、角色意识、思想观念以及行为模式的变迁（城市化）（高峰，2006；王竹林、王征兵，2008；王兴周，2008）。换言之，所谓农民工的市民化，就是农民工在职业、地域和身份上向市民转化的过程，包括身份上获得城市户口，逐步取得与城市人完全一样的公民权；生活方式上积累城市性，形成城市生活方式。

如同融入或融合一样，市民化也是一个相对于城市市民而言的概念。因此，它涉及一个程度问题，即农民工向城市居民转变的程度或与城市居民同质化的程度。它可以看作衡量农民工在城市化其中一个阶段即市民化阶段发展水平的指标。在微观意义上，市民化程度与城市化水平具有密切的关系（王桂新等，2008：71）。

农民工的市民化过程始于流动之日（王兴周，2008），经历着相互联系的三个环节，即农村退出、城市进入和城市融合（刘传江、程建林，2009；王竹林、王征兵，2008）。目前，他们已经经历了职业市民化、社区市民化，正在经历身份市民化；生活方式市民化即养成城市性将是农民工市民化下一步的中心内容，具体包括培养理性化人格、适应次级社会关系、适应超负荷社会交往模式、适应亚文化环境、创新与反常规以及宽容等几个方面的内容（王兴周，2008）。

由此可见，尽管不同学者对市民化的理解不同，但至少达成了三点共识：一是认为市民化是一个过程。在这个过程中，农民工习得城市的文化规范与生活方式。二是市民化涉及多个维度，从宏观政策制度到个体行为意愿。三是不同层面的因素相互影响、相互制约，并受制于宏观和个体因素。比如，在刘传江（2005）的四个层面中，生存职业和社会身份主要取决于宏观体制改革和相关的制度创新，它们对农民工的市民化进程具有决定性的影响；而自身素质与意识行为则主要取决于农民工的个人因素。进而，我们可以得出以下两个初步判断。

一是在绝大多数研究中，“市民化”这个概念的提出和应用，主要是基于外来人口有别于本地市民的现实，一种由结构性和制度性因素造成的客观存在，虽然涉及个体市民化的能力和意愿，但从根源上来说，能力和意愿在很大程度上均取决于制度和结构要素，这从刘传江、程建林的双重“户籍墙”理论中可见一斑。流动人口与本地市民之间的差别不仅表现在户籍类型、户籍地方面，还表现在劳动就业、居住环境、公共福利等方面。市民化的实现，表明流动人口与本地人一样，不仅获得了身份的转变，而且实现了与本地人的机会共享、权益共享、利益共有、保障共有。因此，市民化是社会融入的关键步骤，是实现其他层面融入的基本前提；没有市民化，就谈不上实现身份认同，甚至也难以实现经济融入。

二是现在学术界和政府部门常常将市民化等同于社会融入，并利用“市民化”概念替代“社会融入”或“融合”，虚扩了市民化的本源范畴。从前面有关“市民”的定义中可知，“市民化”应该是指拥有市民权利、享有自由身份、不因外来身份而受到制度制约的过程；在中国，它主要还是针对农民工来说的。但是，我们认为，社会融入是一个含义更广、覆盖人群更具有包容性的概念，市民化不等于社会融入或融合。

二者的差别主要表现在以下两个方面。

其一，市民化主要是指流动人口获得平等的劳动就业机会、社会保障权益、公民身份的过程；而社会融入不仅涉及机会共享、身份平等，还包括文化习得、行为适应、身份认同。后者不仅指身份转换，而且关涉心理上的认同（这与刘传江、程建林的思路是一致的，虽然提法不同）。换言之，市民化只是社会融入的一部分，且主要是前期阶段；社会融入涵盖了市民化。

其二，市民化覆盖的人群比社会融入狭窄；“市民”是与“农民”相对的一种身份，故市民化主要是针对乡—城流动人口而言的。农民在进入城市后，需要经历一个身份转换的过程才能实现社会融入。但是，由于户籍制度的存在，中国的流动人口中除了有乡—城流动人口，还有城—城流动人口，他们本身就是市民，虽然是外地市民。2011 年，外出务工经商的城—城流动人口约占全部流动人口的 20.0%。若地区间经济发展的不平衡得不到尽快缓解、社会保障福利得不到有效改善的话，他们的数量还会持续增长。对他们来说，需要面对的问题不是市民化，而是“本地人”和“外地人”之间的差别。

从上述意义上理解，在一个融合的社会里，不会有“农村人”和“城镇人”之分，也不应有“本地人”和“外来人”之别，只有分工之别。他们都是居住在一定区域的市民，在劳动就业、公共福利、政治参与等方面享有同等的待遇，共享社会发展成果。不管是原居民，还是后来人，都是流入地这个大社区的共同成员。因此，本书不使用“市民化”概念，而是使用“社会融入”概念来分析流动人口在流入地的生存与发展情况。但在引用他人成果时，使用原作用语。

（三）社会融入与社会排斥

如第二章所述，社会排斥（social exclusion）是与社会融入相对应的一个较为年轻的概念，1960 年代萌芽，1974 年由法国政府官员勒内·勒努瓦（Rene Lenoir）正式提出，并很快受到政府部门和学术界的重视，进而不断得到完善和发展，在欧洲社会普遍应用于贫困、流动等领域的研究（江立华、胡杰成，

2006；Berghmam，1995；Gordon et al.，2000；kenyon et al.，2002）。不少中国学者也借鉴该理论，分析了流动人口等弱势群体在制度、结构等方面遭到的社会排斥（孟颖颖，2011；吴新慧，2004；黄匡时、王书慧，2009；左光霞、冯帮，2009）。

该理论认为，社会排斥是指某些社会成员或社会群体在一定程度上被排斥在社会主流关系网络之外的一个动态过程。在这个过程中，某些群体由于包括流动在内的种种原因而遭到歧视，无法有效地参与经济、社会、政治和文化生活，难以获取正当的公共资源，不能或很少享受到经济社会发展的成果，呈现出系统性弱势。社会排斥不仅包含物质生活的低下，更指受排斥群体或个体与社会整体之间的联系发生断裂，在某种程度上被异化，与主流社会呈现隔离。排斥具有动态性、多维度、累积和传递等特点，源于多种因素。

当前，在中国致力打造公平、公正、平等、和谐社会的宏观背景下，有意的社会排斥并不多见。然而，这并不表明社会排斥现象已经消失；相反，一些弱势群体依旧遭遇各种制度性、结构性和其他方面的排斥。具体而言，在劳动就业、职业分布、收入状况、子女教育、医疗卫生、社会福利、公共服务领域等方面，弱势人群多被排除在主流社会之外；他们在政治上也缺乏话语权，难以有效地参与流入地的政治生活，成为“政治边缘人”；他们的社会关系、社会网络主要围绕着血缘、亲缘、地缘等同质关系，从而使其获得的社会支持十分有限，呈现出明显的受排斥趋势。正因如此，一些弱势群体长期处于边缘地位，享受不到相应的社会成果和公共权利，甚至连自身的合法权益也难以得到保护。巨大的社会焦虑和心理压力，使他们出现相对经济贫困和精神贫困。

流动人口更是如此。通过前面的文献综述可知，其一，在经济领域，他们享受不到公平、公正的劳动就业机会，具有明显的职业声望差、就业稳定性差、劳动时间长、劳动报酬不公平、收入水平低（特别是乡—城流动人口）、社会福利差、权益保障弱、子女教育无着落及自身培训缺失、居住隔离强等特点。

其二，在公共服务领域，他们享受不到与流入地普通人群同样的权利和福利，具有作为外来人的（和农村人的双重）弱势。“公共产品”具有排他性，由于中国城乡之间以及城乡内部在制度、市场和公共服务方面存在分割，城市的公共产品对外来人口可能不再具有公共产品的性质；同时，由于公共服务投入按照本地户籍人数分配资源，外来人口都被排斥在资源配置之外。

其三，在社会交往方面，流动人口的社会资本关系网络远远小于城市职工，其社会资本质量较低，人际交往规模小、紧密度高、趋同性强、异质性低，主要由血缘、地缘等同质关系构成；他们长期生活在城市边缘，与城市居民在互动层面上出现断裂，不被城市社会所认同、接纳，这使他们与本地市民之间的距离进一步扩大（史斌，2010；刘传江、程建林，2009）。

其四，在社区参与和政治参与上，由于现行户籍制度的限制，农民工无法参与到城市的政治生活中去，政治权利几乎等于空白，致使他们成为政治权利的贫困者（刘传江、程建林，2009）。绝大部分流动人口实际上已经从户籍地的政治系统中脱离出去，但在流入地社会又没有正式户口和市民身份，既不会在流出地行使政治权利，也不能参与流入地的政治生活，成为“政治边缘人”。

其五，在身份认同和心理认同上，制度性制约不但把农民工排斥在现有体制之外，使他们很难获得体制内的资源，而且使农民工本人也形成了一种惯性与心理约束，造成了农民工群体普遍的自我身份认同——把自己仅仅作为城市的“局外人”与“过客”。反过来，这种自我身份认同进一步固化了“隐形户籍墙”，即面对这些不公平的制度安排，农民工大多数采取“默认”态度，因此陷入了“自我身份认同强化—‘隐形户籍墙’固化”的循环之中，既强化了身份的不平等，也在一定程度上支持了不平等的分配，形成了“隐性户籍墙”的惯性与利益刚性（刘传江、程建林，2009）。

值得注意的是，国外经验表明，长期受到排斥之人不仅难以融入流入地社会，而且可能产生对整个社会的疏离感、责任匮乏心态，甚至形成对抗社会的心理，从而造成或激化社会矛盾。这将不利于社会的整合与稳定，不利于经济的可持续发展，也不利于和谐社会的构建。2005 年法国巴黎非裔骚乱、2011 年挪威的枪击事件等都是典型的例证。

二　经济融入的影响因素理论回顾

前面对相关文献的收集、梳理、分析结果表明，流动人口的经济融入是多种因素综合作用的结果，包括劳动者个人的自身发展能力、流入地的结构性因素和宏观的户籍制度及相关的社会保障制度，而流入地的结构性因素和宏观因素对流动人口的社会融入起着关键性作用，因为个人的发展能力在很大程度上受制于这些因素。尽管本书只关注流动人口的经济融入，但一方面因经济融入是社会融入最关键、最核心的维度之一，故现存有关社会融入的影响因素理论也适合于经济融入，另一方面现存研究成果中很少有单独分析经济融入影响因素的理论。为此，本节将对社会融入的影响因素理论进行梳理。

不同领域的学者从各自的领域出发，提出了多种有关社会融入（或融合）的影响因素理论；总的来说，这些理论大体可区分为三个角度：制度视角、城市化视角和资本视角。下面分别介绍几个较有代表性，且对本章的理论构建影响较大的理论。

（一）制度因素

学界对流动人口影响因素的一个明确共识是，制度性因素（尤其是户籍制度）是流动人口社会融入的根本性决定要素。但是，现存研究多是泛泛叙说，真正深入探究户籍制度影响融入途径和机制的文献为数不多。刘传江及其团队在这方面的研究尤其值得关注。

1. 双重“户籍墙”理论

2009 年，刘传江、程建林提出，农民工的社会融合受制于双重“户籍墙”，即“显性户籍墙”和“隐性户籍墙”。前者是指中国城乡严重对立的户籍制度，后者主要是指在“显性户籍墙”的基础上形成的、歧视与剥夺农民工权利的种种相关制度安排。虽然“显性户籍墙”已不构成乡—城劳动力转移的阻力，但制度遗产效应仍发挥作用；而“隐性户籍墙”不但使农民工在劳动就业、保障体制和社会服务供给等方面遭遇歧视性对待，阻碍了他们向上职业流动与公平竞争的机会，而且影响着他们市民化能力的获得与市民化预期，进而严重影响着他们的市民化进程。

图 4 -1 是刘传江和程建林提出的农民工成为市民的制度安排路径：户籍制度Ⅰ和户籍制度Ⅱ的共同作用，成功地固化了农民工对自身身份的认同，但它们作用于市民化的路径和机制有别。作为户口控制体制壁垒，前者显性地建构了农民工的身份，故为原生的、显性的“户籍墙”，但这面户籍墙因受经济改革与社会转型的冲击而不断松动，对劳动力流动的制约作用逐步减弱；后者隐性地强化了农民工的身份与弱势地位，故为衍生的、具有隐性身份证属性的“户籍墙”。它是显性“户籍墙”制度抑制功能的进一步延伸与拓展，构成农民工劳动力市

场和就业体制壁垒、城市资源配置体制壁垒，体现了“社会屏蔽”制度高大坚固且难以逾越，是目前农民工市民化的主要障碍。

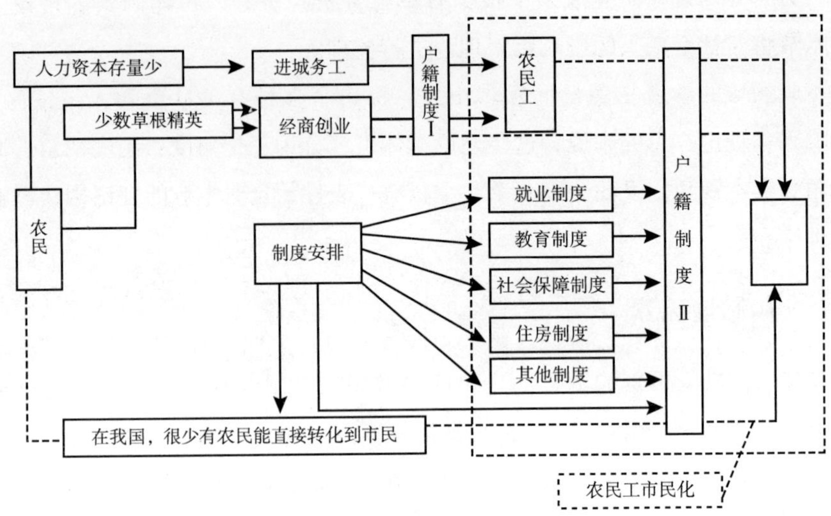

图4－1　中国农民工市民化制度安排框架

资料来源：刘传江、程建林（2009，图2）。

可见，农民若要最终成为市民，首先必须冲破“显性户籍墙”的羁绊而成为农民工，实现从农村到城市的转移；然后需要突破“隐性户籍墙”的障碍，成为市民，实现从农民工向市民的转移。经过双重“户籍墙”的“过滤”，最后能够成为市民的流动人口少之又少。

图4－2　中国农民工市民化过程中的双重“户籍墙”

资料来源：刘传江、程建林（2009，图3）。

刘传江、程建林认为，双重“户籍墙”主要通过两个路径作用于农民工的社会融入：一是影响他们的市民化意愿，即便绝大多数人希望脱离农村，成为真正的市民，但双重“户籍墙”和本地市民的歧视性态度减弱了他们的意愿，强化了他们原有的身份认同；二是影响他们的市民化能力，即农民工的权利资本严重缺失，弱化了其市民化能力。“农民”身份的固化提高了市民化的成本，又进一步影响着他们的行为选择，使他们不约而同地被动接受着自己在城市所处的现实生活状况与权利状况，无法真正融入城市成为市民。

双重“户籍墙”理论从经济学、制度社会学的视角，全面、深刻、系统地揭示了户籍制度影响中国农民工城市融入的原因、作用途径以及作用机制，对于学界和政府部门了解和把握农民工融入城市的最根本障碍以及削弱障碍的途径具有重要的启示作用，同时对本章流动人口经济融入影响因素理论框架的形成颇有启发。不过，该框架似乎认为，户籍制度本身主要作用于市民化进程中“农村退出”这个阶段，但我们认为，除了通过其他制度安排作用于流动人口的社会融入外，户籍还会直接影响它，因为户籍具有双重属性（详见下文）。而且，因为该框架关注的是“市民化”，故其视野仅在于农民工，没有明确关注流动人口的分层，特别是城—城流动人口。此外，在突出制度性因素的同时，个体的能动作用没有得到应有的重视——比如：人力资本在突破双重“户籍墙”方面的作用（虽然作用可能十分微弱）。

2. “三重制度分割”理论

2006年，李春玲通过比较流动劳动力与非流动劳动力，对流动人口地位获得的非制度途径进行了探索，并提出了基于户籍制度的“三重制度分割”理论。该理论认为，与西方市场经济社会的市场分割相比，当前中国社会的市场分割更为复杂，这就使得照搬西方的市场分割理论来解释中国社会的实际情况遇到困难。西方只有一级、二级两类劳动力市场，就业于这两类市场的人员享有不同的工资水平、福利待遇和晋升机会。然而，当前的中国社会至少存在三种分割机制，导致了劳动力市场的多重分割：一是二元的社会结构，即城乡分离和地区隔离的分割体系，它导致了具有本地户口的劳动力与不具有本地户口的劳动力之间的分割；二是二元的经济结构，即体制内外或公有制与非公有制之间的分割体系，它导致了体制内或公有部门、国有部门的就业者与体制外或非公有部门的就业者之间的分割；三是二元的劳动力市场结构，即指（专业性）人才市场与（非技术性、体力）劳动力市场之间的分割体系，它导致了拥有较多人力资本的劳动力与拥有较少人力资本的劳动力之间的分割。图4－3显示了在三种结构性分割机制作用下区分的七类劳动力。

绝大多数流动劳动力是体制外、二级劳动力市场、非公有部门中的体力或半

	公有部门（体制内）	非公有部门（体制外）
本地户籍劳动力	①在一级劳动力市场中的劳动力：有本地户口并在国有部门或集体所有制单位工作；	②在一级劳动力市场中的劳动力：有本地户口和较多人力资本并在私营或三资企业工作； ③在二级劳动力市场中的劳动力：有本地户口但较少人力资本并在私营或三资企业工作；
非本地户籍劳动力	④在一级劳动力市场中的劳动力：非本地户口但有较多人力资本并在国有部门或集体所有制单位工作； ⑤在二级劳动力市场中的劳动力：非本地户口和较少人力资本并在国有部门或集体所有制单位工作；	⑥在一级劳动力市场和二级劳动力市场中的劳动力：非本地户口但有较多人力资本并在私营或三资企业工作； ⑦在二级劳动力市场中的劳动力：非本地户口和较少人力资本并在私营或三资企业工作。

图4－3　市场分割下的七类劳动力

资料来源：李春玲（2006，图1）。

体力工人、自雇劳动者和小经营者（即图中的第七类），收入较低，工作稳定性较差，纵向职业流动机会少，处于社会底层。部分流动劳动力就业于体制内，即图中的第四类和第五类，但主要是第五类，即二级劳动力市场，不享有体制内正式职工的常规待遇，实际工资收入和工作待遇与第七类差别不大；仅有极少数人力资本较高的流动劳动力处于体制内和一级劳动力市场，收入较高、工作较稳定，拥有职业晋升机会。大多数有较多人力资本的流动劳动力属于第六类，徘徊于一级劳动力市场与二级劳动力市场之间，在一级劳动力市场中常因户口问题而遭受就业歧视。这三种结构分割因素导致了流动人口群体内经济社会地位的分层现象，致使不同的流动劳动力在向上层社会流动和社会经济地位获得方面面临独有的障碍，从而寻求特殊的上升流动途径和地位获得路径。

该框架与刘传江和程建林的理论不同的是，刘、程的理论既是一个过程理论，也关注过程所导致的结果，而该框架只是一个结果理论；同时，刘、程的理论注重制度性因素，而该框架只注重流入地的经济结构。总的来说，该框架具有三个优势：一是它明确地提出了一个目标人群概念，即流动劳动力与非流动劳动力之间的差别，这就使得该框架更具有包容性和拓展性——比如，它便于拓展到城—城流动人口；二是它强调了户籍制度的另一个属性，即户籍地对外来人口的排斥；三是突出了个体的作用，指出人力资本可能造成流动人口内部的社会分层。但是，该框架同样也有局限：其一，人力资本本身受制于户籍制度，并非纯粹的个人或家庭努力的结果；换言之，在某种程度上可以说，正是户籍制度的存在，才导致了大部分流动人口的低教育水平，并进而使得他们在流入地遭受结构性排斥。比如，研究证实，中国农村基础教育投入低于城镇基础教育投入，农村教育投入不足的直接后果是农村教育质量低，低质量的教育回报必然低于较高质量的教育回报（刘传江、程建林，2009）。其二，与刘、程的理论一样，它并未明确关注城—城流动人口。其三，该框架虽然关注了户籍地，却忽视了户籍类型的作用。

3. “三群体检验”理论

如果说前两个理论从制度性要素或结构性要素出发，主要关注乡—城流动人口的话，张展新（2007）提出的“城乡分割”与“区域分割”理论框架则将理论视角推及全部流动人口，即城—城流动人口和乡—城流动人口，并同时考虑制度和结构双重因素，且将该理论用于实际研究中。

张展新认为：

> 区域分割思路为城市人口社会结构和外来人口经济社会地位研究提供了一个新视角。城乡分割模式认为，在城市中，户口性质（农业/非农业）决定的二元户籍身份导致了不平等和农民工地位问题；而按照区域分割观点，区域分割已经取代城乡分割，成为人口和劳动力分割的一种主导机制，因此在城市（特别是大城市）中，本地/外来身份成为户籍不平等和分层的主要基点。同时，区域分割视角并不完全否认城乡分割视角。虽然城乡分割体制已经基本终结，其“体制痕迹”将在一定时期内持续，继续对城市的不平等和社会分层发挥作用。因此，仍然需要考察城乡户籍身份差别及其影响，不过研究思路上，应该把注意力从城乡分割的体制安排转到其体制影响上来（pp. 22 - 23）。
>
> 把城乡分割视角与区域分割视角结合在一起，可以初步勾画出一个基于户籍制度的城市人口社会结构和外来人口地位研究的整合框架。首先，单一的城乡分割解释让位于城乡和区域双重分割的解释，区域分割观成为理论解

释的主线。同时，把“外来市民”引入研究，加入城市外来农民工和本地市民二群体之中，发展出与理论解释相对应的“三群体检验”的实证程式（p. 23）。

“城乡区域二重分割解释要求把外来市民引入实证程式，用‘三群体检验’代替外来农民工、本地市民两群体检验”（张展新等，2007），因为外来市民“既有外地户籍的相对劣势，又有非农业户口的相对优势。这一二重性具有特别的检验意义，即外来市民与本地市民的地位或机会差异是区域分割的效应，而农民工与外来市民之间的差异是城乡分割因素的影响”（张展新，2007）。因此，从户籍制度两要素出发，可将城市人群做如下划分（见表4－1）。

表4－1　按照户籍要素划分的城市人口社会群体

户口性质	户口登记地	
	本地	外地
农业	本地农业人口	外来农业人口(农民工及家属)
非农业	本地非农业人口(本地市民)	外来非农业人口(外来市民)

资料来源：张展新（2007，表1）。

该模式的最大优势在于，它整合了制度性因素和结构性因素（虽然作者并未明确阐述这一点），并将城—城流动人口也纳入分析视野中，对于研究全部流动人口、流动人口内部的分层很有价值。但是，“三群体检验”也有几点值得斟酌：其一，“城乡分割体制已经基本终结”的提法是否合理？城乡二元分割的直接作用是否已经终结？是否仅有“体制痕迹”在起作用？该提法类似于刘传江、程建林之说，但我们认为，“体制痕迹”和制度本身都还在起作用。其二，本地、外来的差分是否就是由区域分割所致？比如，即便是北京市郊区之人，他们与城区之人亦有不同待遇。可见，“区域分割”的提法尚需斟酌。其三，城—城流动人口是否在所有方面都低于本地市民的平均水平也有待探讨，人力资本的作用或许有助于缩短本地、外来的距离。

总之，双重“户籍墙”、“三重制度分割”、“三群体检验”等理论的提出，表明学界对于流动人口在流入地社会融合过程中遭遇的制度性、结构性障碍有了深入的认识和理解，且这些理解也得到很大的理论提升，具有重要的学术和政策意义。对制度性因素作用于市民化的途径和机制的系统性阐释，更具有理论和实践价值。

（二）城市化、再社会化与社会融合

制度性和结构性因素主要影响流动人口经济社会地位的获得，即客观经济地位的融入。从流动人口社会心理的适应和再社会化、社会身份的认同、与流入地市民的互动和角色变动视角出发，一些研究者探讨了城市化和工业化与流动人口（主要是乡—城流动人口）社会融合之间的关系。该视角主要考察主观维度，但又不限于主观维度的融合。现代化视角强调的是，农民工的融合是农民从乡土向城市、从传统向现代、从封闭向开放的转变过程。其间，他们逐渐适应城市的生活，经历着再社会化的过程（田凯，1995）。

中国的城市化是一个长期的过程；乡—城人口的流动和流动人口的社会融入与城市化进程息息相关，是一个问题的两个侧面。若没有乡—城人口的迁移和流动，就谈不上城市化的发展（李强，2002），二者互为因果。进入城市之后，乡—城流动人口将面临着市民化的问题。王桂新等（2006）从城市化的角度提出了“外来人口社会融合度”的概念，即外来人口在居住、就业等方面融入市民社会的程度，构建了外来人口城市化模型及社会融合模型，即形式城市化、过渡城市化和市民化三个阶段。在第三个阶段，常住的外来人口逐步获得城市户籍，并在就业、社会保障、公共服务等方面获得与本地市民同样的权益，达到市民化水平。但是，由于中国的城市化进程往往重数量而轻质量，故乡—城流动人口未能完全实现市民化，出现了“半城镇化”现象。由于系统、社会生活和行动、社会心理三个层面的相互强化，农村流动人口的“半城镇化”出现长期化的变迁趋向，影响了社会融合和社会变迁（王春光，2006）。

（三）资本理论

如果说上述两方面的理论从宏观视角探讨了流动人口的社会融入，那么，资本理论主要是从个体角度来分析流动人口的人力资本和社会资本如何影响他们在流入地的社会融入。虽然不同领域的学者视角有所差别——如，经济学家重视人力资本，而社会学家重视社会资本——但共性多于个性。

1. 人力资本理论

美国学者在关于移民经济地位获得的研究中，最早关注的问题多集中于移民的人力资本对其经济地位的决定作用。作为代表性人物，Chiswick（1978）与Borjas（1982）将经济学家舒尔茨和贝克尔等提出的“人力资本”（human capital）概念引入移民研究，将人力资本定义为移民本人所获得的知识与技能，测量为移民的受教育水平、工作经验和其他劳动技能。比如，Chiswick（1978）的研究发现，随着移民在流入地居住时间的延长、劳动经验的积累、语言能力的提高、人力资本的改善，收入的回报率也相应提高，从而更可能取得经济上的成功。他进而指出，移民所面临的最重要的问题之一是如何将在原住国获得的人力资本转化为在移居国可用的人力资本。

2. 社会网络理论

社会学家与经济学家不同，他们更重视决定个人经济行为的“社会结构性因素”。作为对人力资本理论的回应，一批社会学家将社会学领域的社会资本理论引入移民研究领域。早在1973年，美国社会学家Granovetter指出，移民在进入一个陌生且不太“友好”的环境后，使用正式制度的成本无疑相当昂贵，但可利用社会网络这种传统的非正式制度，获取信息、影响、信任及其他社会资源，从而降低交易成本；实际上，移民的经济生活深深地“嵌入”在社会网络中。稍后，法国社会学家Bourdieu（皮埃尔·布尔迪厄）（1983，1985，1989）明确提出了“社会资本”这个概念，并进行了系统阐释、应用而使其得到推广。他的社会资本是指个人通过对“体制化关系网络”的占有而获取的实际或潜在的资源的集合体。在Coleman（科尔曼）（1986a，1986b，1988a，1988b，1990）、Putnam（帕特南）（1993，1995a，1995b，2000，2001，2004，1999）等人的努力下，社会资本概念得到进一步发展，在社会理论界和实证研究中得到广泛应用。

比如，Portes（1993，1997，1998，2000，2009）极其关注社会资本在移民研究中的重要作用。他认为，移民过程中的每一个环节，从最初决定是否移民到向何处迁移、定居下来后如何适应流入地社会的生活、移民子女的融合等，都与他们的社会网络或社会资本密不可分（Portes，1998）。移民的社会资本是指“移民个人通过其在社会网络和更为广泛的社会结构中的成员身份而获得的调动稀缺资源的能力”，移民可以利用这种成员身份来获取工作机会、廉价劳动力以及低息贷款等各种资源，从而提高自身的经济地位。又如，Sanders and Nee（1996）讨论了美国家庭移民的社会资本及人力资本对他们获得“自雇”地位的作用。再如，Massey 等（1997）根据历史资料与统计数据，对墨西哥移民在移居美国的过程中，社会资本发挥的作用进行了详尽分析。此外，Boyed（1989）分析了个人网络对迁移的决定作用和影响结果。他们的研究结果都证明了社会资本对于移民所具有的重要意义［详见梁波、王海英（2010）的综述］。

中国学者借鉴美国关于国际移民的社会网络理论，基于中国的实际情况，论述了社会资本和社会网络与国内流动人口社会融入之间的关系（季文，2009；李树茁等，2008；悦中山等，2011）。现存研究认为，流动人口对血缘、地缘、亲缘等关系的依赖有助于降低交易成本、更好地实现在城市生活中的地位转换（李培林，1996）。但是，这种以初级群体为基础、具有同质关系的社会网络建构是一柄“双刃剑”，既能促进新进城的农民工适应新环境，在一定程度上防止其沦为城市化的失败者，也能强化他们生存的亚社会生态环境，维系流动人口（特别是农民工）的传统观念和小农意识，阻碍他们对城市的认同与归属（朱力，2002）。

可见，作为一种蕴含于社会网络之中的资源，流动人口需要不断地更新社会网络和社会资本。农民工在进城求职时往往依赖强关系，但这种社会资本对他们在城市改变职业和经济地位的获得影响甚微；相反，如果进城后他们更多地依赖弱关系，新的社会资本在改变职业和经济地位的获得方面更为有效。这种变化实际上反映了这样一种可能性，即他们在进入城市后，不断地突破原始网络圈子及社会资本的局限，扩大社会网络，重构新型的社会资本，向更为广阔的社会网络寻求资源。实际上，只有做到这一点的人，才可能获得更高的经济与社会地位（王奋宇、赵延东，2003）。相反，传统社会网络的存在，加上城市居民的刻板印象，拉大了农民工与城市居民的社会距离，减弱了他们主动介入城市生活的积极性，且使其感觉与城市生活和城市居民之间日趋隔离；反过来，社会距离的增大使得农民工群体自愿选择结成自己的社群网络，并由此与城市生活产生隔离（郭星华，2004）。

上述理论虽然从不同视角分析了流动人口（主要是农民工）社会融合的影响因素和影响机制，但它们之间并不是决然对立的，而是相互补充的；每一种理论都从不同侧面论述了同样的问题，为下一节流动人口经济融入分析框架的构建提供了重要借鉴和参考。

三　经济融入的分析框架

在中国，有意或无意的社会排斥表现在许多方面，其主要根源在于户籍制度及与之盘根错节的劳动保障、经济保障、社会保障、教育等制度，以及其他公共资源的可及性与可得性。现行的户籍管理制度是流动人口所面临的种种差别与歧视的基础性和本源性要素，其他制度为附属性和衍生性要素。此外，社会排斥还源于心理、文化、态度、观念和行为。它们构成一个多维度、多层次、多要素的立体屏蔽网络，流动人口（特别是乡—城流动人口）难以突破，成为制约他们融入流入地社会的决定性障碍，使得他们在经济、政治、公共服务和社会关系等多方面不仅得不到流入地社会的接纳和包容，而且受到各种显性和隐性的排斥，处于劳动力市场的最底层，在社会关系和心理认同上都维系，甚至可能加深本地人与外来人之间的隔离和断裂。

前面对国内外文献的介绍和相关分析帮助我们形成了流动人口经济融入的理论框架（见图4－4）。这是一个两层次分析框架，涵盖宏观层次要素和微观个体要素。需要说明的是，经济融入是一个系统、复杂的过程，关涉方方面面的情况，受制于笔者的视界和能力，这个框架显然还很初始，有待未来研究的进一步丰富与完善。从适用对象来看，该分析框架主要针对在业的乡—城流动人口和城—城流动人口，但略加修改即可适用于其他群体的融入研究。从社会融入的维度来看，该框架不仅适用于经济融入，也适用于其他方面的融入，但本章聚焦于前者。下面，简要介绍每个因素，重点在于宏观的制度要素。

（一）宏观层次要素

1. 户籍类型与户籍地点：流动人口社会融入的制度二维性

在前面介绍的现存理论框架中，无论是制度性视角还是个体视角，除了“三群体检验”理论外，多忽视了城—城流动人口；区域分割理论有了更广的视角，在研究流动人口的融入问题时引入了“区域分割”维度，且认为城乡分割体制已经基本终结，区域分割是人口和劳动力分割的一种主导机制，很有新意。

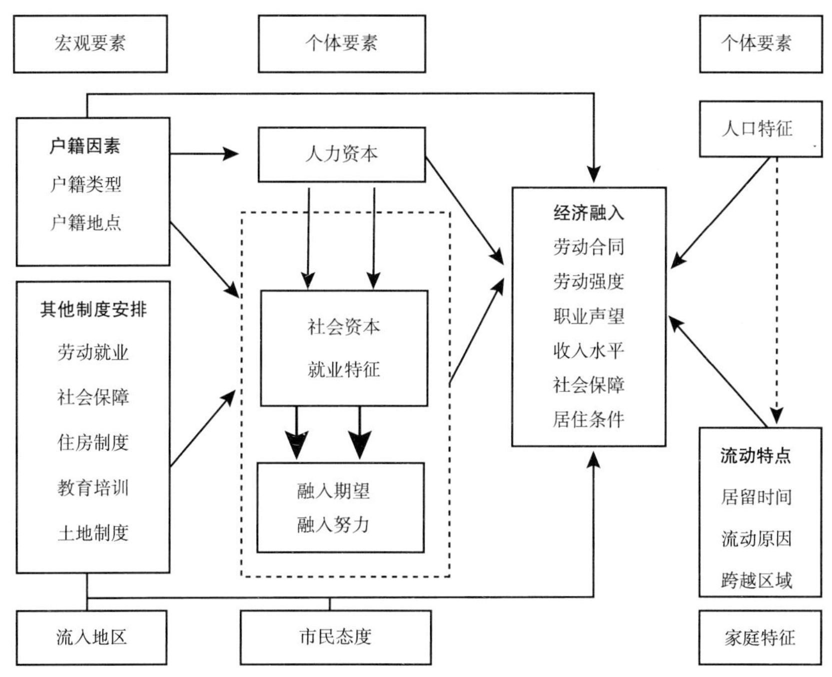

图4－4 中国流动人口经济融入的理论分析框架

注：由于数据的局限，本书无法考察市民态度，也不能直接考察其他制度安排。前者对于流动人口的社会融入至关重要，故依旧提出；后者将通过考察流入省区与融入的关系进行间接推断。此外，许多要素之间也存在着千丝万缕的联系，由于它们不是本书关注的焦点，出于简明的目的，这里没有绘出关系特点。

所不同的是，我们认为，城乡分割依旧是人口流动的主导机制；所谓的“区域分割”，其实更多的是本地与外来的分割。因此，基于现有研究成果，本书提出流动人口经济融入的二维性理论，即“双重差分”理论。

户籍制度具有双重属性，也即“二元性”：一是城镇、农村的二元户籍类型；二是本地、外来的二元户籍地点（即户籍登记地）。中国户籍制度的设计不仅执行人口统计和身份识别的功能，同时也为政府的其他目标服务。以户籍管理制度为标志的城乡、内外双二元分割体制是流动人口的最大制度成本及城市融入的最大障碍。户籍制度不仅直接影响流动人口的经济融入水平（即刘传江和程建林的“显性户籍墙”、张展新的“城乡分割”），还通过其他附着制度影响流动人口的经济融入（即刘传江、程建林的“隐性户籍墙”），是一系列排斥制度和政策的根源。户籍制度的制约使得流动人口在生活、就业、文化上未能完全融入流入地，也不能享受当地居民所享有的公共服务，多成为边缘人群（李强，2002）。

一方面，具有刚性、世袭特征的户籍身份将全国人民区分为泾渭分明的两类人：“城里人”和“乡下人”，并为这两个群体分别贴上了界限鲜明、与身份相对应的标签（刘传江、程建林，2009）。由于计划经济体制、单位制度、历史传统、文化观念等多种因素的影响，城市户口和农村户口之间存在着等级性差异，享受的待遇明显不同。与城镇户籍相对应的是“市民”身份或“工人”身份；绝大多数都是体制内之人，吃着“皇粮”和“国库粮”，享受着较好的就业机会、较高的收入水平、较优越的政府公共投入（包括受教育机会、养老保险、医疗保险、工伤保险），消费着许多农村人想都不敢想、想都想不出的消费品。相反，与农村户籍相对应的是“乡下人”身份或“农民”身份，被排斥在“体制”之外，吃着“自种粮”，曾经只能面朝黄土背朝天地从事农业生产，自己和家庭承担养老功能，缺乏公共福利与保障。虽然城乡隔绝的状况已发生了很大变化，但户籍制度本身、其遗产效应以及基于户籍所形成的对农民身份的定位这一心理惯性并未消除，“原有户籍制度所塑造的农民工的生活预期与生活目标，并没有因为户籍制度的少许改革而发生实质性的变化”（刘传江、程建林，2009：69）。

因此，城乡户籍类型直接构成了乡—城流动人口融入流入地社会的制度性障碍或制度性排斥（王春光，2004；李培林、李炜，2007）；同时，以户籍制度为核心的一系列社会排斥制度在社会认同中建构了一道无形的边界；附着了太多利益的户籍制度起到社会屏蔽（social closure）的作用，将乡—城流动人口屏蔽在分享城市社会资源、权益保障体系之外，其直接后果是造成城市农民工身份与职业、角色的背离。他们通过职业非农化的过程完成了从农民到工人的角色转换；但从身份上看，他们依然是农民，是都市中的“边缘群体”和“城市的过客”，或“准市民”或“准农民”（朱力，2000）。

另一方面，户籍地点把流入地人群分为“本地人”和“外来人”。在1978年之前的二三十年中，农村人不能向城市流动，城市居民也多不能向户籍地以外的城市流动。户籍地点制约的结果是：一个人一生下来就被固定在某个地方——他不仅仅是农民或工人，而且是被标记了“地点”的农民或工人。如今，空间地点的束缚已不存在，但与空间移动相关的地方保护性政策和措施却未改变，本地、外来的遗产依旧延续。

因此，虽然中央政府反复强调，要对流动人口实行“属地化管理”和“市民化服务”，但由于体制、历史人文及法制缺漏等因素，地方保护主义色彩依旧很强。由于流入地的承载能力有限，公共资源稀缺，流入地政府在制定劳动就业、社会保障、公共服务、基础设施建设的政策、措施时，从本位主义、本地主义出发，将更好地维护本地人的利益（如：充分就业、提高和改善本地人的生活水平）作为首要考虑，推行本地市民与流动人口有差别的政策措施。而城市市民作为现行制度的既得利益者，自然不愿放弃眼前的利益，甚至也不愿与外来人口分享有限的公共资源。于是，地方政府和本地市民的利益趋于一致，使得在对待流动人口问题上，排斥和抑制多于鼓励和支持；在政策制度的安排上，不把农民工与市民同等对待，而是采取重管理轻服务、重义务轻权益、重城市就业轻农民工安排的政策（刘传江，2005：49～50）。其后果是，流动人口的服务工作多陷入真空之中；在许多情况下，他们过的是一种没有政府的生活（刘传江、程建林，2009）。可见，与户籍地点有关的地方保护主义与户籍类型一样，也构成了流动人口经济融入的重要障碍，或阻碍了融入水平的提高。

总之，户籍类型将乡—城流动人口与本地市民和城—城流动人口区分开来，而户籍所在地将全部流动人口与本地市民区分开来。综合而言，这两个因素将流入地社会人群区分为四个群体（见表4－2）：本地市民、本地农民、城—城流动人口、乡—城流动人口。

表4－2 流动人口经济融入的二维性：“城乡差分”与“内外之别”

户籍地	户籍性质	
	城镇	农村
本地	本地市民	本地农民
外来	城—城流动人口	乡—城流动人口

注：本书的目的是探讨流入到城镇地区的流动人口的经济融入，故重点考察城—城流动人口、乡—城流动人口两类人群。但是，融入是相对概念，需要与本地人口进行对照；按照参照群体理论，本地城镇户籍市民（而非农村户籍人口）是他们的参照对象，故本书的分析对象不包括本地农村户籍人口。

随着改革开放步伐的推进，各方都在有意无意地淡化户籍概念，且随着户籍制度的逐步改革，与城市居民相关的诸多利益与之剥离后，城市户口的作用大大降低（罗遐，2010）。不过，对流动人口而言，这种淡化主要表现在从过去不能流动变成现在可以自由流动了，而许多与户籍制度挂钩的制度安排依旧是按照城与乡、本地与外来双重分割的，户籍制度的改革十分有限，且是迄今为止改革进程最慢、变化最小的社会制度之一。在系统回顾户籍制度的形成及意义，以及暂住证的实施、农转非政策的转变和农转非指标的取消、小城镇户籍制度改革、蓝印户口和城市户口有条件开放等问题的基础上，陈金永（2006）对中国户籍制度的改革进展得出以下结论：迄今为止，户籍制度改革十分有限，并未触及实质性问题。因此，流入地社会的相关制度依旧被人为地贴上“户口”（包括户籍地和户籍性质）标签；在进入流入地后，流动人口依旧面对着一系列有别于流入地本地居民的制度安排，乡—城流动人口更是面临户口类型和户口所在地双重困境。显然，这会给流动人口的经济融入埋下深深的隐患。

2. 其他方面的制度性和结构性排斥

当然，仅户籍制度本身并没有如此强大、难以逾越的屏蔽功能，但如前文所言，在中国城乡分割的历史演进过程中，户籍制度成为配合单位体制的一种重要的屏障制度，构成城市社会中劳动力市场和就业体制壁垒、城乡资源配置（如：社会保障、医疗卫生、教育培训）体制壁垒的母体及制度性排斥的基础，使原本与户籍无关的其他制度也与它发生了千丝万缕的联系，并通过这些具有排斥性的制度，阻碍流动人口的经济融入。可见，户籍制度是一个总体建构，如同刘传江、程建林所言，是“原生”的；而其他制度则是具体的、针对某个或某些方面的制度，是“衍生”的。

关于制度性的障碍在流动人口经济融入方面的重要作用，从欧盟“移民政策整合指数”可见一斑。如第二章所言，该指数就是专门从宏观角度，考察欧盟成员国及相关国家与移民有关的公共政策对移民及其家庭的接纳程度的；而且，美国移民研究的结果也表明，公民化运动、肯定性行动计划、主流制度中推进少数族裔发展项目等都为移民及其子女打开了机会之窗，使他们在很大程度上避免（或减弱）了受到主观歧视或陷入结构性困境的遭遇。

中国的情况亦不例外，虽然具体情况有所不同。本书的第一章对中国种种与流动人口社会融入有关的政策制度，做了较为详细的叙述。这里的重点在于辨识这些因素排斥流动人口的机制和途径。

（1）劳动就业制度与外来人口排斥

城乡分割的劳动就业制度、次级劳动力市场和地方保护制度对流动人口经济融入的制约主要表现在以下几个方面。

其一，在用工原则上，一些城镇地区实行“先城镇，后农村；先本地，后外地”的用工原则，限制了农民进城务工的平等竞争权。目前，由于城镇化发展的不完善，城镇面临本地市民和外来人口双重就业压力；特别是随着中国大批国有企业进行改革，下岗职工需要再次就业。所以，当本地人和外来人就业发生矛盾时，地方就会优先保证本地市民的劳动就业机会，对外来流动人口劳动就业权益的保障相对滞后。城镇就业制度仍更多地惠及本地市民，而流动人口仍属于政策相对疏远的一方。

其二，在就业岗位上，有些地区（如：北京市）对外来务工人员的就业岗位进行限制；一些职位（如：会计、出纳、收银员、话务员、公交车司机、售票员和出租车司机等）限制使用外来人员，使得流动人口自由选择职业的权利难以实现。受限制的行业和职业往往社会保障较健全、工资较丰厚、工作负担较轻，那些需要繁重体力劳动、工作条件差、工作时间长的岗位（如：建筑工人、环保工人等）则成为外来乡—城流动人口被迫的主要选择。

其三，在行业和职业分布上，流动人口更多地在体制外劳动力市场就业，本地市民则多在体制内劳动就业市场工作，二者在行业分布和职业分布方面仍然存在明显的差异。即便是本地的下岗工人，与外来劳动力在劳动力市场中也占据不同的位置。比如，同样是在制造业就业，本地再就业者所从事的职业其技术含量超过流动人口、工作时间稳定规律、工作条件较好、工作稳定性较高；相反，外来人口则从事任务重、条件差、时间长、稳定性差、无福利、无保障、无晋升机会的边缘性职业；而且，相当一部分流动人口成为建筑工人，在本地市民不愿从事的低端领域就业，难以实现与城市主流社会的融合（莫艳清，2009）。

其四，在权利维护上，流动人口在流入地就业的自我维护权利（如：得到合法工资收入、签订劳动合同、参与社会保险）也被部分地剥夺。除了前面提到的就业权益得不到保障外，部分企业还压低或拖欠流动人口（主要是农民工）工资，随意延长工作时间，擅自取消法定节假日。此外，本地再就业职工或待业市民享有城市失业保障、最低生活保障、住房保障等待遇，而在体制之外就业的流动人口不但无法得到相应的就业和生活保障，甚至在其权利受到侵害时也得不到相应保护。可见，针对外来劳动力的地方保护政策主要是要最大限度地保护流入地本地市民对公共资源的可得性，使本地市民的既得利益最大化，也使本地企业的利益最大化；而牺牲流动人口的利益是保护本地市民利益最简便、代价最小的方法。

不仅乡—城流动人口在流入地遭受到较严重的用工限制，就是受教育水平较高、拥有职业技能的城—城流动人口也遭受到就业限制。比如：一些有用工需求的事业单位或大型（国有）企业，由于职工编制的限制，很多时候被要求录用本地户籍人口。近些年，中国开始广泛提倡同工同酬，一些单位里的正式编制人员与合同制职工才开始逐渐享受到同等待遇。可见，在看似平等的就业市场上，流动人口和本地市民之间并不是平等的，各种人为的限制性分割制度的存在致使本地市民比流动人口在相同条件下拥有优势。

（2）社会保障制度与社会隔离

与劳动就业制度相比，社会保障制度与户籍制度的关系更为密切。中国的社会保障体系呈现出明显的二元特征，与双二元户籍制度直接对接。到目前为止，流入地的社会保障制度依旧具有明显的封闭性，没有将事实上在当地生活工作的流动人口纳入其体系之中，主要还只是惠及户籍市民。

社会保障制度的如下特点可能与流动人口的融入有关。

其一，保障制度的“碎片化”现象严重，影响了流动人口的保障水平。由于流动人口地域流动性大、单位稳定性差，再加上当前保障制度政出多门，缺乏系统的整体制度设计，各地积极探索的流动人口（尤其是农民工）社会养老、医疗等保障制度仍然停留在制度分割、地方分割、低统筹层次上。不同地区间的制度设计各不相同，造成各个制度之间缺乏衔接、“碎片化”和“贴补丁”等种种弊端，这种“摸着石头过河”的渐进式制度变迁显示出强烈的路径依赖特征。虽然部分流动人口参与了某（几）种社会保险，但由于社会保障制度的“碎片化”，他们无法享受到真正的便利和保障（王春光，2010b）。如第一章所言，不管是医疗、养老还是其他类型的保险，都是多种制度并存，分别覆盖不同人群，乡—城流动人口似乎既可以归于城镇类别，又可以归于农村类别，但实际上哪里都难以靠得上。这不仅增加了管理成本，而且往往使乡—城流动人口无所适从，从而影响其整体保障水平。

其二，社会保障地区之间的转移支付制度很不健全，提高了流动人口的参保成本，降低了他们的参保率。从实践上看，不管是养老、医疗还是其他保险，现有制度均为属地化管理，地方各自为政，封闭运行，监管复杂，成本高昂；更为重要的是，不同地区保险制度的衔接性很差，转移支付极不方便，甚至根本就不能转移支付。同时，大部分农民工流动性较强，当他们从一个统筹地区转移到另一个统筹地区时，身份随之转变，制度间的衔接和关系转移的困难使得他们在异地参加的养老、工伤、医疗保险得不到及时回报，从而使他们不愿参加社会保险或参保后退保，进而使他们感到在城市的生活缺乏稳定感和安全感。

其三，流动人口并非主要受益者，降低了他们的参保意愿。按照各地现行的农民工养老保险制度，退保时只退还个人账户中的个人缴费部分，而务工期间单位缴纳的社会统筹部分则被无偿地留在本地，纳入当地城镇职工社会保险基金。因为企业是通过减少农民工工资为其缴纳养老保险费的，其实就是变相地将费用转嫁给他们，而农民工退保后的社会统筹账户基金留在务工城市，实质上是将他们的一部分收入变成地方政府的社保资金，企业缴了费，地方政府得了实惠，农民工反而丢了权益（邓大松、孟颖颖，2008）。

其四，地方政府财力不足，难以承担筹资责任。中国针对弱势群体设计的各项保险制度多采取个人缴费、政府补贴的方式，政府财政承担相当比例的筹资义务。比如，对于新型农村合作医疗，中央和地方政府分担筹资责任。若按 2008 年本乡以外就业的农民工数量 14041 万人和城镇居民医疗保险人均补贴 100 元的补贴额计算，财政需补贴农民工参保费用 140 亿元（赵斌、王永才，2009），其中，地方政府需要承担医疗保险经办机构经费和部分医疗保险计划补贴的费用。然而，分税制改革使得地方财政收入占财政收入的比重不断下降，而同时地方政府却必须提供各项民生工程的配套资金。一方面是财政收入不断上移，另一方面是支出责任不断下移，收入与支出责任不匹配，地方财政在落实本地户籍人口的民生政策时已捉襟见肘，更不用说外来人口了（赵斌、王永才，2009）。可见，现有的保障体系未能突破双二元的户籍分割母体，而仅仅出于对降低保险缴费负担的考虑，以“保当期”为原则，放弃累计缴费年限制度，使参保农民工一旦退出劳动领域、停止缴费，就失去了相应的保障。

其五，制度设计缺陷使企业可逃避或漏缴农民工养老保险费；企业为削减成本，对农民工社会医疗保险亦不重视（冯倩、蒋睿，2009）。绝大多数流动人口都在私营企业或个体企业就业，即体制外就业。这些企业为了降低成本、最大化收益率，缺乏为农民工购买保险的热情。比如，2005 年，重庆市《关于农民工养老保险问题的调查》中的数据显示，80.0% 的企业主不赞成为农民工购买养老保险（庞慧敏，2005）。同时，农民工本身维权意识差，加上收入偏低，故而参保意愿不强（冯倩、蒋睿，2009）。

（3）住房保障制度与居住隔离

居住状况是反映人们生活水平的重要标尺。流动人口进入流入地之后，首要问题就是找个住所安顿下来，然后才会安心工作、生活、发展，不仅“流”，而且“留”（张斐、孙磊，2010）。因此，国家和各地的住房政策及保障措施对流动人口的经济融入同样十分重要。然而，尽管住房保障也属于“公共产品”，但中国城乡之间以及城乡内部在制度、市场和公共服务方面的分割，使得城市的公共产品对外来人口失去了“公共”的特质；同时，由于公共服务投入按本地户籍人口分配资源，外来人口都被排斥在资源配置之外。因此，流入地社会对外来人口的住房保障排斥更为凸显。虽然近些年，中央及一些主管部委相继出台了一系列有关农民工住房政策的重要文件和措施，形成了一个住房保障网络，但实际上，这是目前最难以落实的一项保障措施，主要表现在以下方面（马光红，2008）。

其一，可供流动人口租住的像样的房源严重不足，大多数流动人口往往只能租住在城市边缘、城中村、未经改造的老城区，住房环境和居住条件差，流动率较高，部分房屋属于私建违章建筑，存在安全隐患，无法保证流动人口的居住安全。

其二，流入地政府管理与服务不到位、配套措施缺失，使流动人口享受不到公共资源的优惠。以住房公积金为例：2007 年国家建设部提出，应将在城市有固定工作的农民工纳入住房公积金制度的覆盖范围。其出发点虽好，但是在执行过程中问题较多（王晓营，2010）。比如，政府针对农民工的公积金如何缴纳？按照什么标准缴纳？公积金缴纳后，农民工以什么样的方式享受贷款？农民工具有高流动性，那么在他们转换工作单位时如何衔接？采用何种措施来鼓励低收入的农民工缴纳住房公积金？如何解决住房公积金的比例制使得低收入的农民工缺乏较高的保障性？这些问题若不能得到有效解决，针对流动人口的住房公积金制度只能是一纸空文。

其三，公共住房保障的刚性效应将流动人口排斥在制度之外。在绝大多数地区，保障性住房不对非本地户籍人口开放，城镇职工能够享受到的住房公积金或其他形式的住房补贴政策也将流动人口拒之门外，使得他们的住房保障成为当前社会保障的一个真空层，乡—城流动人口更是该真空层的主体。

其四，高昂的房价凸显出流动人口货币支付能力严重不足，无力通过购买商品房而改善居住条件。

这些因素的共同作用，使得流动人口（特别是农民工）的住房问题依然十分突出，致使他们的城市生活定位是暂时性的，而不是永久性的。他们在城镇的居住安全得不到保障，虽有容身之所，却无“家”的感觉，城市并非其长期立足之地。这一方面反映了其经济融入程度不高，另一方面业已构成其他方面融入城市生活的重要障碍，还成为阻碍加快推进有机城镇化的一个重要因素。

王春光（2010b）曾经说过：

> 首先，有关农民工的社会政策都是以不改变农民工的流动为前提而设计出来的，或者说是以确认他们的目前流动状况为基础的，而没有计划将他们真正纳入城市化进程，因此，这样的政策为地方政府（特别是流入地政府）提供了很大的自由空间。其次，这些政策是在现有的行政制度框架下出台和实施的，并不是以改革这个制度框架为目的，因此，这些政策一旦与制度框架相矛盾、冲突，就会被这个框架化为乌有。最后，任何社会政策的实施还要依靠惠及对象的讨价还价能力……农民工都是非常弱势的，是几乎可以不被重视的对象，因此，尽管国家出台了这样那样的社会政策，但是，农民工没有组织力量、强有力的手段去坚持和维护这些政策给予他们的权益。

总之，现存与农民工有关的社会政策尚不足以破除城乡二元体制和各自为政的地方行政管理体制（王春光，2010b），不仅难以推动流动人口的社会融入，而且依旧构成其融入的制度性障碍。

（4）技能培训政策流于形式

虽然国家对流动人口的职业技能培训十分重视，颁布了相应的政策法规，以促进培训工作的开展和流动人口技能的提高，但实际情况是，这些政策多是政绩项目，名号响、效果差。

其一，从受过培训之人的数量来看，仅有少部分农民工参加过政府主办的职业技能培训，绝大多数流动人口的职业技能未得到相应的提升，限制了他们的就业范围。

其二，从培训的主体来看，流出地政府热衷于农民工就业技能培训，流入地政府则不然，这种“一头热”的结果是流出地政府想搞好农民工培训但缺钱，流入地政府有钱却不想搞农民工培训。即便有的流入地政府也开始加强农民工职业技能培训，它们却只为自己辖区的农民工提供这样的政策服务（王春光，2010b）。

其三，从培训效果来看，培训内容脱离市场需求，在流出地搞培训而不了解流入地对技能的需求，“名至实不归”，故而参加培训对找工作帮助不大；即便在流入地社会，培训亦缺乏针对性，接受过培训的农民工也未能获得技能的提升。

这些都使得农民工原有的农业生产技能或其他技能难以转化为适应城镇就业需求的能力，难以为其在城镇就业市场中提供有效竞争力。

3. 流入地区

现存研究多采用地区性的数据，较少从全国范围对流动人口经济融入的区域性差异进行比较分析。但是，各地区的区位条件、历史背景、文化习俗、就业环境、发展水平、制度要素、公共管理与服务等宏观要素，流入地居民的态度行为等微观要素等诸多方面存在巨大差别，且流动人口的个体特征也有不同。这些差异反映在融入水平上，就是在不同地区，流动人口的经济融入程度无疑也会有别。本书将弥补这一缺憾，比较不同地区流动人口经济融入的差距。更为重要的是，前面提到，流动人口的经济融入很大程度上也受制于附着在户籍制度之上的多重其他制度（如：劳动就业、社会保障、教育培训制度），省区之间、地区之间在这些方面既可能存在共性，也可能具有差异。因此，探讨省区之间、地区之间经济融入的异同可在一定程度上把握其他制度要素的影响。

（二）个体层次要素

虽然体制和制度因素最为关键和核心，它不仅直接制约，而且通过其他因素间接地影响流动人口的经济融入，但制度并非决定一切；在流入地社会，个人自身的发展能力也十分重要。对相同人群而言，制度是一样的，但个体却有差异；正是个体之间的差别，使得有些流动人口能够突破制度的局限，融入流入地社会，而有些流动人口则始终囿于制度，难以实现融入。

个体层次因素不仅涉及流动人口本身，而且事关流入地本地市民。关于前者，我们在“国内流动人口经济融入文献述评”一章已详细阐释了个体要素（如：人口学特点、人力资本、劳动就业特征、流动特点）可能作用于流动人口的路径和机制，这里不再重述。关于后者，尽管限于数据，本书不能考察流入地户籍市民的态度与流动人口经济融入之间的关系，但由于大量研究表明，这一因素十分重要——比如，前面介绍过，在 Gordon 关于移民社会融合的七个阶段中，有两个阶段直接与本地居民有关：第五阶段的态度接纳和第六阶段的行为接受——故这里略加描述。

如上所言，社会歧视和排斥主要表现为两种类型，一是制度性排斥，二是流入地户籍市民的歧视。融入从来都不是一个单向的过程，它不仅需要流入者主动融入，也需要流入地能够以更开放、更包容的姿态来迎接这些新成员；欧美学者（如：Gordon，1964；Alba and Nee，2003；Entzinger and Biezeveld，2003）对此都给予了高度重视。研究表明，若流入地居民能以平等的眼光看待流动人口，将他们视为社区的一员，与他们友善交流，给他们热情帮助，就会增强他们的融入意愿，淡化他们的过客心态，促使他们积极地参与，并顺利地融入社区活动中。反之，市民的社会偏见、歧视、排斥构成流动人口城市融入的重要障碍。长期以来，以户籍制度为核心的城乡双二元体制一直是中国经济社会结构的主要特征；在政策优势条件下，本地市民形成一种本位主义观念，常常将自己视作“一等公民”，而将流动人口当作“外来群体”看待，农民工更被看作“二等公民”。本地市民普遍认为，农民工文化素质低下、思想观念陈旧、行为失范普遍，是造成社会治安问题、市容问题的重要原因；同时，他们还可能认为农民工抢了他们的饭碗，改变了原有的城市社会秩序。

概而言之，市民对农民工的歧视行为包括语言轻蔑、有意回避、职业排斥和人格侮辱（王章华、颜俊，2009）。不管是有意还是无心，从客观上看，1980 和 1990 年代，城市社会从语言上和行动上都公开表示了对农民工的社会歧视，称之为“盲流”；相当一部分流入地居民对农民工抱有成见（刘崇俊等，2007），认为他们不文明，缺乏诚信，小偷小摸，普遍素质低（如：随便扔垃圾、不讲卫生、言语不文明），不老实，不厚道，扰民，闹哄哄，斤斤计较，小农意识根深蒂固，个人形象脏、乱、差，等等，“污名化”现象极其普遍。进入 21 世纪以来，公开性歧视越来越少，但“隐蔽性的、潜在的、根深蒂固的社会歧视仍然存在，不时地在一些场合或言语中流露出来，甚至出现在一些行动中”（王春光，2010b：13）。

可见，流动人口不仅受到制度、政策等方面的歧视与排斥，还必须忍受本地市民对他们认识上的偏见、行动上的歧视、心理上的排斥。这些歧视与排斥可能造成流动人口的自卑心态和对流入地的抵触心理，他们无法也不愿更多地与本地人交往，从而阻碍他们与本地市民这两个人群的平等交流和互动，拉大他们的心理距离、加深他们之间的鸿沟，产生矛盾、对立，甚至冲突。而且，排斥心态也会进一步强化流动人口的身份认同，限制其社会网络的拓展，影响其社会资本的数量、质量与结构，从而维持他们与本地市民之间的社会距离，制约他们在流入地的生存和发展能力，限制他们的城市化进程，使他们难以融入流入地社会。

此外，前面提到，某些家庭层次要素（如：子女的就学情况、流动的家庭化趋势）也会直接或间接地影响到流动人口的融入程度。由于数据的再抽样局限，难以获得全体家庭成员的信息，故而我们仅在框架中列出了家庭特征，但不做进一步的说明和检验。

四　主要理论假设

显然，不管是城—城流动人口还是乡—城流动人口，都具有相对弱势。首先是城—城流动人口作为“外来人”相对于本地市民而言的弱势（即“内外之别”），因为流入地社会的许多福利只是针对本地户籍居民的。然而，城—城流动人口是一个选择性的群体。比如，相较于本地市民，他们年纪较轻、学历较高、技能较新、思维活跃、创新性强。这些优势都可能增加他们在流入地社会的就业机会、提升其职业声望、提高其收入水平，并进而改善他们的社会保障福利待遇。因此，这些人口的社会经济特征可能与本地市民存在正向差异，而这些差异或许能部分地抵消本地市民的优势，从而缩小二者之间的差距。其次，乡—城流动人口相对于本地市民既有城乡差别，也有内外之分，处于“农村人”与“外来人”的双重弱势。因此，虽然乡—城流动人口更年轻、更吃苦耐劳，但他们具有制度性（即户籍）的先天不足，同时还具有与先天不足相伴随的后天缺陷（如：受教育程度较低、技能缺乏）。于是，他们除了得不到仅适用于本地市民的特殊福利外，还被排除在一些基于户籍性质的社会保障体系之外；同时，后天缺陷使他们在行业类型的选择、职业声望的提升、收入水平的提高等方面处于明显的劣势。这些不足将拉大他们与其他两个人群在经济社会地位方面的差距。

那么，如何考察制度性、结构性和人力资本等因素对乡—城流动人口的排斥和对他们尽快融入城市社会造成的阻隔呢？如前所言，正是由于户籍类型、户籍性质和其他方面的差异，有关乡—城流动人口经济融入优势与劣势的理论和实证考察都必须关注融入的相对性、分层性和其他多种特征。

其一，融入的相对性。经济融入是一个相对概念，即相对于流入地市民而言的。参照群体理论认为，个体虽然隶属于某个群体，但在他们的心中往往向往另外一个群体（即参照群体），并向这个群体看齐。融入与否和融入程度都是相对于参照群体而言的，而不是机械的绝对值。在流入地社会，本地、外来之别是客观存在的事实；在流动之前，人们多以当地同辈人群为参照对象，而在流动之后，其参照对象主要就变成了流入地市民。由于制度性和结构性的排斥，各地多项公共福利仅当地市民可以享有。比如，就社会保障而言，在现行体制下，跨省或跨地区转移接续即便可能，也相当困难，故即便流动者的工作单位为其购买了养老保险和医疗保险，一旦他们流动到新的地方，也很难获得这部分保险金。① 又如，由于制度分割的作用，本地市民与流动人口的地位获得模式、途径和规则也会迥异。本地劳动力的地位获得过程受到正规制度规则的保护和引导，即遵循制度路径获取社会经济地位的上升流动；而流动劳动力在提升社会经济地位过程中采取的手段，常常意味着要突破现存的制度规则或在现存制度安排之外开辟新的路径，即通过非制度的路径来改善他们的社会经济地位（李春玲，2006）。由户籍地造成的本地人和外地人的分割剥夺了部分流动人口多方面的机会，使之处于不利地位，尤其是在涉及公共产品的领域。基于此，我们提出以下假设，即在其他条件相同的情况下，与本地市民相比：

假设 1：流动人口的绝对社会经济地位和相对融入水平均处于劣势。

鉴于流动人口在劳动就业的所有方面均不能享受到与流入地普通人群同样的权利和福利，具有作为外来人的弱势，进而，我们可将假设 1 细分如下：

假设 1a：流动人口的劳动合同更缺；

① 自 2007 年以来，政府出台了多项规定以促进社会保险跨行政区域转移。然而，国家人口和计划生育委员会流动人口动态监测数据显示，到 2012 年 5 月，地区间社会保障的转移接续依旧十分困难。

假设1b：流动人口的劳动时间更长；

假设1c：流动人口的职业声望更差；

假设1d：流动人口的收入水平更低；

假设1e：流动人口的社会保障更劣；

假设1f：流动人口的居住条件更差。

其二，融入的分层性。融入的分层性表现在多个方面，而其中最主要的无疑是由户籍类型造成的分层。中国特殊的户籍制度使得相关研究必须区分不同户籍的流动人口，比较因户籍性质的不同可能造成的社会分层。① 户籍类型将人们区分为乡下人与城里人，并以此作为区分劳动就业、社会保障、住房及其他机会的重要基础，造成对农村人的相对剥夺。农村户口劣于城镇户口，农民具有先天和后天双重劣势。自出生之日起，他们就被贴上“农民”的标签，低人一等，这是无法选择的先天劣势；同时，在中国城乡分层的宏观背景下，他们缺乏依附在城镇户籍上的各项机会、权利和福利，而这种后天劣势虽然不是不能选择的，却是难以选择的。进入流入地后，一方面是他们希望从事怎样的工作的问题；另一方面，受到他们自身较低的人力资本、劳动力市场的特征、当地的公共政策对外来人口的歧视等因素的制约，他们可以从事怎样的工作则是另一个问题。多数乡—城流动人口由于受教育程度低，且在工作前后缺乏职业培训，未能掌握可以从事声望较好、收入较高职业的技能。因此，乡—城流动人口在城市社会中别无选择，只能从事最苦、最脏、最累、最无望的工作，主要在劳动密集型产业中就业，承担处于社会劳动底层的简单工作，收入低下，工作时间特别长，难以获得公共住房与社会保障。相反，城—城流动人口相对于乡—城流动人口具有较高的受教育水平和专业技术能力，在城市中也能从事比乡—城流动人口更好的职业，获得较好的待遇。上述差异无疑造成流动人口内部的分层，使他们在融入的途径、融入的速度，以及融入的深度与广度方面存在差别。鉴于城—城流动人口

① 学界对这个维度的比较基本是缺失的；流动人口或是被简单地作为同质群体，或仅指代农民工。然而，区域资源配置不公驱使越来越多的城市居民为追求更好的发展机会而流动。户籍制度及附着在该制度之上的其他显性和隐性的社会福利都使得这两类外来人不是同一个群体；而忽视城—城流动人口或将流动人口作为单一群体会掩盖流动人口与流入地居民之间的差异，并阻碍对乡—城流动人口真实的经济社会地位的认识，也会妨碍政府制定、完善促进流动人口社会融合的政策措施。

拥有较高的人力资本和职业技能，也鉴于其城镇户籍身份使得他们更容易得到本地人群的接纳，与本地人进行有效的互动和交流，在其他条件相同的情况下，我们做如下假设：

假设2：与乡—城流动人口相比，城—城流动人口的绝对经济社会地位和相对融入水平与本地市民的差别较小，所有经济融入的指标都是如此。

在前面的理论分析框架中，我们还提出了其他制度安排可能对流动人口社会融入造成的障碍，但由于本书所用数据并不包含这些因素，故而无法证实或证伪它们的影响；因此，这里不提出相应的假设。

其三，融入的流动特性。如前文所述，在流入地的居留时间、流动原因、流动跨越的行政区域与其经济融入有着直接和间接的关系。就在流入地的居留时间来看，我们认为：

假设3：在流入地的居留时间与流动人口的经济融入正向相关，不管经济融入如何测量。

就流动原因而言，我们认为：

假设4：流动原因与流动人口经济融入显著相关，不管经济融入如何测量。但是，不同的流动原因与经济融入的不同指标之间的关系存在差别（见表4－3）。

就流动跨越的行政区域来看，我们认为：

假设5：流动所跨越的行政区域与流动人口的经济融入显著相关，但与总体经济融入之关系的性质不确定，且与不同的融入指标相关的性质或不确定或有差别。

假设5a：流动所跨越的行政区域越大，劳动合同签订概率越低；

假设5b：流动所跨越的行政区域与流动人口劳动时间有关，但基于现有研究，难以判断二者关系的性质；

假设5c：流动所跨越的行政区域与流动人口职业声望有关，但基于现有研究，难以判断二者关系的性质；

假设5d：流动所跨越的行政区域越大，收入水平越高；

假设5e：流动所跨越的行政区域越大，社会保障越差；

假设5f：流动所跨越的行政区域越大，住房条件越差。

其四，融入的人口特征。融入的分层也表现在许多其他方面，如代际差异、性别差异、民族差异、婚姻差异、阶层差异、健康差异、行业差异、单位差异，

表 4－3　流动人口经济融入的理论假设汇总

	经济融入	劳动合同	劳动时间	职业声望	收入水平	社会保障	住房条件
制度要素							
户籍类型(农村户籍:相对于城镇户籍)	—	—	+	—	—	—	—
户籍地点(外地:相对于本地)	—	—	—	—	—	—	—
流动特征							
在流入地居留时间	+	+	+	+	+	+	+
流动原因	有关系	有关系	有关系	有关系	有关系	有关系	有关系
流动跨越行政区域	有关系	有关系	有关系	有关系	+	—	—
人口学特征							
青年(相对于年长流动人口)	有关系	—	+	—	—	有关系	—
女性(相对于男性)	—	—	—	—	—	—	—
汉族(相对于少数民族)	+	+	+	+	+	+	+
在婚(相对于不在婚)	+	+	+	+	+	+	+
人力资本特征							
受教育程度	+	+	+	+	+	+	+
劳动就业特征							
就业行业	有关系	有关系	有关系	n/a	有关系	有关系	有关系
就业单位	有关系	有关系	有关系	n/a	有关系	有关系	有关系
劳动合同	n/a	n/a	+	n/a	n/a	+	+
劳动时间	n/a	n/a	n/a	n/a	+	n/a	n/a
职业声望	n/a	n/a	+	n/a	+	+	+
收入水平	n/a	n/a	n/a	n/a	n/a	+	+
流入地区	有关系	有关系	有关系	有关系	有关系	有关系	有关系

注：该表格应该横向来看；“—”表示负关联；“＋”表示正关联；“有关系”表示二者之间相关，但性质不明；“n/a”表示不适用。

等等。下面基于前面文献梳理和综述的结果，提出流动人口人力资本、社会资本及其他要素与经济融入关系的理论假设。总体而言，由于时期效应和队列效应，流动人口存在年龄的分层；由于劳动力市场中社会性别观念的作用，不同性别流动人口可能面临不同的制约和障碍；在婚之人生活更为稳定，流动性相对较小，而稳定性在一定程度上更有利于积累工作经验、职业技能、在单位的资历；少数民族流动人口的封闭性和单一的民族经济也会使他们面临融入障碍。因此，我们提出如下假设。

假设6：流动人口的经济融入因其年龄、性别、民族、婚姻状况等人口学特征而异；但是，具体到不同人口学特征和不同融入指标，融入情况可能存在一定差别（见表4－3）。

其五，融入的人力资本特征。受教育程度是人力资本的最主要指标之一，直接作用于职业地位的获得，并可能直接和间接地作用于收入水平和其他方方面面的保障。因此，我们提出如下假设。

假设7：受教育程度越高，流动人口的经济融入水平越高，不管经济融入如何测量。

其六，融入指标之间的互动性。此外，我们也认为，经济融入的各个指标之间存在互动——比如，职业类别可能作用于流动人口的劳动时间、收入水平、社会保障状况、居住条件等；同样，流动人口的收入水平也与其劳动时间直接关联；此外，流动人口的社会保障状况和居住条件无疑受制于收入水平；等等。我们提出如下假设。

假设8a：长期劳动合同缩短流动人口过长的劳动时间，改善他们的社会保障和住房安全状况；

假设8b：劳动时间越长，流动人口的收入越高；

假设8c：职业声望越好，收入水平越高，社会保障状况越好，住房状况越好；

假设8d：收入水平越高，社会保障状况越好，住房状况越好。

其七，融入的地区性。当前，中国各地的经济社会发展程度不一，给流动人口提供的劳动就业机会也不同，故而会带来不同的经济融入结果。一般而言，经济发达之地，流动人口有相对较好的就业机会，劳动市场相对更为规范，故而收入水平可能更高，社会保障状况可能更好。当然，这些地方的本地人的经济社会地位也较高。相反，在相对不发达地区，流动人口的绝对经济状况可能较差，但本地市民的情况可能也不够好；鉴于流动人口的自选择性，故相对于本地市民而言，流动人口的相对水平可能较好。因此，我们提出如下假设：

假设9：不同地区流动人口的经济融入水平存在差异，但与不同融入指标相关的性质或不确定或有差别：在经济发达之地，流动人口的绝对经济社会地位可能较高，但相对于本地市民的融入水平可能较低，而在经济不发达之地则可能相反。

总体而言，这些因素与融入的大部分指标的关系性质可能比较类似，但并不是每一个人口学特征、就业特点、流动特征或地区特点与每一个融入指标的关系都是一样的。这种不一致性不仅表现在关系的程度上，更表现在关系的性质上，因为不同融入指标对应着不同的需求，与自变量的关系存在差别也在所难免。

本章小结

从过去日出而作、日落而息的工作和生活方式向节奏紧张的现代都市的工作和生活方式转变对成年流动人口来说无疑是一个巨大的挑战。应对这个挑战不仅需要个体的努力，更需要宏观政策的支持。因此，流动人口的融入意愿、过程、结果既受制于自身的人力资本、社会资本等个体要素，也受制于流入地所能提供和创造的就业机会及发展空间，还取决于城市所能提供的生活资本。城乡二元户籍制度、外来人口的标签、城镇劳动就业市场的分割、地方保护性政策的排斥、居住区域和心理空间的隔离、城镇公共资源的紧张等因素，都可能拉开本地市民与外来人口之间的距离。本地市民处于城镇社会中的优势地位，他们是各种社会资源的既得利益者，通常在当地处于较高的就业层次，居住在正规居民小区，优先享受当地的医疗、养老、教育等公共资源，具有较强的身份优越感。相反，务工经商的流动人口在劳动就业市场无法得到与本地人同等的待遇，从事着不受人尊重的职业，被有形的政策和无形的地方保护主义思想所排斥。他们也不像本地市民那样居住在体面的生活小区，而是“蜗居”在脏、乱、差的城市边缘、城中村、老城区等私搭乱建的居住区。这些居住区通常与外界联系极少，使得他们只停留在居住群体内部的交流上，同时也有很多“同乡村”，更是强化了群体内部交流而疏远了与流入地其他群体的接触。他们无法平等地与本地市民一起分享城市发展的成果、享受城市资源的便利，在被排斥中艰难地生活着。

本章基于社会排斥视角，详细论述了上述多层面、多维度因素作用于流动人口经济融入的可能机制与模式，重点强调了制度性要素，尤其是户籍制度。基于思考，构建了流动人口经济融入的理论分析框架，提出了经济融入的理论假设。

从第五章开始，本书将利用实证数据，对本章提出的理论假设予以检验。需要指出的是，由于受数据的限制，部分理论假设无法得到检验。这提醒研究者和相关政府部门，在后续有关流动人口经济融入的调查研究中，需要设计更全面、更完善、更有针对性的问卷，从而得以系统、综合地考察流动人口在流入地的经济融入状况和影响因素。

第五章
数据与方法

第四章介绍了流动人口经济融入的理论模式，并在此基础上，结合中国的具体情况和国内外相关研究成果，构建了影响流动人口经济融入的理论分析框架，提出了相应的理论假设。但是，该框架是否合适？假设能否经得起数据的检验？换言之，在本书探讨的经济融入指标方面，流动人口与本地市民之间是否存在显著差异？在哪些指标上存在显著差异？哪些因素使流动人口、不同身份流动人口在社会经济地位上与流入地市民更为接近？从本章至第十二章，本书使用2005年全国1%人口抽样调查数据，对上述理论假设进行检验，试图回答本书的研究问题。

本章安排如下：首先，描述数据的来源，从本书研究问题的角度出发，分析数据的优势与局限，并介绍样本的选择标准；其次，定义本书涉及的因变量、主要自变量以及控制变量；再次，陈述数据的分析方法，包括模型设定及其原由；最后，初步描述本书使用的各类变量的基本特征（即单变量分析），以避免在后面的具体分析章节中重复描述。

一　数据来源与样本选择

在定量分析过程中，选择高质量且适合分析目的的数据是最基本，也是最关键的一步，因为数据质量的好坏直接影响到分析结果的可信性，而内容合适的数据事关研究问题能否得到有效回答。然而，流动人口是个特殊群体，其特点之一在于“流动”（虽然部分流动人口已落地生根），对他们进行抽样调查比较困难，且多数关于流动人口的研究仅限于流动人口本身，没有顾及本地市民，故到目前为止，二者兼备、既包含流动人口又包含流入地市民、规模够大、代表性够强的随机抽样调查数据十分少见。虽然学界和政府部门做过不少这方面的社会调查，但调查多是局部性的、地区性的，随机性和代表性都比较差，可用来考察某个（些）地区某些流动人群的特点，但难以推断为全部流动人群、不同身份流动人口的共同特征，也难以进行地区间的比较，分析结果具有较大的局限性。因此，要回答本书的研究问题、检验理论假设，必须使用更合适的数据。

（一）数据来源

本书的数据来源于2005年全国1%人口抽样调查的20%的抽样数据（以下简称调查数据、本调查数据、本数据、小普查数据，等等）。为摸清2000年以来中国人口数量、构成及居住等方面的变化情况，研究未来人口状况的发展趋势，国务院在2005年进行了全国1%人口抽样调查。该调查由国务院1%人口抽样调查领导小组负责领导和组织协调，由县以上地方政府1%人口抽样调查领导小组和被抽中的乡、镇、街道办事处的1%人口抽样调查办公室具体负责实施。调查的标准时间为2005年11月1日零时；调查对象既包括被抽中的调查小区内具有中国国籍并在2005年10月31日晚居住在本调查小区的人口，同时包括在被抽中的调查小区内具有中国国籍并且户口在本户、在2005年10月31日晚未居住在本户的人口。该调查采用分层、整群、概率比例的三阶段抽样方法：第一阶段抽取乡级样本单位，由全国1%人口抽样调查办公室组织、省级1%人口抽样调查办公室实施；第二阶段抽取村级样本单位；第三阶段抽取调查小区。各省级单位的样本量按其人口规模由全国1%人口抽样调查办公室确定，最终的样本单位为调查小区。

（二）数据的优势与局限

1. 数据的优势

与现存其他数据相比，2005年全国1%人口抽样调查数据具有诸多优势，是到目前为止研究流动人口经济融入问题的最佳数据之一。

其一，数据具有代表性与普遍性。本调查是全国第六次人口普查之外距今最近的大规模人口抽样调查，能比较全面、客观、及时、系统地反映中国人口的较新状况，且其分析结果可推断为当时全部人群的共同特征。虽然在过去七年中，人们的就业机会、收入水平、宏观经济环境等都发生了较大变化，当下的流动人群也与七年前的有一定差异，但大量的研究表明，由于制度性要素的制约，流动人口的特征变化比较缓慢（当然，这并不否认与时期有关的特点差异），而本调查全面综合地反映了流动人口的情况。因此，使用该横截面数据探讨流动人口的经济融入问题仍是合适的。

其二，数据提供了丰富的经济融入信息。尽管2010年人口普查数据更具有时效性，但它所含经济融入的指标很少，特别是没有收入、社会保障等关键性指标，故不是研究经济融入的最佳数据。相反，本数据涉及多个与流动人口有关的问题，包括流动身份、流动时间、流动原因、经济融入的多个指标。比如，它收集了包括流动人口在内所有人群的就业状况、合同签订、工作时间、职业声望、收入水平、社会保障、居住条件等有关资料，允许比较全面、系统地分析流动人口经济融入的现况、特点及影响因素，既可以总体把握，又可以具体考察流动人口的经济融入问题。

其三，数据允许对不同人群进行比较研究。到目前为止，由于数据的局限，绝大部分相关研究主要关注农民工，有关流动人口与本地市民的群间比较、不同户籍身份流动人口的群内比较都很少见（尤其是后者）。近几年，虽然也有一些更具有时效性、与流动人口有关的调查数据（如：2009、2010、2011、2012年国家人口和计划生育委员会组织实施的“流动人口动态监测调查”）面世，且不少数据质量较高，但它们或因缺乏本地市民的信息而难以考察流动人口的融入情况，或因代表性不强而难以推断为全国流动人口的平均水平。相反，本数据包含流动人口的流入地、流出地的户籍，且样本规模大，使本书不仅可以比较流动人口与非流动人口，实现群间比较，而且得以区分不同户籍身份的流动人口，使群内比较成为可能，是最适合本书研究目的的数据。

2. 数据的局限

当然，本调查数据也存在较大的局限。融入是个过程概念，而此调查只是单个时点的调查，其数据完全无法体现过程特点。另外，由于其问卷设计参照人口普查的问卷，力求简洁，故尽管其所含经济融入信息比普查数据多，但其他方面的资料依旧比较有限。这一方面制约着我们从更多指标来探讨流动人口社会融入的可能性，另一方面也不利于探讨更多因素对经济融入的影响。除此之外，还有以下几点局限也需要指出。

其一，时效性问题。过去七年也是中国社会发生深刻转型的时期，不管是本地市民还是流动人口，今时都可能不同往日。流动人口更是一个日新月异的群体，无疑也会打上时期的烙印。因此，2005 年的基本情况、特征和影响因素是否一定符合今天的特点，值得慎重思考。

其二，流动人口定义的合适性问题。流动人口内部的异质性很强，即使区分乡—城流动人口和城—城流动人口，在这两个群体内部，也同样存在差别很大的子群体。比如，本书将跨乡、镇、街道流动半年以上的人口定义为流动人口，但是由于数据的局限，不能完全剔除市内人户分离人口，故城—城流动人口中无疑包含部分市内人户分离人口，而这类人群与一般意义上的流动人口肯定存在较大差别。为此，本研究控制流动原因。

其三，居留时间与经济融入的因果关系问题。前面的文献综述表明，在流入地居留时间的长短直接影响到流动人口的融入程度。然而，虽然数据问及流动人口离开户籍地的时间，但我们并不知道他们离开户籍地后是否一直居住在现居地（实际上，不少流动人口离开户籍地之后在一个地方居留的可能性较小，其间可能有着反反复复的流动），故不能确定流动人口在现居地居留时间的长短；换言之，流动人口离开户籍地的时长并不一定等于在现居地的居留时长。这是因为，在到达现居地之前，流动人口可能辗转过其他地方；即便他们离开户籍地达数年之久，但在现居地居留的时间也可能较短。每到一个新地方，流动人口都需要一个重新适应的过程，故离开户籍地的时长未必一定能够反映在现居地的融入程度。由于在现居地的居留时间不明，我们分析的不是在现居地的居留时间，而是流动人口离开户籍地的时长，这可能在一定程度上低估了该变量的影响。此外，居留时间与流动人口的经济融入之间可能还存在另一类关系问题：居留时间越长，流动人口越容易融入当地社会；反过来，流动人口在当地融入状况越好，则越可能会加强其居留的意愿，从而更倾向于在当地居留，故因果关系难以判明。

其四，居留地的现状与流动人口经济融入的关系问题。假若一个地区新的流动人口占了多数，则该地流动人口经济融入水平可能较低，但另一种可能的情况是，正是因为流动人口更易融入，故而吸纳了更多的流动人口。因此，如果仅从一个截面来看，该地区流动人口的经济融入状况可能很差，但事实不然。应对办法有几种：一是研究设计要特别强调时间的作用，突出在流入地的居留时间；二是利用纵向追踪调查的方法搜集数据；三是控制各地区间的居留环境差异。遗憾的是，前两种方法行不通；对于第三种办法，我们通过控制地区来实现，尽管这未必一定能完全应对这个问题。

其五，样本的选择性问题。本调查并不提供回顾性流动史的数据，故我们只能看到调查对象在调查时点的流动状态，这就有可能造成样本的自我选择性问题，即那些无法适应新环境的人群可能已经离开流入地，而剩下的基本上是对新环境有较强适应能力之人。然而，我们从数据中无法找到这部分曾经流动过，但因无法适应流入地的生活或其他原因而离开之人。要找到这些人，不仅需要回顾性流动史的数据，而且需要明确知道他们离开的原因，因为离开并不一定代表他们无法适应流入地。

总体而言，尽管本调查数据有这样或那样的先天性局限，但依旧不失为回答本书研究问题的最好数据：它比 2010 年人口普查数据提供了更多的经济融入信息，也比其他包含更多信息且更具时效性的数据涵盖了更多样化的人群。当然，我们也必须充分认识到数据的局限性，特别是其时效性的不足。

（三）样本的选择

本书使用的数据是在 2005 年全国 1% 人口抽样调查原始数据基础上抽取的 20% 的样本，共有 258 万多人。基于研究目的，本书通过以下步骤选择分析对象和样本（见表 5－1）。

表 5－1　样本选择标准

样本选择标准	剩余样本量(个)	剔除个案占前面样本比例(%)
年龄为 16～55 岁	1600929	38.08
户籍身份明确者	1599167	0.11
非在学、非伤残、非离退休者	1441009	9.89
流动人口及流入地城镇户籍人口	556949	61.35
离开户籍地半年以上的流动人口	551546	0.97
剔除其他有缺失样本	433360	21.43
总样本量	2585481	—

第一步：选择年龄为16～55岁的受访者。这样剔除了38.08%的样本，剩余约160万个样本。之所以使用16岁，而不是15岁作为年龄的下限，一方面是考虑到一些15岁的少年尚未初中毕业，而绝大部分16岁的少年已初中毕业，未能进入高中就读的初中毕业生多外出打工；另一方面，16岁是最低合法劳动年龄。以55岁为年龄的上限主要是考虑到职工退休年龄的性别差异，即男性60岁，女性55岁（或50岁）。采用女性的退休年龄55岁作为分析的上限，从理论上可以保证男女有同等的工作机会。此外，数据的频数分布也表明，绝大部分以劳动就业为目的的流动人口年龄小于56岁。因此，该年龄限定将使流动人口与户籍人口的数据更为兼容，对他们的比较也将更为合理。

第二步：选择户籍身份明确者。少数受访者的户籍不定（即变量r6选择4的受访者），还有极少数样本的户口登记地情况不明，本书将他们排除在数据分析之外。这一步在剩余样本的基础上删除了0.11%的样本。

第三步：选择非在学、非伤残、非离退休者。这一步在第二步的基础上删除了9.89%的样本。

第四步：选择流动人口及本地户籍的城镇市民。本研究将农村非流动人口排除在分析之外的主要原因有二：（1）本书主要关注流动人口经济融入的绝对水平及与本地市民相比较的相对状况。虽然将农村非流动人口纳入分析也有意义，但这不是本书所关注的重点——乡—城流动人口可能也不是把自己与流出地农民进行比较，而是以目的地人群为参照对象。（2）抽样调查中的一些调查问题仅适用于城镇就业人口，流出地农业户籍人口的相关信息则多为缺失，流入地和流出地的数据不够兼容，故而难以放在一起比较。这一步删除了剩余样本的61.35%。

第五步：在流动人口中，选择离开户籍地超过半年的流动者。流动人口进入流入地半年以后，工作和生活基本安顿下来，此时测量他们的融入程度更为合适。这一步删除了剩余样本的0.97%。

因此，本书的分析对象是：年龄为16～55岁、户籍身份确定、不在学、未伤残、在业（未离退休）、具有流入地城镇户籍的本地市民，以及离开户籍地半年以上的流动人口。在剔除本书所用自变量中有缺失值、无效值或不适用取值的个案后，最后的总样本量为433360。由于因变量的情况不一样，故每个因变量所对应的样本量亦略有差异。

二　变量的定义

经济融入是指流动人口在流入地经济结构方面面临的挑战及在劳动保护、经济地位、社会保障、居住状况等方面的整合情况，是个体经济社会地位的综合反映。这些要素构成流动者经济融入的指标体系（杨菊华，2009，2010a），也是其他维度社会融入的基础、前提和保障，是社会融入的首要问题。经济融入受到多种因素的影响：（1）流动者的个体特征；（2）流动者的流动特征；（3）户籍制度及其衍生制度；（4）流入地宏观政策及经济结构；（5）流入地本地市民的态度和行为；等等。尽管由于数据的局限，本书不能检验所有因素，但能直接考察第（1）~（3）类因素，也可间接推导第（4）类因素。本节主要介绍变量的定义。

（一）因变量

本书的因变量一是绝对经济地位，二是相对经济融入水平。前者适用于所有人群，后者仅适用于流动人口，即流动人口相对于本地市民的经济水平，本书多使用“经济融入”代指二者。具体包括六个指标（若干变量）、一个综合性指数。这六个指标可大致归为四类：劳动保护、经济地位、社会保障、居住状况，分别涵盖劳动合同和每周工作时间、职业声望和收入水平、社会保障和住房条件。单独分析每个变量可清晰地展示流动人口在经济领域的每个具体方面的融入情况，从而可以更全面、细致、深入地了解该群体在哪一个指标上更易于融入、哪一个指标上更难以融入。综合指标即经济融入综合指数，是通过因子分析方法，将除劳动合同外的其他五个指标进行整合生成，以便从总体上把握流动人口的经济融入现况、特点与影响因素。

由于流动人口的就业率很高，选择性很强、样本差异性较小，故本研究不将就业机会作为因变量。下面对每个变量进行具体定义。

1. 劳动合同

2007年6月29日通过、自2008年1月1日起施行的《中华人民共和国劳动合同法》旨在完善劳动合同制度，明确劳动合同双方当事人的权利和义务，保护劳动者的合法权益，构建和发展和谐稳定的劳动关系。用人单位自用工之日起即与劳动者建立劳动关系，需要订立书面劳动合同；同时，法律明确规定了劳动合同期限、工作内容、劳动保护和劳动条件、劳动报酬、劳动合同终止的条件以及违反劳动合同的责任，等等。然而，现存研究和实际情况都表明，由于流动人口（特别是乡—城流动人口）集中在私营企业和个体工商业就业，劳动合同签订率很低，劳动权益保障难以落实。在新《劳动合同法》颁布之前，流动人口劳动合同的签订率可能更低，劳动保护、经济保障和社会保障更得不到落实。

2005 年全国 1% 人口抽样调查直接询问了受访者劳动合同的签订情况（r24）。该问题有三个选项：已签订有固定期合同、已签订无固定期（长期）合同、未签订劳动合同。这是一个跳答问题，即 r23 选雇员之人才回答；而其他就业身份（包括雇主、自营劳动者、家庭帮工）之人的数据均为缺失。

本书采用两种方式重新编码该变量，以适用于不同的分析目的。一是将合同定义为一个二分类变量：签订了长期或固定期合同，赋值为 1，其余为 0。二是将其定义为四个分类：0 表示缺失，1 表示没有签订合同，2 表示固定期合同，3 表示无固定期（长期）合同。前者作为因变量；后者既作为因变量（但仅考虑后三类），也用于自变量，预测其他因变量。二者的样本量不同。

2. 劳动强度［或工作时间（时/周）］

劳动强度多通过平均工作时间来反映。2005 年全国 1% 人口抽样调查对上周的工作小时进行了直接度量（r1901）。原始实测变量的分布从 0 到 99 小时，0 代表上周没有从事过 1 小时以上有收入的工作。对于在业人口（即本书的分析对象），初步分析结果表明，变量的均值与中位数几乎相当，表明数据的正态性质十分明显，可以直接纳入模型使用。

但是，工作时间是个比较复杂的问题。与职业声望和收入水平等因素不同，工作时间的本质有时难以理解。中国实行五天工作制；若是全职工作，则人们每周的工作时间应该均为 40 小时。然而，样本中大约仅有 42.0% 之人工作时间为 40 小时，其余一半以上之人工作时间超过 40 小时，约 5.0% 之人的工作时间低于 40 小时。这里的问题是，不足或超过 40 小时的背后，究竟隐含着怎样的意义？低于 40 小时的工作时间既可以表明劳动强度低（好的表象），也可能意味着没有全职工作或劳动参与不充分（不好的表现）；同样，超过 40 小时的工作时间既可能表明劳动强度高（不好的表象），也可能说明只是临时加班，并不具有深层意义。

可见，工作时间是个适度变量，太高或太低都不好。于是，我们采用了两种不同的方法对该变量进行处理。令人欣慰的是，数据的初步分析结果表明，两种方法得出的结果与现存其他研究结论及我们的理论预期比较一致，即流动人口的工作强度超过本地市民，且乡—城流动人口的工作时间最长，本地市民的工作时间最短。因此，这里仅陈述标准化后的分析结果。

对于该变量，我们采取三种分析方法：一是使用未经标准化的、连续测量的原始变量为因变量；二是将原始数据处理为一个二分类变量（“标准工作时间”），作为因变量——将每周工作时间为36～44小时定义为标准工作时间，赋值为1，而将过低（劳动参与不足）和过高（过劳）定义为0；三是将原始实测变量处理为五分类的自变量：<40小时、40小时、41～48小时、49～56小时、≥57小时。前二者用于描述不同人群的劳动强度，比较群间和群内差异，探究差异的原因；后者用于预测收入水平。

3. 职业声望

工业化社会中最能代表社会地位的莫过于职业（许嘉猷，1986）。职业声望作为工业化社会核心价值的一种反映，一直广被社会学家用来从社会层面测量社会结构分化的方向和程度。同时，它也是流动人口经济社会地位融入的一个主要衡量指标，是西方国际移民研究中最关注的变量之一。中国的职业分为大、中、小三类，[①] 2005年全国1%人口抽样调查以中类的形式调查了受访者的职业类别（r21），共涵盖78个类别。由于是分类变量，每个类别的编号分别只是该职业的代码，数值之间没有高低之分，只有类别差异，但职业的排序暗含好坏之分。因此，为了获得职业声望变量，需要对职业变量进行重新编码，对每类职业进行合理的赋值，使每个类别的数值代表各自的职业声望，以直接测量流动人口在流入地的融入程度。

基于上述思路，本书对职业声望进行赋值，使大的数值表示更高的职业声望。当然，用一个主观评价的社会价值体系测量社会结构分化，衡量流动人口经济社会地位融入的客观程度，毕竟存有理论和经验方面的误区和真空，故而是一个需要不断验证和修订的范畴。需要指出的是，2005年全国1%人口抽样调查数

① 劳动和社会保障部、国家质量技术监督局、国家统计局联合颁布的《中华人民共和国职业分类大典》，将中国的职业划归为8个大类66个中类413个小类，1838种职业。《大典》的分类参照国际标准职业，从中国实际出发，按照工作性质同一性的基本原则，对中国社会职业进行了科学划分和归类，比较全面客观地反映了现阶段中国社会职业结构状况。

据中的职业类别与调查说明中的“职业分类与代码”略有出入：后者的职业种类只有 1 ~5 个职业分类，但数据中却有 1 ~9 个分类。我们不知道缺失的是哪些职业，但由于缺失者为第一大类，属于领导阶层职业，故将这缺失的四类都替代为 5。这类样本极少，仅有 61 个，不到全部样本的 0.02%，故而这样的合并不会对分析结果造成任何问题。

4. 收入水平（月）

收入无疑是经济融入的最核心指标。2005 年全国 1% 人口抽样调查询问受访者上个月的月收入水平（r25）；对于上个月没有从事有收入工作的人群，按年收入折算。本书采用两种方法测量收入：一是由于收入存在较多极值，分布极其偏态，故本书取其自然对数作为因变量，用于模型分析。取对数之前，我们将收入的 0 值设置为 0.99（这样的对数值十分微小），以防样本丢失。二是直接使用原始实测数据作为因变量用于描述样本的特点，也作为自变量预测其他因变量。由于对数形式会使个体之间、群体之间的差异显得很小，为还原数据的基本特征，在描述收入和利用收入预测其他变量时，仍旧使用收入的实测数据，以便更直观地辨识群体差别及其程度。

5. 社会保障

2005 年全国 1% 人口抽样调查询问所有受访者是否参加失业保险（r2901）、基本养老保险（r2902）、基本医疗保险（r2903）。每种保险均为有、无两个选项，1 代表有，2 代表无。我们首先将三个变量处理为二分类变量，1 表示有，0 表示无。然后，从三个视角对该变量进行处理：一是单独分析每类保险，即将每类保险各自处理为一个独立的二分类变量；二是将三类保险进行加总，生成一个取值介于 0 和 3 之间的计数变量，0 表示没有参加任何保险，3 表示参加了所有保险，数值越大，参加保险的种类就越多；三是将三类保险整合为一个综合性因子进行分析（详见本章“研究方法”部分）。不管是哪种处理，都进行单变量分析和相关分析；模型分析仅针对计数变量。

6. 居住状况（即住房条件）

2005 年全国 1% 人口抽样调查的住户调查问及多个与住房的稳定性（如：住房来源）和舒适性有关的问题，包括住房用途（h6）、建筑层数（h7）、建筑结构（h8）、建成时间（h9）、住房间数（h10）、住房建筑面积（h11）、住房中是否有其他合住户（h12）、是否饮用自来水（h13）、住房内有无厨房（h14）、主要炊事燃料（h15）、住房内有无厕所（h16）、住房内有无洗澡设施（h17）、住房来源（h18）、构建住房费用（h19）、月租房费用（h20）等15个变量。将这些因素整合在一起，可以比较完整地反映样本住房的综合情况。不过，考虑到2005年及以前中国住房的特点、问题的复杂性以及流动人口居住的实际情况，本书选择其中的九个变量作为分析对象：h10、h11、h12、h13、h14、h15、h16、h17、h18。由于其中的部分变量为连续数据，另一些变量为二分类数据，还有些变量为多分类数据，性质不同、单位不兼容，且变量取值的大小所代表的方向不一致——有些是逆指标，有些是正指标——故而不能直接整合，需要先进行统一化处理（见表5－2）。处理分为以下五个步骤。

表5－2 2005年1%人口抽样调查住房变量及处理方法

调查问题	变量名	变量的测量
住房间数(间)	h10	连续数据
住房建筑面积(m^2)	h11	连续数据
住房中是否有其他合住户	h12	1＝是;2＝否
是否饮用自来水	h13	1＝是;2＝否
住房内有无厨房	h14	1＝本户独立使用;2＝本户与其他户合用;3＝无
主要炊事燃料	h15	1＝燃气;2＝电;3＝煤炭;4＝柴草;5＝其他
住房内有无厕所	h16	1＝独立使用抽水式;2＝邻居合用抽水式;3＝独立使用其他式样;4＝邻居合用其他式样;5＝无
住房内有无洗澡设施	h17	1＝统一供热水;2＝家庭自装热水器;3＝其他;4＝无
住房来源	h18	1＝自建住房;2＝购买商品房;3＝购买经济适用房;4＝购买原公有住房;5＝租赁公有住房;6＝租赁商品住房;7＝其他

第一步，将住房间数、住房建筑面积人均化。因为有的家庭人口多、有的家庭人口少，同样的住房面积、同样的住房间数，居住的人数可能很不一样，人均享有间数、面积当然也不一样；经过人均化的间数、面积数有助于更好地进行对比。①

第二步，将所有分类变量全部统一，使每个变量大的取值代表更好的情况（即正向变量）。实际上，抽样调查每个变量的每一款选项并非无序；相反，绝

① 家庭总人数＝调查前夜在家＋调查前夜不在家的人数。之所以同时考虑二者，是因为无论该成员在调查时是否在家，都是家庭中的一分子，不能忽视。

大部分变量的选项是从好到差排列的——比如，变量“住房内有无厕所”的4款选项（1. 独立使用抽水式，2. 邻居合用抽水式，3. 独立使用其他式样，4. 邻居合用其他式样）就是如此。本书认同这些原始变量的排序，但对其进行反向重排，使其变成正向变量。对“住房来源”的排序，本书将其进行以下调整：购买商品房、购买原公有住房、自建住房、购买经济适用房、租赁公有住房、租赁商品住房、其他，并按照这个顺序，对该变量进行反向重排。当然，需要指出的是，这些变量的高低排序无疑带有一些主观因素，是否一定合理尚待后续论证。①

后三步分别为去量纲、对标准化后的数据进行因子分析并形成三个分因子、构建住房条件分指数（详见“研究方法”一节）。分指数既用于构建经济融入综合指数，也是居住状况或住房条件的具体测量变量。

7. 经济融入综合指数

上述因变量是分别针对经济融入的各个方面而设定的。单一指标从各自视角反映了经济融入某个方面的结果，但不能完整、全面地反映出流动人口经济融入的整体水平和全貌。该局限可以通过综合指数的创建而得到弥补。综合指数是从经济融入的内涵出发，在劳动保护、经济地位、社会保障、居住状况等诸多方面选取若干既相互联系又具有一定独立性的指标，通过一定的计量方法，构建出一个反映经济融入水平的综合变量，从而以简明的方式，全面透视流动人口经济融入的平均水平。具体步骤详见“研究方法”一节。该变量的取值区间为［0，100］。

综合指数有两个：一是绝对经济地位指数，适用于所有人群，即每个样本都有一个取值。该指数反映的是个体绝对的经济社会地位。二是相对经济融入指数，仅适用于流动人口。每个流动人口都有一个相对于本地市民而言的取值。它基于绝对经济地位指数计算得来：首先将本地市民的绝对经济地位指数得分在地区层面进行整合，得到各地区本地市民的平均水平；然后用每个流动人口的绝对经济地位指数取值除以本地市民的均值，得到各自的相对融入指标。该变量的取值没有上限，可能超过100——比如，若某个流动人口的得分超过本地市民的均值，则其相对融入指数的得分就会大于100。

表5－3列出了本书使用的因变量的定义，既有多个单一指标，也有多个分指数，

① 为了行文的方便，住房内有无厕所、住房内有无洗澡设施、住房内有无厨房、住房中是否有其他合住户在后文中简称为厕所类型、洗澡设施、厨房类型、是否合住。

还有一个综合性指数。在后面的分析中，有些变量作为因变量，用于描述和模型分析；有些变量仅用作描述分析；还有些变量作为自变量，用于预测其他因变量。

表 5-3　因变量的定义

变量名	变量的定义
劳动保护	
劳动合同	1 = 签订了长期或固定期劳动合同;0 = 其他
合同类型	
不适用	1 = 不适用;0 = 其他
未签订合同	1 = 没有与用人单位签订劳动合同;0 = 其他
固定期合同	1 = 与用人单位签订了短期或临时劳动合同;0 = 其他
长期合同	1 = 与用人单位签订了长期劳动合同;0 = 其他
工作时间(时/周)	每周工作时间,连续衡量,1~99 小时
标准工作时间	1 = 每周工作 36~44 小时;0 = 其他
经济地位	
职业声望	职业声望,取值 1~99
收入水平	上个月(或按年收入折算)的月收入
收入水平(对数)	上个月(或按年收入折算)的月收入的对数
社会保障	
社会保障类型	
失业	1 = 拥有失业保险;0 = 其他
养老	1 = 拥有养老保险;0 = 其他
医疗	1 = 拥有医疗保险;0 = 其他
社会保险拥有总量	计数变量,取值 0~3
社会保障分指数	由失业、养老、医疗保险三个成分构成;标准化的连续变量,取值区间为[0,100]
居住状况/住房条件	
设施分指数	由是否饮用自来水、主要炊事燃料、住房内有无厕所和住房内有无洗澡设施四个成分构成;标准化的连续变量,取值区间为[0,100]
宽敞分指数	由人均住房间数、人均住房面积两个成分构成;标准化的连续变量,取值区间为[0,100]
拥有分指数	本住房中是否有其他合住户、住房内有无厨房、住房来源三个成分构成;标准化的连续变量,取值区间为[0,100]
住房条件分指数	由三个住房条件分指数构成;标准化的连续变量,取值区间为[0,100]
经济融入综合指数	由劳动保护、经济地位、社会保障、居住状况四个分指数构成;标准化的连续变量,取值区间为[0,100]

（二）主要自变量

主要自变量包括两方面的指标：一是流动身份，该变量适用于所有样本，用于进行本地市民与流动人口之间的比较；二是流动特征，包括离开户籍地时长、流动原因、流动区域（即流动所跨越的行政区域），这几个变量均仅适用于流动人口，用于进行流动人群内部的比较。

1. 流动身份

在定义该变量之前，首先必须明确流动人口的定义。学界对这一概念一直存在争议。但无论如何，人口流动都涉及时间和空间两个维度；只有当人们跨越了较大的空间范围、离开户籍地较长一段时间后，才能被称为流动人口。

表 5－4 列出了 2005 年全国 1% 人口抽样调查中与流动人口的身份和流动特征有关的变量，可作为定义流动人口及流动特征的备选变量，但最终选择哪些变量来界定流动人口身份有赖于理论判断。有两种途径可供参考：一是基于空间位

表 5－4　2005 年 1% 人口抽样调查数据中与流动人口身份有关的原始变量

变量	含义	取值范围	备注
r6	户口登记地情况	1 = 本乡（镇、街道）（即流入地居民）；2 = 本县（市、区）其他乡（镇、街道）；3 = 其他县（市、区）；*4 = 户口待定	从流出地判断
r7	调查时点居住地	1 = 本调查小区；2 = 本乡（镇、街道）其他调查小区；3 = 本县（市、区）其他乡（镇、街道）；4 = 其他县（市、区）	从流入地判断
r8	离开户口登记地时间	1 = 没有离开户口登记地；2 = 半年以下；3 = 0.5 ~ 1 年；4 = 1 ~ 2 年；5 = 2 ~ 3 年；6 = 3 ~ 4 年；7 = 4 ~ 5 年；8 = 5 ~ 6 年；9 = 6 年以上	—
r9	离开户口登记地原因	1 = 务工经商；2 = 工作调动；3 = 分配录用；4 = 学习培训；5 = 拆迁搬家；6 = 婚姻嫁娶；7 = 随迁家属；8 = 投亲靠友；9 = 寄挂户口；10 = 出差；11 = 其他	—
r10	户口登记地类型	1 = 乡；2 = 镇居委会；3 = 镇村委会；4 = 街道	从流出地判断
r11	户口性质	1 = 农业；2 = 非农业	

注：＊回答该款的人口还要进一步回答具体在哪个省（直辖市、自治区），哪个市（地区）和哪个县（市、区）。

移，即利用户籍所在地与实际居住地之间的差异来定义流动人口：当户籍与居所分离达到一定时间时，将其定义为流动人口；二是利用实际户籍身份与流入地户籍身份来定义流动人口，即同时考虑空间位移及两地的户籍性质。本书采用第二种方案。为获得前面提到的两类流动人口，在定义流动人口身份时，除考虑 r6（从流出地判断的户口登记地情况）外，也应该考虑流出地的户口性质（r11）。

流动身份定义为两种方式：一是流动人口（与本地市民）。这是一个二分类变量，分别代表流动人口和本地市民。该变量主要是为了区分因为户籍地的不同而可能造成的经济社会地位的差别以及户籍地对流动人口经济融入的影响。为了避免问题的复杂性，凡满足以下所有条件之人均被定义为流动人口：一是户口登记地在本县（市、区）其他乡（镇、街道）和其他县（市、区）（即 r6 选择第 2、3 款的人口）；二是外出时间超过半年（即 r8 选择第 3、4、5、6、7、8、9 款的人口）。[①] 显然，这里将本县内跨乡（镇、街道）人口定义为流动人口。该定义存在争论；现存研究中，有的将他们定义为流动人口，而有的将他们排除在流动人口之外。为了进一步确定该定义是否合适，本书全面考察了 r6、r7、r8、r9 四个变量的分布及交叉分布情况。我们发现，在 r6 = 2 的人群中，略低于 50.0% 的样本是拆迁和随迁的，其余的多为务工经商、投亲靠友等情况，且拆迁和随迁的主要是城—城流动人口。据此推测，拆迁、随迁、寄挂户口中的这部分人可能就是属于城镇人户分离者，从理论上可以排除在分析之外。[②] 由于如何处理这类人群比较复杂，剔除还是保留都存在问题。本书最终决定将他们都纳入分析中，并通过控制流动原因来比较不同人群的融入情况。而且，在后面的数据分析中，在合适的时候，我们也会展示不同流动原因的经济地位和融入水平。

如前所述，本书的研究对象也不包括 r6 选择第 2、3 款，且 r8 也选第 2 款的调查对象，因为他们是离开户口登记地半年以下之人。因此，本书将流动人口定义为：调查时离开户口登记地半年以上、跨乡（镇、街道）人口。

本定义只区分流动人口与本地市民。它允许进行群间比较，即流动人口与本地市民之间在劳动合同、工作时间、职业声望、收入水平、社会保障、住房条件方面是否存在

---

① 根据逻辑关系，r6 选择第 2、3 款的调查对象不会选择 r8 第 1 款。

② 为了检验该定义的合适性，我们也尝试将他们排除在外，由于该人群在总样本中所占比重较低，故分析结果几乎没有变化。

差异，从而回答前言部分提出的第一个研究问题及第四章提出的第一个研究假设。

二是流动身份。这是一个三分类变量（即本地市民、城—城流动人口、[①] 乡—城流动人口）。该定义同时区分户籍地点和户籍类型，考察户籍制度的两个维度对样本经济社会地位和流动人口经济融入水平的影响。这个定义不仅关注本地人口与外来人口的内外之别，而且考虑流动人口内部因户籍类型可能造成的分层，[②] 从而回答前言中提出的第二个研究问题及第四章的第二个假设。

2. 流动特征

流动特征包括以下三个变量。

（1）离开户籍地时长。数据中的原始变量（r8）一共包含九个分类：没有离开户口登记地、0.5 年以下、0.5 ~ 1 年、1 ~ 2 年、2 ~ 3 年、3 ~ 4 年、4 ~ 5 年、5 ~ 6 年、6 年以上。前面刚刚提到，没有离开户籍地之人即非流动人口；外出不到半年者由于成分比较复杂而被排除在样本之外。故我们将该变量重新定义为三个分类：0.5 ~ 3 年、3 ~ 5 年、5 年以上。

（2）流动原因。流动人口的异质性很强，流动原因差别很大。2005 年全国 1% 人口抽样调查列举了 11 种原因：务工经商（ = 1）、工作调动（ = 2）、分配录用（ = 3）、学习培训（ = 4）、拆迁搬家（ = 5）、婚姻嫁娶（ = 6）、随迁家属（ = 7）、投亲靠友（ = 8）、寄挂户口（ = 9）、出差（ = 10）、其他（ = 11）。初步分析结果表明，在流动人群中，务工经商的占 60.0%，其次为婚姻嫁娶（占近 10.0%），再次为拆迁搬家（约占 9.0%），此外依次分别为其他、随迁家属、工作调动、寄挂户口、分配录用、学习培训、出差（所占比例不到 0.1%）。其中，与本书研究目的最相关的主要是第 1、2、3、7 款；既有真正的流动人口，也有非真正意义上的流动人口。这些复杂的原因透视出流动人口内部巨大的异质

① 在城—城流动人口中，有一部分是工作调动之人、分配录用之人、随迁家属，另一部分则是其他情况，他们在流入地的福利待遇应该是很不相同的。从理论上看，前者应该不再是流动人口身份，而是成为流入地的一部分，享受各种福利待遇，或者可以是永久性移民（permanent migrants）。但是，为什么他们的户籍没有随迁呢？对此，我们难以理解，资料的局限也不允许我们做进一步的探究。

② 除乡—城流动人口、城—城流动人口外，本书还尝试将乡—乡流动人口、城—乡流动人口纳入比较分析之中。不过，二者样本量较小，不是流动人口的主流，且其成分比较复杂，出于简洁的目的，本书最后没有将他们纳入分析中。但是，值得一提的是，初步分析表明，在这四个流动人群中，乡—乡流动人口的境况是最差的。

性，也反映出对流动人口定义的复杂性和艰难性。出于简便的目的，我们将流动原因归为五类：一是务工经商；二是工作调动、分配录用、学习培训、出差（简称为“工作调动”）；三是拆迁搬家；四是婚姻嫁娶；五是其他（包括随迁家属、投亲靠友、寄挂户口、其他）。

（3）流动区域（即流动所跨越的行政区域）。这是一个三分类变量，即地区内流动、跨地区流动、跨省流动。语言、饮食和生活习惯相通或相似有助于经济融入的进程；若知道流动者的迁入地与迁出地是否在同一语言区，对于判断文化对经济融入的影响具有重要意义。虽然这些因素在2005年全国1%人口抽样调查数据中均不存在，但人口流动所跨越的行政区域在一定程度上可捕捉这些信息。该变量由普查问题r602与r603整合而成。其中，r6问及受访者的户口登记地；若在其他县（市、区），则继续追问在哪个省、市、县（r603）；若r603与调查时点所在的省份不一致，即跨省流动；若地区不一样，即跨地区流动；若县（市、区）不一样，即地区内流动。

表5－5列出了本书主要自变量的定义。

表5－5　主要自变量的定义

变量名	变量的定义
流动身份	
流动人口	1＝全部流动人口;0＝其他
流动身份	
本地市民	1＝拥有城镇户籍的本地市民;0＝其他
城—城流动人口	1＝城镇户籍、跨乡镇、离开户籍所在地半年以上之人;0＝其他
乡—城流动人口	1＝农村户籍、跨乡镇、离开户籍所在地半年以上之人;0＝其他
流动特征	
离开户籍地时长*	
0.5～3年	1＝离开户籍地0.5～3年;0＝其他
3～5年	1＝离开户籍地3～5年;0＝其他
5年以上	1＝离开户籍地5年以上;0＝其他
流动原因*	
务工经商	1＝务工经商;0＝其他
工作调动	1＝工作调动、分配录用、学习培训、出差;0＝其他
拆迁搬家	1＝拆迁搬家;0＝其他
婚姻嫁娶	1＝婚姻嫁娶;0＝其他
其他	1＝其他(包括随迁家属、投亲靠友、寄挂户口、其他);0＝其他
流动区域*	
地区内流动	1＝流入地和流出地在同一地区;0＝其他
跨地区流动	1＝流入地和流出地不在同一地区,但在同一省区;0＝其他
跨省流动	1＝流入地和流出地不在同一省区;0＝其他

注：＊表示相关指标仅适用于流动人口。

（三）控制变量

在比较流动人口与本地市民以及不同户籍类型流动人口的经济状况时，为探讨由流动身份和流动特征产生的独立影响，必须同时控制可能影响因变量的其他因素，如个体特征、人力资本特征、劳动就业特征等因素。下面逐一介绍。

1. 个体特征

个体特征可视为流动者的自身发展能力，包括人口学和社会经济特征。

（1）年龄：该变量来自 r4（即出生年月）。基于该变量，生成年龄变量。如前所言，本书的样本年龄为 16 ~ 55 周岁。年龄与经济状况之间可能存在非线性关系，尤其是对流动人口而言（即年轻者和年长者的经济融入状况可能差于青壮年）。为此，本书将年龄测量为四分类变量：16 ~ 26 岁、27 ~ 34 岁、35 ~ 44 岁、45 ~ 55 岁；每个分类都定义为一个虚拟变量。若非线性关系的确存在，则这四个分类可能较好地捕捉这类关系。

（2）性别：该变量来自 r3，为属性变量，有两个分类，1 代表女性，0 代表男性。

（3）民族：该变量来自 r5，即被调查者的民族成分。鉴于汉族与少数民族流动人口之间可能存在差异，本书将该变量的取值重新合并，生成虚拟变量。1 代表汉族，0 表示少数民族。这里之所以没有区分不同的少数民族，主要是因为在最后的总样本中，少数民族所占比例很低（不到 6.0%），尤其是少数民族流动者不便细分。

（4）婚姻状况：该变量来自 r31。问题有 5 个备选项，即未婚（=1）、初婚有配偶（=2）、再婚有配偶（=3）、离异（=4）、丧偶（=5）。本书将选项 2、3 合并为在婚，将选项 1、4、5 合并为不在婚，生成虚拟变量，1 表示在婚，0 表示不在婚。在最后的样本中，选择 1、2 项的样本占 97.0% 以上，故这样的合并不会使分析结果产生偏差。

2. 人力资本特征

2005 年全国 1% 人口抽样调查中有两个变量可用来衡量人力资本，一是受教育程度，二是健康水平。但是，在年龄为 16 ~ 55 岁的流动人口中，99.0% 之人认为自己身体健康，几乎没有变异，不适合进行模型分析。因此，本书仅使用受教育程度测量人力资本。

（5）受教育程度：如前所述，在西方移民研究中，教育是社会融入的重要指标。不少国际移民背井离乡，目的之一就是为了获得更好的教育机会和学业成就，并在此基础上实现纵向社会流动，国内流动人口的情况则不然。成年流动人口更多的是受经济驱动，因此他们在流出之前就已完成学业；其受教育程度的高低显然构成他们实现其他方面融入的潜在因素。受教育程度愈高，就业的途径愈多和渠道愈宽，获得较高声望职业的机会愈大，收入可能愈高，也更可能融入流入地社会中。

受教育程度（r17）共有7个选项：未上过学（文盲）（=1）、小学（=2）、初中（=3）、高中（=4）、大学专科（=5）、大学本科（=6）、研究生及以上（=7）。根据数据的分布情况，本书将其合并成四个分类：≤小学（包括第1、2项）、初中、高中、≥大专（包括第5、6、7项），每个分类构成一个虚拟变量，1代表各自的受教育程度，0代表其他。

3. 劳动就业特征

劳动者的劳动保护、经济地位、社会保障、居住状况可能与其劳动就业特点有关，故本书控制相关变量。不过，由于这几个变量之间可能有较大的相关性，故在实际分析中，并非每个变量都会置于模型分析中。

（6）就业行业：该变量来自r21（即行业）。原始变量共有95个分类，本书将它们处理成五类行业：制造业、建筑业、商业服务业、交通信息业和文教卫机关，以简洁地反映流动人口与本地市民之间以及流动人口群体内部的差异。

（7）单位类型：该变量来自r22（即调查前一周工作的单位或工作类型），共有8个备选项：土地承包者、机关团体事业单位、国有及国有控股企业、集体企业、个体工商户、私营企业、其他类型单位、其他。本书将第2、3、4项合并为一项，表示工作单位在国有企业等，第1、7、8项合并为一项，表示其他单位类型，其余两类各自构成一个类别。故该变量涵盖四个分类：机关国有集体（包括机关团体事业单位、国有及国有控股企业和集体企业）、个体工商户、私营企业、其他单位。

（8）劳动合同：在分析经济融入综合指数及劳动时间、社会保障、住房条件时，本书使用四分类的“劳动合同”作为预测变量，分析它与其他因变量之间的关系。

（9）工作时间：在分析收入时，本书以五分类的周工作时间为自变量，因为收入可能直接与工作时间相关联，特别是对于流动人口而言，他们的收入在很大程度上依赖于工作时间的长短。

（10）职业声望：在分析收入水平、社会保障和居住条件时，本书将职业声望作为控制变量。职业声望越高，收入和保障水平、住房条件也可能越好。同时，职业还会影响劳动合同的签订，一些较好的职业，一般情况下都会与劳动者签订合同，不管是短期的合同还是长期的合同；相反，较差的职业，劳动者的合同签订率很低。

（11）收入水平：收入可能直接影响到个体的社会保障及住房条件的好坏。收入较高之人更有能力支付社会保障费用、居住更安全、条件更好，故本书将收入作为这两个因变量的自变量。

4. 流入地区

区域分割使各地的经济社会发展水平存在巨大差别，而这些差别也会直接或间接地反映到流动人口的劳动保护、经济地位、社会保障、居住状况方面，故本书控制流入地区。

（12）八大地区：本书将流入省区区分为华北、东北、华东、华中、华南、西南、西北，将直辖市单独列为一类。多数研究者（如：国家统计局课题组，2007）将流入地区分为东、中、西三个地区，但笔者认为，这样的分类过于粗略，不足以考虑到各区域的特殊性，将全国流入地区划分为以上八大区域，更能捕捉地区差别。

表 5－6 列出了本书使用的控制变量的定义。

表 5－6　控制变量的定义

变量名	变量的定义
人口学特征	
年龄	
16～26 岁	1＝年龄为 16～26 岁;0＝其他
27～34 岁	1＝年龄为 27～34 岁;0＝其他
35～44 岁	1＝年龄为 35～44 岁;0＝其他
45～55 岁	1＝年龄为 45～55 岁;0＝其他
女性	1＝女性;0＝男性

续表

变量名	变量的定义
汉族	1 = 汉族;0 = 其他
在婚	1 = 在婚;0 = 其他
人力资本特征	
受教育程度	
≤小学	1 = 文盲或小学;0 = 其他
初中	1 = 初中;0 = 其他
高中	1 = 高中;0 = 其他
≥大专	1 = 大专及以上;0 = 其他
劳动就业特征	
就业行业	
制造业	1 = 制造业及电力供应;0 = 其他
建筑业	1 = 建筑业、采矿业、交通运输业等;0 = 其他
商业服务业	1 = 批发、零售业及普通商业性服务业;0 = 其他
交通信息业	1 = 通信、交通、服务供应和计算机服务业等;0 = 其他
文教卫机关	1 = 文教卫、科研、金融、房地产、机关、团体等;0 = 其他
单位类型	
个体工商户	1 = 个体工商户;0 = 其他
私营企业	1 = 私营企业;0 = 其他
机关国有集体	1 = 机关团体事业单位、国有及国有控股企业和集体企业;0 = 其他
其他单位	1 = 土地承包者、其他类型单位、其他;0 = 其他
工作时间	
<40 小时	1 = 每周工作不到 40 小时;0 = 其他
40 小时	1 = 每周工作 40 小时;0 = 其他
41 ~48 小时	1 = 每周工作 41 ~48 小时;0 = 其他
49 ~56 小时	1 = 每周工作 49 ~56 小时;0 = 其他
≥57 小时	1 = 每周工作≥57 小时;0 = 其他
流入地区	
直辖市	1 = 北京、天津、上海、重庆;0 = 其他
华北	1 = 河北、山西、内蒙古;0 = 其他
东北	1 = 黑龙江、吉林、辽宁;0 = 其他
华东	1 = 山东、江苏、安徽、浙江、福建;0 = 其他
华中	1 = 湖北、湖南、河南、江西;0 = 其他
华南	1 = 广东、广西、海南;0 = 其他
西南	1 = 四川、云南、贵州、西藏;0 = 其他
西北	1 = 宁夏、新疆、青海、陕西、甘肃;0 = 其他

三 研究方法

本书有多个因变量，既包括经济融入的具体指标，也涉及经济融入的综合指数。后者在原始数据中并不存在，是利用实测变量，采用合适的方法生成的。因此，本书涉及两大类研究方法，一是构建指数，二是模型分析。前者又可分为去量纲和指数构建（因子分析）两个方面。下面分别予以介绍。

（一）去量纲

在构建分指数、创建经济融入综合指数之前，需要对数据进行标准化处理。这是因为，其一，数据中许多变量的计量单位不同、性质有异，不能直接进行对比与整合，否则将造成分析结果的偏误；其二，不同变量的测量水平相差很大，如果直接利用原始数据进行分析，就会突出数值较高的指标在综合分析中的作用，削弱数值较低的指标的作用，从而使一些指标不能等权参与运算分析。去除变量的量纲可以在一定程度上避免上述问题。

去量纲是提取公因子、构建综合指数、进行模型分析的第一步。去量纲化也称数据的标准化、规格化，是通过一定的数学变换，消除原始变量不同量纲影响的具体方法。经过量纲变换后，得到的 y_{ij} 是 x_{ij} 的标准化数据，其变化范围为［0，1］或［0，100］，所有变量的度量单位得到统一。该处理就是使不同数据指标具有可比性，为进一步的综合分析、指数构建奠定基础。

在给相关变量去量纲的过程中，首先必须考虑两个问题：采用何种方法去除量纲？对分类变量和连续变量应如何区别对待？本书采用专家赋权法给分类变量去量纲，采用极值法给数值型变量去量纲。

在流动人口经济融入的诸多变量中，失业保险、养老保险、医疗保险、住房中是否有其他合住户、是否饮用自来水属于二分类变量；工作时间、收入水平、人均住房面积、人均住房间数均属于数值型变量；累加起来的社会保险拥有总量属于计数变量；劳动合同、住房内有无厨房、主要炊事燃料、住房内有无厕所、住房内有无洗澡设施、住房来源等均为多分类变量。分类变量的取值仅表示类别或属性，没有实际大小、高低之义。由于分类变量与数值型变量存在数学性质上的差别，且分类变量更多地代表了流动人群特有的问题，故我们在这两类变量的去量纲处理上采用了不同的方法。

1. 分类变量的处理

分类变量有的属于主观变量，有些属于属性变量，这些属性具有好坏的排序，通过排序确定分析对象属于哪一评定等级。按照变量的排序进行转化，常用的计算公式是：

$$x\text{分类序次} = 100 - \frac{100}{n}(x\text{序次} - 0.5) \quad (5-1)$$

不过，本书没有完全按照上述公式给分类变量去量纲，因为有些属性的得分需要具体指定，不能完全由公式按照统一的格式计算。其主要原因在于，一是有、无之间存在本质差别，而不是50.0%与50.0%的关系；二是一些类别之间的差异并不是固定的，有的类别之间的差异会大一些，而有的会小一些。比如，对于一个四分类变量，并不是每个分类的权重都占25.0%，而需要根据实际情况确定其权重。以社会保障为例，该问题包括三类保险：失业保险、医疗保险、养老保险；有的受访者参加了三类保险，其取值为3；有的受访者没有参加任何保险，其取值为0；还有的受访者仅参加了一种或两种保险，其取值为1或2，故该变量共有四个分类，0~3。但是，0与1之间的差距是质的区别，故在标准化的过程中需要考虑这一特点。

分类变量的指标值虽然不表示绝对水平，而仅仅表示属性，但它们依旧能够定性地反映状况、水平或程度的高低。鉴于此，为使数据之间具有可比性，使群体之间具有可比性，我们参照其他相关研究，并基于理论判断，对分类变量的每个分类进行直接赋分，将指标的属性取值转化成0~100。这样的赋分方法带有一定的主观成分，从而难免产生偏误，尤其是对某些很难判断类别之间高低、好坏的变量而言，这是本书的一个局限。

（1）社会保障：拥有三类保险（100分），拥有两类保险（75分），拥有一类保险（50分），没有保险（0分）；

（2）住房中是否有其他合住户：本户独立使用（100分），与其他户合用（50分）；

（3）是否饮用自来水：是（100分），否（0分）；

（4）住房内有无厨房：本户独立使用（100分），与其他户合用（50分），无（0分）；

（5）主要炊事燃料：燃气和电气（100 分），煤炭（50 分），柴草（20 分），其他（10 分）；

（6）住房内有无厕所：独立使用抽水式（100 分），邻居合用抽水式（75 分），独立使用其他式样（50 分），邻居合用其他式样（25 分），无（0 分）；

（7）住房内有无洗澡设施：统一供热水和家庭自装热水器（100 分），其他（50 分），无（0 分）；

（8）住房来源：购买商品房，自建住房，购买原公有住房，购买经济适用房（50 分），租赁公有住房（40 分），租赁商品住房（30 分），其他（20 分）。

2. 数值型变量的处理

在选取的实测变量中，职业声望、收入水平、人均住房面积、人均住房间数均为数值型变量。它们的取值具有实际意义，故直接采用常用的极值法来去量纲。计算公式为：

$$Z_i = 100 \times \left(\frac{X_i - \mathrm{Min}(X_i)}{\mathrm{Max}(X_i) - \mathrm{Min}(X_i)}\right) \tag{5-2}$$

其中，Z_i 是第 i 个指标或变量去量纲后的得分，X_i 为第 i 个指标或变量的原始取值，Max（X_i）为第 i 个指标的最大值，Min（X_i）为第 i 个指标的最小值。

对变量取值的大小与流动人口经济融入水平负关联的指标或变量，标准化公式调整为：

$$Z_i = 100 \times \left(\frac{\mathrm{Max}(X_i) - X_i}{\mathrm{Max}(X_i) - \mathrm{Min}(X_i)}\right) \tag{5-3}$$

3. 适度变量的处理

如上所言，每周工作时间为适度变量：40 小时左右属于正常的全职工作，过多地超过 40 小时表明工作强度大，过多地低于 40 小时可能表明未能充分参与劳动市场。因此，对该变量，我们以 40 小时为标准进行转换。具体方法见表 5－7。

经过转换后的数据均在区间［0，100］内，且相对数性质明显。需要指出的是，按照这种办法计算出的指标得分值会超出［0，100］的范围。为避免某一指标的影响过大——实际上，基于个人层次上的数据很容易出现这种情况——

表 5－7　每周工作时间的重新编码规则

工作时间(小时)	意义
0	表示没有工作
57～99	工作时间超过57 小时,即每周工作7 天,每天至少工作8 小时,表示极端超过标准工作时间
1～24 及49～56	工作时间为1～24 小时或49～56 小时,或者每周最多工作3 天,表示劳动参与不充分;或者每周工作6～7 天,表示严重超过标准工作时间
25～35 及46～48	工作时间为25～35 小时或46～48 小时,每天工作3 天到4 天半,或者5 天半到6 天,虽然不够充分或略有过度,但与标准工作时间的差别不大
36～45	每周工作时间为36～45 小时,标准工作时间

我们将大于100 的指标值定义为100，小于0 的指标值定义为0。不过，这里大于100 或小于0 的情况不多，且超出或低于的幅度都十分微小。

在描述数据的分布特点及进行单一指标分析时，我们使用经过适当处理的变量取值，而不是标准化后的取值。经过标准化处理的数据，其特点可能发生一定程度的改变：缩小了群体差异，不利于考察不同群体经济融入的基本水平。因此经过标准化处理的数据仅仅用于分指数及综合指数的构建。

（二）因子分析

在对每个变量或指标进行了标准化处理后，接下来就是从备选实测变量中挑选高度相关的成分构建因子、生成指数。构建指数的一个关键问题是确定权重，包括将同一方面的指标合成分类指数时的权重、分类指数合成总指数时的权重。在多指标综合评价中，设定权重是一项比较困难、复杂的工作，也是综合指数构建过程中的难点之一，迄今尚无令人信服的解决方案。为了能够比较客观，又比较准确地反映各项指标在总指数中的重要程度，本书基于理论思考，并考虑到数据的结构和特点，采用客观的因子分析技术，利用主成分分析法决定权重，提取公因子。

因子分析是多元统计分析技术的一个分支，是从研究相关矩阵内部或众多变量之间的依赖性出发，在丢失最少信息的前提下，把错综复杂且难以掌控的众多实测变量归结为一个或少数几个不相关的假想因子（factor）、构建综合指数的方法。因子即引起实测变量（observed variable）的假想变量（hypothetic variable）

或潜在变量（latent variable，underlying variable）。实测变量是数据中存在的，潜在变量却是基于理论的假想变量，在原始数据中并不存在，但可以通过实测变量来生成。如果实测变量之间高度相关，且假想变量的推测比较合理，则少数的假想变量能够反映众多实测变量的主要信息，并可解释实测变量之间的相互依存关系。换言之，因子分析是利用较少的公共因子（即综合因子）的线性函数关系和特定因子之和来表示潜在变量，其主要目的之一就是降维，即简化众多条目，简明复杂体系。

因此，因子分析的主要优势在于，它可以以简明的方式描绘流动人口总体及不同层面的经济融入水平和特点。其不足之处在于：一是整合多个变量、生成潜在的少数几个变量可能会掩盖一些重要的差异——流动人口在某些具体经济指标上更容易融入，而在另外一些指标上较难融入，整合后就分辨不出何易何难了。这样无疑就掩盖了问题的复杂性，不利于具体把握其融入的详细情况和特点，也不利于政府制定更有针对性的公共政策。二是分析过程中牵涉到的一些技术问题或数据问题有可能使选择的因子缺乏足够的代表性，使分析结果产生偏差。三是对数据的内容要求较高。为保证分析结果的普遍性、代表性、科学性、客观性，生成总因子或各维度的分因子时需要数据包含大量相关的信息，但达到该要求本身就会受到多重因素的制约。尽管存在这些局限，但该技术依旧是最为适用的降维方法，被广泛地应用于众多学科领域。

在借助因子分析技术生成社会保障及居住条件分因子、经济融入综合因子时，我们采用主成分分析法来确定权重。这种方法可在尽可能地保留原有数据所含信息的前提下，实现对统计数据的简化，更为简洁地揭示变量之间的关系。不过，主成分分析法也有缺陷：一是其所确定的权重与数据本身的结构和质量高度相关。一方面，数据质量方面的原因可能造成权重的偏差；另一方面，某一指标的权重较大可能完全是由于其数据特征（如：值域和方差较大）而非本身重要所致，从而可能导致结果与常识不符。二是基于不同样本会算出不同的权重，这可能导致不同年份的指数由于权重结构不同而无法比较。对此，可借助专家咨询的结果来对主成分分析法得到的权重进行修正，以科学地确定出一套较能反映客观现实的权重体系，这对纵向数据分析或横向数据比较都十分重要。

本书的因子分析采用了以下步骤。

第一步，生成分类指数，即社会保障、住房条件分指数。首先，对于社会保障的三个变量，采用因子分析技术，借助主成分分析法，通过提取社会保障公因子，将它们简化为一个新变量，即社会保障综合指数。如表 5-8 所示，这三类保险的因子负载均在 0.9 左右，被解释的方差部分也基本相等，无论是全部样本还是按照流动人口户籍身份区分的次样本（次样本的结果这里没有展示）。而且，该因子可解释社会保障变量变异的 80.0%。

表 5-8　社会保障各成分的因子负载矩阵

变量	因子负载	独特方差	被解释变异
失业保险	0.88	0.23	0.77
养老保险	0.91	0.17	0.83
医疗保险	0.89	0.21	0.79
特 征 根	2.39		
解释比例	0.80		

住房条件包括九个变量。初步分析结果表明，它们分别为三个潜在因子的线性函数，故首先生成三个公因子，进而再次进行整合，形成住房条件分指数。经过旋转后的因子负载列于表 5-9。如其所示，变量人均住房间数、人均住房面积高度负载于因子 2，变量是否饮用自来水、主要炊事燃料、厕所类型、洗澡设施高度负载于因子 1，而变量是否合住、厨房类型、住房来源高度负载于因子 3，

表 5-9　住房条件各成分的因子负载矩阵

变量	因子 1 负载	因子 2 负载	因子 3 负载	独特方差	被解释变异
人均住房间数	0.02	0.92	0.05	0.16	0.84
人均住房面积	0.15	0.91	0.11	0.14	0.86
是否饮用自来水	0.69	-0.11	-0.17	0.48	0.52
主要炊事燃料	0.74	0.09	0.07	0.45	0.55
厕所类型	0.74	0.20	0.28	0.34	0.66
洗澡设施	0.73	0.20	0.19	0.39	0.61
是否合住	-0.04	-0.10	0.77	0.39	0.61
厨房类型	0.37	0.29	0.65	0.35	0.65
住房来源	0.16	0.37	0.65	0.42	0.58
特征根	2.29	1.99	1.60		
解释比例	0.25	0.22	0.18		

表明有三个不同因素分别构成住房条件的线性函数，据此可生成三个分因子，分别称之为“宽敞分指数”“设施分指数”和“拥有分指数”。它们共可解释这九个变量近2/3的变异。

第二步，提取“经济融入”公因子。在提取了上述两个分指数后，再次应用因子分析技术，借助主成分分析法确定权重，将工作时间、职业声望、收入水平、社会保障分指数、住房条件分指数等指标进行整合，各指标的因子负载结果见表5－10。由此可见，这些指标之间具有较高的关联度，是一个潜在因子的线性函数，故基于此，预测得到经济融入综合指数。

表5－10　经济融入综合指数的因子负载矩阵

变量和分因子	因子负载	独特方差	被解释变异
工作时间	0.69	0.53	0.47
职业声望	0.74	0.45	0.55
收入水平	0.68	0.54	0.46
社会保障分指数	0.75	0.44	0.56
住房条件分指数	0.68	0.54	0.46
特征根	2.18		
解释比例	0.61		

（三）模型选择

数据分析包括描述分析和模型分析。如同其他定量研究一样，本书的描述分析涉及单变量分析和相关分析，分别对全部样本、流动人口与本地市民，以及不同身份流动人口等次样本进行描述。描述分析结果不仅提供样本的基本特征，而且有助于决定是否有必要对数据进行模型分析。

描述分析方法虽然必不可少，但也存在较大的局限。比如，单变量分析主要提供某个变量的基本分布情况；相关分析可提供两/三个变量之间相互关系的程度和显著性，但其结果无法使研究者判断变量之间的关系是否为独立关系。即便变量之间高度相关，也不能推断一个变量对另一个变量有独立影响，因为相关分析描述的是两三个因素之间的关系，没有考虑其他因素对因变量的作用或对该自变量与因变量关系的干扰与调节。此外，描述性的分析结果也不能直接用于揭示整体人群的特征。可见，在定量分析中，仅使用描述分析方法是不够的，推断性统计分析方法可以在一定程度上弥补描述分析方法的不足。因此，本书数据分析的第二步是使用多元统计分析方法，探讨流动人口经济融入的相关因素与影响因素。

1. 模型选择

每个因变量的性质和分布有别，其构建方法也有差异，这就要求采用不同的模型，区别对待。回归模型的选定依赖于研究目的和数据特征。本书主要使用以下模型（见表 5-11）。

表 5-11 因变量的模型选择

因变量	OLS	二分类 Logistic	序次 Logistic	Poisson
劳动保护				
劳动合同(有/无)	n/a	√	n/a	n/a
劳动合同类型	n/a	n/a	√	n/a
工作时间(小时)	√	n/a	n/a	n/a
标准工作时间	n/a	√	n/a	n/a
经济地位				
职业声望	√	n/a	n/a	n/a
收入水平	√	n/a	n/a	n/a
社会保障				
社会保险拥有总量	n/a	n/a	n/a	√
社会保障分指数	√	n/a	n/a	n/a
住房条件分指数	√	n/a	n/a	n/a
经济融入综合指数	√	n/a	n/a	n/a

（1）OLS 线性回归模型：如表 5-11 所示，除劳动合同（有/无）、劳动合同类型、标准工作时间和社会保险拥有总量外，其他因变量均为或可视为连续变量，在经过处理后调整为正态分布，故可以采用常规的 OLS 回归模型进行分析。

（2）二分类 Logistic 模型：劳动合同（有/无）及标准工作时间属于二分类变量，故而采用二分类 Logistic 模型。

（3）序次 Logistic 模型：劳动合同类型属于三分类变量，分类之间存在序次关系，故而采用序次 Logistic 模型。

（4）Poisson 回归模型：社会保险拥有总量属于计数数据，而不是严格意义上的数值型变量。在原始变量中，失业、养老、医疗保险均为二分类变量，社会保险拥有总量由这三个变量相加而成。虽然其取值为 0~3，看似数值，实为计数。Poisson 回归模型更适合这类数据的特点，它既适合于计数数据，也适合于有删截的数据。该变量就具有这两种性质。

2. 多层模型

不管是线性回归，还是二分类 Logistic 回归，都采用多层模型技术。[①] 本书使用的数据虽然均为个体数据，但个体寓于地区中。如果采用传统的统计方法对具有多层性质的数据进行分析，高层（即地区）数据往往被当作低层（如个人）数据处理。一方面，由于同一层次的样本具有相似性，样本之间不完全独立。这意味着，并不是每个样本都提供独立的信息；换言之，若知道某个地区某些样本的特点，可据此推断同一地区其他样本的特征。因此，在样本总量相等的情况下，非独立样本提供的信息量低于独立样本提供的信息量（Guo and Zhao，2000）。

另一方面，样本的独立性是传统回归模型理论的一个最基本的假定，而数据的聚类（clustering）性质违反了这一假定，故传统模型的分析结果可能对标准误估计不足，高估自变量的重要性，从而增加犯 I 类错误的可能性（Goldstein，1995）。样本间的关联度越大，参数估计的误差也就越大。由于标准误差的大小可以支持或推翻一个假定，对标准误差的低估不仅仅是个技术问题，而且具有实际意义（Guo and Zhao，2000）。

相反，多层模型具有以下优势（Guo and Zhao，2000）。一是纠正由同一层次内样本的相似性引起的参数估计误差。在多层模型中，模型的方差可以被分解成两个部分：个体误差和群体误差。个体误差是独立的；群体误差对于不同群体之间的个体是独立的，但对于同一群体内的个体却是相互关联的。二是精确的标准误可以改善置信区间（confidence interval）和显著性检验（significance test）。多层模型的参数估计比“固定效果模型”的参数估计更为准确，假定检验更为保守和恰当，降低了犯 I 类错误的可能性（Teachman and Crowder，2002）。三是通过区分群内变异和群间变异，多层模型将因变量的总变异分解成不同层次的变异，从而系统地区分各层因素对因变量的影响，以及对因变量变异的解释能力的大小。

因此，多层模型既能解决群内（clusters）样本的不独立性问题，又可跨“层”来研究变量之间的关系（乔晓春，2005）。换言之，从理论上看，具有多

① 多层模型又称随机系数模型（random coefficient models）、变异成分模型（variance component models）、背景效果模型（contextual effect models）、随机效果模型（random effect models）和等级模型（hierarchical models）。

层结构的数据要求采用多层模型（杨菊华，2006）。本书的数据结构具有层次性，故需要采用多层模型技术来调节其聚类性质，以便得到更精确的参数估计、得出更符合实际的结论。

笔者在《多层模型在社会科学领域的应用》一文中，较为详细地介绍了多层线性回归模型的用法，在《生育政策与少儿福利》一书的“数据和方法”一章中，较为详细地介绍了多层二分类回归模型的用法，这里不再细述。值得一提的是，不管是线性回归还是非线性回归，均涵盖几类模型，分别对应不同的目的。一是无条件平均模型，二是随机截距模型，三是随机截距和随机斜率模型。同时，多层模型的层次可以是二层、三层，也可以包含更多层次。本书将数据的结构处理为两个层次：流入地区为高层单位、样本个体为低层单位，并使用无条件空模型和随机截距模型分析数据。

定量数据的分析采用Stata统计软件的第12版。

四 单变量分析

本节描述2005年16～55岁在业人口的数据分布特征。为考察本地市民、城—城流动人口、乡—城流动人口这三类人群之间的差别，这里除了展示全部样本的特征外，还展示按照流动身份区分的次样本的特征。初步的t检验或方差分析结果（这里没有展示）表明，他们在所有指标之间的差异都是高度显著的（$p<0.001$），不管是因变量、主要自变量还是控制变量都是如此。

（一）因变量的基本分布特征

由表5－12可知，样本中劳动合同的签订率不足一半（44.00%），城—城流动人口的劳动合同签订率最高，达到53.00%，其次为本地市民，为51.00%，而大约仅有1/4的乡—城流动人口与用人单位签订了劳动合同。这似乎表明，城—城流动人口在这方面的劳动保护水平超过了本地市民。然而，进一步的详细分析结果显示，本地市民拥有长期合同的比例超过城—城流动人口，只是由于固定期合同的签订率低于后者10.31个百分点，才导致了其合同签订率略低于城—城流动人口的情况。在乡—城流动人口中，签订了长期合同的比例不足2.00%，而未签订任何合同的比例为45.30%，劳动保护程度最差。

表 5－12　不同人群因变量的基本分布特征

单位：%，元，小时，分

指标/变量	全部人群	本地市民	全部流动人口	城—城流动人口	乡—城流动人口
劳动保护					
劳动合同	44.00	51.00	35.00	53.00	26.00
合同类型					
不适用	22.20	19.64	25.16	17.54	29.04
未签合同	34.27	29.37	39.94	29.41	45.30
固定期合同	21.50	18.19	25.32	28.50	23.70
长期合同	22.04	32.80	9.58	24.55	1.95
工作时间	48.27	45.43	51.55	46.31	54.23
标准工作时间	61.00	71.00	50.00	71.00	39.00
经济地位					
职业声望	51.52	55.52	46.90	59.06	40.70
月收入	1110.62	1096.07	1127.47	1532.10	921.24
社会保障					
社会保险拥有类型					
失业	32.00	43.00	19.00	44.00	7.00
养老	46.00	61.00	29.00	59.00	13.00
医疗	48.00	63.00	32.00	59.00	17.00
社会保险拥有总量	1.27	1.67	0.79	1.62	0.37
社会保障分指数	42.06	55.99	25.95	54.29	11.50
住房条件					
设施分指数	56.54	70.45	40.45	73.61	60.92
宽敞分指数	36.75	26.07	49.11	25.93	23.55
拥有分指数	71.60	79.43	62.54	68.85	59.32
住房条件分指数	55.25	63.17	46.08	61.23	38.36
绝对经济地位综合指数	57.09	61.76	51.69	60.63	47.13
相对经济融入综合指数	—	—	79.10	93.55	71.73

数据来源：2005 年 1% 人口抽样调查的 20% 的样本。以下表格均同，不再一一注明。

全部样本每周平均工作时间为 48.27 小时，61.00% 的人每周工作标准时间（即每周工作 36～44 小时），其余近四成之人主要是超长时间工作。若将样本按流动身份、户籍身份予以区分则发现，本地市民每周平均工作时间最短，其次为城—城流动人口，乡—城流动人口的工作时间最长，三者分别为 45.43 小时、46.31 小时和 54.23 小时，乡—城流动人口每周工作时间超过本地市民近 9 小时。同样，本地市民和城—城流动人口每周工作标准时间的比例均超过七成，而乡—

城流动人口每周工作标准时间的比例不到四成。

从经济地位的两个指标来看，总体而言，这方面的差别似乎小于劳动保护指标的差别，但人群之间的差异依旧十分显著。职业声望得分区间为［0，100］；其中，城—城流动人口的得分最高，为59.06分；其次为本地市民，得分为55.52分，乡—城流动人口得40.70分。进一步详细的数据分析结果（这里没有展示）表明，城—城流动人口就职于科技领域的比例较高，从而提升了他们的职业声望。就收入而言，全部样本的平均水平为1110.62元，但该均值掩盖了人群之间的差别：乡—城流动人口的月收入仅为921.24元，而城—城流动人口的月收入为1532.10元，且后者的收入大大超过本地市民的1096.07元。可见，不管是职业声望还是收入，城—城流动人口都不输于16~55岁的在业本地市民。

虽然城—城流动人口在劳动保护和经济地位方面与本地市民的差别不大，甚至在有些指标上还超过了本地市民，但他们在社会保障和住房条件方面不如本地市民。比如，城—城流动人口和本地市民拥有失业、养老、医疗保险的比例分别为44.00%和43.00%、59.00%和61.00%、59.00%和63.00%，拥有的社会保险拥有总量分别为1.62种和1.67种，社会保障分指数得分分别为54.29分和55.99分。在这个方面，乡—城流动人口的劣势地位更为凸显：他们拥有失业、养老、医疗保险的比例分别仅为7.00%、13.00%、17.00%，而拥有的社会保险拥有总量低于0.4种，故而社会保障分指数得分仅为11.50分。

就住房条件而言，基于是否饮用自来水、主要炊事燃料、厕所类型、洗澡设施等变量生成的设施分指数，基于人均住房间数、人均住房面积生成的宽敞分指数，基于是否合住、厨房类型和住房来源生成的拥有分指数显示，全部样本的得分分别为56.54分、36.75分、71.60分，表明房间内的基本设施情况和住房拥有情况均较好，但人们的住房不够宽敞。人群差异依旧主要表现在乡—城流动人口与其他两类人群之间。

最后，就绝对经济地位综合指数而言，全部样本得57.09分；其中，本地市民得分最高，为61.76分，流动人口约低于本地市民10分。但是，城—城流动人口的得分与本地市民基本相当（仅相差1.13分），而乡—城流动人口低于本地市民和城—城流动人口约15分。就相对经济融入综合指数而言，同样，城—城流动人口的得分高达93.55分，基本相当于本地市民的平均水平，但乡—城流动人口仅相当于本地市民的71.73%。

（二）主要自变量的基本分布特征

表5－13展示的是主要自变量的基本分布特征。从样本的构成来看，流动人口占全部样本的46.35%，本地市民占53.65%。其中，城—城流动人口占全部样本的15.65%、流动人口的33.76%，乡—城流动人口占全部样本的30.70%、流动人口的66.24%。

表5－13 不同人群主要自变量的基本分布特征

单位：%

变量名	全部人群	本地市民	流动人口	城—城流动人口	乡—城流动人口
流动身份					
流动人口	46.35	—	—	—	—
流动身份					
本地市民	53.65	—	—	—	—
城—城流动人口	15.65	—	33.76	—	—
乡—城流动人口	30.70	—	66.24	—	—
流动特征*					
离开户籍地时长					
0.5～3年	—	—	37.79	30.71	41.39
3～5年	—	—	30.62	32.70	29.55
5年以上	—	—	31.60	36.58	29.06
流动原因					
务工经商	—	—	67.52	35.49	83.85
工作调动	—	—	5.63	13.60	1.57
拆迁搬家	—	—	8.13	20.71	1.72
婚姻嫁娶	—	—	7.78	10.66	6.31
其他	—	—	10.94	19.55	6.55
流动区域					
地区内流动	—	—	37.73	67.77	22.42
跨地区流动	—	—	13.91	9.44	16.19
跨省流动	—	—	48.36	22.79	61.39

注：*表示相关指标仅适用于流动人口。

就流动特征而言，乡—城流动人口离开户籍地时长相对较短，以0.5～3年的比例最高，5年以上的比例最低，而城—城流动人口刚好相反。在这些流动人口中，以务工经商为目的的约占全部流动人口的2/3。但是，这个均值掩盖了不同户籍流动人口之间的差别：比如，近83.90%的乡—城流动人口外出的目的是务工经商，而出于同样目的的城—城流动人口仅略高于35.00%。相反，城—城流动人口因工作调动、拆迁搬家或其他原因而离开家乡的比例远远高于乡—城流动人口，其婚姻嫁娶的比例也更高。这样的流动特点无疑与前面的经济融入指标所呈现出来的水平密切相关。比如，若城—城流动人口源于拆迁搬家，其劳动合同、职业声望、收入水平、社会保障、住房拥有情况等无疑都会与普通流动人口不同，水平会更高。这也在一定程度上解释了为什么在样本中，城—城流动人口与本地市民之间的差距不大，甚至有比本地市民更好的情况。

若就流动跨越的地区来看，超过1/3的流动人口在地区内流动，约14.00%之人在省内跨地区流动，近一半之人跨省流动。但是，61.39%的乡—城流动人口为跨省流动，而城—城流动人口中，跨省流动者仅略超过1/5，二者相差近40个百分点；相反，地区内流动的乡—城流动人口仅略超过1/5，而约2/3的城—城流动人口为地区内流动。这些特点与流动原因密切相关。进一步的详细分析结果（这里没有列出）表明，众多的地区内流动人口其实是因为工作调动或拆迁搬家所致，尤其是后者。可见，流动人口要么在地区内流动，要么就走得更远，流动到外省，而究竟在哪里流动，在很大程度上取决于他们的户籍身份。

（三）控制变量的基本分布特征

从表5-14看，年龄的基本分布特征是，本地市民低龄人口比例最低，乡—城流动人口则刚好相反。比如，就全部样本而言，约1/3的人年龄为35~44岁，本地市民超过该比例约5个百分点，城—城流动人口、乡—城流动人口却分别低近3个、8个百分点；相反，全部人群中，16~26岁之人占21.67%，本地市民中仅为12.06%，城—城流动人口中的比例略超过全部样本，但乡—城流动人口中的比例高达38.24%。这些数值说明，本地市民的年龄最大，而乡—城流动人口的年龄最小。

表5-14　不同身份人群控制变量的基本分布特征

单位：%

变量名	全部人群	本地市民	流动人口	城—城流动人口	乡—城流动人口
人口学特征					
年龄					
16~26岁	21.67	12.06	32.81	22.15	38.24
27~34岁	27.29	25.31	29.58	31.17	28.77
35~44岁	33.07	38.18	27.15	30.57	25.41
45~55岁	17.97	24.45	10.46	16.11	7.59

续表

变量名	全部人群	本地市民	流动人口	城—城流动人口	乡—城流动人口
女性	43.28	42.41	44.28	43.59	44.63
汉族	93.69	93.48	93.92	94.93	93.41
在婚	77.79	84.98	69.46	75.40	66.43
人力资本特征					
受教育程度					
≤小学	10.38	5.83	15.65	3.31	21.95
初中	39.08	30.84	48.62	23.80	61.26
高中	27.99	33.68	21.40	34.18	14.89
≥大专	22.55	29.65	14.33	38.71	1.90
劳动就业特征					
劳动时间					
<40 小时	6.06	6.77	5.23	5.31	5.19
40 小时	41.85	53.35	28.55	51.82	16.69
41~48 小时	12.18	10.39	14.26	12.57	15.13
49~56 小时	24.44	20.40	29.12	19.03	34.26
≥57 小时	15.47	9.10	22.84	11.27	28.73
就业行业					
制造业	32.40	23.91	42.24	24.60	51.23
建筑业	7.98	7.53	8.51	6.22	9.68
商业服务业	26.18	22.99	29.87	29.94	29.84
交通信息业	14.43	17.84	10.48	17.80	6.75
文教卫机关	19.01	27.74	8.90	21.45	2.51
单位类型					
个体工商户	21.36	17.06	26.34	18.29	30.45
私营企业	20.02	11.89	29.43	21.92	33.25
机关国有集体	41.30	58.47	21.44	45.88	8.98
其他单位	17.31	12.58	22.79	13.92	27.32
流入地区					
直辖市	18.91	16.96	21.16	25.37	19.02
华北	8.00	10.00	5.70	7.84	4.61
东北	9.11	12.37	5.35	8.19	3.90
华东	17.45	16.54	18.49	15.84	19.84
华中	6.60	8.60	4.28	6.05	3.38
华南	24.79	17.06	33.75	24.13	38.64
西南	6.30	6.64	5.90	5.80	5.95
西北	8.84	11.83	5.38	6.79	4.66

43.28%的样本为女性，93.69%的样本为汉族人口；这两个特征在各人群中的差别不大。不过，三类人群的婚姻状况却存在较大差别：在全部样本中，77.79%之人在调查时点处于在婚状态，但流动人口的在婚率明显低于本地市民，本地市民、城—城流动人口、乡—城流动人口的在婚率分别为84.98%、75.40%和66.43%，乡—城流动人口和本地市民相差近20个百分点，而这一特点与乡—城流动人口年纪偏轻密切相关。

样本的社会经济特征也反映出三类人群之间的巨大差别。比如，全部样本中，受教育程度的基本情况是：小学及以下、初中、高中、大专及以上之人所占的比例分别为10.38%、39.08%、27.99%和22.55%。但是，一旦区分次人群，则本地市民受教育程度较低者所占比例很低，而受过大专及以上教育的比例相对较高。城—城流动人口更是如此：仅有3.31%的人受教育水平为小学或小学以下，接近四成之人受过大专或大专以上教育，受过高等教育的比例超过了本地市民。与此相反，超过1/5的乡—城流动人口仅受过小学及以下教育，而不到2.00%的人受过大专或大专以上教育。可见，人群之间的人力资本差别巨大。

三类人群的就业行业也极为不同。比如，虽然有近1/3的全部样本在制造业就业，但本地市民和城—城流动人口就业于制造业的比例明显低于乡—城流动人口，三者分别为23.91%、24.60%和51.23%；相反，他们在文教卫机关等行业就业的比例分别为27.74%、21.45%和2.51%，后者与前二者差距甚大。总体而言，更多的本地市民在文教卫机关就业，而一半以上乡—城流动人口在制造业就业。但个性之中亦有共性，比如，三类人群在商业服务业就业的比例都相对较高，而在建筑业就业的比例都相对较低。

就单位类型来看，本地市民在机关国有集体就业的比例最高，几乎占到全部样本的六成，城—城流动人口明显偏低（45.88%），而乡—城流动人口在这类单位工作者更是不到一成。可见，在这个方面，流动人口的总体弱势十分明显，即便是城—城流动人口。

样本的分布也存在很大的地域差异。直辖市拥有大约1/5的样本，而华南地区样本规模更大，约占全部样本的1/4，第三是华东地区，略低于直辖市。一方面，这些地方多是人口密集之地；更为重要的是，它们是流动人口的主要聚集之地。因此，华南地区流动人口的比例超过了1/3，其次是直辖市，再次是华东地区。不管是全部样本还是流动人口样本，华中地区和西南地区的比例都较小。

本章小结

本章介绍了本书的数据来源、界定了变量、描述了研究方法，并对本研究中使用变量的基本情况进行了具体介绍。通过对数据的描述，我们了解到，本书使用的变量都存在很大或合适的变异性；同时，就每个变量而言，不同人群之间的特征也相差甚远，表明样本具有足够的变异性，可以对数据做进一步详细的分析。

后面的章节将在本章的基础上，逐一分析经济融入的综合指数及其各个指标的具体特点、模式以及影响要素。

第六章
经济融入综合指数*

流动人口的不断涌现是一个长期的过程，这一过程将对中国人口、经济、社会的可持续发展产生重大而深远的影响。在流动过程中，他们首先要面临劳动就业、职业发展、生活来源、社会保障、居住状况方方面面的问题。这些问题的背后不仅折射出中国社会的变迁与发展，还透视出中国社会福利和经济发展的城乡有别与地区各异，并对公共服务均等化甚至户籍制度的改革、社会资源的分配等提出了挑战。

流动人口的社会融入程度是上述情况的综合反映；综合指数能以简明的方式，较好地反映流动人口的融入程度。通过该指数反映出来的情况对相关政府部门建立、健全流动人口服务管理体系，为流动人口提供均等化服务，实现城乡协调发展、加快城镇化步伐的目标具有重要的借鉴意义。

前面提到，社会融入是个多维度概念，经济融入是其最核心的客观层面（杨菊华，2009）。流动人口背井离乡的主要目的之一就是找到一份像样的工作，获取较高的收入，享有与流入地居民类似的社会福利待遇，安居乐业、体面生活。他们在经济方面能否与当地居民实现均等化是社会融入的关键问题，也是构建流动人口社会融入指数的最主要维度。同时，经济融入是其他层面社会融入的基础和前提；没有经济融入，流动人口很难实现其他层面的社会融入（当然，其他维度的融入情况无疑也会反作用于经济融入，各维度之间有着密切的互

---

* 本章与笔者2010年在《江苏社会科学》上发表的《城乡差分与内外之别：流动人口经济融入水平研究》有类似之处，但二者在样本构成、综合指数指标的选取方面有差别，故分析结果也会有差异。

动）。

本章基于第四章构建的理论分析框架，利用工作时间、职业声望、收入水平、社会保障、居住状况等要素构建经济融入综合指数，系统分析流动人口的总体经济融入现况，比较各地区流动人口经济融入水平之间的差异，探索影响融入的个体和制度性要素。具体安排如下：先描述数据，考察经济地位综合指数的人群差异、特征差异、地区差异；然后利用多层模型技术，探讨户籍类型和户籍地等关键变量与因变量之间的独立关系。

一　经济地位的基本特点与模式

本节考察不同人群的经济地位和经济融入与主要自变量、控制变量的关系，描述各地区、各省（市、区）之间流动人口经济融入的基本特点与模式。

（一）经济地位和融入水平的描述分析

图6－1展示了三类人群经济地位综合指数得分及不同身份流动人口相对于本地市民的经济融入水平的分析结果。以下三个特点尤为突出。其一，三类人群的绝对经济地位存在较大差距。从工作时间、职业声望、收入水平、社会保障、居住状况等方面综合来看，本地市民的现况仅略高于城—城流动人口，却大大高

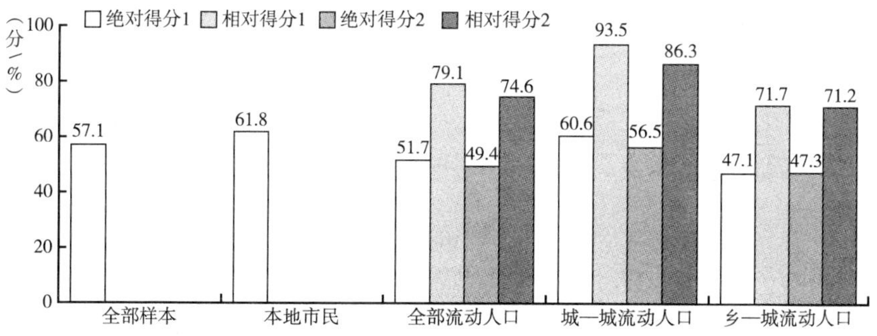

图6－1　不同身份人群经济地位综合指数得分和流动人口经济融入水平

注：1. 绝对得分1＝包括所有流动者，绝对得分2＝仅包括务工经商和因工作原因流动者。2. 相对得分1＝包括所有流动者，相对得分2＝仅包括务工经商和因工作原因流动者。

于乡—城流动人口：他们的绝对得分1分别为61.8分、60.6分和47.1分。基于绝对水平的相对状况无疑也是如此：将流动人口的综合指数得分与本地市民的加以对比，则发现城—城流动人口的相对经济状况略低于参照组，为后者的93.5%，乡—城流动人口的经济地位仅为参照组的71.7%，明显偏低。这表明，城乡之间的制度性差异在流动人口身上表现得十分明显：不管是本地人还是外来人，只要拥有城镇户籍，其综合社会经济水平都远高于农村户籍的外来人。虽然这里也存在个体自身发展能力方面的差异，即本地市民、城—城流动人口较高的得分无疑与他们较高的受教育程度有关，但该差异本身也与户籍制度相关，即户籍制度是造成不同人群社会经济地位差异的最根本因素，"城乡差分"明显大于"内外之别"。

其二，不仅户籍类型十分重要，户籍地点也显示出一定的重要性。虽然"城乡差分"大于"内外之别"，但只要是外来人，就会遇到方方面面的障碍，而这些障碍也鲜明地体现在城—城流动人口身上，使得他们未能完全实现经济融入。

其三，即便是本地户籍人口，以工作时间、职业声望、收入水平、社会保障、居住状况等衡量的社会经济地位也不高。如第五章的描述性表格所示，不是每个城镇居民每周都刚好工作36~44小时、拥有良好的职业声望和较高的收入水平，也不是每个城镇居民都享有每种社会保障和良好的住房条件。过去，一些研究由于缺乏本地市民资料，通常将户籍人口的经济成就假定为1。本研究的发现表明，该假定是不合适的，它会拉大本地市民与外来人口之间的差距。

上面描述了三类人群的均值；若详细考察三类人群的经济地位综合指数的得分分布，则可发现他们之间的细微差别。图6-2描述了全部人群、分流动身份人群的经济地位综合指数的得分分布。总体而言，除本地市民的略呈偏态外，全部人群、城—城流动人口、乡—城流动人口经济地位综合指数得分均呈正态分布。显然，近60.0%的本地市民的得分超过了纵线所示的均值，得分的众数为70~80，其次为60~70；城—城流动人口的得分紧邻均值，其众数为50~60；而绝大多数乡—城流动人口的得分明显位于均值之下，大约仅有10.0%之人的得分超过均值，该人群的得分众数为40~50。可见，数据的具体分布进一步详细地显示出人群之间的差别，以及大部分人群所处的位置。

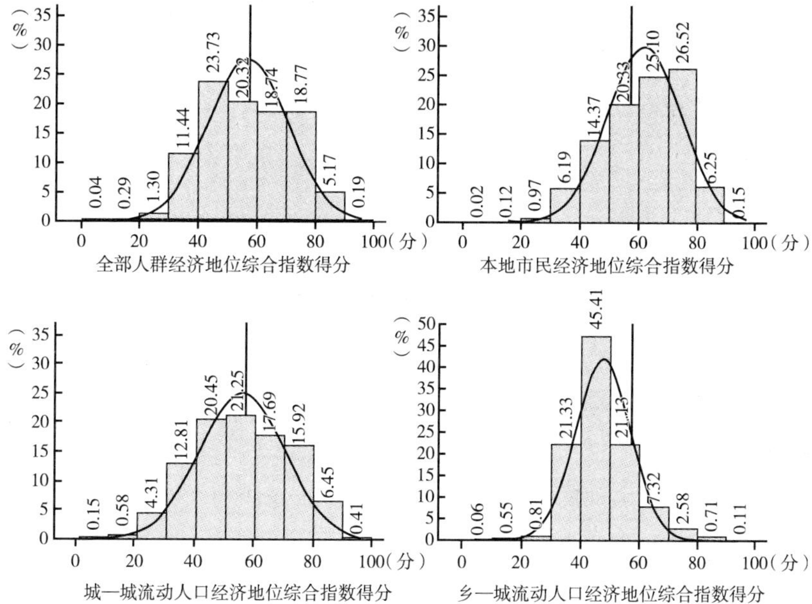

图 6－2　不同身份人群经济地位综合指数得分直方分布图

注：图中曲线即为正态分布线，纵线为全部样本经济地位综合指数得分均值。

但是，如箱线图（见图 6－3）所示，在本地市民、城—城流动人口、乡—城流动人口三类人群中，乡—城流动人口的数据分布呈现出更大的独特性：一方面，从箱子高度看，数据的分布更为集中；而另一方面，在高度集中状态中又显

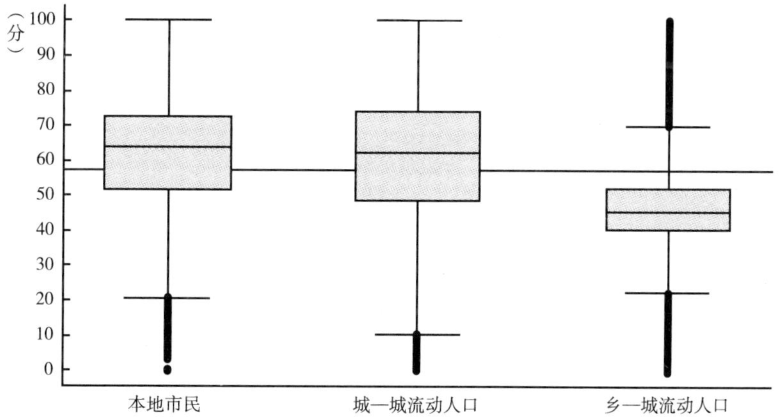

图 6－3　不同身份人群经济地位综合指数得分

注：图中横线为全部样本经济地位综合指数得分均值。

示出巨大的差别，因为它有很长的上尾和下尾（即最上面的横线以上的数据和最下面的横线以下的数据），表明在这个人群中，少数人有着与大部分人差别很大的取值，尤其是有少数人的经济地位综合指数得分大大超过最大值。此外，该图也进一步印证了图 6－2 的结果，乡—城流动人口的经济地位综合指数得分基本都位于均值以下。

这三幅图生动地展示了三类人群经济地位综合指数得分水平及他们之间的差距，而这种差距可能体现了本地市民与外来市民及外来农民、外来市民与外来农民之间的差距；换言之，前者同时折射出户籍地点及户籍类型的效果，后者折射出户籍类型的差别。显然，城镇与农村的户籍类型的作用大于本地与外地的户籍地点的作用。对于城—城流动人口而言，他们与本地市民的距离只在于户籍地点，故而这两类人群之间的差别较小；而对于乡—城流动人口而言，他们与本地市民的距离在户籍地点之上还要加上户籍类型，故这两类人群之间的差距更大。

（二）经济地位与流动特征的相关分析

不同流动特征的流动人口，其经济地位综合指数得分之间是否存在显著差异呢？表 6－1 陈列了全部流动人口及不同流动身份人群经济地位综合指数得分与流动特征的相关分析结果，所有关系都经过 t 检验或单因素方差分析的检验。除非特别说明，否则因素之间的相关关系在统计上具有显著性。

表 6－1　经济地位综合指数得分与流动特征的相关分析结果

单位：分

	全部流动人口	城—城流动人口	乡—城流动人口
离开户籍地时长			
0.5～3 年	49.73	58.96	46.24
3～5 年	52.94	62.30	47.66
5 年以上	52.83	60.54	47.87
流动原因			
务工经商	48.35	53.73	47.19
工作调动	61.91	63.70	53.97
拆迁搬家	66.95	69.19	53.22
婚姻嫁娶	52.56	61.86	44.56
其他	55.10	61.29	45.70
流动区域			
地区内流动	57.00	63.11	47.60
跨地区流动	49.27	54.70	47.66
跨省流动	48.24	55.73	46.83

首先，离开户籍地时长与经济地位之间并非呈线性关系，虽然离开户籍地0.5～3年的流动人口经济地位综合指数得分低于离开时间更长的流动者，但就城—城流动人口而言，离开户籍地5年以上之人的经济地位综合指数得分却不是最高的，最高的是离开户籍地3～5年之人，且分类之间的差距高度显著。当然，如同第五章所言，该变量与经济地位之间因果关系并不明朗，因为它不是指流动人口在现居地的居留时间：流动人口离开户籍地可能很长时间了，但未必一直在现居地。即便是乡—城流动人口，离开3～5年与离开5年以上的差别也极小。不过，无论如何，离开3年以上者，经济地位综合指数得分总是高于离开户籍地0.5～3年者，证实了较好经济地位的获得并非可在一夜之间完成，而是一个累积的过程。

其次，就流动原因与因变量的关系来看，城—城流动人口与乡—城流动人口也有所不同：一是前者是拆迁搬家之人的经济地位综合指数得分最高，后者是工作调动者（包括工作调动、分配录用、学习培训、出差）的得分最高，拆迁搬家者的得分紧随其后，且差别极小。其原因可能在于，相当一部分拆迁搬家者可能属于人户分离人口，① 这部分人与常规性流动人口很不相同，故而需要加以控制或将他们剔除在数据分析之外。本书采用第一种方法，将他们作为一个独立的分类进行处理。二是在城—城流动人口中，务工经商者的经济地位综合指数得分最低，其次为其他类别人群；而在乡—城流动人口中，婚姻嫁娶者的经济地位综合指数得分最低，其次为其他类别人群，包括随迁家属，投亲靠友、寄挂户口和其他之人。就显著性来看，城—城流动人口中婚姻嫁娶者与其他类别之人经济地位缺乏显著性，而乡—城流动人口中工作调动者与拆迁搬家者之间的差别亦不显著。

最后，就流动跨越的行政区域来看，城—城流动人口与乡—城流动人口同样展现出不一致的特点：对前者而言，地区内流动者的经济地位综合指数得分最高，且与其他两个分类之间的得分差值甚大，各分类之间的差别都高度显著；相反，不管是地区内流动、跨地区流动，还是跨省流动，乡—城流动人口经济地位综合指数得分都差别不大，且跨地区流动者的经济地位综合指数得分最高（城—

① 对流动原因与流动跨越的行政区域的分析结果显示，拆迁搬家之人主要在地区内流动：其中，城—城流动人口占97.8%，乡—城流动人口占84.6%。

城流动人口在这个分类的得分最低）。且单因素方差分析结果表明，地区内流动与省内跨地区流动之间没有显著差别。该特点表明，即便是客观的经济地位，跨地区流动和跨省流动未必一定给流动人口带来更好的经济地位，使他们能够更好地融入流入地社会。在这两类人群中所不同的是，省内跨地区的城—城流动人口、跨省乡—城流动人口的经济地位最低。

（三）经济地位与控制变量的相关分析

流动人口的经济地位与他们的年龄等人口学特征、受教育程度等人力资本特征、就业行业等劳动就业特征、流入地区等区域特点是否显著相关呢？表 6－2 提供了这些方面的信息，且表中所有人群、所有变量都进行了 t 检验或单因素方差分析的检验。对于本地市民、城—城流动人口、乡—城流动人口，年龄与因变量的基本关系有明显不同：对于前两个人群，随着年龄的增长，经济地位综合指数得分相应提高，且 16～26 岁的青年流动人口与 27 岁以上人群之间存在较大差别；相反，就乡—城流动人口而言，两个年轻族群的经济地位综合指数得分超过两个年长人群的得分，且 27～34 岁人群的得分最高。年龄是一个与劳动经验积累密切相关的要素，而这样的与户籍类型有关的差别似乎表明，经验积累对农村户籍人口的重要性明显低于对城镇户籍之人；进而，这或许折射出，乡—城流动人口的就业类型或职业对经验积累的要求不强。那么，什么样的职业可能是这种情况呢？当然是低端的体力活。单因素方差分析结果显示，这三类人群的不同年龄组之间的差别都是高度显著的。

表 6－2　经济地位综合指数得分与控制变量的相关分析结果

单位：分

	本地市民	城—城流动人口	乡—城流动人口
人口学特征与人力资本特征			
年龄			
16～26 岁	58.77	56.39	47.26
27～34 岁	61.58	61.34	47.63
35～44 岁	62.09	61.88	46.50
45～55 岁	62.90	62.74	46.72
性别			
男性	61.82	60.59	47.77
女性	61.68	60.69	46.34

续表

	本地市民	城—城流动人口	乡—流动人口
民族			
少数民族	58.65	56.36	43.86
汉族	61.98	60.86	47.36
婚姻状况			
不在婚	60.48	58.47	47.65
在婚	61.98	61.34	46.87
受教育程度			
≤小学	48.43	44.28	43.14
初中	54.45	49.46	46.56
高中	62.67	58.93	53.18
≥大专	70.94	70.40	64.42
劳动就业特征			
就业行业			
制造业	58.38	57.14	45.66
建筑业	59.31	57.20	44.15
商业服务业	56.17	56.03	49.43
交通信息业	64.21	65.35	49.47
文教卫机关	68.39	68.15	55.25
单位类型			
个体工商户	50.88	48.52	46.99
私营企业	59.44	58.71	47.18
机关国有集体	67.56	67.69	51.99
其他单位	51.72	56.29	45.64
劳动合同			
不适用	48.91	49.03	45.14
未签合同	58.20	54.13	45.57
固定期合同	67.96	66.26	51.87
长期合同	69.21	70.17	55.61
所在地区			
直辖市	67.95	67.13	48.83
华北	60.52	57.06	44.58
东北	56.62	55.50	44.41
华东	61.82	59.05	45.52
华中	60.49	59.06	46.96
华南	62.40	59.47	48.58
西南	60.04	59.11	44.03
西北	60.18	57.21	44.00

就性别而言，本地市民和乡—城流动人口呈现出一致的特点，即女性的经济地位稍低于男性，虽然绝对差值都很小，但 t 检验结果表明，性别差异十分显著；而男性城—城流动人口的经济地位稍低于女性，但该人群中性别的差别在统计上并不显著。

如果说三类人群的经济地位在不同年龄组、性别之间的差距不大，那么他们的民族差别则相对较大：总体而言，不管是本地市民还是不同户籍流动人口，汉族人口的经济地位均显著超过少数民族人口。

对于本地市民与城—城流动人口而言，婚姻状况与经济地位的关系是一致的，在婚之人的经济地位显著超过不在婚之人；而对于乡—城流动人口来说，该模式刚好相反，即不在婚的乡—城流动人口获得了显著更高的经济地位，虽然与在婚者之间的绝对差值很小。

受教育程度与经济地位之间呈现线性关系：随着受教育程度的提高，经济地位综合指数得分也得到相应提高，这三个人群都是如此。不过，在不考虑其他因素的前提下，城—城流动人口的教育回报率显然大于乡—城流动人口的教育回报率。这是因为，虽然仅受过小学及以下教育的流动人口（不管是城—城流动人口，还是乡—城流动人口）经济地位综合指数得分比较接近，但随着受教育程度的提高，城—城流动人口经济地位综合指数得分的增长超过了乡—城流动人口得分的增长；同样，虽然仅受过小学及以下教育的本地市民经济地位综合指数得分较多地超过了城—城流动人口，但在大专及以上教育阶段，城—城流动人口的得分与本地市民的得分差距大大缩小。可见，在各个教育阶段，本地市民和城—城流动人口的教育回报率均超过乡—城流动人口。

在各就业行业中，这三类人群的一个共性是，在文教卫机关等行业就业者的经济地位最高，较大地超过了在其他行业的就业者。在本地市民和城—城流动人口中，在商业服务业就业者的经济地位最低；而在建筑业就业的乡—城流动人口的经济地位综合指数得分最低；在制造业就业的所有三类人群的经济地位综合指数得分都是次低的。不管是哪一类人群，单因素方差分析结果都表明，就业行业的各类别与因变量之间的关系都是高度显著的。

就业的单位类型与三类人群经济地位之间的关系是，在机关国有集体就业者，其经济地位最高；同样，本地市民与城—城流动人口展现出更大的一致性，即在个体单位就业者的经济地位最低，而对于乡—城流动人口来说，在其他单位就业者的经济地位最低。同样，各人群在各类别之间的差距都是高度显著的。就业行业与就业单位类型的结果表明，尽管行业和单位本身并没有高低之分，但实际上在不同行业、不同类型的单位就业依旧会影响到人们经济地位的获得。一些对人力资本要求较高的行业或正规单位都有助于经济地位的改善。如今，中国大力发展第三产业，但低端服务业难以改善人们的经济社会地位。

在上面的诸多变量中，仅有受教育程度与因变量之间的关系在这三个人群中是一致的。这里，劳动合同与经济地位的关系也是如此：不管是哪一类人群，长期合同签订者的经济地位最高，而不适用者的经济地位最低。如第五章所言，所谓的不适用者，主要是指雇主、自营劳动者、家庭帮工。其次为未签订劳动合同者，且所有人群在所有类别之间的差异都是高度显著的。该结果充分表明，劳动合同的确对劳动者的经济地位提升起到一定的积极作用。

这里，我们还分析了经济融入的地区差别。就八大地区来看，直辖市人群的经济地位最高，三个人群都是如此。至于哪个地区的经济地位最低，不同人群之间有所不同。比如，对本地市民来说，东北地区人群的经济地位最低，西南地区紧随其后；在城—城流动人口中，东北地区之人的经济地位最低，其次为华北地区之人；在乡—城流动人口中，西北和西南地区之人的经济地位最低。

（四）经济地位的省际差异

我们进而详细区分各省（市、区）之间本地市民、城—城流动人口、乡—城流动人口的绝对经济状况和流动人口的相对融入水平。图6－4、图6－5、图6－6显示了各省（市、区）本地市民、城—城流动人口、乡—城流动人口的经济地位综合指数得分。这三幅图的纵轴单位是一样的，故而可以进行直接比较。由于各省（市、区）的经济发展程度不同，所以可从区域经济的发展程度来考察各省（市、区）三类人群经济地位之间的异同。

总体来看，不管是本地人还是外来人，也不管是城里人还是乡下人，省（市、区）的经济越发达，人们获得的经济地位也越高。比如，沪、京、津、

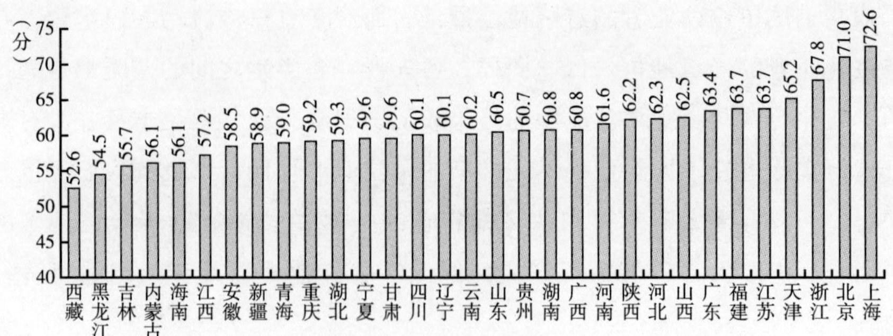

图 6-4　各省（市、区）本地市民经济地位综合指数得分

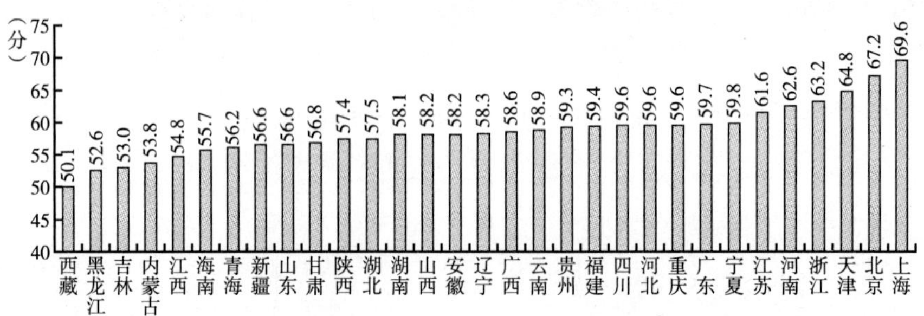

图 6-5　各省（市、区）城—城流动人口经济地位综合指数得分

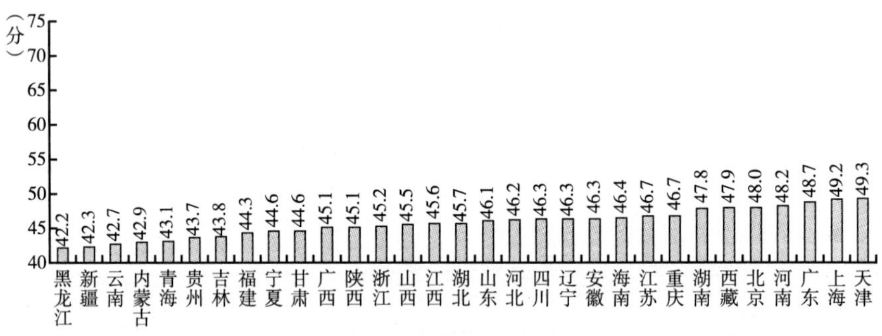

图 6-6　各省（市、区）乡—城流动人口经济地位综合指数得分

浙、粤、苏等地的经济发展程度高于其他省（市、区），故本地市民、城—城流动人口及乡—城流动人口的经济地位综合指数得分较高。

在各省（市、区）之间，本地市民与城—城流动人口之间的模式大同小异。

所谓大同，是指这两类人群经济地位综合指数得分较高或较低的省（市、区）基本一样：上海最高，其次为北京、浙江、天津等，而西藏、黑龙江、吉林和内蒙古最低，表明这些地区之人面临着更大的经济发展障碍。从大的区域来看，沿海地区的得分最高，而东北地区最低。所谓小异，主要是指不管是这两类人群中的哪一类人群，各省（市、区）之间的得分和排位都有一定的差别。乡—城流动人口虽然有着更大的差异性，但天津、上海、广东等经济较为发达之地也对应着更高的经济地位，东北地区之人的经济地位得分也较低，这与区域经济发展程度也基本是比较接近的。

总体而言，城—城流动人口与本地市民之间的差别很小：比如，在上海，二者之间仅相差3分；在西藏，二者之间的差别仅为2.5分。但是，不管是哪个省（市、区），乡—城流动人口与本地市民的差距都较大：比如，在上海，这两个人群的得分分别为49.2分和72.6分，二者相差23.4分；在西藏，二者之差为4.7分。这也再次证实，地区经济越发达，二者之间的差距似乎越大。

若将各省（市、区）流动人口与本地市民的经济地位综合指数得分进行对比，则发现，不管是城—城流动人口还是乡—城流动人口，没有一个省（市、区）流动人口的相对经济融入综合指数得分超过本地市民（见图6－7和图6－8）。可见，各省（市、区）流动人口经济融入模式与图6－4、图6－5、图6－6所述的各地区的经济融入模式呈现出一致性，也说明作为外来人口，他们与本地市民之间依旧存在显著的差别。

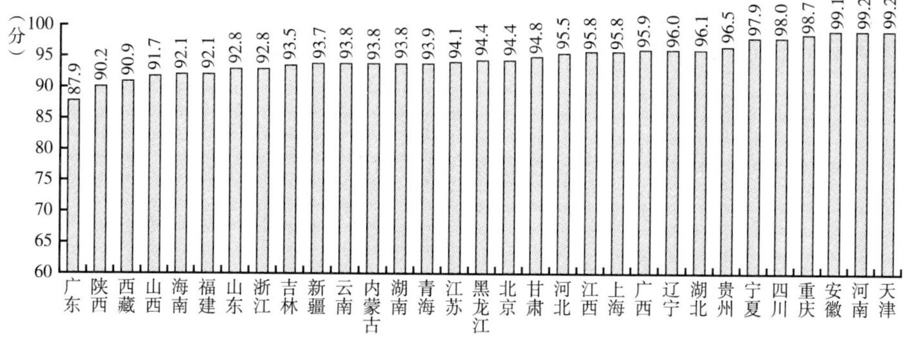

图6－7　各省（市、区）城—城流动人口相对经济融入综合指数得分

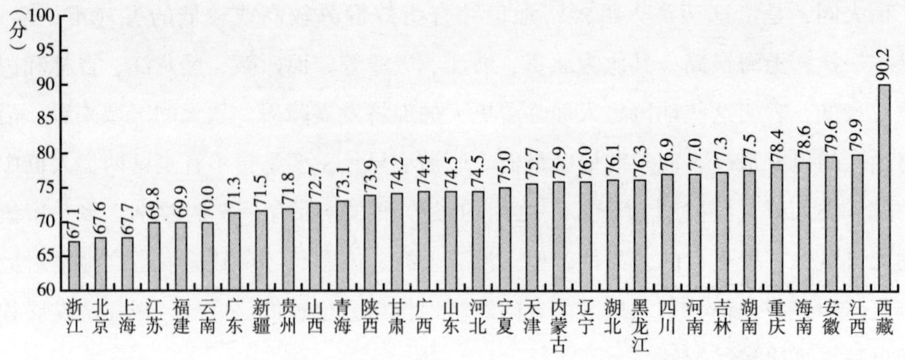

图6-8　各省（市、区）乡—城流动人口相对经济融入综合指数得分

虽然沪、京、津、浙的本地市民和流动人口的经济地位综合指数得分都较高，但流动人口的相对经济融入境况较差，特别是乡—城流动人口：在福建、江苏、上海、北京、浙江等五省市，乡—城流动人口相对于本地市民的得分依次最低；而在广东，城—城流动人口的相对得分最低。这表明，在这些省市，流动人口的相对地位与当地居民之间存在较大差距。由此可见，虽然流动人口进入直辖市和沿海经济发达省份后，能较快地改善其绝对经济地位，但却难以逾越本地、外来的鸿沟，难以平等地享受经济社会发展的成果。

流动人口的相对经济融入综合指数得分表现出与绝对经济融入综合指数得分很不一样的特征，使该人群的经济融入现况呈现出极其复杂的态势。如果说各省（市、区）的绝对水平更多地体现了“城乡差分”的话，则相对融入程度更彰显了“内外之别”。虽然存在一定差异，但不管是哪一类流动人口，在绝对经济融入综合指数得分较高的省（市、区），其相对于本地市民的相对经济融入综合指数得分却普遍较低，甚至很低。比如，在城—城流动人口中，经济发达且绝对经济融入综合指数得分排名第一和第二位的上海、北京，其相对水平却分别降至第十一、第十五位。事实上，在绝对经济融入综合指数得分排名前八位的省（市、区）中，仅有天津、河南、宁夏尚未退出，且分别上升到第一、第二、第六位。同样，虽然重庆的乡—城流动人口的融入水平依旧排位前八，但北京、上海、广东却分别排到倒数第二、第三、第七位。具体来说，广东、陕西、西藏、山西、海南、福建、山东、浙江八省区的城—城流动人口相对经济融入综合指数得分最低，浙江、北京、上海、江苏、福建、云南、广东、新疆八省（市、区）的乡—城流动人口得分最低。其中，广东、浙江、福建三省为两类人群共有，经济融入程度较低，可视为流动人口经济融入的第三梯队。相反，一些绝对经济融入综合指数得分较低的省（市、区），流动人口的相对经济融入综合指数得分却较高。比如，城—城流动人口绝对经济融入综合指数得分排名第十七位的安徽，其相对经济融入综合指数得分排名第三位；绝对经济融入综合指数得分排名在最后八位的省（市、区）除海南以外，在相对排位中都有上升，不再是垫底的省（市、区）。十分有趣的是，流动人口相对融入水平排名前八位的省（市、区）多为中部和西南省份；其中，安徽、重庆、河南三省市为两类流动人口所共有，经济融入程度都较高，可视为流动人口经济融入的第一梯队。

尤其值得一提的是，西藏乡—城流动人口的相对经济融入综合指数得分排名居于首位，表明他们与本地市民的差异很小。当然，这并不意味着西藏乡—城流动人口的社会经济境况好于北京、上海等地的同类人群。因为这是一个相对衡量指数，故它反映出的含义是，西藏地区本地市民的经济地位本身就比较落后；而流入西藏的乡—城流动人口可能是一个特殊的群体，他们之所以能够留下来，可能表明他们拥有较好的就业机会，从而为进一步的融入奠定了基础。相反，京津沪的城镇户籍居民拥有较好的就业机会、职业声望、收入水平、福利待遇，而乡—城流动人口的自身发展能力较低，加上大城市的制度和结构性制约，阻碍了他们经济融入的步伐与结果。

图6－9是流动人口绝对经济融入综合指数得分的聚类分析结果。聚类分析综合考虑了各省（市、区）人口的社会经济地位，把发展水平相近、经济地位相似的地区划为一类，而将经济状况相差较大、融入特征不同的地区划分为其他类型，形成各省（市、区）聚类分析的层次描述。该分析淡化了省际行政区划和传统区域划分上的联系，更好地体现了各省（市、区）之间流动人口经济融入的联系、互动与差别，从而有利于把握该人群经济融入的规律、特点和模式。就城—城流动人口来看，京、沪、津、浙、粤、苏等省市聚类在一起，表明在这些地区城—城流动人口之间的经济融入状况差异较小；而藏、黑、吉、赣、蒙、青、甘、新等省区聚集在一起，表明这些省区流动人口的经济融入水平也比较接近。就乡—城流动人口而言，第一个聚类包括京、闽、渝、津、苏、浙、沪、粤，第二个聚类包括新、宁、甘、贵、黑、青、云、吉、蒙，表明在每个聚类中，乡—城流动人口在这些省（市、区）的绝对经济融入综合指数得分差异甚小。

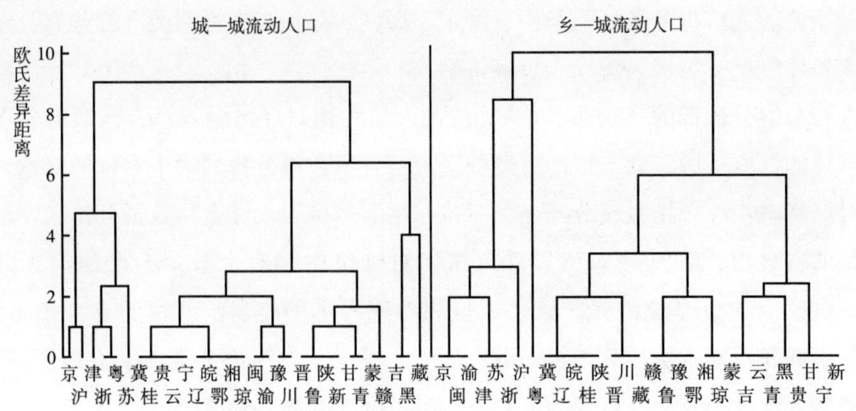

图 6－9　各省（市、区）流动人口绝对经济融入综合指数得分的聚类分析结果

（五）经济地位的地区差异

流动人口的相对经济融入综合指数得分是以各地区（市）本地市民的平均值为参照对象计算的，而流动跨越的行政区域显示，地区内、跨地区和跨省的流动所带来的经济融入水平有差异。那么，除全国平均水平外，各地区流动人口的经济地位与本地市民的经济地位之间的关系如何呢？为此，这里对流动人口的绝对、相对经济融入综合指数得分与本地市民的得分做进一步的详细分析。各地区流动人口与本地市民绝对经济融入综合指数得分的相关分析结果见图 6－10，相对经济融入综合指数得分的相关分析结果见图 6－11。如图 6－10 所示，总体而言，在各个地区，不管是城—城流动人口还是乡—城流动人口，其绝对经济地位与本地市民的经济地位显著正向相关，且城—城流动人口与本地市民之间的关系更强。由于本地市民经济地位综合指数得分较高之地多是经济较为发达之地，故在发达地区，流动人口的绝对经济地位也更高，反之亦然。这说明，地区经济越发达，本地人的情况越好，流动人口的绝对经济地位也越高。

图 6－11 展示的是各地区不同户籍流动人口相对经济融入综合指数得分与本地市民经济地位综合指数得分之间的关系。总体而言，与图 6－10 一个明显不同的特点是，不管是城—城流动人口还是乡—城流动人口，在各个地区，本地市民的经济地位越高，流动人口的相对融入水平越差；且各个地区城—城流动人口的相对经济融入综合指数得分都明显更高，而乡—城流动人口的相对经济融入综合指数得分都很低，除了少数几个极端值以外。由此可见，各地区流动人口的绝对

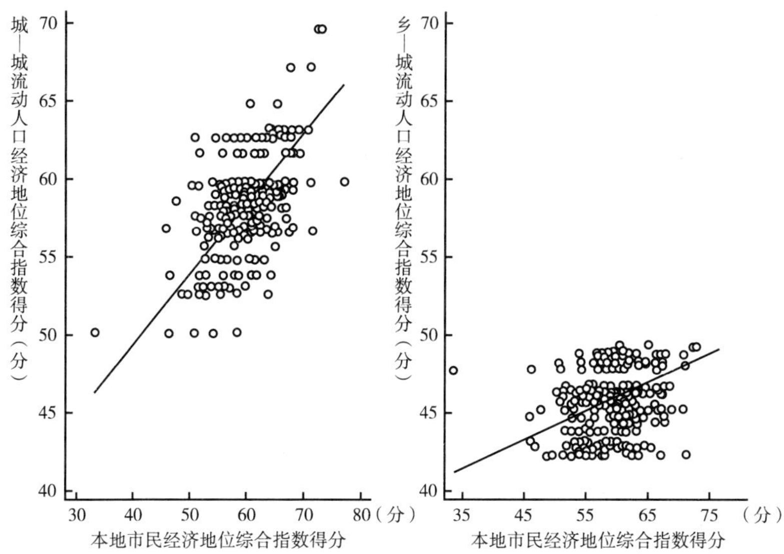

图 6－10　各地区流动人口与本地市民经济地位综合指数的关系

注：图中斜线表示拟合回归线。城—城流动人口、乡—城流动人口与本地市民经济地位综合指数得分的相关系数分别为 0.64 和 0.55，且均高度显著。

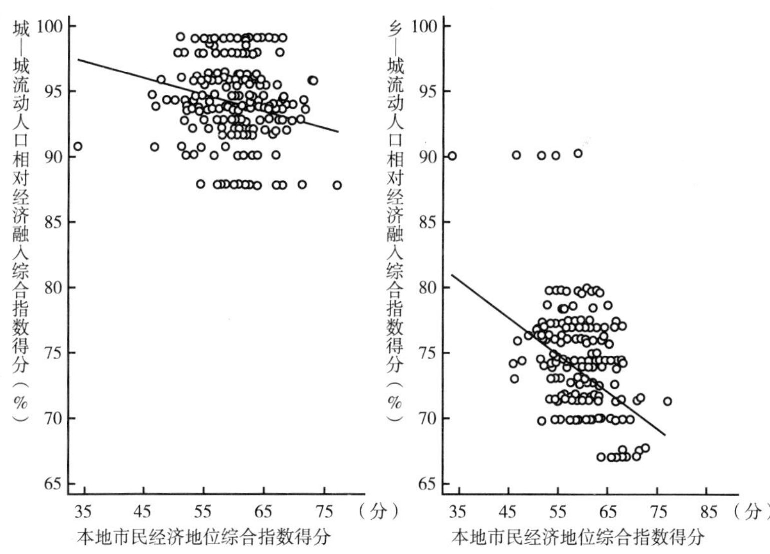

图 6－11　各地区流动人口相对经济地位综合指数得分与本地市民经济地位综合指数得分的关系

注：图中斜线表示拟合回归线。城—城流动人口、乡—城流动人口相对经济融入综合指数得分与本地市民经济地位综合指数得分的相关系数分别为 －0.22 和 －0.54，且均高度显著。

经济融入综合指数得分与相对经济融入综合指数得分之间展现出不同的模式，存在着巨大、出乎意料且令人震惊的差异：在经济发达地区，本地人的优势更为凸显，外来人与其之间的差距更大；而在经济不发达地区，流动人口在经济上更易融入，与本地人的差别也较小。而且，该结论对乡—城流动人口更是如此，这从该人群与本地市民经济地位综合指数得分的相关系数中可见一斑：两个流动人群的相对经济融入综合指数得分与本地市民的经济地位综合指数得分之间的相关系数分别为 -0.22 和 -0.54，即它们之间负向相关。换言之，就总体经济地位或融入情况来看，尽管进入发达地区更可能提高流动人口的绝对经济地位，但经济发展程度是一柄双刃剑，在改善流动人口绝对经济状况的同时，也拉大了他们与本地市民之间的经济地位差距。

二　全部样本经济地位多层线性回归模型分析

上一节的描述分析结果清楚地显示，本地市民、流动人口的经济地位综合指数得分与各类自变量都高度显著相关。为了探究户籍类型和户籍地等关键变量与因变量之间的独立关系，本节对数据进行模型分析。

鉴于数据的多层结构，个体寓于地区之中，同一地区内的个体样本更为相似，而可能出现地区内样本之间的不独立。若该现象的确存在，则违反了统计学中一个最基本的假定，即样本之间相互独立。独立性被违反的后果是，统计结果的无偏性就不能得到满足。为了纠正这一潜在问题，我们使用多层模型分析数据。如“数据与方法”一章所言，多层模型可以有效地应对样本之间的关联性。当然，该章也提到，并非所有具有多层结构的数据都需要使用多层模型。无条件空模型的分析结果可以告知是否需要使用多层模型。

表 6-3、表 6-4 展示了三类人群经济地位综合指数得分的多层线性回归模型分析结果。前者包括空模型和仅包括流动身份的模型。从空模型（模型 1）中我们可知，样本的经济地位随地区的不同而不同（基于随机效果中“地区之间的变异”系数来判断，该系数高度显著），故使用多层线性回归模型更适合数据的特点。从仅区分本地市民与外来流动人口的模型 2 发现，本地市民的经济地位综合指数得分超过流动人口近 12 分。鉴于全部样本的总均

值约为57.1分，这个差距无疑是很大的。若进一步将流动人口按照户籍身份加以细分，则发现，乡—城流动人口与本地市民之间的得分差距为17.05分，而城—城流动人口与对照组的得分之差仅为3.36分，且都高度显著（见模型3）。

表6-3 全部样本经济地位综合指数得分多层线性回归空模型及主要自变量模型分析结果

变量和参数	模型1(空模型)		模型2		模型3	
	系数	标准误	系数	标准误	系数	标准误
流动人口	—	—	-11.77	0.04***	—	—
流动身份						
本地市民(=对照组)						
城—城流动人口	—	—	—	—	-3.36	0.06***
乡—城流动人口	—	—	—	—	-17.05	0.05***
截距	55.86	0.22	59.94	0.23	60.02	0.22
随机效果						
地区之间的变异	4.02	0.16	4.13	0.16	4.11	0.16
个体之间的变异	14.15	0.02	13.10	0.01	12.38	0.01
群间关联度	0.22		0.24		0.25	
地区样本量	344		344		344	
个体样本量	433356		433356		433356	
Log likelihood	-1763826.1		-1730632.4		-1706155.6	
Wald chi2	—		71749.57		132165.69	

注：*** $p<0.001$，** $p<0.01$，* $p<0.05$。

如果模型控制了其他要素，流动人口与本地市民、不同身份流动人口与本地市民之间的差别是否会发生变化？表6-4陈列的结果提供了相关答案。的确，在其他条件相同的情况下，流动人口与本地市民之间的差距缩小了：模型4表明，二者之间的差距从模型2的-11.77变动至-4.04，虽然显著程度依旧很高。同样，将模型5的分析结果与模型3加以对照，可以看出，城—城流动人口与本地市民的差距从-3.36变动至-2.79，而乡—城流动人口与本地市民的差距更从-17.05变动至-5.32。系数取值的缩小说明，其他自变量对流动身份与因变量之间的关系起到调节作用。

表 6-4　全部样本经济地位综合指数得分多层线性回归模型分析结果

	模型 4		模型 5	
	系数	标准误	系数	标准误
流动人口	-4.04	0.04***	—	—
流动身份(本地市民 = 对照组)				
城—城流动人口	—	—	-2.79	0.04***
乡—城流动人口	—	—	-5.32	0.04***
人口学特征和人力资本特征				
年龄(16~26 岁 = 对照组)				
27~34 岁	2.34	0.05***	2.14	0.05***
35~44 岁	3.57	0.05***	3.30	0.05***
45~55 岁	5.12	0.06***	4.72	0.06***
女性	-0.09	0.03**	-0.14	0.03***
汉族	1.25	0.07***	1.21	0.07***
在婚	0.76	0.05***	0.80	0.05***
受教育程度(≤小学 = 对照组)				
初中	3.44	0.05***	3.16	0.05***
高中	9.00	0.06***	8.31	0.06***
≥大专	15.94	0.06***	15.01	0.07***
劳动就业特征				
就业行业(制造业 = 对照组)				
建筑业	-0.21	0.06***	-0.20	0.06***
商业服务业	3.56	0.04***	3.38	0.04***
交通信息业	3.41	0.05***	3.23	0.05***
文教卫机关	3.18	0.05***	3.15	0.05***
单位类型(个体工商户 = 对照组)				
私营企业	0.90	0.06***	0.83	0.06***
机关国有集体	5.16	0.06***	4.98	0.06***
其他单位	-0.49	0.05***	-0.51	0.05***
劳动合同(未签合同 = 对照组)				
固定期合同	6.49	0.04***	6.37	0.04***
长期合同	7.59	0.05***	7.49	0.05***
不适用	-1.16	0.05***	-1.22	0.05***
所在地区(直辖市 = 对照组)				
华北	-4.23	0.99***	-4.30	1.00***
东北	-5.30	0.98***	-5.47	1.00***
华东	-1.73	0.93	-1.78	0.94
华中	-3.55	0.96***	-3.63	0.98***
华南	-1.08	0.98	-1.07	0.99
西南	-2.86	0.96**	-2.90	0.97**
西北	-4.96	0.95***	-5.00	0.97***
常数	41.93	1.79***	43.15	1.81***
随机效果				

续表

	模型4		模型5	
	系数	标准误	系数	标准误
地区之间的变异	2.51	0.10	2.53	0.10
个体之间的变异	9.54	0.01	9.51	0.01
群间关联度	0.21		0.21	
地区样本量	344		344	
个体样本量	433356		433356	
Log likelihood	-1592860.5		-1591658.2	
Wald chi2	520580.53		525886.25	

注：*** $p<0.001$，** $p<0.01$，* $p<0.05$。

在其他条件相同的情况下，样本的经济地位综合指数得分显著地随年龄的增长而提升，而女性、少数民族、不在婚者的经济地位综合指数得分分别低于男性、汉族和在婚者。同样，受教育程度越高，人们的经济地位越高；受过大专及以上教育之人的经济地位综合指数得分比仅受过小学及以下教育之人高15分多，差别巨大。人们的经济地位也因就业行业而异，在建筑业就业者的经济地位综合指数得分最低，其次为在制造业就业者，而在商业服务业就业的人群经济地位最高。就单位类型来看，经济地位最高的是在机关国有集体就业之人，他们比在个体单位就业者拥有明显更高的经济地位。未签订劳动合同者的经济地位低于有合同之人，而签订了长期合同的劳动者经济地位最高，不适用之人（即雇主、自营劳动者、家庭帮工）的经济地位最低。

同样，就业者的经济地位随地区不同而存在明显差别。与北京、天津、上海、重庆等直辖市相比，居住于其他地区之人的经济地位都显著偏低。但是，包括江苏、浙江、安徽、福建、江西、山东等省在内的华东地区，以及包括广东、广西、海南在内的华南地区与直辖市之间的差别并不显著。在各大地区中，与直辖市差别最大的是东北地区。

三　流动人口经济融入多层线性回归模型分析

上面一节是全部样本的分析结果，它告诉我们，在其他条件相同的情况下，流动人口的经济地位低于本地市民，而乡—城流动人口的经济地位最低。我们在前面说过，由于模型控制了个体的人口学特征、人力资本特征、劳动就业特征和地区要素，依旧显著的这种差别应该可以归之于户籍制度——户籍类型和户籍地点的作用。显然，户籍类型更为重要，但户籍地点也不容忽视。

全部人群的样本分析存在两个局限，一是可能掩盖不同要素对本地市民、流动人口以及不同户籍身份流动人口的不同影响，二是无法考察流动特征对因变量的影响，因为流动特征仅适用于流动人口。由于我们的关注点在于流动人口，故这里仅对流动人口进行平行模型分析。

首先，我们依旧利用空模型的分析结果来判断使用多层模型的必要性。结果如表6-5的三个模型所示，随机效果中“地区之间的变异”系数高度显著，故多层模型适用于全部流动人口以及不同户籍身份流动人口。

表6-5　流动人口经济融入综合指数得分多层线性回归空模型分析结果

	模型6(全部流动人口)		模型7(城—城流动人口)		模型8(乡—城流动人口)	
	系数	标准误	系数	标准误	系数	标准误
截距	49.68	0.22	56.17	0.30	45.28	0.15
随机效果						
地区之间的变异	3.93	0.17	5.13	0.23	2.62	0.12
个体之间的变异	13.54	0.02	14.93	0.04	10.05	0.02
群间关联度	0.23		0.26		0.21	
地区样本量	344		343		344	
个体样本量	200866		67814		133052	
Log likelihood	-808868.63		-279986.88		-496272.75	
Wald chi2	—	—	—	—	—	—

表6-6的四个模型分别展示了仅包括与流动特征有关的变量的全部流动人口、包含了所有变量的全部流动人口、城—城流动人口、乡—城流动人口的多层线性回归模型分析结果。在仅考虑流动特征的情况下，城—城流动人口的经济融入状况明显超过乡—城流动人口，二者之差高达7.93分。但是，一旦模型控制了其他要素，二者不仅差距大大缩小，而且乡—城流动人口的得分比城—城流动人口还高出1.04分。这个发现很出乎意料。然而，进一步的详细分析表明，对于务工经商或因工作调动而流动的流动人口来说，城—城流动人口的得分依旧显著超过乡—城流动人口。

表 6-6 流动人口经济融入综合指数得分多层线性回归模型分析结果

	模型 9(全部流动人口)		模型 10(全部流动人口)		模型 11(城—城流动人口)		模型 12(乡—城流动人口)	
	系数	标准误	系数	标准误	系数	标准误	系数	标准误
流动特征								
乡—城流动人口	-7.93	0.07***	1.04	0.06***	—	—	—	—
离开户籍地时长(0.5~3 年 = 对照组)								
3~5 年	1.29	0.06***	0.86	0.05***	0.69	0.10***	0.95	0.06***
5 年以上	1.15	0.06***	1.11	0.06***	0.45	0.11***	1.58	0.06***
流动原因(务工经商 = 对照组)								
工作调动	8.60	0.12***	1.86	0.11***	2.72	0.15***	2.49	0.20***
拆迁搬家	9.88	0.11***	6.14	0.10***	6.38	0.14***	5.34	0.19***
婚姻嫁娶	1.83	0.11***	2.24	0.09***	3.29	0.17***	0.91	0.11***
其他	2.85	0.10***	2.08	0.08***	3.58	0.14***	0.18	0.10
流动区域(地区内流动 = 对照组)								
跨地区流动	-4.17	0.09***	-2.33	0.08***	-1.92	0.16***	-1.91	0.09***
跨省流动	-6.27	0.08***	-3.90	0.07***	-3.39	0.13***	-3.24	0.08***
人口学特征与人力资本特征								
年龄(16~26 岁 = 对照组)								
27~34 岁	—	—	1.64	0.07***	3.39	0.14***	0.86	0.08***
35~44 岁	—	—	1.95	0.08***	4.58	0.15***	0.59	0.08***
45~55 岁	—	—	3.09	0.10***	5.87	0.17***	1.09	0.11***
女性	—	—	-0.87	0.05***	0.04	0.09	-1.37	0.05

续表

	模型 9(全部流动人口)		模型 10(全部流动人口)		模型 11(城—城流动人口)		模型 12(乡—城流动人口)	
	系数	标准误	系数	标准误	系数	标准误	系数	标准误
汉族	—	—	1.51	0.10***	1.80	0.20***	1.41	0.10***
在婚	—	—	0.48	0.07***	0.41	0.13***	0.68	0.07***
受教育程度(≤小学 = 对照组)								
初中	—	—	2.46	0.07***	3.76	0.24***	2.13	0.06***
高中	—	—	7.74	0.08***	9.55	0.24***	6.88	0.09***
≥大专	—	—	16.63	0.10***	17.60	0.25***	15.89	0.19***
劳动就业特征								
就业行业(制造业 = 对照组)								
建筑业	—	—	-0.43	0.09***	0.83	0.19***	-0.87	0.09***
商业服务业	—	—	4.45	0.06***	2.88	0.12***	5.10	0.07***
交通信息业	—	—	3.41	0.08***	3.25	0.13***	2.74	0.10***
文教卫机关	—	—	3.63	0.10***	2.64	0.14***	5.90	0.16***
单位类型(个体工商户 = 对照组)								
私营企业	—	—	0.21	0.07**	2.62	0.16***	-0.34	0.07***
机关国有集体	—	—	2.66	0.09***	4.99	0.18***	1.43	0.11***
其他单位	—	—	-0.67	0.07***	0.64	0.17***	-0.79	0.07***
劳动合同(未签合同 = 对照组)								
固定期合同	—	—	6.51	0.06***	7.53	0.12***	5.75	0.07***
长期合同	—	—	8.40	0.09***	8.02	0.13***	7.86	0.18***

续表

	模型9(全部流动人口)		模型10(全部流动人口)		模型11(城—城流动人口)		模型12(乡—城流动人口)	
	系数	标准误	系数	标准误	系数	标准误	系数	标准误
不适用	—	—	-1.28	0.07***	0.00	0.15***	-1.58	0.07***
流入地区(直辖市 = 对照组)								
华北	—	—	-4.84	0.88***	-5.84	1.32***	-3.69	0.74***
东北	—	—	-5.60	0.88***	-6.30	1.32***	-3.88	0.74***
华东	—	—	-2.33	0.82**	-2.49	1.24*	-1.55	0.69*
华中	—	—	-3.47	0.86***	-4.14	1.30***	-2.38	0.73***
华南	—	—	-1.18	0.87	-1.18	1.31	-0.88	0.72
西南	—	—	-3.30	0.85***	-3.62	1.29**	-2.93	0.71***
西北	—	—	-5.16	0.85***	-7.02	1.29***	-3.81	0.71***
常数	53.15	0.23***	38.83	1.63***	34.93	2.47***	39.96	1.34***
随机效果								
地区之间的变异	3.82	0.16	2.23	0.10	3.29	0.15	1.81	0.09
个体之间的变异	11.43	0.02	9.52	0.02	10.62	0.03	8.64	0.02
群间关联度	0.25		0.19		0.24		0.17	
地区样本量	343		343		343		344	
个体样本量	200865		200865		67814		133051	
Log likelihood	-774897.72		-738189.29		-256839.14		-475999.33	
Wald chi2	80849.49		205187.55		66413.21		47428.83	

注：*** $p<0.001$，** $p<0.01$，* $p<0.05$。

就离开户籍地时长来看，离开户籍地0.5～3年的流动者经济融入综合指数得分最低；对城—城流动人口而言，离开户籍地3～5年之人的经济融入综合指数得分最高，而对乡—城流动人口来说，离开户籍地时间越长，经济融入综合指数得分越高。该模式与表6-1的相关分析结果是一致的，说明该自变量与因变量之间的关系因人群的不同而有别：一个是非线性关系，而另一个是线性关系。同样与相关分析结果一致的是，在各类流动原因中，因拆迁搬家而离开户籍地之人的经济融入综合指数得分最高，超过因务工经商而离开户籍地之人近10分。但是，与相关分析结果不同的是，在所有流动原因中，若流动人口的其他特征相同的话，则务工经商者的经济融入综合指数得分最低，城—城流动人口和乡—城流动人口都是如此，尽管乡—城流动人口中的务工经商者与其他类别人群之间的差距并不显著。

与在同一个地区内流动之人（即户籍地点和当前的工作地点在同一个地区）相比，跨地区流动和跨省流动者的经济融入综合指数得分显著更低，跨省流动者更是如此，不同户籍身份流动人口都是如此。模型分析结果与相关分析结果是一致的。该特点也许折射出流动所跨越的行政区域越大，流动人口在劳动就业、社会保障、居住环境等方面面临的障碍越多，需要适应的问题也越多，故而经济融入综合指数得分越低。

虽然略有差异，但从总体上看，流动人口的年龄、性别、民族、婚姻状况等人口学特征，通过受教育程度反映出来的人力资本特征，通过就业行业、单位类型、劳动合同等反映出来的劳动就业特征与流动人口经济融入之间的关系和全部样本的特点基本是一致的。年龄越大，其经济融入综合指数的得分也越高；城—城流动人口中女性的经济融入综合指数得分高于男性，而乡—城流动人口却相反，但均不具有显著性；汉族流动人口的经济融入综合指数得分超过少数民族流动人口；在婚者比不在婚者融入水平更高。同样，受教育程度与流动人口经济融入之间呈明显的梯级关系，且对城—城流动人口的作用大于对乡—城流动人口的影响。

虽然对全部流动人口来说，就业行业与因变量之间的关系与包括本地市民在内的全部样本之间的关系是一样的，即在建筑业就业者的经济融入综合指数得分最低，而在商业服务业就业的流动人口的经济融入综合指数得分最高，但一旦区分户籍身份后则发现，城—城流动人口与乡—城流动人口展现出不同的模式：对前者而言，在制造业就业者的经济融入综合指数得分最低，在交通信息业就业者的经济融入综合指数得分最高；在乡—城流动人口中，在建筑业就业者的经济融入综合指数得分依旧是最低的，而在文教卫机关就业者的经济融入综合指数得分是最高的。

单位类型与因变量之间的关系同样因户籍身份而不同。在个体单位就业的城—城流动人口经济融入综合指数得分最低，而在机关国有集体就业者的经济融入综合指数得分最高，且在私营企业和其他单位就业的城—城流动人口的经济融入综合指数得分也超过在个体单位就业者。虽然与城—城流动人口一样，在机关国有集体就业的乡—城流动人口的经济融入综合指数得分最高，但在其他单位或私营企业就业的乡—城流动人口，其经济融入综合指数得分低于在个体单位就业者。

若流动人口与用人单位签订了劳动合同，不管是长期合同还是固定期合同，其经济融入综合指数得分都会得到提高。

最后，一旦仅仅考察流动人口，我们发现，所有进入其他地区的流动人口的经济融入综合指数得分都低于进入直辖市的流动人口，对城—城流动人口和乡—城流动人口来说都是如此。但同样，直辖市与华南地区之间的差距在统计学上没有意义，而直辖市与华东地区之间的差距也相对较小。

本章小结

上述有关全部样本的经济地位及流动人口的经济融入水平的分析结果呈现出一幅复杂的画面。从这样一个复杂的画面中，我们可以初步总结出一些基本的趋势和特点。

其一，总体而言，城—城流动人口的经济融入水平较高，乡—城流动人口的经济融入水平较低。前者的绝对经济地位综合指数得分及相对于本地市民的得分都略低于流入地居民，乡—城流动人口的经济地位综合指数得分和相对融入水平则很低。可见，虽然在一定时期内流动可能带来消极影响，但该影响更多地体现在农村户籍人口身上；他们相对于流入地市民的得分仅为71.7%，表明其总体经济地位与城镇当地居民之间存在着不容忽视的差距。

乡—城流动人口与本地市民及城—城流动人口之间的差距以及后二者之间的

相似性意味着，“城乡差分”对流动人口经济融入的影响大于“内外之别”。这也进一步表明，在探讨流动人口的经济融入时，必须区分不同的户籍类型。若将流动人口笼而统之地视为一体，则将混淆人群差异，忽视城—城流动人口的优势地位、弱化乡—城流动人口的劣势处境。城—城流动人口群体的优势地位并非出乎意料，因为他们是个高度选择性的群体，拥有较高的自身发展能力。他们比流入地户籍人口年轻，受教育程度高，劳动时间长（虽然不好，但有助于经济地位的改善)，职业声望好，收入水平高；这些都有助于促进他们展示出良好的融入态势。乡—城流动人口虽然也比本地人年轻，且劳动时间更长，但他们的受教育程度低、职业声望低、社会保障水平极低、住房环境差，从而拉开了与其他两个人群经济地位的距离。

不过，在关注总体特征的同时，也不能忽视省际流动人口的融入差异。比如，在城—城流动人口中，省（市、区）之间绝对经济地位综合指数得分的差距最高达 19. 5 分；在乡—城流动人口中，相对经济融入水平的省际差异最高达 23. 1%。该发现提醒我们，总体融入水平可能掩盖地区之间的巨大差异。

其二，各省（市、区）流动人口的绝对经济地位综合指数得分与相对融入现况呈现出完全迥异的画面。经济发展水平与流动人口的绝对经济地位综合指数得分呈正向关系，即经济越发达的地区，流动人口的绝对经济地位综合指数得分越高；相反，经济越落后的地区，其绝对经济地位综合指数得分越低。然而，经济发展程度与相对经济融入水平的关系更为复杂；在经济最发达的几个地区——如：上海、北京、天津、浙江等——流动人口的相对融入水平却几乎最低，虽然其绝对经济地位综合指数得分较高。该特点表明，越是经济发达的地方，流动人口越难以取得与户籍人口同等的社会经济地位，经济融入程度也就越差，尤其是乡—城流动人口。相反，在经济欠发达地区，流动人口的绝对经济地位综合指数得分虽然较低，却更容易取得与本地人类似的社会经济地位，经济融入水平相对较高（虽然绝对水平不高）。

各省（市、区）流动人口的绝对经济地位综合指数得分与相对经济融入水平之间的巨大落差含义深刻，凸显了本地人和外来人的“内外之别”。一方面，这与流入地的结构性因素和个人发展能力直接关联。虽然京、津、沪及粤、苏、浙、闽的流动人口在绝对社会经济地位方面取得了很大的成就，个体得到良好发展，但与流入地居民之间的差异依旧很大。他们较好的经济地位反映的不是较高的经济融入水平，而是直辖市和沿海地区更好的经济发展机遇，折射出“水涨船高”效应；换言之，他们较好的机遇主要是宏观的客观环境造成的，反映的未必是扎实的流动人口的管理工作以及服务的均等化。相反，流入地的经济越发达，其产业结构层次就越高，对技术的要求也相应提高；而且，直辖市和沿海地区往往拥有更多的大型国有（和集体）企业、国家机关事业单位。于是，各种制度性的约束强，单位的准入门槛高，地方保护意识浓，往往只开放给本地人群或外来高端人才。这些结构性因素一方面无疑提高了本地人的社会经济地位，另一方面无形中降低了流动人口的相对融入水平。这也就是在经济最为发达的几个地区，流动人口的相对融入水平偏低的部分原因。据此，初步得出的结论为：在发达地区，流动人口的融入水平呈现出“水涨船不高”的特点。同时，乡—城流动人口的技能相对不足，缺乏经验，难以胜任高端工作。即便机会呈现于眼前，他们也未必能够把握，从而使京津沪及部分沿海经济发达地区的流动人口难以获得相对较高的经济地位。

相反，在一些经济不发达地区，流动人口的发展机遇及经济机会虽远不及大城市和沿海地区，但以下几个原因提升了流动人口的经济融入水平。首先，其产业结构多以第一、二产业为主，技术要求不高，对体力劳动者的需求大，流动人口较容易得到工作机会、获得相对较高的收入。其次，其日常生活消费（如：住房、医疗、就学）相应较低，可为流动人口节省开支，故而流动人口更易取得与户籍居民同等的生活条件，相对融入状况更好。再次，与本地市民相比，流动人口在年龄、受教育程度、就业机会方面具有很强的选择性，从而可以改善他们在流入地的经济机会。最后，落后地区户籍人口本身的社会经济地位较低，故而流动人口的相对经济融入水平容易显得更高。

另一方面，“内外之别”也可能与流动特征有关。比如，经济发达地区的流动人口数量多、比例大、成分复杂、异质性很强，分布于层次不同的职业中，从而影响到其总体融入水平。又如，流动人口的流向无疑也会起到一定的作用。京津沪及沿海经济发达地区的流动人口多为跨省流动，而安徽、重庆、江西、四川等经济发展水平相对落后地区的流动人口多为省内或地区内流动。流动区域直接事关融入进程及结果。地区内的流动人口熟悉当地的社会环境，拥有相同或类似的文化背景，容易适应。跨地区的流动人口可能面临多方面的障碍，社会关系网络不再密集，劳动就业、保障居住等问题凸显，故经济融入指数低于地区内的流动人口。跨省流动使空间距离的影响最大化。从外省进入流入地（如：直辖市和沿海地区）的人群必须重新适应流入地的文化，生活跨越大，环境变化快，社会关系需要重构，社会保障不便携带，适应日常生活比较困难。因此，即使跨省流动有助于改善流动人口的就业机会、职业声望、收入水平，但也会被社会保障制度的不足（甚至缺失）、住房环境及其他一些因素所制约，从而导致在经济越发达之地，流动人口的相对融入指数偏低、越难融入的现象。

第七章
劳动合同

劳动合同既是测量劳动保护的重要指标，也是保障劳动者合法权益的手段。在社会转型和经济发展的过程中，中国的劳动力市场处于不断完善之中。《劳动法》规定，建立劳动关系都要签订劳动合同。劳动合同是劳动者与用人单位确立劳动关系、明确双方权利和义务的协议，是劳动者与用人单位依据《劳动法》建立劳动关系的书面法律凭证，也是稳定劳动关系、用人单位强化劳动管理、劳动者保障自身权益、双方处理争议的重要依据。

因此，劳动合同是保护雇用双方权利的重要法律凭证。由于就业者往往处于弱势地位，故劳动合同对于就业者更为重要，是就业者劳动保护的重要手段和依据。同时，劳动合同的签订也影响到劳动就业、经济地位、社会保障等多方面的保障情况，故而是流动人口经济融入的一个重要的影响要素。

到目前为止，流动人口的劳动就业依旧受到诸多制约；由于思想认识、人员配备等方面的限制，《劳动合同法》常常未能得到有效实施。比如，地方政府为了追求 GDP 政绩，往往视《劳动合同法》不利于促进经济增长，能不执行就不执行，不能规避的想办法规避。又如，受制于编制和经费，相关政府部门因管理人员少而无法监督《劳动合同法》的落实情况。王春光（2010b）的研究发现，在沿海一个拥有 400 万流动人口的城市，劳动监督部门仅有 4 位管理人员，他们每天忙于接投诉电话、处理投诉案件，根本没时间去企业调查和监督。再如，大量中小企业尚未摆脱靠降低劳动力成本盈利的机制，劳动者依旧是其主要赚钱工具，尚未考虑如何将企业发展与确保劳动者权益结合起来这样全面发展的问题，更没有考虑到对劳动者的尊重是人类最高文明的价值要求，故而能不给劳动者权益就尽量不给。

近年来，乡—城流动人口的劳动保护、合法权益问题成为全社会关注的焦点。本章分析流动人口的劳动合同签订情况，并比较基于流动身份、不同户籍身份流动人口劳动合同的现状、特点及影响要素；重点考察流动人口与本地市民、不同户籍身份流动人口之间通过劳动合同反映出来的劳动保护差异。具体安排如下：首先，回顾不同人群劳动合同签订的基本情况；其次，描述相关人群劳动合同的签订情况与流动人口的流动特征以及各类人群的人口学特征、劳动就业特征、地区特征之间的相关关系；再次，分析人们签订劳动合同、签订不同类型劳动合同的影响要素；最后，总结和讨论本章的分析结果。

如“数据与方法”一章所言，劳动合同测量为三种形式：一是二分类变量，签订了合同与未签订合同；二是三分类变量，没有签订任何形式的合同、签订了固定期合同（即短期合同）和签订了无固定期合同（即长期合同）；三是四分类变量，除前面三种情况外，还有一个分类别，表示缺失——数据中，雇主、自营劳动者、家庭帮工的劳动合同都是缺失的。本章只关注前两种情况，后者作为自变量，预测劳动合同与经济融入综合指数得分或其他指标之间的关系。

一　劳动合同的基本特点与模式

根据数据的可及与可得性，本节分析2005年样本劳动合同签订的基本特点和模式。

（一）劳动合同与流动身份的相关分析

第五章已经描述了不同身份人群劳动合同的签订情况，这里予以简要回顾。

图7－1描述了全部样本、分户籍身份流动人口次样本的劳动合同签订情况。如其所示，没有签订任何形式劳动合同的各人群中，城—城流动人口的比例最低（35.7%），该人群签订固定期合同的比例最高（34.6%）；相反，乡—城流动人口没有签订任何形式劳动合同的比例最高，达63.8%，而该人群签订了长期劳动合同的比例最低，仅占2.8%。本地市民也有36.6%的人没有签订劳动合同，但他们签订了长期劳动合同之人的比例最高，为40.8%，超过城—城流动人口

11 个百分点、超过乡—城流动人口 38 个百分点。由于长期合同比固定期合同更具有稳定性，故而可以判断，与流动人口相比，本地市民的劳动就业机会和权利可以得到更好的保障。

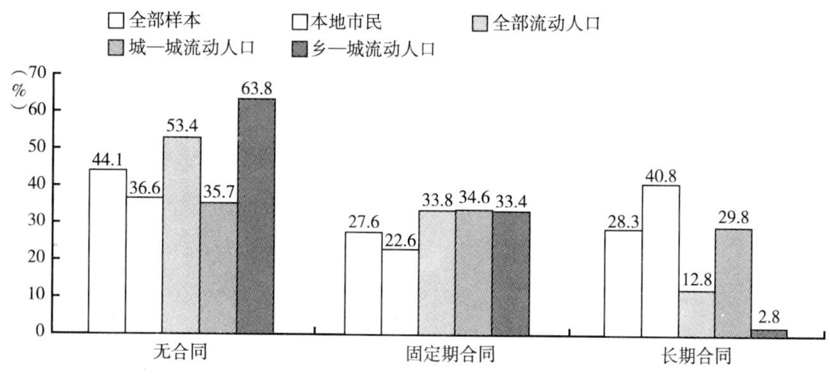

图 7-1 不同身份人群劳动合同的签订情况

（二）劳动合同与流动特征的相关分析

表 7-1 展示了不同身份流动人口的劳动合同与流动特征（包括离开户籍地时长、流动原因、流动区域）之间的相关关系分析结果。流动特征变量仅适用于流动人口，故这里的结果仅与流动人口有关。本书将离开户籍地时长区分为三类：0.5~3 年、3~5 年、5 年以上。不管是全部流动人口还是分户籍流动人口，长期合同签订率随流动人口离开户籍地时长的增加而增加，对城—城流动人口来说更是如此，因为总体而言，乡—城流动人口签订长期合同的比例很低，故而随着离开户籍地时长的增加变异较小。

流动原因与劳动合同签订的基本关系是：不管是城—城流动人口还是乡—城流动人口，若离开户籍地是因为工作调动或拆迁搬家，则长期合同的签订率明显高于其他原因的流动者。这里暗示着的一种情况是，部分因工作调动或拆迁搬家而离开户籍地之人可能是人户分离人口。总体而言，因务工经商而流动之人签订长期合同的比例都较低，虽然从数据中，我们并不知道比例较低是因为雇用单位不愿签订长期合同还是受雇之人不愿签订长期合同，但这种特点表明，务工经商流动人口的劳动保障问题没有得到很好的解决。

表 7 - 1 劳动合同与流动特征的相关分析结果

单位：%

流动特征	全部流动人口			城—城流动人口			乡—城流动人口		
	无合同	固定期合同	长期合同	无合同	固定期合同	长期合同	无合同	固定期合同	长期合同
离开户籍地时长									
0.5～3 年	56.79	34.59	8.52	38.65	36.95	24.40	64.05	33.64	2.31
3～5 年	50.61	35.48	13.90	33.60	36.20	30.20	61.90	35.01	3.09
5 年以上	51.43	30.89	17.68	34.98	30.87	34.15	65.89	30.91	3.20
流动原因									
务工经商	59.80	36.70	3.50	44.99	45.66	9.34	62.92	34.81	2.27
工作调动	32.36	33.66	33.98	28.32	32.97	38.71	53.23	37.22	9.55
拆迁搬家	31.63	26.29	42.08	28.25	26.93	44.82	71.81	18.67	9.52
婚姻嫁娶	46.94	28.15	24.92	33.84	32.43	33.73	75.71	18.74	5.55
其他	47.65	24.63	27.72	35.89	27.55	36.56	76.51	17.47	6.02
流动区域									
地区内流动	44.36	26.36	29.28	32.48	28.98	38.54	75.63	19.48	4.89
跨地区流动	61.13	33.79	5.08	46.12	39.98	13.91	66.33	31.65	2.02
跨省流动	57.57	38.88	3.55	41.32	49.38	9.31	60.70	36.86	2.44

注：在流动人口中，劳动合同与这三个变量之间的相关关系都高度显著（$p<0.001$）。

最后，从流动跨越的行政区域来看，地区内流动者长期劳动合同的签订率最高，不管是哪种户籍流动人口；相反，城镇户籍的跨省流动者长期合同的签订率最低，乡—城流动人口中长期合同签订率最低的是跨地区流动者。就固定期劳动合同签订情况来看，城—城流动人口和乡—城流动人口都是随着流动跨越范围的增大，其签订率明显升高。可见，虽然同是劳动合同，但这两种不同合同的签订率呈现出不一致的趋势，说明流动人口的劳动保障情况比较复杂。

（三）劳动合同与控制变量的相关分析

表 7 - 2 展示的是按照三类人群进行区分的劳动合同与控制变量之间相关关系的分析结果。显而易见的几个共性特点是：一是不管是哪个变量、变量的哪个类别（单位类型为个体工商户的除外），乡—城流动人口未与用人单位签订任何形式劳动合同的比例在这三类人群中都是最高的。二是城—城流动人口劳动合同与自变量的关系模式与本地市民的更为接近，反映出户籍类型的共性。

表 7－2　劳动合同与控制变量的相关分析结果

单位：%

	本地市民			城—城流动人口			乡—城流动人口		
	无合同	固定期合同	长期合同	无合同	固定期合同	长期合同	无合同	固定期合同	长期合同
人口学特征与人力资本特征									
年龄									
16～26 岁	44. 77	34. 51	20. 72	41. 04	48. 87	10. 09	59. 13	38. 81	2. 06
27～34 岁	36. 60	27. 08	36. 32	33. 90	39. 58	26. 52	64. 44	32. 84	2. 72
35～44 岁	35. 04	20. 14	44. 82	33. 75	26. 18	40. 07	70. 73	25. 69	3. 58
45～55 岁	34. 52	15. 54	49. 94	34. 37	17. 56	48. 07	75. 77	18. 33	5. 90
性别									
男性	35. 25	21. 22	43. 53	34. 91	33. 24	31. 85	65. 47	31. 59	2. 95
女性	38. 29	24. 54	37. 17	36. 61	36. 22	27. 16	61. 89	35. 60	2. 52
民族									
少数民族	44. 90	16. 15	38. 95	43. 12	25. 90	30. 98	68. 62	28. 77	2. 61
汉族	35. 99	23. 07	40. 94	35. 29	35. 00	29. 71	63. 54	33. 70	2. 76
婚姻状况									
不在婚	42. 02	32. 91	25. 07	39. 53	48. 69	11. 78	58. 75	39. 17	2. 07
在婚	35. 50	20. 67	43. 83	34. 22	29. 28	36. 50	67. 72	29. 01	3. 27
受教育程度									
≤小学	61. 76	15. 64	22. 61	67. 08	16. 91	16. 01	78. 75	19. 12	2. 13
初中	46. 92	21. 03	32. 05	53. 64	25. 55	20. 81	63. 66	33. 82	2. 52
高中	33. 78	24. 76	41. 46	36. 49	35. 10	25. 41	51. 73	44. 78	3. 49
≥大专	29. 39	22. 36	48. 24	25. 37	39. 09	35. 54	40. 21	51. 07	8. 72
劳动就业特征									

续表

	本地市民			城—城流动人口			乡—城流动人口		
	无合同	固定期合同	长期合同	无合同	固定期合同	长期合同	无合同	固定期合同	长期合同
就业行业									
制造业	31.89	31.75	36.35	31.58	45.99	22.43	55.96	41.76	2.28
建筑业	30.90	22.14	46.95	36.31	27.08	36.61	76.59	18.35	5.06
商业服务业	55.33	25.22	19.45	51.95	34.87	13.18	79.68	18.65	1.67
交通信息业	27.42	25.86	46.72	23.35	39.16	37.50	64.85	30.58	4.56
文教卫机关	37.58	13.48	48.94	34.14	21.01	44.85	63.75	28.34	7.92
单位类型									
个体工商户	91.02	6.56	2.42	86.39	11.23	2.38	90.24	8.82	0.94
私营企业	59.68	31.54	8.77	50.45	43.35	6.20	65.30	32.58	2.13
机关国有集体	26.70	20.44	52.85	23.49	28.17	48.34	49.19	42.42	8.40
其他单位	47.87	39.08	13.06	31.49	59.08	9.43	48.74	48.93	2.33
所在地区									
直辖市	23.10	38.47	38.43	24.72	46.07	29.21	62.57	33.42	4.00
华北	35.66	11.91	52.43	39.19	14.22	46.59	79.67	14.60	5.73
东北	42.41	13.80	43.78	46.13	16.14	37.72	80.08	15.51	4.40
华东	40.78	23.12	36.10	39.06	31.51	29.43	70.52	27.30	2.18
华中	36.25	18.19	45.56	38.66	22.03	39.32	77.00	19.34	3.66
华南	41.61	24.64	33.75	38.62	44.69	16.69	56.52	41.55	1.93
西南	41.58	24.72	33.60	39.62	28.01	32.37	80.50	16.20	3.30
西北	38.32	13.83	47.85	41.04	16.53	42.43	78.93	16.57	4.50

注：除在文本中特别注明，在这三类人群中，劳动合同与表中所有变量之间的相关关系都高度显著（$p<0.001$）。

具体来看，就年龄而言，没有签订合同的本地市民与乡—城流动人口的特点刚好相反：对本地市民而言，合同未签订率随年龄的增长而降低；就乡—城流动人口来看，无合同的比例随年龄的增长而递增。而二者长期合同的签订率都随年龄的增长而增加。这样的模式似乎说明，本地市民的劳动保护随年龄的增长而得以改善，但乡—城流动人口的劳动保护呈现出多样化的特点，年长流动人口要么更好，要么更差，青年流动人口亦是如此。一种可能性是，部分年长流动人口可能找到了相对稳定的工作，与用人单位有了更长期的劳动关系，故而也更愿意稳定下来；相反，青年流动人口长期合同签订率的低下也许表明，他们还在尝试之中，在找到理想的工作之前，不愿受长期合同的束缚，故其就业具有更大的不稳定性。

同样，性别、民族、婚姻状况与劳动合同之间的关系在本地市民、城—城流动人口这两类人群中具有更大的相似性：女性未签订合同的比例超过男性，少数民族未签订合同的比例超过汉族人口，在婚者未签订合同的比例低于不在婚者。而对于乡—城流动人口而言，虽然民族特征与其他两类人群相同，性别、婚姻状况与因变量的关系却不然：男性未签订合同的比例超过女性，在婚者未签订合同的比例超过不在婚者。从长期合同的签订情况来看，不同人群之间也存在差异。男性、在婚者、汉族（除汉族城—城流动人口外）签订长期合同的比例分别超过女性、不在婚者和少数民族之人，说明前三类人的工作更稳定，劳动就业能得到更好的保障。

在表 7 -2 中，一个十分引人注目的特点是：不管样本是什么流动身份或户籍类型，随着受教育程度的提高，这三类人群未签订合同的比例呈梯次下降，而签订长期合同的比例呈梯次上升，说明受教育程度与劳动保护之间几乎是线性关系。

从表 7 -2 中，我们可以清楚地看到，样本的就业行业和单位类型都与不同类型劳动合同的签订显著相关。在这五类行业中，在低端或普通的商业服务业就业的劳动者与用人单位签订劳动合同的比例最低，不管是对于哪类人群而言，其中高达 55. 33% 的本地市民没有签订任何劳动合同，城—城流动人口这一比例稍低，近 52. 00% ，乡—城流动人口最高，有近八成的人没有签订合同。本地市民和城—城流动人口在交通信息业就业者没有签订合同的比例最低，均约占 1/4，而乡—城流动人口在制造业就业者没有签订合同的比例最低。在各类行业中，长期合同签订率最高的行业是文教卫机关。显然，劳动合同签订率以及其合同类型在各单位类型中差别最大：在个体单位就业者中，91.02%的本地市民、86.39%的城—城流动人口、90.24%的乡—城流动人口没有签订任何形式的劳动合同，而在机关国有集体就业者中，这三类人群的比例分别仅为26.70%、23.49%、49.19%。单位类型与劳动市场的规范性密切相关：机关国有集体等单位更为规范，个体单位往往未能按照国家规定给劳动者提供相应的劳动保护。这些差异表明，用人单位规范与否直接牵涉到劳动者的劳动保障，不管他们是本地人还是外来人，也无论他们是城里人还是农村人。

若从流入地区来考察流动人口的劳动合同签订情况，我们发现，各地区的合同签订率差别巨大。比如，就未签订合同者而言，东北地区的比例最高或次高。而长期合同签订率最高的是华北地区，三类人群都是如此；相反，在两类流动人口中，长期合同签订率最低的是华南地区，本地市民中是次低。在直辖市、华南和华东等经济发达地区，不管是本地人还是外来人，固定期合同的签订率都很高。可见，经济发达之地，用人单位和劳动者更倾向于签订固定期劳动合同。

此外，我们还将所在地区区分为四大区域（东北、东部、中部、西部）进行考虑（虽然这里没有展示），结果发现，东北地区的本地市民劳动合同签订率最低，东部地区的最高——比如，在东北地区，42.40%的本地市民没有与用人单位签订劳动合同，该比例在东部地区仅为33.20%，二者有近10个百分点之差。同样，该特点也适用于城—城流动人口，且这两类人群签订合同的比例差别不大。但是，乡—城流动人口却不然：西部地区乡—城流动人口的合同签订率最低，但东北地区与之差别不大，这两个地区无合同的比例分别为80.54%和80.13%。就长期合同的签订率来看，中部地区的本地市民比例最高（约占一半），东部地区的比例最低，仅略高于1/3；同样的模式特点也见于城—城流动人口，虽然具体数值有所差别。相反，东北地区乡—城流动人口与用人单位签订长期合同的比例最高，为4.42%；而东部地区最低，仅占2.23%。

（四）劳动合同的省际差异

若进一步考察各省（市、区）劳动合同签订比例，我们发现，各省（市、区）之间、不同身份人群之间既有共性，也有个性，且户籍身份的差别最为明显。分析结果见图7－2、图7－3、图7－4。出于简洁的目的，这里仅展示签订了劳动合同（包括固定期合同和长期合同）的比例。

若不考虑西藏，则江西本地市民的劳动合同签订率最低，上海本地市民的签订率最高：前者仅为36.8%，后者高达83.7%；78.4%的北京本地市民与用人单位签订了固定期或长期劳动合同（见图7－2）。换言之，上海、北京本地市民的劳动保障最好，而西藏、江西本地市民的劳动保障最差。但总体而言，绝大多数省（市、区）本地市民的劳动合同签订率介于50.0%与70.0%之间，省际的差别虽然显著（这里没有展示显著度），但幅度变化不太大。

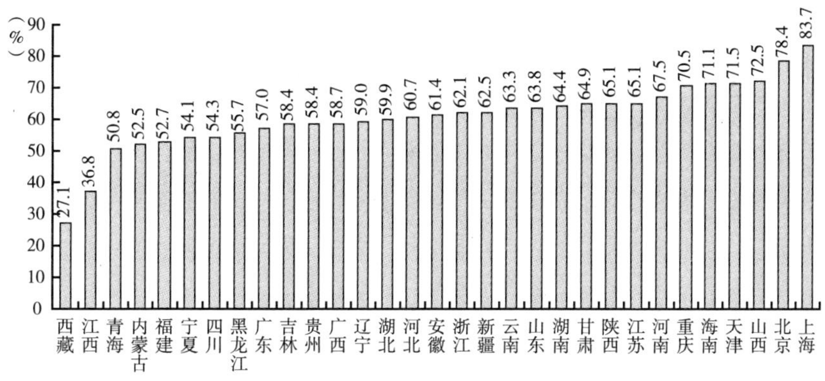

图7－2 各省（市、区）本地市民的劳动合同签订率

城—城流动人口的特点与本地市民的特点非常相似，尽管有些省（市、区）的排位有所变动（见图7－3）：比如，西藏城—城流动人口的劳动合同签订率最低，其次为江西，上海和北京城—城流动人口的劳动合同签订率位居前两位，而重庆和天津城—城流动人口的劳动合同签订率分别位列第三和第四位，说明在直辖市就业的城—城流动人口更可能与用人单位签订劳动合同。不过，尽管江西城—城流动人口的劳动合同签订率次低，但比例高于本地市民，而上海和北京的虽然最高，但比例稍低于本地市民。城—城流动人口与本地市民之间的相似性在很大程度上可归之于他们相同的户籍身份，而城—城流动人口的劳动合同签订率稍低，可能与其外来人的身份有关。

如果说城镇户籍之人的劳动合同签订模式在各省（市、区）之间比较类

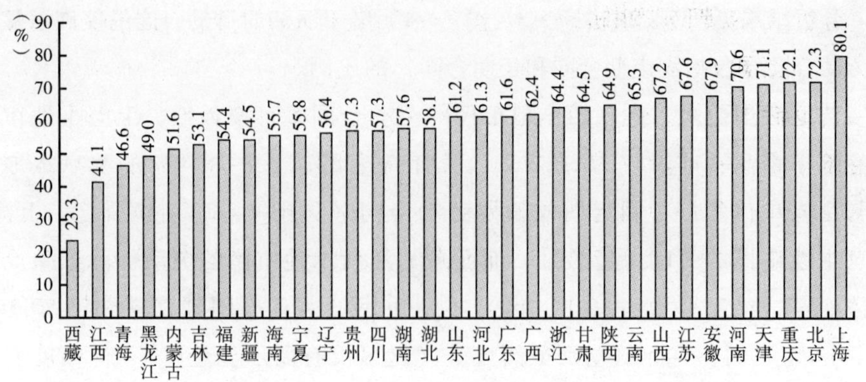

图 7－3　各省（市、区）城—城流动人口的劳动合同签订率

似，且劳动合同签订比例也很接近，乡—城流动人口的特点则与上述两类人群之间存在明显差别。这主要表现在两个方面：一是劳动合同签订率大大低于前两类人群，这从图7－4中条柱的高度上看可一目了然；二是各省（市、区）之间的差别模式有异：黑龙江的劳动合同签订率最低，天津的劳动合同签订率最高。劳动合同签订率排在前五位的省（市、区）分别是天津、广东、江苏、上海、北京，而排在后五位的省（市、区）分别是黑龙江、广西、云南、宁夏、内蒙古。农村户籍人口与城镇户籍人口在劳动合同签订率方面的差别在一定程度上体现的是户籍制度所造成的差异；而各省（市、区）之间模式的差别反映的是各地在劳动保护方面的推行力度，当然也会有流动人口自身和其他方面的原因。

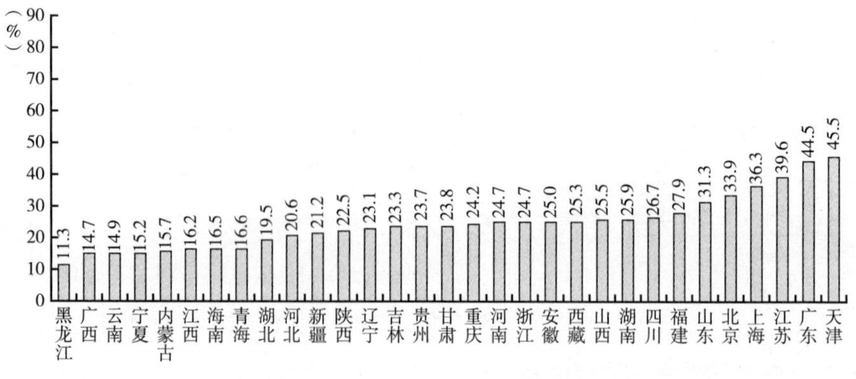

图 7－4　各省（市、区）乡—城流动人口的劳动合同签订率

显然，不管是城—城流动人口还是乡—城流动人口，劳动合同的签订情况都有一定的规律可循，即流入人口越多之地，劳动合同签订率越高；而流入人口较少之地，劳动合同签订率较低。若将图 7－2 至图 7－4 结合起来看，则可发现，不管是哪类人群，上海、北京、天津都排在前五位；就排在后五位的省（市、区）来看，本地市民与城—城流动人口十分接近，都包括了西藏、江西、内蒙古、青海，而乡—城流动人口的后五位与这两类人群的差别较大，分别是黑龙江、广西、云南、宁夏和内蒙古。显然，排位在前的省（市、区）都是经济相对发达之地，而排位在后的都是经济不发达之地。人群之间的共性表明，在发达地区，人们的绝对劳动保护情况更好，这暗示着，改善人们的劳动保护状况，首先需要提高经济发展水平。只有经济搞上去了，政府、企业和个人才可能真正推动劳动者的劳动保护，也才能更好地落实劳动合同的签订（尽管 2005 年时新《劳动合同法》尚未颁发）。从另一方面来看，劳动合同签订率较高的几个直辖市可能劳动力市场更为规范，用工单位多为正规企业或规格和级别较高的企业；相应的，就业之人的受教育程度和职业技能也可能更高，用工单位更愿意有稳定的员工，就业者也更愿意有稳定的雇主，故而签订劳动合同的比例更高。

上面的相关分析结果清楚地表明，不管劳动合同是描述为三分类变量（即无合同、固定期合同、长期合同），还是区分为二分类变量（即没有合同、有合同），因变量均与流动人口的流动特征，所有人群的人口学特征、人力资本特征、劳动就业特征、所在（或流入）区域、省（市、区）等因素显著相关，表明具有不同特点的人群拥有不同的劳动保障。

那么，流动人口的劳动保障会受到哪些因素的影响呢？若同时考虑多个不同要素，上述特点是得以维持还是消失？换言之，这些因素之间的关系是独立关系还是不独立关系？为了回答这些问题，也为了检验第四章提出的研究假设，下面对数据进行模型分析。

二 全部样本劳动合同多层二分类 Logistic 回归模型分析

如“数据与方法”一章所言，流入不同地区的流动人口之间可能具有一定的类似性，且本研究使用的数据具有多层次结构——个人层次、家庭层次、地级层次、省级层次。即便为了避免模型分析过程中的复杂性和不可操作性而不必考虑四层结构，却不能不考虑地区这个层次，因为如前所述，地区内流动的比例较大，而在同一地区流动之人在基本特征、发展能力等诸多方面无疑相似性更大。数据的多层次结构及样本之间潜在的类似性使得样本可能具有聚类的特点，从而违反了统计学的一个基本假定，即数据的独立性要求。多层模型可以有效地应对该问题。在本书中，笔者将个体作为低层单位、地区作为高层单位进行处理。当然，我们只是假定，样本之间的独立性可能被违反了，但实际情况是否真的如此呢？若该假定未被违反，则可使用常规模型，因为常规模型更为简洁，符合统计学上的简约原则。为探明是否有必要使用多层模型，这里首先对数据进行无条件平均模型（即空模型）分析。

本小节的劳动合同测量为二分类变量：签订了劳动合同的样本被赋值为 1，未签订劳动合同的样本被赋值为 0，故而可用多层二分类 Logistic 模型。表 7－3 是包含了二层无条件平行模型的分析结果。其中，模型 1 是空模型，模型 2 和模型 3 均包含了流动身份。

表 7－3　全部样本劳动合同多层二分类 Logistic 回归空模型及主要自变量模型分析结果

变量和参数	模型 1(空模型)		模型 2		模型 3	
	系数	标准误	系数	标准误	系数	标准误
流动人口	—	—	-0.87	0.01 ***	—	—
流动身份						
本地市民(= 对照组)						
城—城流动人口	—	—	—	—	-0.16	0.01 ***
乡—城流动人口	—	—	—	—	-1.50	0.01 ***
截距	0.09	0.03	0.34	0.03	0.33	0.03
随机效果						
地区之间的变异	0.55	0.02	0.55	0.02	0.56	0.02
个体之间的变异	$\pi^2/3$		$\pi^2/3$		$\pi^2/3$	
群间关联度	0.14		0.14		0.15	
地区样本量	344		344		344	
个体样本量	337156		337156		337156	
Log likelihood	-223312		-217601		-211211	
Wald chi2	—		11076.47		22185.95	

注：*** p < 0.001，** p < 0.01，* p < 0.05。

基于模型 1 的分析结果，我们可以判断，数据的确具有显著的聚类性，因为地区之间随机变量的变异系数为 0.55，标准误为 0.02，高度显著，表明地区的确是影响个体是否签订劳动合同的重要因素，对数据进行多层模型分析是合适的。

仅仅区分流动人口与本地市民的模型 2 表明，在不考虑其他因素的前提下，流动人口与本地市民之间在劳动合同签订方面存在显著差异。尽管图 7-1 显示，城—城流动人口与本地市民没有签订劳动合同的样本所占比例相差不到一个百分点，但二者的差距是非常显著的。模型 3 进一步区分不同户籍身份的流动人口。显而易见，尽管城—城流动人口与本地市民之间的差距是显著的，但与乡—城流动人口相比，他们之间的差距难免有“小巫见大巫”之感：城—城流动人口劳动合同的签订概率是本地市民的 85.2%，而乡—城流动人口劳动合同的签订概率仅为本地市民的 22.3%；换言之，本地市民劳动合同的签订概率几乎是乡—城流动人口的五倍。

当然，表 7-3 展示的结果没有考虑其他因素对劳动合同签订概率的影响以及对流动身份与劳动合同签订概率之间关系的干扰或调节作用。为探讨流动身份与因变量之间的独立关系，下面在模型中纳入了本章所有的自变量，全部样本的分析结果见表 7-4。表 7-4 中两个模型的区别在于，模型 4 仅区分流动人口与本地市民，模型 5 区分了不同户籍身份流动人口。

表 7-4　全部样本劳动合同多层二分类 Logistic 回归模型分析结果

	模型 4		模型 5	
	系数	标准误	系数	标准误
流动人口	-0.27	0.01***	—	—
流动身份				
本地市民(=对照组)				
城—城流动人口	—	—	-0.02	0.01
乡—城流动人口	—	—	-0.63	0.01***
人口学特征与人力资本特征				
年龄				
16~26 岁(=对照组)				
27~34 岁	0.11	0.01***	0.06	0.01***
35~44 岁	0.09	0.02***	0.02	0.02
45~55 岁	0.11	0.02***	0.01	0.02

续表

	模型4		模型5	
	系数	标准误	系数	标准误
女性	0.04	0.01 ***	0.03	0.01 ***
汉族	0.15	0.02 ***	0.13	0.02 ***
在婚	-0.05	0.01 ***	-0.05	0.01 ***
受教育程度				
≤小学（=对照组）				
初中	0.66	0.02 ***	0.60	0.02 ***
高中	1.24	0.02 ***	1.07	0.02 ***
≥大专	1.53	0.02 ***	1.32	0.02 ***
劳动就业特征				
就业行业（制造业=对照组）				
建筑业	-0.48	0.02 ***	-0.49	0.02 ***
商业服务业	-0.87	0.01 ***	-0.92	0.01 ***
交通信息业	-0.33	0.01 ***	-0.39	0.01 ***
文教卫机关	-1.32	0.02 ***	-1.32	0.02 ***
单位类型				
个体工商户（=对照组）				
私营企业	1.32	0.02 ***	1.31	0.02 ***
机关国有集体	3.06	0.02 ***	3.01	0.02 ***
其他单位	1.91	0.02 ***	1.91	0.02 ***
职业声望	0.01	0.00 ***	0.01	0.00
所在地区（直辖市=对照组）				
华北	-0.65	0.22 **	-0.67	0.22 **
东北	-0.58	0.21	-0.62	0.21 **
华东	-0.55	0.20 **	-0.56	0.20 **
华中	-0.51	0.21 *	-0.53	0.21 *
华南	-0.51	0.21 *	-0.50	0.21 *
西南	-0.77	0.21 ***	-0.78	0.21 ***
西北	-0.78	0.21 ***	-0.78	0.21 ***
常数	-2.58	0.19 ***	-2.25	0.20 ***
随机效果				
地区之间的变异	0.56	0.02	0.57	0.02
个体之间的变异	$\pi^2/3$		$\pi^2/3$	
群间关联度	0.05		0.05	
地区样本量	344		344	
个体样本量	337156		337156	
Log likelihood	-182834		-181995.77	
Wald chi2	55829.00		56478.42	

注：*** $p<0.001$，** $p<0.01$，* $p<0.05$。

如其所示，在其他条件相同的情况下，流动人口与本地市民劳动合同签订概率之间的差距大大缩小，从模型2中的 -0.87 变动至模型4中的 -0.27，但依旧高度显著，表明即便其他因素都相同，流动人口这一身份还是不利于他们劳动合同的签订。但是，在其他条件相同的情况下，流动人口与本地市民之间的差异仅仅体现在乡—城流动人口身上，因为一旦控制了其他要素，城—城流动人口与本地市民之间的显著差别便随之消失。

就其他因素而言，青年（16~26岁）、男性、少数民族、在婚流动人口的劳动合同签订概率分别低于其他年龄组、女性、汉族及不在婚流动人口。个体的受教育程度越高，劳动合同的签订概率也越高。比如（模型4），与仅受过小学及以下教育之人相比，受过初中、高中、大专及以上教育之人的劳动合同签订概率分别高0.9倍、2.5倍和3.6倍。

在各个行业中，在制造业就业之人的劳动合同签订概率超过在建筑业、商业服务业、交通信息业、文教卫机关等行业就业之人，且从系数的取值判断，文教卫机关的劳动合同签订概率最低。该现象出乎意料，但这也许说明，即便就业行业较好，就业者也未必在较好的职位上。任何行业都有较差的、不稳定的、得不到保护或保护较差的职位；事实上，在前面的相关分析中，就业行业与合同签订率之间的关系也难以找到明显的规律。单位类型的分析结果与预期一致，印证了前面的相关分析结果：在个体单位就业者的劳动合同签订概率最低，显著低于在私营企业、机关国有集体以及其他单位就业者。而且，在模型涵盖的多个变量中，单位类型的影响是最大的。比如（模型4），与在个体单位就业者相比，在私营企业、机关国有集体以及其他单位就业者的劳动合同签订概率分别高2.7倍、20.3倍和5.8倍。这充分说明，就业单位的类型对劳动人群的劳动保护至关重要。更为正规的就业单位无疑会大大改善就业人口的劳动保护。

从所在地区来看，即便样本的其他条件都相同，劳动合同的签订概率也因人们居住和流入的地区而异。出于简洁的目的，这里只分析八个地区。一个基本特征是，直辖市流动人口签订劳动合同的概率显著超过其他所有地区。比如，基于模型4，通过取对数可知，华北、东北、华东、华中、华南、西南、西北各地的劳动合同签订概率分别只有直辖市的52.0%、56.0%、58.0%、60.0%、60.0%、46.0%、46.0%，即仅为直辖市的一半左右。

三　流动人口劳动合同多层二分类 Logistic 回归模型分析

上面的模型是针对全部样本的分析结果。考虑到流动特征可能会对合同签订情况产生重要影响——且表 7－1 的相关分析结果已经予以证实，故而也需要考察流动特征与因变量之间的独立关系。由于流动特征仅适用于流动人口，故本节仅对流动人口进行单独分析。同样，本节先对数据进行空模型分析，以便确定是否需要采用多层模型。

表 7－5 的三个模型，一个是针对全部流动人口（模型 6），另外两个是针对不同户籍身份流动人口的平行模型（模型 7 和模型 8）。从中可见，不管是全部流动人口，还是城—城流动人口或乡—城流动人口，基于地区之间的变异系数判断，劳动合同签订概率的地区变异都高度显著，这表明采用多层模型分析数据是合适的。

表 7－5　流动人口劳动合同多层二分类 Logistic 回归空模型分析结果

	模型 6(全部流动人口)		模型 7(城—城流动人口)		模型 8(乡—城流动人口)	
	系数	标准误	系数	标准误	系数	标准误
截距	-0.42	0.03***	0.27	0.03***	-1.43	0.05***
随机效果						
地区之间的变异	0.55	0.03	0.54	0.03	0.77	0.04
个体之间的变异	$\pi^2/3$		$\pi^2/3$		$\pi^2/3$	
群间关联度	0.14		0.14		0.19	
地区样本量	343		342		341	
个体样本量	150332		55919		94413	
Log likelihood	-100552.14		-35165.47		-57950.45	
Wald chi2	—		—		—	

注：*** $p<0.001$，** $p<0.01$，* $p<0.05$。

表 7－6 的四个模型中，模型 9 和模型 10 均针对全部流动人口。所不同的是，前者仅包括与流动有关的变量（即主要自变量）；后者包含了所有变量，考察在其他条件相同的情况下，仅户籍类型是否会造成劳动合同签订概率方面的差别。模型 11 和模型 12 分别针对城—城流动人口与乡—城流动人口，考察各种因素是否对不同户籍身份流动人口造成有差别的影响；若是，其差别主要表现在哪些因素之上。

表 7－6　流动人口劳动合同多层二分类 Logistic 回归模型分析结果

	模型 9(全部流动人口)		模型 10(全部流动人口)		模型 11(城—城流动人口)		模型 12(乡—城流动人口)	
	系数	标准误	系数	标准误	系数	标准误	系数	标准误
流动特征								
乡—城流动人口	-1.02	0.02***	-0.59	0.02***	—	—	—	—
离开户籍地时长(0.5～3 年 = 对照组)								
3～5 年	0.07	0.01***	0.03	0.01	0.04	0.03	0.05	0.02*
5 年以上	0.00	0.01	-0.04	0.02**	-0.04	0.03	0.01	0.02
流动原因(务工经商 = 对照组)								
工作调动	0.91	0.03***	0.31	0.36***	-0.36	0.04***	0.35	0.06***
拆迁搬家	0.61	0.03***	0.11	0.03***	0.17	0.04***	-0.32	0.07***
婚姻嫁娶	0.24	0.03***	-0.42	0.03***	0.01	0.04	-1.13	0.05***
其他	0.21	0.02***	-0.20	0.02***	-0.01	0.03	-0.59	0.04***
流动区域(地区内流动 = 对照组)								
跨地区流动	-0.41	0.02***	-0.22	0.02***	-0.14	0.04***	-0.05	0.03
跨省流动	-0.30	0.02***	-0.11	0.02***	-0.20	0.03***	0.05	0.03
人口学特征与人力资本特征								
年龄(16～26 岁 = 对照组)								
27～34 岁	—	—	-0.01	0.02	0.07	0.03*	-0.02	0.02
35～44 岁	—	—	-0.17	0.02***	-0.09	0.04*	-0.21	0.03***
45～55 岁	—	—	-0.27	0.03***	-0.22	0.04***	-0.45	0.04***

续表

	模型 9(全部流动人口)		模型 10(全部流动人口)		模型 11(城—城流动人口)		模型 12(乡—城流动人口)	
	系数	标准误	系数	标准误	系数	标准误	系数	标准误
女性	—	—	0.16	0.01 ***	0.10	0.02 ***	0.20	0.02 ***
汉族	—	—	0.13	0.03 ***	0.23	0.05 ***	0.07	0.03 *
在婚	—	—	-0.22	0.02 ***	-0.09	-0.03 ***	-0.24	0.02 ***
受教育程度(≤小学 = 对照组)								
初中	—	—	0.65	0.02 ***	0.56	0.07 ***	0.59	0.02 ***
高中	—	—	1.15	0.02 ***	1.13	0.07 ***	1.07	0.03 ***
≥大专	—	—	1.52	0.03 ***	1.49	0.07 ***	1.59 ***	0.05 ***
劳动就业特征								
就业行业(制造业 = 对照组)								
建筑业	—	—	-0.67	0.02 ***	-0.30	0.05 ***	-0.74	0.03 ***
商业服务业	—	—	-1.05	0.02 ***	-0.77	0.03 ***	-1.15	0.02 ***
交通信息业	—	—	-0.40	0.02 ***	-0.08	0.03 **	-0.65	0.03 ***
文教卫机关	—	—	-1.21	0.03 ***	-1.18	0.03 ***	-0.94	0.05 ***
单位类型(个体工商户 = 对照组)								
私营企业	—	—	1.92	0.03 ***	2.20	0.05 ***	1.78	0.03 ***
机关国有集体	—	—	3.61	0.03 ***	4.12	0.05 ***	3.19	0.04 ***
其他单位	—	—	2.13	0.03 ***	2.58	0.05 ***	1.97	0.03 ***
职业声望		0.01	0.00	0.00 ***	0.00	0.00 ***	0.01	0.00 ***

续表

	模型 9（全部流动人口）		模型 10（全部流动人口）		模型 11（城—城流动人口）		模型 12（乡—城流动人口）	
	系数	标准误	系数	标准误	系数	标准误	系数	标准误
流入地区（直辖市 = 对照组）								
华北	—	—	-0.80	0.23***	-0.88	0.23***	-0.92	0.29***
东北	—	—	-0.95	0.23**	-0.97	0.23***	-1.19	0.30***
华东	—	—	-0.56	0.21**	-0.71	0.22***	0.58	0.27*
华中	—	—	0.70	0.22**	-0.77	0.23***	-0.84	0.29**
华南	—	—	-0.47	0.23*	-0.54	0.23*	-0.58	0.28*
西南	—	—	-0.96	0.22***	-0.01	0.23**	-0.97	0.28***
西北	—	—	-1.00	0.22***	-1.14	0.23***	-0.92	0.28***
常数	-0.17	0.04***	-2.87	0.21***	-3.44	0.23***	-3.24	0.26***
随机效果								
地区之间的变异	0.61	0.03	0.60	0.06	0.56	0.03	0.78	0.04
个体之间的变异	$\pi^2/3$		$\pi^2/3$		$\pi^2/3$		$\pi^2/3$	
群间关联度	0.16		0.15		0.15		0.19	
地区样本量	343		343		342		341	
个体样本量	150332		150332		55919		94413	
Log likelihood	-92899.13		-81819.61		-29289.42		-51633.648	
Wald chi2	13464.96		25890.13		8477.96		9710.59	

注：*** $p < 0.001$，** $p < 0.01$，* $p < 0.05$。

显然，乡—城流动人口的劳动合同签订概率显著低于城—城流动人口，不管是模型 9 还是模型 10 都清楚地呈现出这一特点。由于模型 10 控制了其他要素，故而我们可以将城—城流动人口与乡—城流动人口之间的差距看成是户籍类型造成的。换言之，该结果表明，户籍身份本身是制约乡—城流动人口获得更好劳动保护的重要制度性要素。

离开户籍地时长与劳动合同签订概率的关系并不明朗，在不同的模型中呈现出不同的模式：在模型 9 和模型 12 中，与仅离开户籍地 0.5 ~ 3 年的流动人口相比，离开 3 ~ 5 年的流动人口与用人单位签订劳动合同的概率显著提高，但在其他模型中此种关系不显著；在模型 10 中，与仅离开户籍地 0.5 ~ 3 年的流动人口相比，离开户籍地 5 年以上的流动人口与用人单位签订劳动合同的概率更低。特别需要说明的是，城—城流动人口离开户籍地时长与签订劳动合同的概率之间的关系不显著。

就流动原因来看，当全部样本在一起的时候，务工经商者劳动合同的签订概率低于工作调动和拆迁搬家之人，却显著地高于因婚姻嫁娶和其他原因流动之人（模型 10）。但是，一旦考虑户籍身份则发现，流动原因与劳动合同签订概率之间的关系因户籍类型而异：在城—城流动人口中，务工经商者劳动合同的签订概率显著低于因拆迁搬家而流动之人，但显著高于因工作调动而流动之人；在乡—城流动人口中，务工经商者的劳动合同签订概率仅显著低于因工作调动而流动者，却显著高于因婚姻嫁娶、拆迁搬家和其他原因而流动之人。这些差异说明，因工作调动而流动的城—城流动人口的劳动保护最差，但乡—城流动人口却不然。

显而易见，流动所跨越的行政区域与劳动合同签订概率之间的关系同样因流动人口的户籍身份而有别：虽然性质无异，但程度不同。它与城—城流动人口之间的关系是显著的，但与乡—城流动人口之间的关系不显著。从系数的性质判断，城—城流动人口流动跨越的行政区域越大，签订劳动合同的概率越低；相反，地区内流动有助于流动人口劳动合同的签订。这也在一定程度上反映出劳动保护程度的地区差异。

在年龄上，两类流动人口略有不同，城—城流动人口中，除了 27 ~ 34 岁年龄组的劳动合同签订概率高于 16 ~ 26 岁年龄组之外，其余的各年龄组劳动合同签订概率都比对照组低，且年龄越大，签订劳动合同的概率越低。对乡—城流动人口而言，劳动合同的签订概率随年龄的增长而降低，表明青年流动人口更可能与用人单位签订劳动合同：在这四个年龄组中，16～26 岁青年流动人口劳动合同签订概率最高，其次是 27～34 岁之人。女性、汉族人口、不在婚者的劳动合同签订概率分别超过男性、少数民族人口和在婚者。这些特点不仅体现在全部流动人口身上，也体现在乡—城流动人口、城—城流动人口身上。

受教育程度与是否签订劳动合同之间的关系不仅高度显著，而且从系数的取值看，也非常重要。显然，劳动合同签订概率随着受教育程度的提升而梯次提高，对城—城流动人口与乡—城流动人口都是如此，且对二者影响的大小也极其一致，说明在这个方面，教育的影响对不同户籍流动人口基本是一致的。

同样，流动人口的就业行业、单位类型也与因变量密切相关。与在制造业就业之人相比，在任何其他行业就业的流动人口签订劳动合同的概率都更低，无论流动人口是城镇户籍还是农村户籍；同样，若流动人口的单位类型为个体单位，其签订劳动合同的概率大大低于单位类型为私营企业、机关国有集体及其他单位的流动人口，其特点与全部样本的分析结果基本一致，故不再重述。此外，直辖市流动人口的劳动合同签订概率与其他地区的流动人口有显著差别，远远高于其他地区，城—城流动人口中最低的是西北，而乡—城流动人口中最低的是东北。

四　全部样本劳动合同序次 Logistic 回归模型分析

前面展示的是是否签订劳动合同的模型分析结果。有无劳动合同固然重要，而签订了什么类型的劳动合同也会影响到就业人口工作的稳定和劳动保护水平。因此，本节将劳动合同区分为三个类别：无合同、固定期合同和长期合同，并进行模型分析，考察各类因素与劳动合同类型的关系。虽然数据存在多层次结构，但由于从技术上看，对其进行多层序次 Logistic 模型分析存在困难，故这里仅对该因变量进行常规模型分析。但是，数据的聚类可能给分析结果带来的偏差依旧不能忽视；为此，我们使用稳健标准误对参数估计予以修正。与使用常规标准误不同的是，使用稳健标准误得到的标准误通常更大（故显著性程度会相应变小），因为它考虑了地区之间的聚类特性。的确，结果（这里没有列出采用标准误的常规分析结果）表明，二者得出的显著性结论存在较大差别。

表 7－7 是全部样本的分析结果。在序次 Logistic 回归模型中，估计的系数所表示的意思是，从一个类别向另一个类别变化的概率。就三分类的劳动合同类别

而论，如前所言，其编码分别是：1 表示未签订合同，2 表示签订了固定期合同，3 表示签订了长期合同。因此，系数的含义是，从无合同向固定期合同、从固定期合同向长期合同转换的概率。由于这三个分类一个比一个更好，故更简单（但并不十分严谨）地说，就是拥有更具有保障性合同类型的概率。若将表 7 – 7 与表7 – 4进行对照则发现，虽然因变量的不同测量模式所产生的结果存在一定差别，但实质性的结论是类似的。

表 7 – 7　全部样本劳动合同序次 Logistic 回归模型分析结果

	模型 13		模型 14	
	系数	稳健标准误	系数	稳健标准误
流动人口	–0.18	0.04***	—	—
流动身份				
本地市民（=对照组）				
城—城流动人口	—	—	–0.03	0.03
乡—城流动人口	—	—	–0.40	0.08***
人口学特征与人力资本特征				
年龄				
16~26 岁（=对照组）				
27~34 岁	0.13	0.02***	0.09	0.02***
35~44 岁	0.30	0.04***	0.26	0.04***
45~55 岁	0.50	0.07***	0.44	0.05***
女性	0.02	0.03	0.02	0.03*
汉族	0.23	0.05***	0.22	0.05***
在婚	0.00	0.02	0.01	0.02
受教育程度				
≤小学（=对照组）				
初中	0.70	0.05***	0.66	0.05***
高中	1.14	0.08***	1.03	0.06***
≥大专	1.40	0.09***	1.26	0.07***
劳动就业特征				
就业行业（制造业=对照组）				
建筑业	–0.36	0.06***	–0.36	0.06***
商业服务业	–0.74	0.05***	–0.77	0.05***
交通信息业	–0.25	0.03***	–0.29	0.02***
文教卫机关	–0.84	0.05***	–0.84	0.05***
单位类型				

续表

	模型 13		模型 14	
	系数	稳健标准误	系数	稳健标准误
个体工商户（=对照组）				
私营企业	1.34	0.06***	1.34	0.06***
机关国有集体	2.98	0.06***	2.94	0.05***
其他单位	1.79	0.07***	1.79	0.07***
职业声望	0.01	0.00***	0.00	0.00***
所在地区（直辖市=对照组）				
华北	0.00	0.11	-0.01	0.11
东北	-0.14	0.08	-0.15	0.09
华东	-0.27	0.06***	-0.27	0.06***
华中	-0.13	0.08	-0.13	0.08
华南	-0.10	0.08	-0.07	0.08
西南	-0.45	0.11***	-0.46	0.11***
西北	-0.20	0.11	-0.20	0.11
常数				
/cut1	2.91	0.12	2.70	0.03
/cut2	4.43	0.16	4.22	0.03
Log likelihood	-306964.79		-306546.42	
LR chi2(26)	110174.03		111010.77	
Pseudo R2	0.15		0.15	

注：*** $p<0.001$，** $p<0.01$，* $p<0.05$。

从模型 13 可知，流动人口从没有合同向拥有固定期合同、从拥有固定期合同向拥有长期合同转换的概率显著低于本地市民转换的概率，但显著程度因流动者的户籍类型而异：乡—城流动人口转换的概率显著地比本地市民低 33.0% [$=1-\exp^{(-0.40)}$]。就人群的人口学特征和受教育程度而言，随着年龄的增长，签订固定期合同和长期合同的概率都随之提高。与男性、少数民族人口相比，女性、汉族人口签订固定期合同、长期合同的概率更高，且民族差异更显著。受教育程度对固定期合同和长期合同的签订十分重要——与仅受过小学及以下教育之人相比，受过初中、高中、大专及以上教育之人从无合同向固定期合同、从固定期合同向长期合同转换的概率分别为 1.9 倍、2.8 倍、3.5 倍（模型 14）。

劳动就业特征与因变量的关系是，在其他条件相同的情况下，与在制造业就业之人相比，在其他所有行业就业之人签订固定期合同、长期合同的概率都更低；而且，特别出人意料的是，在文教卫机关等普遍被认为较好行业就业者的概率最低。相反，与在个体单位就业者相比，在机关国有集体、其他单位、私营企业就业者签订固定期合同和更具有保障性的长期合同的概率显著更高，且差异巨大：他们从没有签订合同向签订固定期合同、从签订固定期合同向签订长期合同转变的概率分别比在个体单位就业之人高出 18.0 倍、5.0 倍、2.8 倍。这可能反映了两方面的情况，一是个体经营者在劳动保护制度的执行方面存在问题，非正规就业特征十分明显；二是就业单位越正规，以劳动合同显示出来的对劳动者的劳动保护相应做得更好一些。职业声望也与较好的合同类型正向相关，且高度显著。

最后，尽管几乎所有其他地区人群的劳动合同签订情况不如直辖市，但仅有居住于华东地区和西南地区之人签订合同或更好类型合同的概率显著低于直辖市。

五　流动人口劳动合同序次 Logistic 回归模型分析

同样，为了考察流动特征与劳动合同类型之间的关系，这里单独对流动人口进行分析，结果见表 7－8。与城—城流动人口相比，乡—城流动人口从未签订劳动合同向签订固定期合同以及从签订固定期合同向签订长期合同转变的概率显著偏低，表明他们虽然同是外地人，但户籍类型依旧造成他们之间的距离与分层。

就其他流动特征来看，不管是城—城流动人口还是乡—城流动人口，离开户籍地的时间越长，劳动合同类型越得以改善。但是，流动原因与合同类型的关系却因流动人口的户籍身份而异：尽管在全部流动人口中，因务工经商而流动之人的合同类型比所有其他类型流动人口差，但该特点仅适用于城—城流动人口。对于乡—城流动人口，只有因工作调动（包括工作调动、分配录用、学习培训、出差）、拆迁搬家而流动之人可能比务工经商者签订更好类型的合同，且仅有前者与务工经商者的合同类型存在显著差别。相反，因婚姻嫁娶或其他原因（包括随迁家属、投亲靠友、寄挂户口、其他）而流动之人的合同类型比务工经商者更差。这里的原因可能是，因婚姻嫁娶或其他原因而流动的农村人口更可能在非正规单位就业，故而更难以得到相应的劳动保护。同样，流动所跨越的行政区

表 7－8 流动人口劳动合同序次 Logistic 回归模型分析结果

	模型 15（全部流动人口）		模型 16（城—城流动人口）		模型 17（乡—城流动人口）	
	系数	稳健标准误	系数	稳健标准误	系数	稳健标准误
流动特征						
乡—城流动人口	－0.54	0.04***	—	—	—	—
离开户籍地时长（0.5～3 年＝对照组）						
3～5 年	0.08	0.03***	0.07	0.03**	0.10	0.03**
5 年以上	0.04	0.02***	0.06	0.03	0.09	0.04*
流动原因（务工经商＝对照组）						
工作调动	0.31	0.06***	0.18	0.05***	0.35	0.09***
拆迁搬家	0.50	0.08***	0.26	0.05***	0.20	0.21
婚姻嫁娶	0.07	0.06*	0.08	0.05	－0.37	0.11***
其他	0.09	0.05***	0.08	0.04	－0.35	0.09***
流动区域（地区内流动＝对照组）						
跨地区流动	－0.11	0.06***	－0.14	0.06*	0.17	0.08*
跨省流动	0.02	0.09	－0.11	0.08	0.25	0.08**
人口学特征与人力资本特征						
年龄（16～26 岁＝对照组）						
27～34 岁	0.03	0.02	0.19	0.02***	0.00	0.02
35～44 岁	0.11	0.03***	0.40	0.05***	－0.10	0.40**
45～55 岁	0.32	0.06***	0.58	0.08***	－0.17	0.11
女性	0.10	0.04*	0.00	0.02	0.15	0.07*
汉族	0.17	0.05***	0.22	0.06***	0.17	0.06**
在婚	－0.04	0.02*	0.10	0.03***	－0.13	0.03***
受教育程度（≤小学＝对照组）						
初中	0.68	0.04***	0.56	0.09***	0.58	0.05***
高中	1.11	0.06***	1.05	0.10***	1.02	0.06***
≥大专	1.45	0.06***	1.33	0.01***	1.53	0.09***

续表

	模型 15(全部流动人口)		模型 16(城—城流动人口)		模型 17(乡—城流动人口)	
	系数	稳健标准误	系数	稳健标准误	系数	稳健标准误
劳动就业特征						
就业行业(制造业 = 对照组)						
建筑业	-0.70	0.15 ***	-0.20	0.07 **	-0.71	0.23 **
商业服务业	-0.88	0.05 ***	-0.53	0.04 ***	-0.92	0.06 ***
交通信息业	-0.34	0.03 ***	-0.06	0.04	-0.52	0.07 ***
文教卫机关	-0.76	0.06 ***	-0.60	0.06 ***	-0.82	0.08 ***
单位类型(个体工商户 = 对照组)						
私营企业	1.24	0.07 ***	1.38	0.06 ***	1.22	0.08 ***
机关国有集体	2.71	0.07 ***	2.87	0.08 ***	2.38	0.13 ***
其他单位	1.76	0.08 ***	1.83	0.09 ***	1.80	0.11 ***
职业声望	0.00	0.00 ***	0.00	0.00 ***	0.01	0.00 ***
流入地区(直辖市 = 对照组)						
华北	-0.14	0.14	-0.08	0.14	-0.40	0.20 *
东北	-0.27	0.09 **	-0.23	0.11 *	-0.39	0.21
华东	-0.24	0.08 **	-0.33	0.10 ***	-0.23	0.14
华中	-0.22	0.11 *	-0.24	0.14	-0.34	0.18
华南	0.05	0.09	-0.17	0.10	0.11	0.14
西南	-0.39	0.12 ***	-0.38	0.15 *	-0.41	0.19 *
西北	-0.30	0.12 **	-0.25	0.16	-0.47	0.15 **
常数						
/cut1	1.23	0.13	2.82	0.16	2.79	0.16
/cut2	3.55	0.22	4.64	0.20	6.05	0.33
Log likelihood	-119753.73		-53076.77		-62567.22	0.12
Wald chi2	11420.68		6848.68		4055.19	
Pseudo R2	0.17		0.13		0.12	

注：*** $p<0.001$，** $p<0.01$，* $p<0.05$。

域对两类流动人口的影响性质也完全相反。当将全部流动人口置于同一模型时，地区内流动者比跨地区流动者更可能签订更好的劳动合同，跨省流动和合同类型没有显著关联。但是，不管是跨地区还是跨省流动，城—城流动人口的合同类型都更差，虽然仅有跨地区流动是显著的。相反，流动所跨越的行政区域越大，乡—城流动人口签订更好类型合同的概率越大。

就控制变量而言，随着流动人口年龄的增长，他们会与用人单位签订更好类型的劳动合同，但这个模式仅见于全部流动人口和城—城流动人口，却不适用于乡—城流动人口；对乡—城流动人口而言，35～44 岁年龄组签订更好劳动合同的概率显著低于 16～26 岁年龄组之人。这印证了前面二分类劳动合同变量的分析结果，说明年龄对城镇人口更为重要，这与本书中其他因变量的分析结果基本一致。随着年龄的增长，城镇户籍流动人口的劳动保护得以改善。但是，不管是青年人，还是年长者，只要是农村户籍，年龄的差异都相对较小。

性别对全部流动人口和不同户籍身份流动人口的影响性质是一样的，但影响程度有别：对乡—城流动人口的作用大于对城—城流动人口的作用，故女性乡—城流动人口更可能签订更好类型的劳动合同。民族对这两类人群的影响一致，即汉族流动人口比少数民族流动人口更可能签订更好类型的劳动合同，表明少数民族流动人口在劳动保护方面处于弱势地位。婚姻状况与全部流动人口的劳动合同类型负相关，但对两类流动人口作用不一：在婚可提高城—城流动人口签订更好类型合同的概率，但会降低乡—城流动人口签订更好类型合同的概率。在这个相反模式的背后，反映的可能是婚姻对不同户籍之人的不同作用：在婚城—城流动人口可能配偶双方都在流入地，具有更大的稳定性，更可能在流入地长期生存发展，故而更可能签订长期劳动合同。而在婚乡—城流动人口未必与配偶在一起生活，或许一方在流动，另一方在老家留守或在其他地方就业，稳定性不够。同全部样本一样，受教育程度与流动人口合同类型的关系非常显著，也很重要——系数的取值是除单位类型外最大的。不管是城—城流动人口还是乡—城流动人口，随着受教育程度的提高，合同的类型也得以改善。

劳动就业特征的三个变量对不同户籍身份流动人口劳动合同类型的影响与对全部样本的影响一致（尽管影响效果的程度有别），故这里不再详细解释。

在控制了其他要素的情况下，劳动合同类型的地区差别不大：尽管绝大多数地区的合同类型都不如直辖市，但直辖市的优势并不十分明显，换言之，直辖市未给流入之人提供比其他地区更好的劳动保护。

本章小结

劳动合同是保障劳动者合法权益和用工单位用人安全的重要手段。但是，本书的研究结果表明，这样一份对用人单位和就业主体都十分重要的合同，不管是本地人口还是流动人口，签订率都未达到应有的水平。如上所言，略超过1/3的本地市民和城—城流动人口、近2/3的乡—城流动人口均未签订任何形式的劳动合同，仅有四成多的本地市民、近三成的城—城流动人口、2.8%的乡—城流动人口与用人单位签订了更具有保障性和稳定性的长期劳动合同。

这样的结果可能折射出以下几种情况：一是就劳动合同所体现的劳动保护而言，城—城流动人口与本地市民一样，都得到了更好的保护，而乡—城流动人口的劳动保护显然不足。二是本地市民与城—城流动人口的工作稳定性可能更好，故而更可能签订劳动合同；而乡—城流动人口劳动合同签订的概率低在一定程度上也反映了他们工作的不稳定性，工作的不稳定性与劳动合同之间相辅相成，可能形成一种恶性循环。三是乡—城流动人口本身的流动性驱使他们并不愿意签订劳动合同。

乡—城流动人口劳动保护的不足与就业市场的非正规化密切相关。一方面，包括本地市民在内的所有人群的劳动合同签订率不高与非正规化就业密切相关。如“数据与方法”一章中对单变量的描述分析结果所示，近三成的本地市民、超过四成的城—城流动人口、超过六成的乡—城流动人口在个体单位和私营企业就业。而且，若仅考虑雇员（即本章的分析对象），在每个人群中相应的比例则更高。按照国际劳工组织的分类，非正规就业包括“生存性活动，如街头小贩、擦皮鞋男孩、收垃圾者、捡破烂者、保姆、家庭作坊工人和在血汗工厂生产链中的‘隐蔽的工资工人’、微型企业的自营就业者，他们自己经营或是雇有家庭工人，有时是雇些学徒工或雇员”①。毫无疑问的是，样本中少量的本地市民（如：

① 参见国际劳工局2002年的第九十届大会《国际劳工大会第90届会议论文集》中的《体面劳动与非正规经济》。

再就业的下岗工人、打零工之人、家政人员、个体工商户、小商小贩、社会待业青年、劳教人员等）和城—城流动人口、大量的乡—城流动人口属于非正规就业者，构成一个庞大的非正规就业群体。这些就业者在劳动力市场上得不到宏观经济政策确保的就业机会，面临着被任意解雇的可能，不存在规范的录用和解聘规则，工作时间也不受《劳动法》限制，经常被延长，在劳动中缺乏安全和卫生保证，随时有可能受伤或染上职业病而得不到补偿和就医，收入也没有最低保障，也不享受就业培训，更缺乏与企业主谈判的组织和舆论力量。尽管不同形态和类型的非正规就业面临的问题不尽相同，但他们之间的共性是，所从事的劳动得不到法律法规的承认和保护，劳动力市场保障、就业保障、工作保障、生产保障、技能更新保障、收入保障和代表性保障等基本保障往往被剥夺。①

另一方面，本地市民与外来人口之间的差距、城—城流动人口与乡—城流动人口之间的差距都是制度制约的产物。制度既包括户籍，也包括附着在户籍之上的其他制度，制造了不同人群在就业机会、就业能力、发展潜能等方面的差别。在本章分析的人群中，在制造业就业的比例高达58.7%，在建筑业就业的比例为8.6%，在批发零售行业就业的比例为8.3%，在住宿餐饮业就业的比例为6.8%，在其他服务性行业就业的比例为4.5%，在金融、地产、教育、卫生、公共管理、国际组织、信息服务等行业就业的比例为7.2%，其余为在采矿业，农林牧渔业，租赁和商业服务业，电力、煤气及水的生产和供应业，交通运输、仓储和邮政业，水利、环境和公共设施管理业等行业就业。其中，近九成乡—城流动人口都集中于劳动密集、技术偏低型的行业，其中多是非正规劳动。虽然行业本身实无高端或低端之分，但鉴于乡—城流动人口的先赋户籍因素，加上与户籍挂钩的后天自致因素，他们一方面难以进入流入地正规领域就业；另一方面，即使进入正规部门，也未必能够正规就业。

正因如此，乡—城流动人口多在不受法律和制度保护的情况下就业，没有与用人单位签订任何形式的劳动合同。于是，在碰到劳动纠纷时，多得不到有效解决或以乡—城流动人口的利益遭受损失而告终。即使签订了劳动合同，在纠纷中合同也往往会失去效力，他们的权益也难以得到保护。不管是哪一种情形，都使

① 参见ILO（国际劳工组织）1972年在日内瓦通过的《就业、收入和平等：肯尼亚提高生产型就业的战略》。

得他们不能稳定就业，工作变换得比较频繁，就业能力和经验的积累得不到提升和保障。比如，2009 年国家人口和计划生育委员会在北京、上海、深圳、成都、太原五地的调查结果表明，在过去一年中，没有变换工作的人仅占全部样本的 2.7%，其余 97.3% 的人至少变换过一次工作，最多的变换了五次工作（总样本为 21428 人）。工作的频繁变动并不意味着他们有更多的择业机会或更好的就业机会；相反，这意味着他们的工作更缺乏稳定性。每次变换工作可能都意味着又要重新开始，先前的工作虽然对他们有一定的磨炼作用，但是并不能成为雇主用来作为他们晋升或向上流动的考核指标。随着时间的流逝，他们在就业竞争中很快就会失去优势。可见，城市就业岗位向农村人口开放，使农村流动人口获得了更多的就业机会，赚到了比务农更高的收入，但因他们在城市就业的非正规化，流入地又不能确保他们在城市稳定就业以及保障其相关的基本权益，从而影响了他们在城市的生活，进而使他们出现了居住边缘化和生活非正常化的现象。也正是由于流动人口较高的流动性，就业单位很难与他们签订劳动合同，而且他们本身也可能不愿意被合同束缚。因此，要从政府、企业和个人三方面着手提高流动人口，特别是乡—城流动人口的劳动合同签订率，以改善流动人口的劳动保障条件。

第八章
劳动时间

劳动时间或工作时间是指根据法律和法规的规定，劳动者在各自的工作岗位上用于完成本职工作的时间，是劳动的自然尺度，也是衡量每个劳动者的劳动贡献和给付劳动报酬的计算单位。其主要表现形式是工作日，即指法律规定的劳动者在一昼夜内的工作时间长度，也就是标准工时制度。

1995 年 1 月 1 日起实施的《中华人民共和国劳动法》明确规定，中国现行的标准工时制度是劳动者每天工作不超过 8 小时，平均每周工作不超过 44 小时，用人单位应当保证劳动者每周至少休息 1 天；在正常的情况下，任何单位和个人不得擅自延长工作时间；由于生产经营需要，用人单位经与工会和劳动者协商后可以延长工作时间，一般每日不得超过 1 小时，因特殊原因需要延长工作时间的，在保障劳动者身体健康的条件下延长工作时间每日不得超过 3 小时，但是每月不得超过 36 小时。延长工作时间的用人单位必须付给劳动者相应的工资报酬。稍后，《国务院关于职工工作时间的规定》《中华人民共和国劳动合同法》《劳动和社会保障部关于职工全年月平均工作时间和工资折算问题的通知》都直接或间接地重申了《劳动法》的精神，以确保每个劳动者的劳动保障和休息权。

然而，虽然政府对劳动者标准工时的规定已实行了十余年，但实际情况是，中国人过劳工作的现象并未得到丝毫缓解，流动人口的超长时间劳动更是其工作性质的一部分。比如，国家人口和计划生育委员会 2009 年在全国五个重点城市的调查发现，流动人口平均每周工作近 62 小时；其中，在业乡—城流动人口每周平均工作时间超过 63 小时，在业城—城流动人口每周平均工作 54 小时。同样，2010 年在全国 106 个地点进行的调查发现，流动人口平均每周工作时间超过65小时，而乡—城流动人口更大大超过65小时，城—城流动人口也近59小时。2011年全国随机抽样调查的数据也显示，即便数据仅涉及雇员，流动人口每周的平均工作时间也超过55小时，乡—城流动人口的更高。

由此可见，流动人口每周平均工作的时间大大超过《劳动法》的规定。工作时间本身一方面是劳动者社会权益能否得到保障的重要衡量指标之一。不同群体劳动时间的长短体现了社会的公平性，折射出各自的社会地位，而流动人口过长的劳动时间表明他们的正当权益未能得到有效保护。另一方面，它也是流动人口适应城市生活的一个重要标志，同时也会影响到流动人口其他融入指标（如：收入水平）。

本书将工作时间作为经济融入的一个成分，纳入了综合指数的构建；同时，为考察工作时间的独特性，本章将在前期研究①的基础上，对每周工作时间做进一步详细的分析，以便更深入、系统和全面地了解与把握流动人口（和本地市民）劳动时间的特点、模式和影响要素。

一　劳动时间的基本特点与模式

前面的文献综述表明，不管是地区性数据，还是全国性数据，超长时间工作已成为流动人口工作的常态，构成其工作性质的一部分。不少用工单位对在业流动人口只支付最基本的工资，有的甚至根本没有执行基本工资制度，而是根据完成的工作量计付报酬。由于超长时间工作已经常态化，故用工单位未必按规定支付工人加班费。可见，在这个方面，劳动保护对流动人口来说可能只是一纸空文。

本节从以下几个方面来描述流动人口的每周工作时间：一是三类人群的工作时间，通过对比流动人口与本地市民的工作时间，区分乡—城流动人口与城—城流动人口，并进行对比分析，从而判断哪一类人群的劳动强度更大；二是分析工作时间与流动特征之间的关系，考察离开户籍地时长、流动原因、流动区域等与因变量之间的关系；三是分析控制变量与因变量的关系；四是分析每周工作时间

---

① 本章是《城乡差分与内外之别——流动人口劳动强度比较研究》（杨菊华，2011a）文章的拓展。

的省际和地区差异。本节所有分析结果都进行了 t 检验或单因素方差分析的检验。

（一）工作时间与流动身份的相关分析

如第五章所述，劳动强度通过两个指标来衡量：一是每周实际工作时间，二是每周标准工作时间。前者是连续变量，单位为小时；后者是二分类变量，将工作 36～44 小时界定为标准工作时间，赋值为 1，否则定义为非标准工作时间，赋值为 0。

如图 8－1 所示，从全部样本来看，人均每周工作 48.3 小时，已经超出了标准工作时间，但该均值掩盖了人群之间的差异：流动人口比本地市民平均每周多工作 6.2 小时——本地市民平均每周工作 45.4 小时，流动人口平均每周工作 51.6 小时。将流动人口细分为城—城流动人口和乡—城流动人口后又发现，乡—城流动人口平均每周工作时间最长，为 54.2 小时，而城—城流动人口为 46.3 小时。从相对工作时间来看，乡—城流动人口每周相对工作时间是本地市民的 119.0%，显著更长；而城—城流动人口与本地市民相比差距不大，为其 103.3%。

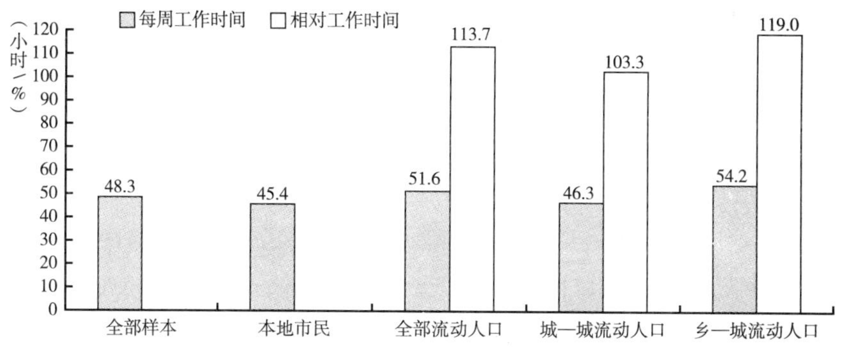

图 8－1　不同身份人群每周工作时间和流动人口相对工作时间

总体而言，乡—城流动人口每周工作时间最长，其次是城—城流动人口，再次是本地市民。乡—城流动人口每周工作时间显著长于另外两个群体，故全部样本每周工作时间长主要是由（乡—城）流动人口每周工作时间普遍较长所致。

从标准工作时间（见图 8－2）来看，全部样本中有 46.3% 的人工作标准时间。同样，这样的均值掩盖了群体之间的差异：58.3%的本地市民每周工作时间在标准时间内，高于城—城流动人口（56.3%）2个百分点，高于乡—城流动人口（20.4%）近38个百分点。相对标准工作时间更凸显出流动人口与本地市民之间的差距：相对于本地市民，90.4%的城—城流动人口每周工作标准时间，而仅有34.0%的乡—城流动人口如此。因此，符合标准工作时间的本地市民比例最高，其次是城—城流动人口（与本地市民较接近），最后是与前两者差距较大的乡—城流动人口。

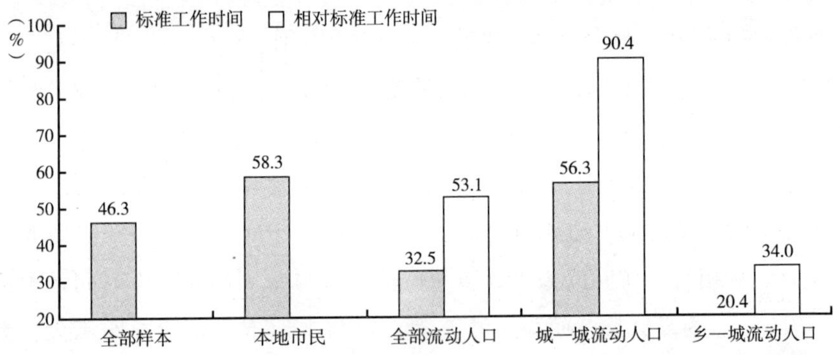

图8-2　不同身份人群每周工作标准时间和流动人口相对工作标准时间的比例

可见，不管工作时间如何测量，本地市民的工作时间最短，其次为城—城流动人口，乡—城流动人口的工作时间最长。这一方面反映出本地人与外来人之间的差异，另一方面也凸显出不同户籍身份的外来人口之间的差异。这些差异可能与不同人群所享受到的劳动保护、经济安全的不同程度有关。

图8-1、图8-2通过每周工作时间、每周标准工作时间，描述了三类人群的平均工作时间及流动人口相对平均工作时间。若进一步考察不同人群工作时间的分布，则可发现三类人群之间的详细差别。图8-3描述了全部样本以及分流动身份次样本的每周工作时间。

如其所示，本地市民和城—城流动人口的每周工作时间分布比较相似，超过一半之人的每周工作时间集中在40~50小时。但是，64.07%的本地市民每周工作时间在40~50小时，而城—城流动人口中这一比例是59.25%，且后者每周工作时间在50~60小时的比例略高于本地市民；同样，在每周工作时间超过60小时的人中，城—城流动人口的比例也较本地市民高。乡—城流动人口每周工作时

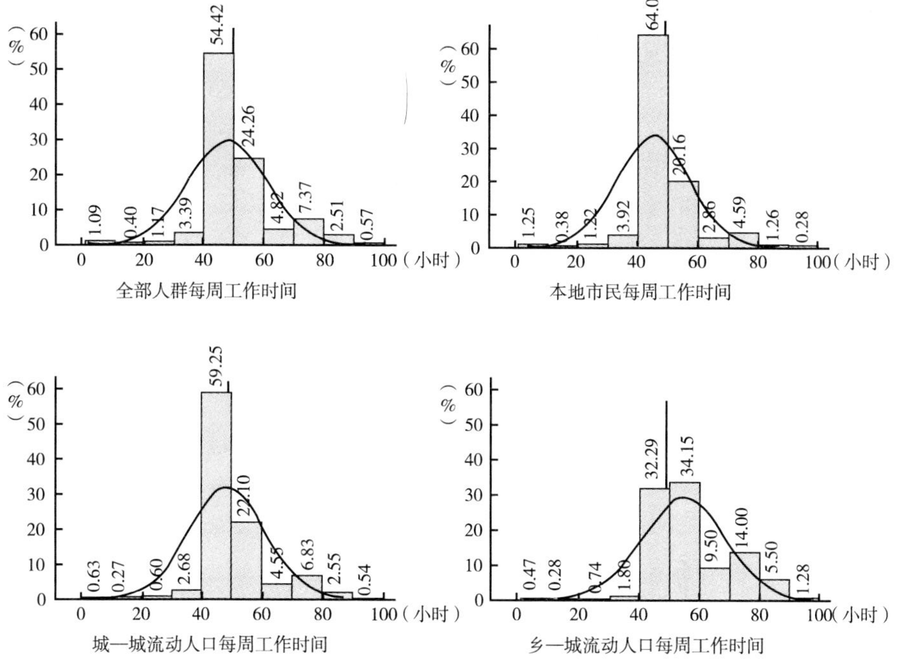

图 8－3　不同身份人群的每周工作时间直方分布图

注：图中曲线即为正态分布线，纵线为全部样本每周平均工作时间。

间的基本分布不同于前两个群体：他们每周工作时间为 40～50 小时、50～60 小时的分布比较均匀，分别占 32.29% 和 34.15%。这里暗示的是，与其他两类人群相比，他们更少的人工作 40～50 小时，更多的人工作 50～60 小时。同时，他们工作 40 小时以下的比例也低于其他两类人群，但工作 60 小时以上的比例较高，约占全部样本的 30.00%，工作超过 80 小时的比例更是高达 6.78%。

从图 8－4 来看，乡—城流动人口的每周工作时间普遍偏长：本地市民和城—城流动人口的每周工作时间基本与均值相当，而乡—城流动人口的每周工作时间明显超过均值。而且，在本地市民、城—城流动人口、乡—城流动人口这三类人群中，乡—城流动人口的每周工作时间更为集中、差异性较小，说明超长时间工作是该人群的一个共性。但是，同样是在这个人群中，在工作时间的最低端和最高端都存在比其他两类人群更多的极值，特别是最小值部分。这说明，在这个人群中，在多数人普遍超长时间工作的同时，也有一少部分人工作时间不足标准工作时间，这可能是由他们劳动参与不足所致。其他两类人群的每周工作时间也存在很多极端值，表明部分本地市民和城—城流动人口也在超长时间、超强度工作。总之，图 8－1 至图 8－4 都生动地揭示了在业者的过劳问题不是某个群体独有的特性，而是全部人群的共同特征；不同的不是本质，而是过劳的程度问题。

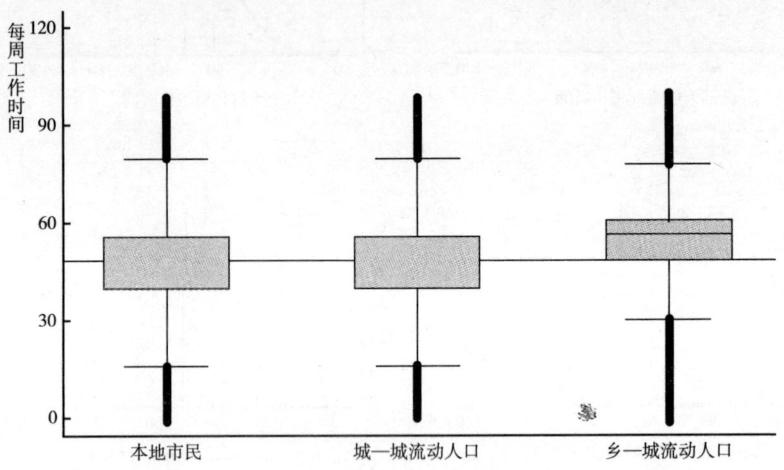

图 8－4　不同身份人群的每周工作时间箱线分布图

注：图中横线条为全部样本每周工作时间的均值。

（二）工作时间与流动特征的相关分析

表 8－1 展示了按流动特征描述的流动人口的每周工作时间。尽管城—城流动人口和乡—城流动人口的每周工作时间与离开户籍地时长之间的关系并不明显，但检验结果表明，类别之间的差距是显著的。无论是哪一类流动人口，离开户籍地 0.5～3 年的人每周工作时间都最长，城—城流动人口是 46.62 小时，乡—城流动人口为 54.33 小时；所不同的是，城—城流动人口中离开户籍地 3～5 年者、乡—城流动人口中离开户籍地 5 年以上者的每周工作时间最短。从流动原因来看，务工经商者的每周工作时间最长，乡—城流动人口的每周工作时间长达 55.37 小时，城—城流动人口的每周工作时间略低，为 50.03 小时。但是无论是哪个流动原因，乡—城流动人口的每周工作时间都长于城—城流动人口，因工作调动、拆迁搬家、婚姻嫁娶而流动的乡—城流动人口较城—城流动人口的每周工作时间分别长 7.33 小时、6.54 小时、1.08 小时。在流动区域上，乡—城流动人

口和城—城流动人口的模式存在差别：城—城流动人口中，跨地区流动者每周工作时间最长，为48.98小时，分别高出地区内流动者和跨省流动者3.76小时和0.56小时。乡—城流动人口的特点是每周工作时间随跨越行政区域的扩大而递增，跨省流动者的每周工作时间长达55.10小时，分别高出跨地区流动者和地区内流动者0.52小时和3.53小时。

表8－1 流动人口每周工作时间与流动特征的相关分析结果

单位：小时

	全部流动人口	城—城流动人口	乡—城流动人口
离开户籍地时长			
0.5～3年	52.21	46.62	54.33
3～5年	51.18	45.89	54.16
5年以上	51.12	46.41	54.15
流动原因			
务工经商	54.42	50.03	55.37
工作调动	45.11	43.76	51.09
拆迁搬家	44.80	43.88	50.42
婚姻嫁娶	44.96	44.38	45.46
其他	46.86	44.93	49.79
流动区域			
地区内流动	47.72	45.22	51.57
跨地区流动	53.30	48.98	54.58
跨省流动	54.04	48.42	55.10

标准工作时间与流动特征的关系陈列于表8－2。从离开户籍地时长来看，无论离开户籍所在地的时间有多长，城—城流动人口每周工作时间在标准时间内的比例都显著高于乡—城流动人口；二者唯一的共性是，离开户籍地3～5年的工作标准时间的比例最高。而共性之中的特殊性在于比例相差巨大：在城—城流动人口中，每周的工作时间在标准时间内的比例近60.00%，而乡—城流动人口相应的比例仅为21.44%。同样，离开户籍地0.5～3年或5年以上的城—城流动人口，均约有55.00%之人每周的工作时间在标准时间内，而乡—城流动人口相应的比例分别为19.33%和20.88%。

表 8-2 流动人口每周标准工作时间（36~44 小时）与流动特征的相关分析结果

单位：%

	全部流动人口	城—城流动人口	乡—城流动人口
离开户籍地时长			
0.5~3 年	28.99	54.52	19.33
3~5 年	34.99	59.01	21.44
5 年以上	34.34	55.32	20.88
流动原因			
务工经商	22.74	40.44	18.92
工作调动	62.37	69.40	31.30
拆迁搬家	64.46	70.27	28.68
婚姻嫁娶	43.04	59.85	28.57
其他	46.30	59.15	26.77
流动区域			
地区内流动	46.15	61.28	22.84
跨地区流动	24.00	41.71	18.73
跨省流动	24.33	47.45	19.96

若分析流动原因，显而易见，以务工经商为目的而流动之人——不管是城—城流动人口还是乡—城流动人口——符合每周标准工作时间的比例都是最低的，但即使在这一条原因上，城—城流动人口工作标准时间的比例依旧高出乡—城流动人口近 22 个百分点。在城—城流动人口中，因拆迁搬家流动之人每周工作标准时间的比例高达 70.27%，其次是工作调动者（69.40%），再次是婚姻嫁娶者（59.85%）。在乡—城流动人口中，每周工作标准时间的比例排在前三位的分别是工作调动者（31.30%）、拆迁搬家者（28.68%）和婚姻嫁娶者（28.57%）。

最后，从流动区域来看，城—城流动人口和乡—城流动人口的特点相似，两者都是地区内流动者的比例最高，城—城流动人口为 61.28%，乡—城流动人口为 22.84%；其次是跨省流动者，两者分别为 47.45% 和 19.96%；最后是跨地区流动者，仅稍低于跨省流动者。总之，从对流动人口每周标准工作时间与流动特征的相关分析来看，城—城流动人口无论在哪个流动特征上，符合每周工作标准时间的比例都大大高于乡—城流动人口。

（三）工作时间与控制变量的相关分析

表8－3、表8－4分别陈列了每周工作时间、每周标准工作时间与其他自变量之间的关系。同样，我们对所有自变量与因变量之间的相关性进行了合适的显著性检验。

1. 每周工作时间与控制变量的关系

表8－3分析了人口学特征、劳动就业特征、流入地区与三类人群每周工作时间的关系。

表8－3　每周工作时间与其他自变量的相关分析结果

单位：小时

	本地市民	城—城流动人口	乡—城流动人口
人口学特征与人力资本特征			
年龄			
16～26岁	45.65	46.76	54.37
27～34岁	45.72	46.33	54.28
35～44岁	45.67	46.52	54.45
45～55岁	44.64	45.22	52.57
性别			
男性	45.78	46.75	54.79
女性	44.95	45.73	53.52
民族			
少数民族	45.00	45.92	53.45
汉族	45.46	46.33	54.28
婚姻状况			
不在婚	45.47	46.52	54.78
在婚	45.42	46.24	53.94
受教育程度			
≤小学	48.30	51.49	54.18
初中	48.19	50.43	54.77
高中	45.44	47.20	52.90
≥大专	41.99	42.54	47.63
劳动就业特征			
就业行业			
制造业	45.31	46.64	53.97

续表

	本地市民	城—城流动人口	乡—城流动人口
建筑业	45.81	47.16	53.59
商业服务业	50.02	49.81	55.54
交通信息业	44.93	44.73	52.97
文教卫机关	41.95	42.08	49.54
单位类型			
个体工商户	53.81	54.76	57.04
私营企业	48.53	47.48	55.37
机关国有集体	42.46	42.54	50.59
其他单位	44.96	45.75	50.89
劳动合同			
未签合同	46.32	47.95	55.71
固定期合同	43.80	44.30	52.82
长期合同	42.13	42.00	49.30
不适用	51.10	52.84	53.38
所在(流入)地区			
直辖市	43.03	43.52	51.41
华北	44.96	46.22	51.66
东北	46.30	47.39	50.42
华东	47.24	47.94	57.31
华中	44.47	45.38	51.55
华南	46.61	48.01	55.47
西南	44.87	46.14	50.96
西北	45.13	46.60	54.12

从年龄来看，在各个年龄组，乡—城流动人口的每周工作时间都长于城—城流动人口，而城—城流动人口又长于本地市民。这三个人群的一个共性是，45~55岁年龄组的每周工作时间都是最短的：本地市民、城—城流动人口和乡—城流动人口分别是44.64小时、45.22小时、52.57小时。至于其他年龄组，本地市民的每周工作时间都在45小时左右，其中以27~34岁年龄组的每周工作时间最长（45.72小时）。在城—城流动人口中，其他年龄组的每周工作时间都在46小时左右，其中16~26岁年龄组的每周工作时间最长，为46.76小时。在乡—城流动人口中，其他年龄组的每周工作时间都在54小时左右，其中35~44岁年龄组的每周工作时间最长，为54.45小时。可见，三类人群每周工作时间的年龄

模式略有差别：27～34岁的本地市民、16～26岁的城—城流动人口、35～44岁的乡—城流动人口的每周工作时间分别是各人群中最长的。不过，在本地市民与城—城流动人口中，27～34岁之人与35～44岁之人的差距并不显著；而在乡—城流动人口中，唯一的差别见于45～55岁人群与其他三个低龄组之间，而在三个低龄组之间，他们的每周工作时间没有显著不同。这也就是说，年龄对乡—城流动人口的意义低于它对其他两类人群的意义。

在这三类人群中，男性的每周工作时间均比女性长约1小时。本地市民、城—城流动人口和乡—城流动人口中男性的每周工作时间分别为45.78小时、46.75小时和54.79小时，女性的每周工作时间分别为44.95小时、45.73小时和53.52小时，表明男性的工作时间超过女性。

不论是本地市民还是流动人口，汉族人口的每周工作时间都稍长于少数民族人口。尽管城—城流动人口的每周工作时间与本地市民相差不到1小时，但乡—城流动人口与本地市民的差别较大：农村户籍的少数民族流动人口的每周工作时间比流入地少数民族市民约长8.50小时，乡—城汉族流动人口的每周工作时间比流入地汉族市民约长8.80小时。不过，本地市民及城—城流动人口中的汉族和少数民族人口工作时间的差距并不显著。

从婚姻状况来看，三个群体中都是不在婚人口的每周工作时间比在婚人口略长。本地市民中，不在婚者与在婚人口的差距最小，不到0.1小时；城—城流动人口中，不在婚人口的每周工作时间为46.52小时，比在婚人口约多0.30小时；乡—城流动人口中，不在婚人口的每周工作时间为54.78小时，比在婚人口约多0.80小时。尽管分值相差不大，但各人群在这两个类别中的差距都是高度显著的。

受教育程度与样本的每周工作时间基本上呈显著的负相关关系：受教育程度越高的人口，每周工作时间越短；唯一的例外是，受过初中教育的乡—城流动人口的每周工作时间略长于仅有小学及以下教育程度者。就绝对差值而言，本地市民中，每周工作时间最长之人（小学及以下教育程度者）比工作时间最短之人（大专及以上教育程度者）多6.31小时。城—城流动人口中，每周工作时间最长之人（小学及以下教育程度者）比每周工作时间最短之人（大专及以上教育程度者）多工作近9小时。乡—城流动人口中，每周工作时间最长之人（初中教育程度者）比每周工作时间最短之人（大专及以上教育程度者）多工作7.14

小时。可见，不同的受教育程度给城—城流动人口造成的差异大于给其他两类人群造成的差异。除仅受过小学及以下和初中教育的乡—城流动人口之间没有显著差别外，其余人群在不同受教育程度的各个类别之间的差异都高度显著。

劳动就业特征包括就业行业、单位类型以及劳动合同。从就业行业来看，无论是哪类人群，在商业服务业就业者的每周工作时间最长，在文教卫机关就业者的每周工作时间最短，每周工作时间排在前三位的都是商业服务业、建筑业和制造业的就业者，不过本地市民和城—城流动人口中在建筑业就业者的每周工作时间略长于在制造业就业者，而在乡—城流动人口中恰好相反。在商业服务业就业的本地市民其每周工作时间是 50. 02 小时，分别比在建筑业和制造业就业者高 4. 21 小时和 4. 71 小时。城—城流动人口中就业于商业服务业者的每周工作时间是 49. 81 小时，分别比在建筑业、制造业就业者高 2. 65 小时和 3. 17 小时。乡—城流动人口中就业于商业服务业者的每周工作时间是 55. 54 小时，高于制造业 1. 57 小时、建筑业 1. 95 小时。就显著性而言，在制造业和建筑业就业的城—城流动人口，在制造业、建筑业、商业服务业就业的乡—城流动人口之间的差异并不显著。

如果劳动者在个体单位就业，则其每周工作时间最长，其次是在私营企业，工作时间最短的是在机关国有集体。比如，在个体单位工作的本地市民、城—城流动人口和乡—城流动人口的每周工作时间分别为 53. 81 小时、54. 76 小时和 57. 04 小时；在私营企业就业的本地市民、城—城流动人口和乡—城流动人口的每周工作时间分别为 48. 53 小时、47. 48 小时和 55. 37 小时；在机关国有集体就业的三类人群的每周工作时间分别为 42. 46 小时、42. 54 小时和 50. 59 小时。这些类别之间的差异在这三类人群中都是高度显著的。

我们认为，劳动合同的签订情况可能影响到人们的工作时间。从表 8 – 3 中可以看出，未签订劳动合同的人群其每周工作时间最长，本地市民为 46. 32 小时，城—城流动人口为 47. 95 小时，乡—城流动人口为 55. 71 小时。签订了长期劳动合同之人的每周工作时间最短，本地市民为 42. 13 小时，城—城流动人口为 42. 00 小时，乡—城流动人口为 49. 30 小时。

流入地区分为七大区域，但将直辖市独立出来、自成一类。这三类人群的共性是：每周工作时间最长的都是华东地区，分别为 47. 24 小时、47. 94 小时、57. 31 小时。每周工作时间最短的本地市民和城—城流动人口都居住于直辖市，分别为43.03小时和43.52小时；而东北地区乡—城流动人口的每周工作时间最短，为50.42小时。

2. 每周标准工作时间与控制变量的关系

每周标准工作时间（36~44小时）与其他自变量的相关分析结果（见表8-4）也展现出类似的特征。比如，在每个年龄组，符合每周标准工作时间的本地市民的比例都略高于城—城流动人口，而大大高于乡—城流动人口。与每周工作时间相对应，45~55岁本地市民、城—城流动人口、乡—城流动人口中符合每周标准工作时间的比例最高，分别为60.92%、60.10%和22.78%，前两者比乡—城流动人口各约高出38个和37个百分点。在本地市民和城—城流动人口中，16~26岁的青年流动人口工作标准时间的比例最低，分别为54.78%和52.43%；在乡—城流动人口中，三个低龄组工作标准时间的比例均为20.00%左右。

表8-4 每周标准工作时间（36~44小时）与其他自变量的相关分析结果

单位：%

	本地市民	城—城流动人口	乡—城流动人口
人口学特征与人力资本特征			
年龄			
16~26岁	54.78	52.43	20.33
27~34岁	57.67	56.54	20.37
35~44岁	58.02	56.80	19.84
45~55岁	60.92	60.10	22.78
性别			
男性	57.58	54.89	19.44
女性	59.17	58.08	21.60
民族			
少数民族	58.62	55.44	19.13
汉族	58.23	56.33	20.49
婚姻状况			
不在婚	57.09	54.29	19.66
在婚	58.46	56.93	20.78
受教育程度			
≤小学	30.52	27.33	18.41
初中	40.71	34.06	18.96
高中	59.11	51.41	25.84
≥大专	80.97	76.72	47.40
劳动就业特征			

续表

	本地市民	城—城流动人口	乡—城流动人口
就业行业			
制造业	49.59	49.33	19.34
建筑业	52.74	48.89	20.28
商业服务业	37.79	41.32	19.71
交通信息业	64.16	66.26	25.29
文教卫机关	80.38	79.02	37.71
单位类型			
个体工商户	26.68	22.09	15.33
私营企业	40.53	47.71	18.06
机关国有集体	75.70	75.61	35.00
其他单位	42.14	51.00	24.12
劳动合同			
未签合同	53.03	46.72	17.54
固定期合同	67.75	65.63	25.65
长期合同	77.99	79.23	40.21
不适用	24.31	24.99	19.26
所在(流入)地区			
直辖市	74.94	73.69	34.61
华北	60.90	53.29	19.19
东北	52.85	51.90	24.22
华东	48.01	46.73	12.69
华中	59.37	56.31	24.64
华南	50.88	46.08	15.73
西南	60.54	58.62	27.42
西北	60.62	56.50	20.05

由于标准工作时间的定义是基于实际工作时间的，故而工作时间越长，标准工作时间的比例就会越低，二者呈现负相关关系。这里，我们不再对因变量与每个自变量的相关关系进行详细解释。

（四）工作时间的省际差异

上面的图表描述了全部人群、本地市民以及不同户籍身份流动人口的每周工作时间和标准工作时间。全国平均水平可能掩盖省际和地区之间的差别。本部分和下一部分分别挖掘工作时间的省际差别和地区差别。

1. 每周工作时间的省际差别

图8－5、图8－6、图8－7分别展示了各省（市、区）本地市民、城—城流动人口和乡—城流动人口每周工作时间的状况。各省（市、区）本地市民每周工作时间都在41小时以上（见图8－5）。有意思的是，西藏本地市民的每周工作时间最长（50.6小时），上海本地市民的每周工作时间最短（41.3小时）。云南、河北、广西、湖北、宁夏地区的本地市民每周工作时间为45～46小时，重庆、安徽、江西、福建、吉林地区的本地市民每周工作时间为46～47小时，内蒙古、广东、黑龙江、浙江、新疆、江苏、山东地区的本地市民每周工作时间为47～48小时。同时也可以看出，同每周标准工作时间36～44小时相比，仅有上海、北京、山西、天津、河南、陕西、湖南和贵州等省（市、区）的本地市民符合，其余的各省（市、区）本地市民的每周工作时间均超过标准工作时间。这说明，就全国范围来看，绝大部分省（市、区）的本地市民存在超长工作的现象。

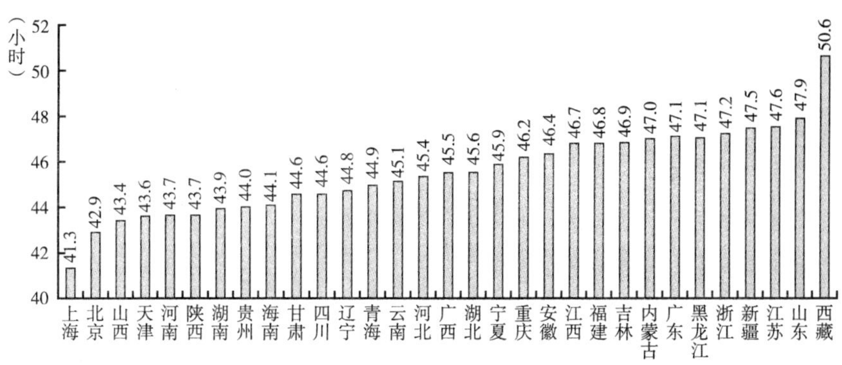

图8－5　各省（市、区）本地市民的每周工作时间

同样，从图8－6可见，城—城流动人口每周工作时间最长和最短的依然是西藏（52.9小时）和上海（42.3小时），但各省（市、区）城—城流动人口的每周工作时间都超过42小时。只有上海、河南、北京、山西、天津等几个省（市、区）的每周工作时间为42～45小时，而广东、黑龙江、内蒙古、吉林、山东、新疆、西藏几个地区的每周工作时间都超过了48小时。

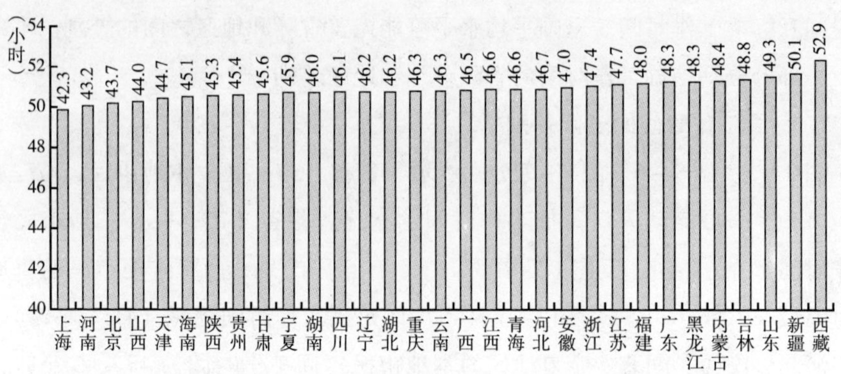

图 8－6　各省（市、区）城—城流动人口的每周工作时间

虽然各地城—城流动人口的每周工作时间较本地市民稍长，但乡—城流动人口与本地市民之间的差距更大。如图 8－7 所示，没有一个省（市、区）乡—城流动人口的每周工作时间符合标准工作时间，各省（市、区）乡—城流动人口每周工作时间至少为 48.6 小时（四川），最长达 60.3 小时（福建）。只有四川、辽宁、山西、贵州四省的每周工作时间不到 50 小时。除福建外，浙江、江苏、西藏三个地区的每周工作时间也很长，分别为 58.1 小时、57.2 小时、56.0 小时。这再一次说明，超长时间工作是乡—城流动人口的常态。

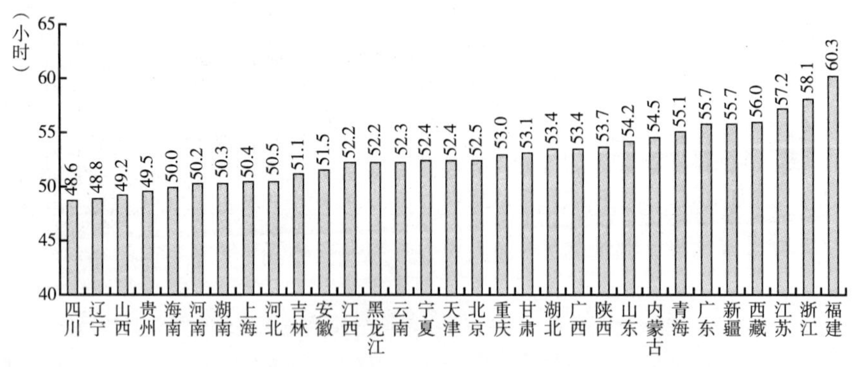

图 8－7　各省（市、区）乡—城流动人口的每周工作时间

图 8－8 和图 8－9 展示了流动人口相对于本地市民的每周工作时间，从而可以更清楚地看到两者之间的差距。从图 8－8 中可见，仅在河南和江西两省，城—城流动人口的每周工作时间略低于本地市民，分别只有本地市民的 99.0%

和99.6%，而在西藏、广东、新疆三地，城—城流动人口相对于本地市民的每周工作时间最长，分别为后者的107.0%、106.0%和105.8%。

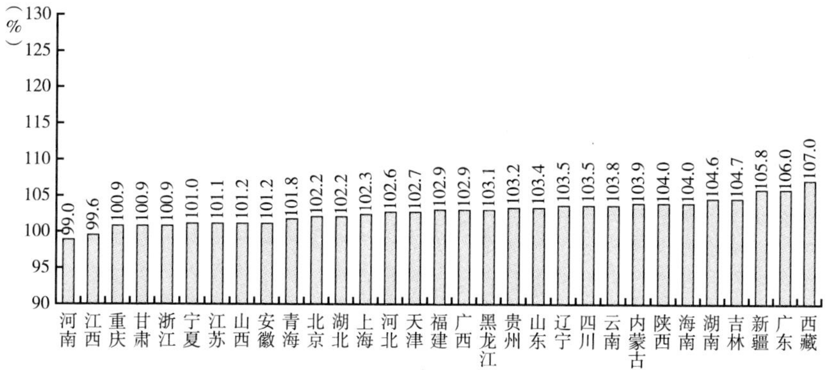

图8-8 各省（市、区）城—城流动人口相对于本地市民的每周工作时间

图8-9揭示出的特点是，所有省（市、区）的乡—城流动人口的每周工作时间都高于本地市民。差距最小的是四川省，但也达到了本地市民的109.3%，差距最大的是福建省，是本地市民的125.2%。

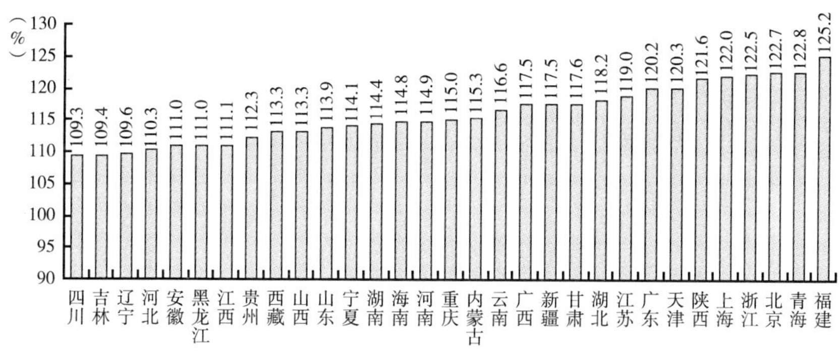

图8-9 各省（市、区）乡—城流动人口相对于本地市民的每周工作时间

由此可见，不管是每周绝对工作时间还是相对工作时间，流动人口的工作时间都普遍长于本地市民，特别是乡—城流动人口，虽然本地市民的每周工作时间也不短。

2. 每周标准工作时间的省际差别

那么，哪些省（市、区）的哪一类人群更可能每周工作在标准时间内，而哪些省（市、区）的哪一类人群更不可能每周工作在标准时间内呢？图 8－10 至图 8－14 提供了这方面的信息，描述了各省（市、区）之间同类人群以及不同省（市、区）之间本地市民和流动人口每周工作标准时间的差异。

西藏的本地市民每周工作标准时间的比例最低（24.1%），上海的比例最高，为 84.8%（见图 8－10）。每周工作标准时间的比例低于 50.0% 的地区除西藏外，还有山东（42.5%）、江苏（44.2%）、黑龙江（44.7%）、新疆（46.4%）、内蒙古（49.1%）、浙江（49.4%）和广东（49.8%）。相反，在北京、天津、山西等省市，本地市民每周工作标准时间的比例也较高，分别为 76.1%、72.5% 和 70.2%。上海、北京、天津均属于经济较发达的直辖市，劳动市场更为正规，劳动保护做得也相对好一些，故而工作标准时间的比例也最高。但是，在本地市民每周工作标准时间比例最低的几个省区中，也有经济十分发达之地（如广东、江苏、浙江），说明经济发达程度与劳动保护之间并不是一种线性关系。

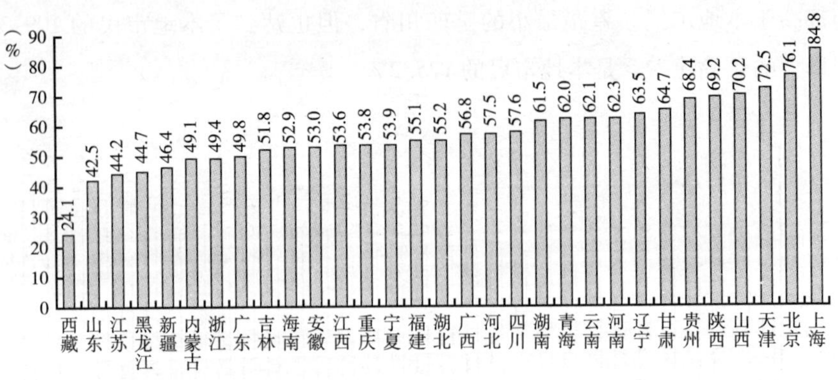

图 8－10 各省（市、区）本地市民每周工作标准时间的比例

总体而言，城—城流动人口每周工作标准时间的模式与本地市民大同小异。如图 8－11 所示，城—城流动人口中每周工作在标准时间内的比例最低和最高的也是西藏和上海，各为 16.1% 和 82.2%，均低于本地市民。每周工作在标准时间内的比例不到 50.0% 的省（市、区）除西藏外，还有山东（36.5%）、黑龙江（44.2%）、广东（45.1%）、吉林（45.6%）、新疆（46.1%）、内蒙古（46.1%）、江苏（48.0%）、安徽（49.6%）和浙江（49.7%）。北京、河南、天津几个地区的城—城流动人口每周工作在标准时间内的比例也较高，分别为

71.0%、68.1%和67.2%。不过，并不是在每个省（市、区），城—城流动人口工作标准时间的比例都低于本地市民，比如河南和江苏。

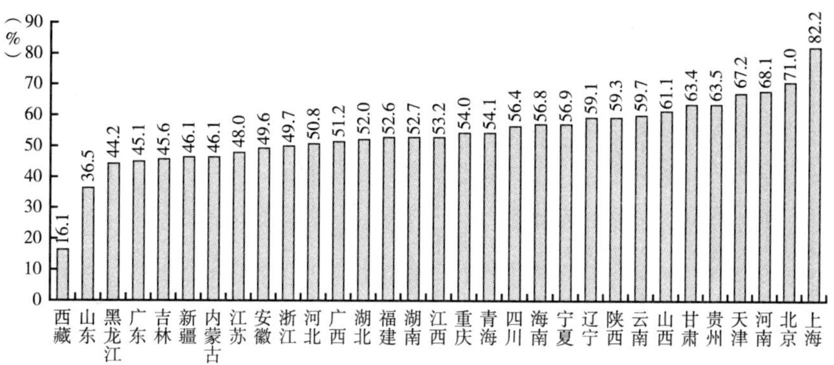

图8-11 各省（市、区）城—城流动人口每周工作标准时间的比例

乡—城流动人口中每周工作在标准时间内的比例普遍较低（见图8-12），但最低的依然是西藏（10.3%），最高的亦是上海（40.5%）。在浙江、福建、江苏、黑龙江、青海、山东、新疆、广东、内蒙古、河北、宁夏、广西、吉林、重庆等省（市、区），乡—城流动人口每周工作在标准时间内的比例均低于20.0%。工作标准时间的比例超过30.0%的省（市、区）除上海外，还有贵州（35.1%）、辽宁（34.3%）、四川（32.0%）和天津（31.8%）。

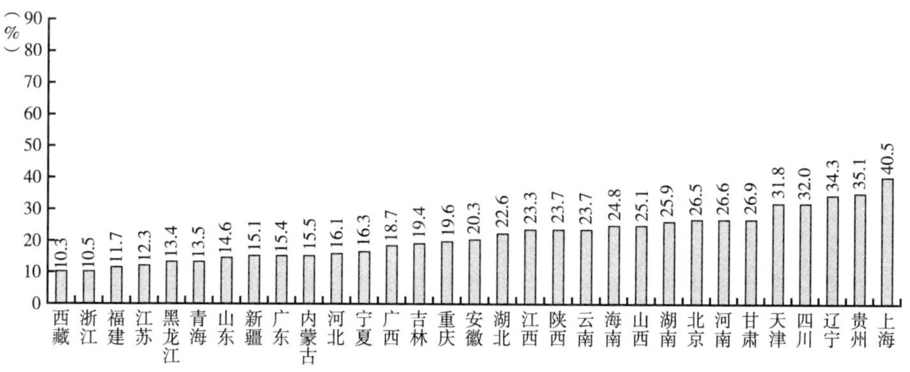

图8-12 各省（市、区）乡—城流动人口每周工作标准时间的比例

若再进一步细看流动人口相对于本地市民的每周工作标准时间，省际的差距更是一目了然。由图8-13可见，除江苏和河南外，其余省（市、区）城—城流动人口每周工作在标准时间内的比例都低于本地市民；江苏和河南两地的城—城流动人口每周工作在标准时间内的比例分别超过本地市民近2个和7个百分点。

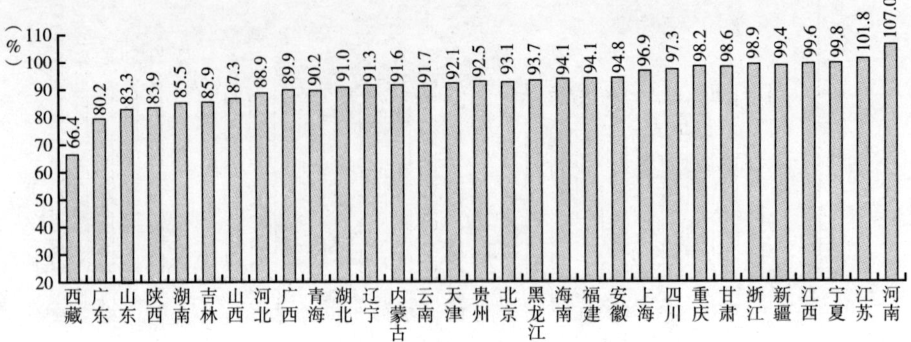

图8-13　各省（市、区）城—城流动人口相对于本地市民的每周工作标准时间

乡—城流动人口每周工作标准时间的比例与本地市民之间的差别更大（见图8-14）：在所有省（市、区），该人群每周工作标准时间的比例都大大低于本地市民；事实上，只有3个省份的乡—城流动人口的相对工作标准时间超过50.0%。即便是最高的四川，工作标准时间的比例也仅有本地市民的55.1%；在青海，乡—城流动人口工作标准时间的比例仅为本地市民的21.5%。

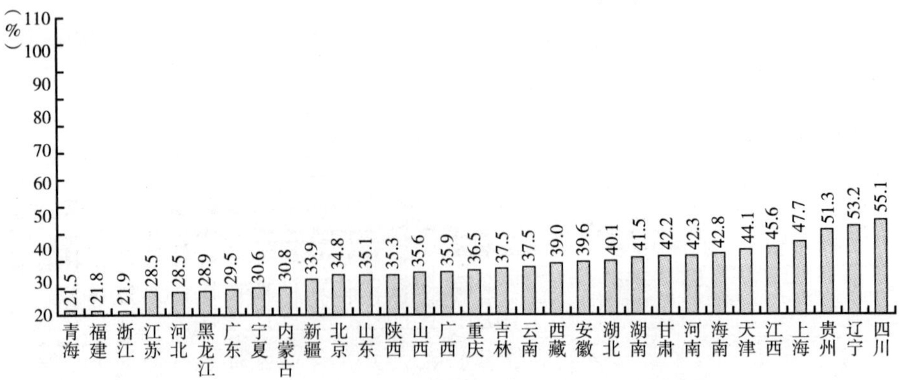

图8-14　各省（市、区）乡—城流动人口相对于本地市民的每周工作标准时间

总之，图8-5到图8-14看起来似乎很相似，也很烦琐，但每个图形都分别揭示了不同人群的工作时间和通过工作时间所反映出来的劳动保护情况。省际的差别是显而易见的，而在这些有差异的数字背后反映的则是流动人口（尤其是乡—城流动人口）在流入地生活的艰辛与劳累。即便是工作标准时间比例较高的省（市、区）（如：上海、天津），本地人与外来人之间的鸿沟似乎依旧难以逾越。

（五）工作时间的地区差异

若进一步将人们居住或流动人口流入之地细分为地区，各地区之间的工作时间又如何呢？图 8－15 和图 8－16 分别以散点图的形式，将各地区之间流动人口的每周工作时间与本地市民的每周工作时间进行相关分析，以便更详细地了解地区之间的差别。两个图形的差别是：前者的纵轴是城—城流动人口、乡—城流动人口的每周工作时间，而后者则是二者的每周相对工作时间。

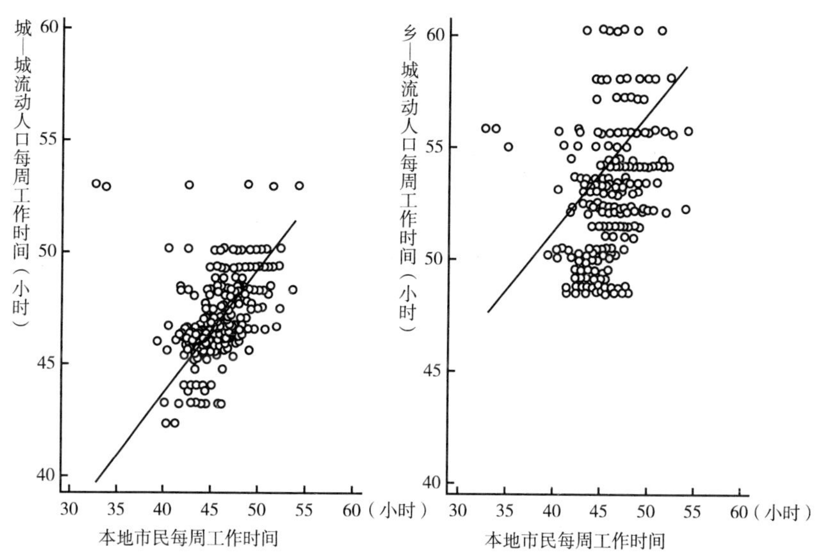

图 8－15　各地区流动人口每周工作时间与本地市民每周工作时间的关系

注：图中斜线表示拟合回归线。城—城流动人口、乡—城流动人口每周工作时间与本地市民每周工作时间的相关系数分别为 0.66 和 0.53，且均高度显著。

从图 8－15 中可以清楚地看出，城—城流动人口及乡—城流动人口每周工作时间与本地市民每周工作时间之间有较高程度的正向相关。其意义是，在本地市民工作较长时间之地，流动人口也工作较长时间；因是相关分析，故反之亦然。

不同之处在于：一是城—城流动人口与本地市民的关联程度更大，从二者的相关系数可以看出；二是当本地市民工作某个小时时，乡—城流动人口相对应的工作时间大大超过城—城流动人口，如图 8－16 所示，城—城流动人口的相对工作时间为 100.0%～105.0%，而乡—城流动人口的相对工作时间接近 120.0%。

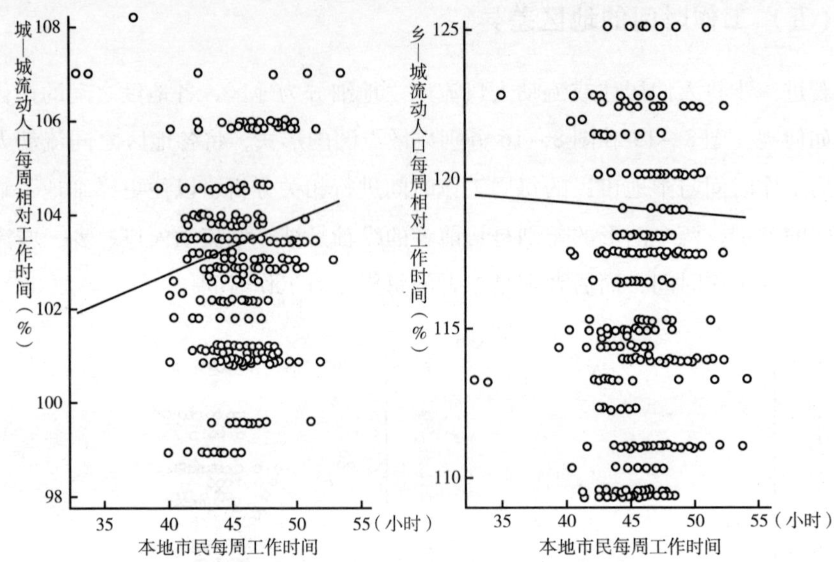

图 8－16　各地区流动人口每周相对工作时间与本地市民每周工作时间的关系

注：图中斜线表示回归线。城—城流动人口、乡—城流动人口每周相对工作时间与本地市民每周工作时间的相关系数分别为 0.20 和 －0.03，且均高度显著。

上面的描述分析结果都一再证实，本地市民与流动人口之间以及流动人口群体内在每周工作时间和每周标准工作时间方面都存在显著差异。那么，在其他条件相同的情况下，这些差异是否依旧存在？下面通过对数据进行模型分析来回答这个问题，并检验第四章提出的理论假设。

二　全部样本每周工作时间多层线性回归模型分析

如第五章所言，为了纠正由于数据的聚类性而可能造成的对标准误的低估，进而造成分析结果的偏误，本章使用多层模型分析数据，将地区作为高层单位、个体作为低层单位处理。由于每周工作时间为连续变量，故而使用多层线性回归模型。

表8－5一共包含三个模型：空模型（模型1）、仅包括流动身份二分类测量的模型（模型2）、仅包括三分类的流动身份的模型（模型3）。所谓空模型，即模型中没有包含任何自变量，其分析结果可帮助我们判断是否有必要使用多层模型。模型1表明，每周工作时间的确因个体因素和流入地区而异，故而对数据使用多层模型进行分析是合适和必要的。

表8－5 全部样本每周工作时间多层线性回归空模型及主要自变量模型分析结果

变量和参数	模型1(空模型)		模型2		模型3	
	系数	标准误	系数	标准误	系数	标准误
流动人口	—	—	5.20	0.04***	—	—
流动身份						
本地市民(＝对照组)						
城—城流动人口	—	—	—	—	0.98	0.06***
乡—城流动人口	—	—	—	—	7.84	0.05***
截距	47.48	0.17	45.68	0.15	45.65	0.14
随机效果						
地区之间的变异	3.16	0.13	2.77	0.11	2.60	0.11
个体之间的变异	12.74	0.01	12.52	0.01	12.34	0.11
群间关联度	0.20		0.18		0.17	
地区样本量	344		344		344	
个体样本量	433356		433356		433356	
Log likelihood	－1718381.0		－1710851.30		－1704398.80	
Wald chi2	—		15333.57		28906.52	

注：*** $p<0.001$，** $p<0.01$，* $p<0.05$。

具体来说，在模型1中，因变量在地区之间的变异系数为3.16，个体之间的变异系数为12.74。基于这两个数值，可以计算出地区之间的关联度为0.20。该数值表明，因变量的变异约有20.0%来自地区之间的差异，其余80.0%的变异来自个体之间的差异。模型2表明，在不考虑其他要素的情况下，流动人口的每周工作时间超过本地市民5.20小时，但一旦将流动身份同时按户籍类型和户籍地点予以区分，则发现最大的区别在于乡—城流动人口与本地市民之间：本地市民的每周工作时间低于城—城流动人口近1小时，低于乡—城流动人口近8小时（模型 3）。

上面的三个模型要么是空模型，要么是仅包括了一个主要自变量的模型，下面进行完整模型分析。表 8－6 展示了每周工作时间的多层线性回归模型的分析结果。模型 4 将流动人口作为一个整体考虑，没有区分他们的户籍身份，只比较了本地人与外来人之间的差别；模型 5 将流动人口区分为城—城流动人口和乡—城流动人口，同时考虑本地人与外来人、不同户籍身份外来人在每周工作时间方面的差异。

表 8－6　全部样本每周工作时间多层线性回归模型分析结果

	模型 4		模型 5	
	系数	标准误	系数	标准误
流动人口	2.06	0.04 ***	—	—
流动身份(本地市民 = 对照组)				
城—城流动人口	—	—	0.39	0.05 ***
乡—城流动人口	—	—	3.78	0.05 ***
人口学特征与人力资本特征				
年龄(16 ~ 26 岁 = 对照组)				
27 ~ 34 岁	-0.17	0.06 **	0.09	0.06
35 ~ 44 岁	-0.31	0.07 ***	0.04	0.07
45 ~ 55 岁	-1.46	0.07 ***	-0.93	0.07 ***
女性	-1.25	0.04 ***	-1.19	0.04 ***
汉族	0.32	0.08 ***	0.37	0.08 ***
在婚	-0.01	0.06	-0.07	0.06
受教育程度(≤小学 = 对照组)				
初中	-0.24	0.07 ***	0.14	0.07 *
高中	-2.17	0.07 ***	-1.27	0.07 ***
≥大专	-4.49	0.08 ***	-3.31	0.09 ***
劳动就业特征				
就业行业(制造业 = 对照组)				
建筑业	0.47	0.07 ***	0.46	0.07 ***
商业服务业	0.91	0.06 ***	1.09	0.06 ***
交通信息业	-0.19	0.06 **	0.04	0.06
文教卫机关	-0.73	0.07 ***	-0.75	0.07 ***
单位类型(个体工商户 = 对照组)				
私营企业	-3.80	0.07 ***	-3.71	0.07 ***
机关国有集体	-7.81	0.08 ***	-3.57	0.08 ***
其他单位	-6.83	0.07 ***	-6.71	0.07 ***

续表

	模型 4		模型 5	
	系数	标准误	系数	标准误
劳动合同（未签合同 = 对照组）				
固定期合同	-1.49	0.05***	-1.33	0.05***
长期合同	-1.93	0.06***	-1.81	0.06***
不适用	-1.07	0.06***	-0.98	0.06***
职业声望	-0.003	0.00***	-0.001	0.00
所在地区（直辖市 = 对照组）				
华北	0.57	0.84	0.68	0.82
东北	0.48	0.83	0.71	0.82
华东	2.32	0.79**	2.39	0.77**
华中	-0.35	0.82	-0.24	0.80
华南	1.36	0.83	1.35	0.81
西南	-0.30	0.81	-0.24	0.80
西北	1.46	0.18	1.52	0.79
常数	55.43	1.61***	53.71	1.60***
随机效果				
地区之间的差异	2.24	0.09	2.21	0.09
个体之间的差异	11.73	0.01	11.69	0.01
群间关联度	0.16		0.16	
地区样本量	344		344	
个体样本量	433356		433356	
Log likelihood	-1682345.5		-1680931.1	
Wald chi2	78471.75		81827.05	

注：*** $p<0.001$，** $p<0.01$，* $p<0.05$。

显然，在其他条件相同的情况下，流动人口的每周工作时间依旧显著超过本地市民，但超过的幅度大大降低，从模型 2 的 5.20 小时降至模型 4 的 2.06 小时。同样，如模型 5 所示，城—城流动人口的每周工作时间也仅比本地市民高约 0.40 小时，乡—城流动人口比本地市民高约 3.80 小时，均有较大幅度降低，表明模型 2 和模型 3 所显示的较大差异不全是户籍身份或户籍地点造成的，还有其他因素的作用。尽管如此，人群之间的差异依旧十分显著，说明户籍地点和户籍类型对于在业者的劳动保护依旧起着不可忽视的作用。

从人口学特征和人力资本特征来看，在任何年龄段，流动人口与本地市民之间在每周工作时间上都存在显著差异。每周工作时间存在性别、民族和受教育程度上的差异，但婚姻状况与因变量之间没有显著关联。女性的每周工作时间少于男性，汉族人口的每周工作时间普遍长于少数民族人口。劳动者的每周工作时间与其受教育程度呈显著的负关联：与小学及以下受教育程度相比，受教育程度越高，每周工作时间越短。

几个与劳动就业有关的变量对因变量产生高度显著的影响效果。与制造业相比较，就业于商业服务业者的每周工作时间更长，在建筑业就业者的每周工作时间次长，而在文教卫机关等行业工作之人的每周工作时间最短。从系数的大小来看，单位类型是影响人们每周工作时间的最重要因素：与在个体单位就业者相比，在私营企业就业者的每周工作时间少近 4 小时，而在机关国有集体就业者的每周工作时间少近 8 小时，在其他单位就业者的每周工作时间少近 7 小时。每周工作多 7 小时或 8 小时，等于多干了一天的活；这个差别无疑是巨大的。劳动合同的签订有利于劳动保护，因为只要是签订了劳动合同的人，都比没签订劳动合同之人每周工作时间短，而签订了长期合同之人的每周工作时间最短。职业与每周工作时间之间的关系是，若仅将样本区分为流动人口与本地市民，职业的影响是显著的：随着职业声望的提高，每周工作时间随之降低；但若将流动人口按照户籍身份加以细分，则职业的显著影响就消失了。但是，另一个包含了职业声望的平行模型（结果没有在这里展示）表明，每周工作时间随职业声望的提升而显著上升，但上升幅度逐渐显著地下降。

从样本所在的地区来看，与直辖市相比，华中和西南地区之人的每周工作时间短于直辖市，其余各地区的每周工作时间均超过对照组，但仅有华东地区之人（包括江苏、浙江、安徽、福建、江西、山东诸省）的每周工作时间显著地超过直辖市。若将对照组替换为华东，则除了华南地区（包括广东、海南、广西）外，所有其他地区之人的每周工作时间都显著较短（结果没有在这里展示）。可见，粤、苏、浙、闽、鲁等这些经济发达之地，流动人口过度劳动是一个非常普遍的现象。

三　流动人口每周工作时间多层线性回归模型分析

上面的模型展示的是全部样本的分析结果。它告诉我们，即便样本的人口学特征、人力资本特征、劳动就业特征、所在地区等要素基本相同，由户籍地点和户籍类型造成的社会分层依旧显著。这表明，制度壁垒是阻碍人们平等地获得劳动保护的重要制约性因素。

流动人口在流入地居留时间的延长（本研究主要通过离开户籍地时长测量）是否可以降低他们的劳动强度、缩小他们与本地市民之间的差距呢？其他流动特征是否作用于他们的劳动强度呢？下面，我们专门针对流动人口进行分析，在模型中纳入流动特征变量。同样，先对流动人口进行空模型分析，然后再在模型中纳入自变量。

表 8－7 展示了流动人口每周工作时间的多层线性回归空模型的分析结果。这里的三个模型分别针对全部流动人口、城—城流动人口和乡—城流动人口。三个模型中的因变量（每周工作时间）的变异均分为地区之间和个体之间的变异，但以个体之间的变异为主。全部流动人口中，每周工作时间有 22.0% 的变异来自流入地区；城—城流动人口和乡—城流动人口中，每周工作时间分别有 20.0% 和 24.0% 的差异可以分解到所在地区。

表 8－7 流动人口每周工作时间多层线性回归空模型分析结果

	模型 6（全部流动人口）		模型 7（城—城流动人口）		模型 8（乡—城流动人口）	
	系数	标准误	系数	标准误	系数	标准误
截距	50.16	0.21	47.26	0.18	52.06	0.24
随机效果						
地区之间的变异	3.82	0.16	2.88	0.14	4.28	0.19
个体之间的变异	13.51	0.02	11.76	0.03	13.73	0.03
群间关联度	0.22		0.20		0.24	
地区样本量	344		344		344	
个体样本量	433356		433356		433356	
Log likelihood	－808449.30		－263689.20		－537823.06	
Wald chi2	—					

表 8－8 中的四个模型中：模型 9 和模型 10 均是针对全部流动人口的，但前者仅纳入主要自变量，后者纳入了所有自变量，以考察在其他要素相同的情形下，主要自变量对因变量的影响是否有变化；模型 11 和模型 12 是分别针对城—城流动人口和乡—城流动人口的平行模型，旨在探讨各个要素对因变量的影响是否因流动人口的户籍身份而异。

表 8-8　流动人口每周工作时间多层线性回归模型分析结果

	模型 9(全部流动人口)		模型 10(全部流动人口)		模型 11(城—城流动人口)		模型 12(乡—城流动人口)	
	系数	标准误	系数	标准误	系数	标准误	系数	标准误
流动特征								
乡—城流动人口	4.11	0.08***	1.62	0.09***	—	—	—	—
离开户籍地时长(0.5~3 年=对照组)								
3~5 年	0.21	0.07**	0.18	0.07**	0.11	0.11	0.24	0.09**
5 年以上	0.95	0.07***	0.56	0.07***	0.22	0.11*	0.88	0.10***
流动原因(务工经商=对照组)								
工作调动	-5.75	0.14***	-2.03	0.14***	-1.75	0.15***	-0.10	0.30***
拆迁搬家	-5.15	0.13***	-2.69	0.13***	-2.30	0.15***	-2.72	0.29***
婚姻嫁娶	-7.37	0.12***	-5.31	0.12***	-2.99	0.17***	-6.91	0.18***
其他	-4.86	0.11***	-3.22	0.11***	-2.61	0.14***	-3.59	0.16***
流动区域(地区内流动=对照组)								
跨地区流动	0.67	0.11***	-0.03	0.10	-0.12	0.16	0.25	0.14
跨省流动	1.26	0.09***	0.88	0.09***	0.16	0.13	1.27	0.12***
人口学特征与人力资本特征								
年龄(16~26 岁=对照组)								
27~34 岁	—	—	-0.07	0.09	-0.03	0.14	-0.15	0.12
35~44 岁	—	—	-0.03	0.10	-0.05	0.15	-0.08	0.13
45~55 岁	—	—	-1.02	0.13***	-1.07	0.17***	-0.98	0.18***
女性	—	—	-0.73	0.06***	-0.84	0.09***	-0.63	0.08***

续表

	模型9(全部流动人口)		模型10(全部流动人口)		模型11(城—城流动人口)		模型12(乡—城流动人口)	
	系数	标准误	系数	标准误	系数	标准误	系数	标准误
汉族	—	—	0.09	0.13	0.72	0.20***	-0.22	0.16
在婚	—	—	0.33	0.09***	0.41	0.13***	0.26	0.12*
受教育程度(≤小学=对照组)								
初中	—	—	0.16	0.09	-0.29	0.25	0.10	0.10
高中	—	—	-1.50	0.11***	-1.61	0.25***	-1.53	0.13***
≥大专	—	—	-4.33	0.14***	-3.88	0.26***	-5.39	0.29***
劳动就业特征								
就业行业(制造业=对照组)								
建筑业	—	—	-0.19	0.11	0.68	0.19***	-0.36	0.14**
商业服务业	—	—	0.70	0.09***	0.58	0.13***	0.83	0.11***
交通信息业	—	—	-0.29	0.11**	-0.10	0.14	-0.16	0.16
文教卫机关	—	—	-1.15	0.13***	-0.66	0.15***	-2.25	0.25***
单位类型(个体工商户=对照组)								
私营企业	—	—	-3.20	0.09***	-4.96	0.16***	-2.39	0.11***
机关国有集体	—	—	-5.48	0.12***	-7.44	0.18***	-4.41	0.16***
其他单位	—	—	-5.33	0.09***	-6.54	0.17***	-4.58	0.11***
劳动合同(未签合同=对照组)								
固定期合同	—	—	-2.03	0.08***	-1.43	0.12***	-2.29	0.10***
长期合同	—	—	-2.32	0.12***	-1.85	0.13***	-3.49	0.27***

续表

	模型 9（全部流动人口）		模型 10（全部流动人口）		模型 11（城—城流动人口）		模型 12（乡—城流动人口）	
	系数	标准误	系数	标准误	系数	标准误	系数	标准误
不适用	—	—	-1.07	0.09***	0.17	0.15	-1.09	0.11***
职业声望	—	—	-0.001	0.00	-0.01	0.00***	0.01	0.00**
流入地区（直辖市 = 对照组）								
华北	—	—	0.57	1.10	0.31	0.93	0.17	1.31
东北	—	—	0.66	1.09	0.68	0.93	-0.20	1.31
华东	—	—	2.81	1.03**	1.70	0.88	2.90	1.23*
华中	—	—	0.04	1.08	-0.55	0.92	0.07	1.30
华南	—	—	1.48	1.08	0.70	0.92	1.84	1.30
西南	—	—	0.13	1.06	0.26	0.92	0.24	1.27
西北	—	—	2.23	1.06*	1.50	0.92	2.60	1.27*
常数	49.82	0.19***	55.64	2.10***	56.58	1.87***	56.34	2.48***
随机效果								
地区之间的变异	3.05	0.13	2.87	0.13	2.38	0.12	3.39	0.16
个体之间的变异	12.94	0.02	12.57	0.02	10.76	0.03	13.29	0.03
群间关联度	0.19		0.19		0.18		0.20	
地区样本量	343		343		343		344	
个体样本量	200865		200865		67814		133051	
Log likelihood	-799778.7		-793887.79		-257642.05		-533415.02	
Wald chi2	18124.71		31362.98		13244.77		9130.4	

注：*** $p<0.01$，** $p<0.01$，* $p<0.05$。

流动人口的每周工作时间与流动特征息息相关。离开户籍地的时间越长，每周工作时间也越长，且该变量的每个类别对乡—城流动人口的影响效果大于对城—城流动人口的影响效果——比如，若乡—城流动人口离开户籍地超过 5 年，他们每周工作时间就会比离开户籍地 0.5 ~3 年之人长近 1 小时。流动原因与因变量的关系很强、影响效果很大（但程度有别），且各个类别与因变量的关系在这两类人群中都是完全一致的：不管是城—城流动人口还是乡—城流动人口，因工作调动、拆迁搬家、婚姻嫁娶及其他原因而流动之人比因务工经商而流动之人的每周工作时间短，务工经商者的每周工作时间最长，此后依次为工作调动者、拆迁搬家者、其他原因流动者、婚姻嫁娶者。因此，务工经商者与婚姻嫁娶者的每周工作时间差别最大：城—城流动人口差 2.99 小时，而乡—城流动人口的差别高达 6.91 小时。由于这里研究的都是就业人口，他们之间的差别值得进一步探讨。从流动所跨越的行政区域来看，对全部流动人口而言，跨地区和跨省流动者的每周工作时间均超过地区内流动者，但该特点因流动人口的户籍身份而异：该变量对城—城流动人口没有显著影响，而对乡—城流动人口而言，跨省流动者比地区内流动者的每周工作时间多 1.27 小时，且该差别高度显著。

不管是全部流动人口还是细分的城—城流动人口和乡—城流动人口，45 ~55 岁年龄组人群的每周工作时间比 16 ~26 岁年龄组显著更短，而 16 ~26 岁流动人口的每周工作时间最长，虽然他们与另外两个年龄组之间的差异不显著。此外，我们也分析了全部样本和流动人口每周标准工作时间的概率，结果同样表明，16 ~26岁人群的概率也是最低的。由此可见，现存研究中关于“新生代”农民工不能吃苦耐劳的说法值得商榷。他们也许不想吃苦，但不吃苦行吗？每周工作时间也存在着显著的性别和婚姻差异：男性和在婚者的每周工作时间分别比女性和不在婚者的每周工作时间长。此外，城—城流动人口中还存在显著的民族差异，汉族人口的每周工作时间明显长于少数民族人口。乡—城流动人口中，民族对每周工作时间没有显著影响。这里，婚姻对流动人口的意义不同于对全部样本的意义：其他三个变量的分析结果与全部样本是一致的，但婚姻的分析结果正好相反。

从受教育程度来看，接受过小学及以下教育者与接受过初中教育者的每周工作时间没有显著差别，但接受过高中、大专及以上教育的人口与对照组的差距都是显著的。不管是全部流动人口还是分户籍身份的次人群，其基本模式是一致的，即受过高中、大专及以上教育之人比仅受过小学及以下教育之人的每周工作时间短。所不同的是，大专及以上教育对乡—城流动人口的影响效果更大：他们与对照组之间的差距为5.39小时（城—城流动人口与对照组的差别为3.88小时）。该发现与其他因变量的分析结果有所差别：几乎在所有其他因变量上，教育对城—城流动人口的回报率都超过对乡—城流动人口的回报率。这表明，对于乡—城流动人口每周工作时间的长短，教育显得格外重要。

从就业行业来看，全部流动人口中从业于商业服务业、交通信息业和文教卫机关之人的每周工作时间与从业于制造业之人的每周工作时间存在显著差异，除商业服务业外，其他两类都比在制造业就业者的每周工作时间短。城—城流动人口和乡—城流动人口中都是从业于建筑业、商业服务业和文教卫机关者与对照组人群的每周工作时间存在显著差异，城—城流动人口中仅有从业于文教卫机关人群的每周工作时间比对照组短，而乡—城流动人口中仅有从业于商业服务业人群的每周工作时间比对照组长。从单位类型和劳动合同的签订状况来看，不论是全部流动人口还是细分的城—城流动人口和乡—城流动人口，都是在个体单位就业人群的每周工作时间最长，没签订劳动合同的人群的每周工作时间最长。另外，城—城流动人口之间和乡—城流动人口之间还存在职业声望的差异。但是职业声望对两类流动人口的影响不同：城—城流动人口中，职业声望越高，每周工作时间越短；乡—城流动人口则刚好相反。

从流入地区来看，全部流动人口中，仅有华东地区、西北地区流动人口的每周工作时间显著超过直辖市流动人口的每周工作时间。与直辖市相比，华东地区的流动人口每周多工作2.81小时；其中，城—城流动人口多工作1.70小时，乡—城流动人口多工作2.90小时。西北地区流动人口每周比直辖市流动人口多工作2.23小时，其中乡—城流动人口多工作2.60小时。此外，华南地区的流动人口也比直辖市流动人口多工作0.70～1.84小时，虽然差别不显著。

此外，我们还分别针对全部样本、不同流动身份人群，对每周标准工作时间进行了模型分析，其结果与每周工作时间大同小异，所不同的是性质，即每周工作时间越长之人，工作标准时间的概率就越低。尽管这里没有以表格的形式将分析结果予以展示，但值得一提的是，流动人口总体、不同身份流动人口与本地市民之间的差别都很大：城—城流动人口每周工作标准时间的概率仅为本地市民的89.0%，而乡—城流动人口更是仅约本地市民的一半。可见，即便样本的其他条件相同，户籍类型和户籍地点依旧将本地市民与外来人口区分开来。城—城流动人口的分析结果与职业、收入的分析结果均不相同。他们虽然在流入地获得更高的职业声望、更高的收入水平，却是以过劳为代价的。而乡—城流动人口的弱势在本书分析的任何一个因变量中都格外凸显。

同时，流动人口与本地市民的每周标准工作时间在年龄、性别和婚姻状况方面均存在显著差异。年龄越大，每周工作标准时间的可能性越大；女性比男性、在婚者比不在婚者每周工作标准时间的概率更大。同样，每周标准工作时间与受教育程度、就业行业、单位类型、劳动合同和职业声望等都显著相关。与小学及以下人群相比，初中、高中和大专及以上人群更可能工作标准时间。在制造业就业者比在建筑业和商业服务业就业者更可能工作标准时间；就工作单位的类型而言，在个体单位就业者每周工作标准时间的概率低于所有在其他任何单位类型就业之人。劳动合同的签订有助于保护人们的劳动保障权益：只要签订了劳动合同，工作标准时间的概率就会显著提高。在不同的地区，人们工作标准时间的概率也不相同：比如，在直辖市工作之人与在其他地方工作之人相比，更可能工作标准时间，这种差异都显著；华东地区与华南地区之人工作标准时间的概率最低。

这些特点对流动人口也是如此，不管户籍身份如何。而且，几个流动特征也影响到他们工作标准时间的概率。不过，对于城—城流动人口，离开户籍地时长和流动跨越的行政区域与因变量缺乏显著关联，但务工经商者与因其他原因而流动者相比，工作标准时间的概率最低。对乡—城流动人口来说，流动原因与因变量的关系也是如此。此外，跨省流动者与地区内流动者相比，工作标准时间的概率显著降低。

本章小结

工作时间也称劳动时间，是指法律规定的劳动者在一昼夜（工作小时）、一周内（工作日），或工作周从事有偿劳动的时间，其长度由法律或劳动合同直接规定，故也是劳动者履行劳动义务的时间。根据劳动合同的约定，劳动者必须为用人单位提供劳动。若劳动者或用人单位不遵守工作时间的规定或约定，就必须承担相应的法律责任。如本章开头所说，政府的多个法律法规都明确规定了劳动者的每周工作时间，即一般情况下，每周工作 5 天，每天工作 8 小时。

然而，通过对 2005 年全国 1% 人口抽样调查数据的分析却发现，不管是本地市民还是不同户籍身份流动人口，每周的平均工作时间都超过了法律规定的时间，工作标准时间的比例也与法律规定的相差甚远。比如，在业者的平均工作时间为 48.3 小时，表示数据中的人群每周平均工作 6 天、每天工作 8.05 小时，或平均工作 5 天、每天工作 9.66 小时；仅有 46.3% 的样本每周工作标准时间（36～44 小时）。这些数据令人触目惊心；更重要的是，它们还掩盖了流动人口劳动时间更长的事实。如果说城—城流动人口与本地市民相差不大的话——二者每周工作时间分别为 46.3 小时和 45.4 小时，工作标准时间的比例分别为 56.3%、58.3%，乡—城流动人口与他们的差距却是巨大的：该人群每周工作时间为 54.2 小时。若按每周工作 5 天计算，则每天需要工作将近 11 小时；若按照每周工作 6 天计算，则每天工作超过 9 小时；若按照每周工作 7 天计算，每天也要工作约 7.7 小时。同样，仅有 20.4% 的乡—城流动人口每周工作标准时间，而这从另一个方面再次证实了乡—城流动人口劳动的艰辛。同时，这些均值也掩盖了乡—城流动人口人群内的差异性。比如，若他们在商业服务业就业、就职于个体单位或私营企业、与用人单位未签订劳动合同、流入华东地区和华南地区，等等，则每周工作时间更长、工作标准时间的概率更低。

上面的数值代表的是全国性的结果。如前面的图表所示，各省（市、区）、各地区之间的数据也一致表明，乡—城流动人口的每周工作时间都超过本地市民：比如，在山东省，乡—城流动人口每周工作时间超过本地市民 6.3 小时，江苏的超过 9.6 小时，北京的超过 9.6 小时。城—城流动人口的工作时间与本地市民之间的差距虽小，但除了河南、江西和宁夏外，在其他各省（市、区）也都显著超过后者。

由此可见，不管是从全国来看，还是分省（市、区）、地区来看，2005 年的数据表明，三类人群（主要是乡—城流动人口）根本没有按照《劳动法》的规定工作和休息，加班现象既严重也普遍。《劳动法》规定，劳动者每天加班时间不能超过 1 小时，如因特殊需要，每天加班时间也不能超过 3 小时，且每月累计不能超过 36 小时。乡—城流动人口的工作时间长，劳动强度大，正常的休息得不到保证，也常常无法享受到法定的节假日，《劳动法》在乡—城流动人口身上完全未能得到有效落实。但对此，一些劳动监督部门的负责人并不认为他们的监督工作不到位，反而认为《劳动法》太超前，脱离中国实际。在雇用者看来，乡—城流动人口工作时间长，不仅是用工单位的需要，而且是受雇者的需要，因为他们乐意加班，多赚点加班费。然而，虽然较长时间的工作或许能够带来更高的收入、满足部分流动人口流动的初衷，但一方面，并不是工作时间越长，收入就会越高。事实上，利用本数据对收入与工作时间进行相关分析的结果显示，不管是哪一类人群，收入最高之人都是每周工作40小时之人；若以收入为因变量，以工作时间等诸多可能影响收入的因素为自变量，我们发现，在其他条件相同的情况下，与每周工作40小时之人相比，每周工作不到40小时、41～48小时、49～56小时、57小时及以上者的收入都显著偏低（详见本书第十章）。可见，与标准工作时间相比，过劳并不能带来更多的收益。但问题是，虽然分别有53.35%、51.82%的本地市民和城—城流动人口每周工作40小时，但仅有16.69%的乡—城流动人口每周工作40小时。

另一方面，即便流动人口“愿意”加班，这种意愿也是无奈的：若不加班，所得到的薪资根本无法让人满意。现实中，许多乡—城流动人口在低端行业和非正规单位（尤其是个体作坊或私人企业）就业，比如传统的商业服务行业、制造业、建筑业等领域，承担着最累、最苦的工作。用工企业通常把乡—城流动人口的基本工资定得很低，有的没有基本工资或最低工资制度，或仅有丝毫不能维持基本生存的几百元的底薪，多是按件计酬。按件计酬本身并不违反《劳动法》，问题是用工单位并未按照《劳动法》的有关规定，合理地确立计件的劳动定额和计件报酬标准。因此，哪怕乡—城流动人口只是想拿到略微像样的薪水，除了超时加班以外别无其他途径。可见，乡—城流动人口所谓“自愿”的超时加班，实际上是“被迫”加班，本质是由不合理的“加班型”薪资结构造成的。如果像城里人一样，每周工作5天、每天工作8小时，劳动强度虽然降低了，但他们在流入地的基本生存就维持不下去了，更谈不上像样的生活。当然，数据不仅反映出乡—城流动人口存在过劳现象，也反映出本地市民和城—城流动人口同样不同程度地面临着类似的问题。然而，他们（尤其是本地市民）的加班与乡—城流动人口的加班完全不可同日而语：大部分本地市民和城—城流动人口的加班可能是为了发展，而大部分乡—城流动人口的加班可能是为了基本生存。

更重要的是，长期过劳的长远后果是严重的。从微观视角看，其一，损害身体健康。充分的休息时间是保护劳动者身体健康的必需条件，而长期过长时间的劳动会显著降低迁移工人的健康状况（朱玲，2009），且长年透支体力易于引发劳动事故，致使该人群“过劳死”的现象频有发生。其二，损害心理健康。富士康员工的“十四连跳”事件就是最好的例证。其三，延缓融入速度。过长的劳动时间会阻碍流动人口与本地市民、组织发生联系，并减少他们相互了解的机会。不少流动人口在流入地的生活就是“吃饭、干活、睡觉”，少有时间与劳动群体以外的人群进行交流、互动，远离市民与城市生活，延缓了其融入流入地社会的进程。

从宏观角度看，过劳还会造成一系列的社会问题。其一，危害群体健康。有数据显示，患有职业病之人数超过2亿，而其中绝大多数是农民工。其二，造成劳动事故。很多生产事故都与工人被迫加班加点劳动、超负荷工作造成的过度疲劳有关。其三，制约企业升级。近年来，依赖超时加班和廉价劳动力成本来保持企业效益的做法成为限制产业升级的障碍。其四，体现群体不公。劳动时间本身是劳动者社会权益能否得到保障的重要衡量指标之一；不同群体劳动时间的长短体现了社会的公平性，折射出各自的社会地位，而流动人群过长的劳动时间表明他们的正当权益未能得到有效保护。在过去二三十年中，乡—城流动人口不辞劳苦，辛勤劳动、默默奉献，为中国经济腾飞做出了巨大牺牲。当下，中国经济发展已经跃上了一个新的高点，进入了一个新的阶段。在这种情势下，在不降低收入保障的前提下，切实保障全部人群、流动人口（尤其是乡—城流动人口）的休息权，适当减少他们的工作时间，维护他们的合法权益，让他们更体面地劳动、更有尊严地生活，既是时代的要求，也是推动经济持续健康发展的迫切需要，更是社会建设和社会管理创新的要求。

要实现上述目的，则必须依赖完善的保障机制，也有赖于经济发展方式的转变和劳动者维权意识的提高。对政府部门而言，就是要加强劳动执法监督力度，切实解决有法难依、有令不行的问题。对企业来说，更要加快技术进步的步伐，提升产业水平，靠效率而不是劳动时间来提高经济效益。劳动者本人，尤其是流动人口本身也必须增强法律意识，坚决维护自身合法权益。只有各方共同推动，才能改变当前不合理的“加班型”薪资结构，让劳动更快乐、生活有尊严。

第九章
职业声望

职业地位是个体身份地位及社会分层的重要标志，与财产地位（经济地位）、权力地位一道，成为社会地位的三个构成要素。纵向的职业流动是纵向社会流动的重要标志，也是实现纵向社会流动的主要路径。若职业变化带来纵向社会地位的变化，则这样的流动称为垂直流动，反之则称为水平流动。职业流动包括代际和代内流动，考察社会流动也可以从这两个方面着手（吉登斯，2003）。

职业可以测量为职业类型（即具体做什么工作），也可以衡量为职业流动（即职业变换），还可以考察为职业声望（即所从事的工作）。所谓“职业声望”，是人们对职业社会地位的主观评价，反映了一定社会发展阶段和一定时期的职业观。没有职业地位，职业声望就无从谈起；若没有职业声望，职业地位高低也无法确定和显现。人们正是通过职业声望来确定职业地位的。社会分工使得职业之间在劳动强度、收入状况、工作条件、拥有的权力、受尊敬的程度、为公众服务等方面形成了差别，这些差别造成了人们对职业地位的不同看法和态度。职业声望有高有低是一个普遍的事实，古今中外概莫能外。

流动人口进入流入地后，多实现了第一次职业流动，即从第一产业劳动者转变成第二、第三产业劳动者。但是，大量的研究表明，由于政府主导部门对流动人口的准入门槛要求较高，有着严格的限制性措施，故而他们主要进入市场主导部门（李实，1997），与本地市民之间往往存在较大的职业分割（Meng and Zhang，2001），在职业声望方面也存在显著性差别。换言之，即便流动人口（主要是乡—城流动人口）实现了空间转换，但就职业转换而言，多只能在相近的职业之间流动，故空间流动与产业流动（从农业向非农产业流动）并不意味着职业地位的大幅改变和提升；他们多是从农业劳动者或工人转换为工人、个体工商户和商业服务业人员，而转换为专业技术人员、办事人员和党政企事业单位领导者的人口比例非常低（王春光，2006）。

第六章分析了流动人口与本地市民之间、不同身份流动人口之间在经济地位综合指数方面的异同。该综合指数可使我们对流动人口在流入地的生存发展状况、融入特点与模式有一个总体认识和全面、系统的把握；但同时，综合性指数可能掩盖流动人口在经济融入具体指标上的差别。从第八章的工作时间可以看出，即便在其他条件相同的情况下，不同人群的工作时间也存在差别，而这种差别至少部分地是由本地和外来、城镇与农村之间户籍地点和户籍类型的不同造成的。同样，人们的职业类型和职业声望是否也存在类似差异？流动人口与本地市民之间、不同身份流动人口之间的职业类型与职业声望是否存在差别？哪些因素会缩小人群之间的差异，而哪些因素会拉大人群之间的差异？

为了回答这些问题，本章将对职业类型和职业声望进行具体分析。尽管囿于数据，本章无法考察职业流动，但乡—城流动人口从农业向工业、服务业或其他职业的转换，或城—城流动人口在现居地的工作可能都比原有工作更好，而这就是职业流动的表现。如“数据与方法”一章所言，2005 年全国 1% 人口抽样调查所问的是职业中类，编码从 0 到 99，共代表 78 类职业。我们将单个类别的职业予以归类，得到六大职业类别；同时，参照现存有关职业声望的研究，给每类职业予以赋分，得到职业声望得分。

为了避免数据分析的复杂性，更因为对职业声望的分析可以提供本质上类似的结果，故这里主要展示职业声望的分析结果。本章的结构如前面章节一样，先描述特点与模式，再分别对全部样本进行分析、对流动人口进行模型分析。

一　职业类型和职业声望的基本特点与模式

本节考察不同人群职业大类的分布情况，他们相应的职业声望得分与主要自变量、控制变量之间的关系，描述省际、地区之间三类人群职业声望的基本特点与模式。关于本章使用的每个变量的基本分布，已经在“数据与方法”一章做过描述；这里的分析属于相关分析，其结果将提供因变量与上述要素之间的关系在统计学上是否具有显著意义，从而为模型分析提供参考依据。本节所有相关分析都经过了 t 检验、单因素方差分析的检验，除特殊注明外，两两变量之间的关系都高度显著。

由于原始数据中的职业类别较多，为了简化研究，这里首先对数据进行归总合并。具体来说，就职业类别而言，我们按照国家的八大职业进行处理。劳动和社会保障部、国家质量技术监督局、国家统计局联合颁布的《中华人民共和国职业分类大典》将中国职业归为 8 个大类，66 个中类，413 个小类，共 1838 个职业。八大类分别是：（1）国家机关、党群组织、企业、事业单位负责人；（2）专业技术人员；（3）办事人员和有关人员；（4）商业、服务业人员；（5）农、林、牧、渔、水利业生产人员；（6）生产、运输设备操作人员及有关人员；（7）军人；（8）不便分类的其他从业人员。

数据中未见“军人”这个职业；不便分类的其他从业人员仅有 1908 位，占全部样本的 0.4%，难以单独成为一类，故将他们与（2）合并。具体来说，我们将原始编码中取值为 0 ~ 9 的职业归并为管理人员，将取值为 11 ~ 29 的归并为专业技术人员，将取值为 31 ~ 39 的归并为普通办事员，将取值为 41 ~ 49 的归于商业服务人员，将取值为 51 ~ 59 的归于土地承包者，将其余编码归于普通工人，各种职业类型按照其职业声望得分从低到高排列。虽不尽然，但原始编码中职业类别的排序其实具有从高到低编排之义。因此，为获得职业声望得分，我们采取了以下步骤：首先，重新定义 51 以后的编码，将它们分别赋予相应的最低取值；其次，将原始编码为 61 ~ 99 的分别往上提升；再次，对少数职业排序进行调整；最后，基于现存有关职业声望的研究对每类职业进行赋分，对于现存研究没有关注到的职业，基于理论判断和对现存文献的研究分别赋值。该变量的取值区间为［0，100］；取值越大，职业声望越高。作为一个连续变量，由于一共仅有 78 个取值，而数据的样本量很大，故数据的分布可能相对集中；反过来，微小的差别可能在统计学上都是显著的。

（一）不同人群职业类型和职业声望得分的描述分析

1. 职业类型

2005 年，人们都从事什么样的职业呢？不同身份人群在这方面具有哪些主要差异呢？表 9 - 1 给出的比例提供了答案。其一，三类人群各有特征：本地市民和乡—城流动人口中普通工人所占比例最高，管理人员的比例最低；城—城流动人口中，商业服务人员比例最高，土地承包者比例最低。该特点是由总体产业结构和职业结构（即在一定社会范围内，人们所从事的职业类型、比例及分布状况）所决定的，因为在城镇地区，第二、第三产业的比重相对较大。不管是产业结构还是职业结构，都受制于生产力发展水平及人民生活水平；随着科学技术的发展及生产工具的改进，从事第一产业和第二产业的人员比例逐渐降低，从事第三产业的人员比例逐渐升高；随着信息技术的发展，从事新兴服务业（信息、咨询等）的人员在从事第三产业的人员总数中的比例逐年升高。2005 年，总体而言，第二产业（尤其是各类制造业）依然占据主导地位。

表 9－1　不同身份人群职业类型的分布

单位：%

	土地承包者	普通工人	商业服务人员	普通办事员	专业技术人员	管理人员
全部人群	6.07	34.22	27.54	10.9	17.41	3.85
本地市民	5.93	26.57	25.13	14.19	23.85	4.32
全部流动人口	6.24	43.07	30.34	7.1	9.96	3.3
城—城流动人口	2.77	22.82	29.65	14.66	23.52	6.58
乡—城流动人口	8.01	53.39	30.69	3.24	3.04	1.63

其二，两类城镇户籍人群具有更大的相似性，普通工人、商业服务人员和专业技术人员最多，且城—城流动人口中商业服务人员、普通办事员和管理人员的比例都超过本地市民，虽然两类人群中管理人员的比例都不高。

其三，超过一半的乡—城流动人口从事人们普遍认为声望较低的职业——普通工人，其次为商业服务人员。与前两类人群相比，担任普通办事员、专业技术人员的乡—城流动人口比例都很低，在管理层的更是寥寥无几，仅为 1.63%。同样，也有更多的乡—城流动人口在流入地从事农业劳动（即土地承包者），而城—城流动人口为土地承包者的比例最低。

由此可见，对于土地承包者而言，将从业者按身份划分，则本地市民的比例超过城—城流动人口，但低于乡—城流动人口；而对于管理人员而言，本地市民的比例低于城—城流动人口，却大大超过乡—城流动人口。职业类型的分布折射出明显的城乡户籍差异，以及本地与外来的差别。不管是本地人还是外来人，城镇户籍之人比农村户籍之人拥有更好的职业类型；在最好的职业类型中，本地市民超过乡—城流动人口，却不如城—城流动人口。这表明，相当一部分城—城流动人口在流入地从事相对较好的工作，大部分乡—城流动人口从事的职业则较差。

2. 职业声望得分及其分布

从职业类型的分布可见三类人群之间的显著区别，但职业声望是否亦然？图9-1描述了不同身份人群职业声望得分以及不同户籍身份流动人口职业声望相对于本地市民的得分分布状况。如其所示，三类人群的职业声望存在明显的差距，且差异模式与前面所述的模式基本一致：城—城流动人口的职业声望得分为60.6，低于本地市民的61.8分，但大大高于乡—城流动人口的47.1分。与此相对应的流动人口的相对职业声望得分也凸显了这一差异：城—城流动人口的相对职业声望得分为本地市民的93.5%，即低于本地市民6.5%，但乡—城流动人口相对职业声望得分仅为参照组的71.7%，大大低于本地市民。由此可以看出，与乡—城流动人口相比较，城—城流动人口和本地市民都具有较高的职业声望。不同人群的职业声望呈现出“城乡差分”大于“内外之别”的特点。

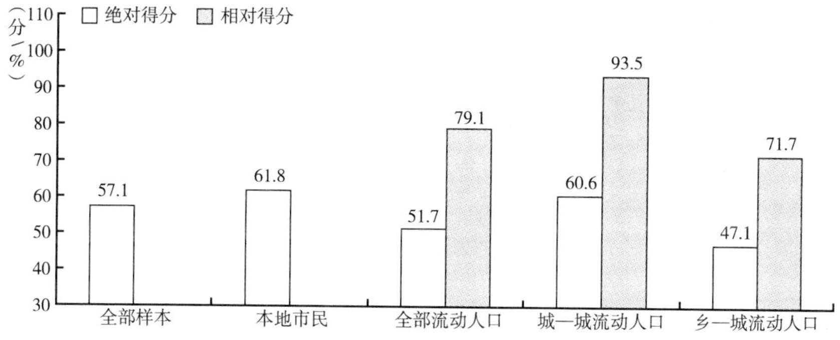

图9-1 不同身份人群绝对职业声望得分和流动人口相对职业声望得分

三类人群具体的职业分布情况如何呢？若详细考察三类人群的职业声望得分分布，则可发现他们之间的详细差别（见图9-2）。总的来看，其一，三类人群的相同之处在于，他们的职业声望得分分布的众数均介于50~60之间：约1/4的本地市民、约三成的城—城流动人口和乡—城流动人口都是如此。其二，本地市民与城—城流动人口的职业声望得分差别不大，且他们的职业声望得分多集中在较高的分值段，而乡—城流动人口的职业声望得分多处于较低的分值段。与此相应，全部人群职业声望得分呈正态分布，而本地市民和城—城流动人口的职业声望得分略呈左偏态分布，即职业声望得分更多的是在均值以上——据分布比例可知，分别约有33.0%的本地市民、26.0%的城—城流动人口的职业声望得分低于均值。反之，乡—城流动人口职业声望得分呈现出较为明显的右偏，即更多的人职业声望得分低于均值——同样据图9-2的分布比例可知，约62.0%之人职业声望得分低于均值。其三，就均值以下职业声望得分的每个区间，城—城流动人口均低于本地市民，更低于乡—城流动人口；相反，就均值以上职业声望得分的每个区间，城—城流动人口均超过本地市民（除70~80分区间之外），更超过乡—城流动人口（除50~60分区间之外）。该图更详细地印证了图9-1所揭示的特征。

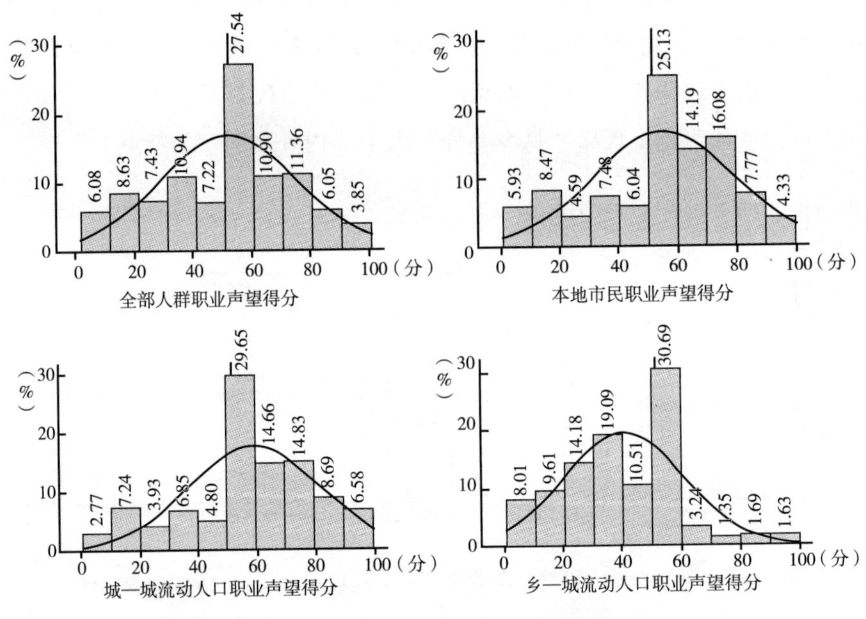

图9-2 不同身份人群职业声望得分直方分布图

注：图中曲线即为正态分布线，纵线为全部样本职业声望均值。

在本地市民、城—城流动人口、乡—城流动人口三类人群中，城—城流动人口的职业声望得分相对集中，即该人群内部的差异较小；但同样是在这个人群中，在最低端存在一些极值，这意味着有少数人有着与该人群差别很大的取值（见图9-3）。该图再次表明，绝大部分城—城流动人口的职业声望得分高于均值，大部分本地市民职业声望得分超过均值，而绝大部分乡—城流动人口的得分在均值之下。

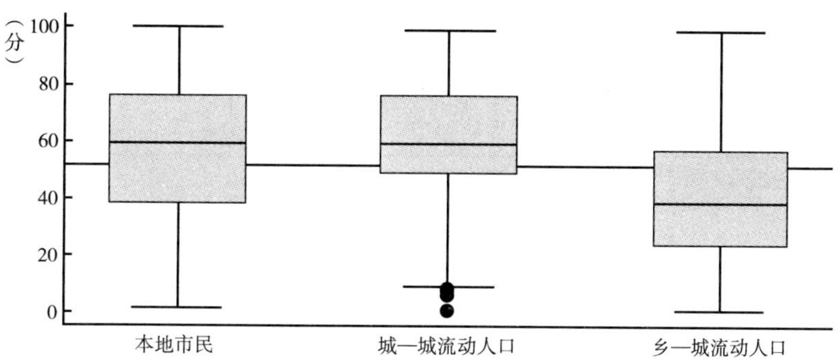

图 9－3　不同身份人群职业声望得分箱线分布图

注：图中横线为全部样本职业声望得分均值。

图 9－1 至图 9－3 直观地展示了三类人群职业声望得分及他们之间的差距，而这种差距同样体现了：（1）本地市民与外来市民及外来农民之间的差距；（2）外来市民与外来农民之间的差距。前者同时折射出户籍地点及户籍类型的效果，后者折射出户籍类型的差别。很明显，职业声望也凸显了“城乡差分”大于“内外之别”。就城—城流动人口而言，他们与本地市民的差别仅在于户籍地点，故而这两类人群之间的差距较小；而就乡—城流动人口而言，他们与本地市民的差别在户籍地点之上还要加上户籍类型，故而这两类人群之间的差距较大；同时，我们也清楚地看到，同为外来人口，城—城流动人口与乡—城流动人口之间也出现了明显的社会分层，而这种分层一方面是由户籍类型引起的，另一方面则与户籍制度的衍生要素密切相关。如第五章所言，城—城流动人口的受教育程度不输于本地市民，样本中受过大专及以上教育的比例甚至超过后者，而且在专业技能等方面也不输于本地人（杨菊华，2011b），这些都有助于提升他们的职业声望。但是流动人口在流入地就业时常常受到外地户籍的制约，尤其是职业声望较高的国家权力机关和事业单位，外地人很难进入。故而此类由户籍地点最终导致的职业声望差异不可忽视。

（二）职业声望得分与流动特征的相关分析

有关职业流动的研究表明，流动人口的职业声望可能随着在流入地居留时间的延长而得到改善。同时，我们有理由相信，出于不同目的而流动，或跨越不同行政区域之人在职业地位获得方面可能也会有差异。表 9－2 列出了职业声望得分与流动特征变量的相关分析结果。

表 9－2　职业声望得分与流动特征的相关分析结果

单位：分

流动特征	全部流动人口	城—城流动人口	乡—城流动人口
离开户籍地时长			
0.5～3 年	45.27	59.17	40.02
3～5 年	48.16	60.47	41.21
5 年以上	47.62	57.71	41.15
流动原因			
务工经商	44.40	56.50	41.78
工作调动	62.20	65.18	49.05
拆迁搬家	59.13	62.26	39.88
婚姻嫁娶	41.91	57.97	28.09
其他	48.92	56.66	37.16
流动区域			
地区内流动	53.33	59.86	40.74
跨地区流动	45.99	56.46	42.88
跨省流动	42.92	57.77	40.11

就离开户籍地时长来看，总体而言，不管离开户籍地的时间有多长，城—城流动人口的职业声望得分都高于乡—城流动人口。但是，不管是城—城流动人口还是乡—城流动人口，职业声望得分与离开户籍地时长均呈现倒 U 形关系，离开户籍地 3～5 年之人的职业声望得分最高，而这可能折射出这样一个现实，即流动人口在流入地已经具备一定的工作经验，专业技能有所提升，故而能够胜任社会地位更高的工作。不过，离开户籍地 5 年以上的城—城流动人口职业声望得分最低，而乡—城流动人口中得分最低的是离开户籍地 0.5～3 年之人；虽然后者与预期相符，但前者难以理解。还有一点值得注意的是，每个时长类别之间职业声望得分的差别都不大，特别是乡—城流动人口——在该人群中，3～5 年者与 5 年以上者之间的差别并不显著。这似乎表明，至少在 3～5 年内，城—城流动人口的职业声望可能得到一定的提升，实现纵向社会流动；但乡—城流动人口不管离开老家有多久，都难以实现垂直的职业流动，三年也好，五载也罢，绝大部分人无疑变换过工作，但多只是水平流动。

职业声望得分在离开户籍地时长的各类别中差距不大，但它在因不同原因而流动的各个类别之间的差距却较大，比如，因不同原因而流动的城镇人口的得分相差近9分，农村人口的得分差距超过20分。这两类人群的共性是：因工作调动（包括工作调动、分配录用、学习培训、出差）而流动之人的职业声望得分最高，分别为65.18分和49.05分。但是，他们的差异也十分明显：一是在每种流动原因上将二者进行比照后发现，无论因何种原因流动，城—城流动人口职业声望得分明显超过乡—城流动人口，二者得分差距在14～30分，且城—城流动人口的最低分超过乡—城流动人口的最高分；二是考察同类人群的不同流动原因就会发现，城—城流动人口中因拆迁搬家而流动之人得分排在第二位，务工经商之人得分最低，但乡—城流动人口中因务工经商而流动之人的得分位居第二位，婚姻嫁娶者得分最低（28.09分）。

不管是城—城流动人口还是乡—城流动人口，职业声望得分在流动所跨越的行政区域三个类别中差别也不大。地区内流动的城—城流动人口得分最高，其次为跨省流动者，跨地区流动者和跨省流动者之间的差别不显著；跨地区流动的乡—城流动人口得分最高。所有类别尽管得分差距不大，但在两类人群中都是高度显著的。

（三）职业声望得分与控制变量的相关分析

流动人口的职业声望与他们的年龄等人口学特征、人力资本特征、劳动就业特征、区域特点是否也显著相关？表9－3提供了这方面的信息。首先，职业声望得分在三类人群的各个年龄组之间的差别都不大（特别是乡—城流动人口），且不是每类人群的各分类之间都显著相关。不过，在这不大的差异中我们也能发现一些规律性的特点：若就人群之间进行比较，则发现城—城流动人口在每个年龄组的职业声望得分都超过其他两类人群，虽然与本地市民之间的差别远远小于与乡—城流动人口之间的差别；若就同一人群在各年龄组的不同分布来看，随着年龄的增长（以及随之而来的工作经验的积累），本地市民和城—城流动人口的职业声望有所提升，但在35岁以后声望又略微下降，后两个年龄组的本地市民职业声望得分差别甚小，且城—城流动人口中45～55岁年龄组的得分最低；而对于乡—城流动人口而言，青年人（16～26岁年龄组）的职业声望得分最高，与本地市民一样，35～44岁者的职业声望得分最低。

表 9-3　职业声望得分与控制变量的相关分析结果

单位：分

	本地市民	城—城流动人口	乡—城流动人口
人口学特征与人力资本特征			
年龄			
16~26 岁	55.97	58.74	41.20
27~34 岁	56.41	60.17	40.86
35~44 岁	54.94	58.99	39.95
45~55 岁	55.28	57.51	40.01
性别			
男性	53.72	57.44	40.60
女性	57.96	61.16	40.82
民族			
少数民族	56.33	57.68	35.76
汉族	55.46	59.14	41.05
婚姻状况			
不在婚	56.00	59.92	42.06
在婚	55.43	58.78	40.01
受教育程度			
≤小学	37.54	43.26	35.97
初中	44.37	46.69	39.85
高中	55.30	56.02	48.29
≥大专	70.90	70.71	63.18
劳动就业特征			
就业行业			
制造业	41.36	49.00	33.74
建筑业	43.20	50.42	29.95
商业服务业	58.23	61.00	55.38
交通信息业	50.95	57.07	36.76
文教卫机关	71.76	72.06	60.08
单位类型			
个体工商户	51.91	55.12	48.76
私营企业	53.02	59.60	40.40
机关国有集体	61.16	62.20	42.67
其他单位	36.55	49.74	31.42
所在(流入)地区			
直辖市	57.40	62.68	43.52
华北	55.55	56.20	40.20
东北	51.41	54.52	35.32
华东	55.48	58.00	39.46
华中	57.32	59.40	44.26
华南	55.81	58.18	40.65
西南	57.12	59.78	39.52
西北	54.53	59.05	38.70

就性别、民族、婚姻状况而言，三类人群表现出共同的特点：女性的职业声望超过男性，汉族人口的职业声望高于少数民族人口（本地市民除外），不在婚者的职业声望超过在婚者。不过，对于本地市民和城—城流动人口来说，这种差异具有统计上的显著性，而对于乡—城流动人口而言，性别与职业声望之间没有显著关联。民族差距在乡—城流动人群中体现得尤为明显，婚姻状况差异亦然。

受教育程度与职业声望得分呈正相关关系，即随着受教育程度的提高，三类人群的职业声望得分都有所增加，这是同一人群之内教育层级的差别。就人群之间的差异而言，从他们的职业声望在各个教育层次的得分来看，除小学及以下阶段外，在其余教育层级，本地市民和城—城流动人口的得分相差无几；尽管仅受过小学及以下教育的乡—城流动人口的职业声望得分与本地市民十分接近，但随着受教育程度的提高，这两个人群之间的差异不断扩大。比如，在大专及以上教育阶段，本地市民、城—城流动人口、乡—城流动人口的得分依次为70.90分、70.71分和63.18分，表明教育的回报率对本地市民最大，对乡—城流动人口最小。

本研究在“经济融入综合指数”一章提到，在各就业行业中，这三类人群的一个共性是，在文教卫机关等行业就业者的经济地位最高；同样，在文教卫机关等行业就业者的职业声望也最高，其次为在商业服务业就业者。不管在哪个行业，城—城流动人口的得分都超过本地市民。在交通信息业、制造业、建筑业就业的乡—城流动人口的得分都很低，意味着他们在这三类行业多从事低端劳动。

从就业的单位类型来看，本地市民和城—城流动人口的相同之处在于，在机关国有集体工作之人的职业声望得分最高，其次为在私营企业就业者。乡—城流动人口与另两类人群有所不同：在个体单位就业者的得分最高，其次为机关国有集体、私营企业，在其他单位就业者的职业声望得分最低。值得注意的是，同样在机关国有集体工作，乡—城流动人口的职业声望得分远远低于本地市民和城—城流动人口。这也再一次表明，即便就业于同样的单位类型，乡—城流动人口多在声望较低的职业岗位上，也就是现存文献一再提到的脏、差、苦、累的工作。

最后，从八大地区来看，本地市民和城—城流动人口展现出较强的一致性：在直辖市、西南、华中地区工作之人获得的职业声望得分位居前列。而对于乡—城流动人口而言，在华中地区和直辖市就业之人的职业声望得分位居前列。三类人群的相同之处在于，在东北地区就业之人的得分最低，且与其他地区差距显著。

（四）职业声望的省际差异

由于各省（市、区）之间经济社会发展的不平衡性，以及由此而产生的产业结构、职业结构的差别，我们有理由认为，各省（市、区）之间人们的职业声望可能也存在差别。为此，我们对数据进行汇总，考察省（市、区）之间三类人群的职业声望得分情况以及流动人口的相对职业声望得分。表 9－4 详细地列出了各省（市、区）三类人群的职业声望得分及排位。非常出乎意料的是，流动人口在西藏获得的职业声望得分最高，其次为北京，这两地的本地市民职业声望得分也位居前两位。吉林、山东、海南、内蒙古和黑龙江的城—城流动人口职业声望得分最低，而宁夏、内蒙古、吉林、黑龙江和新疆的乡—城流动人口职业声望得分占据了最后五位。进一步的详细分析发现，西藏的样本量一共仅有 788 人；其中，456 人为本地市民，56 人为城—城流动人口，276 人为乡—城流动人口。从原始的职业变量分布来看，近 80.0% 样本的职业取值小于 51（即农业者），即 80.0% 之人至少是商业服务人员（或更好的职业），职业分布的差异性较小。而在流动人口较多之地（如广东、江苏），职业类别更多，人们分布于不同的岗位上，从而可能降低其职业声望得分。此外，从三个群体的比较来看，本地市民、城—城流动人口的职业声望得分比较接近，而乡—城流动人口的职业声望得分显著低于前两类人群。

表 9－4　各省（市、区）三类人群职业声望得分及排位

单位：分

	本地市民		城—城流动人口		乡—城流动人口	
	得分	排位	得分	排位	得分	排位
北京	61.93	1	65.99	2	48.19	2
西藏	60.20	2	68.29	1	61.78	1
陕西	59.46	3	60.87	6	44.11	5
贵州	58.62	4	59.87	11	38.73	24
福建	58.34	5	59.34	14	39.20	21
浙江	58.13	6	61.72	4	39.03	22
上海	57.91	7	62.94	3	42.90	7
青海	57.69	8	59.96	8	39.23	20
湖南	57.66	9	60.35	7	45.17	4
山西	57.51	10	57.59	22	43.58	6

续表

	本地市民		城—城流动人口		乡—城流动人口	
	得分	排位	得分	排位	得分	排位
河南	57.41	11	60.91	5	46.60	3
云南	57.36	12	59.89	10	38.64	25
河北	57.21	13	57.56	23	42.81	8
江西	57.05	14	59.42	13	41.47	10
广西	57.04	15	58.07	19	40.53	16
湖北	56.94	16	57.70	21	42.44	9
广东	56.66	17	58.44	18	40.65	14
四川	55.82	18	59.26	15	38.95	23
安徽	55.78	19	59.44	12	41.08	13
天津	55.71	20	59.23	16	41.38	11
山东	54.69	2	53.89	28	39.40	19
重庆	54.62	22	59.04	17	41.31	12
甘肃	53.93	23	59.96	8	39.94	17
吉林	53.30	24	54.54	27	34.98	29
江苏	53.09	25	57.91	20	39.68	18
辽宁	52.68	26	55.10	26	37.92	26
内蒙古	51.19	27	53.50	30	35.79	28
宁夏	51.11	28	56.13	25	36.87	27
黑龙江	48.76	29	53.21	31	31.72	30
新疆	48.35	30	56.37	24	31.49	31
海南	46.93	31	53.78	29	40.56	15

若将各省（市、区）流动人口与本地市民相比较的相对职业声望得分进行对比（见图9－4、图9－5），则发现，除山东和广东外，其余各省（市、区）城—城流动人口职业声望都超过本地市民，尤其是新疆，城—城流动人口得分高出本地市民14.9%。可见，与本地市民相比，城—城流动人口可能在受教育程度和专业技能方面更有优势，多从事技术性或管理工作，故而提升了整体的职业声望。各省（市、区）乡—城流动人口的职业声望得分都显著低于本地市民（西藏除外）。位居第二位的海南，乡—城流动人口的职业声望得分仅为本地市民的82.1%，福建、贵州、新疆、吉林和黑龙江的乡—城流动人口职业声望得分最低。在城—城流动人口中，职业声望的绝对得分和相对得分排位之间有变动，绝对得分前五位的，在相对得分中，只有上海仍在前五，相对得分排位第一

的新疆，其绝对得分较低，仅有56.37分。在乡—城流动人口中，职业声望绝对排位前五的省（市、区）中，其中四个（即西藏、北京、河南、湖南）依然排在相对得分前五，说明乡—城流动人口在这两个职业声望排位中变化不大。

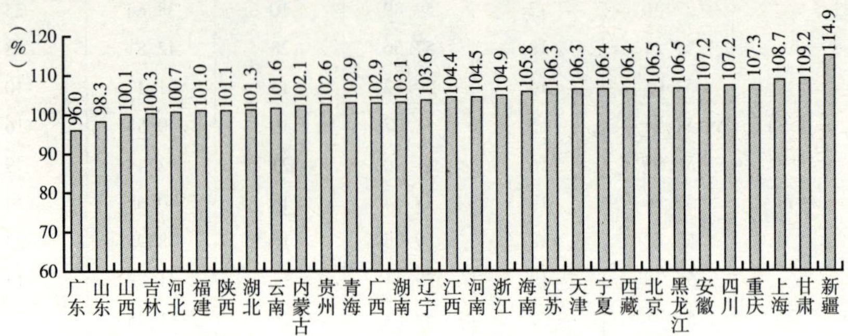

图9-4　各省（市、区）城—城流动人口相对职业声望得分

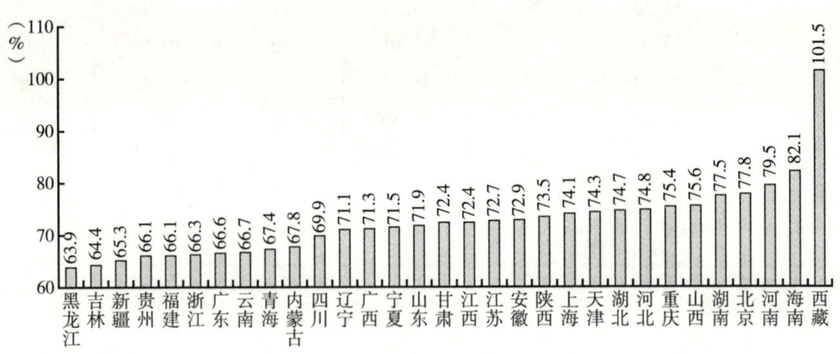

图9-5　各省（市、区）乡—城流动人口相对职业声望得分

（五）职业声望的地区差异

下面，我们通过散点图，分别分析流动人口的职业声望得分、流动人口相对于本地市民的相对职业声望得分与本地市民职业声望得分的相关关系（见图9-6和图9-7）。图9-6展示出来的一个总体规律是：不管户籍身份，在本地市民得分较高之地区，流动人口的职业声望得分也较高，这种相关性在城—城流动人口身上更突出，其得分均位于均值（57.1分）以上。相反，除了几个极端值外，乡—城流动人口的得分均位于均值以下。但是，如图9-7所示，流动人口相对

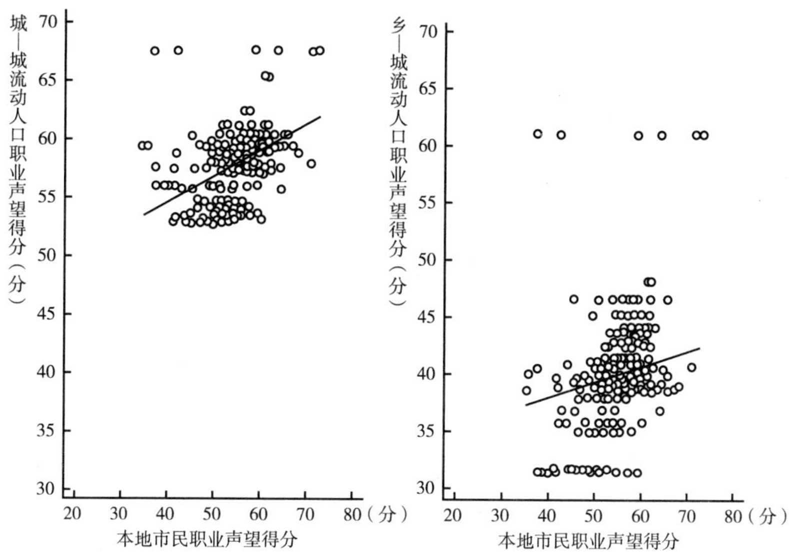

图 9－6　各地区流动人口与本地市民的职业声望得分的关系

注：图中斜线表示回归线。城—城流动人口、乡—城流动人口职业声望得分与本地市民职业声望得分的相关系数分别为 0.38 和 0.27，且均高度显著。

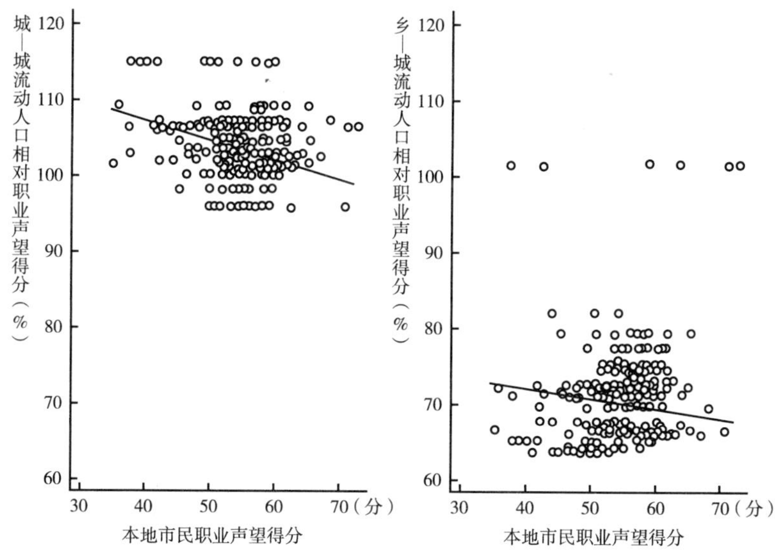

图 9－7　各地区流动人口相对职业声望得分与本地市民职业声望得分的关系

注：图中斜线表示回归线。城—城流动人口、乡—城流动人口相对职业声望得分与本地市民职业声望得分的相关系数分别为 －0.29 和 －0.17，且均高度显著。

职业声望得分总体上看与本地市民得分的关系和图9-6不同。从散点图判断，两类流动人口与本地市民之间职业声望得分的关系似乎看不出明显的模式，尽管负向关联，且相关系数都高度显著。这与前面看到的经济融入综合指数所展示的模式是不同的，也反映出对单个融入指标进行独立分析的重要性。

二　全部样本职业声望多层线性回归模型分析

以上的描述分析结果表明，三类人群的职业声望与大多数自变量具有显著关联性。城乡之间、户籍地之间的差别都十分突出，尽管户籍地的模式更为复杂。那么，在其他因素相同的情况下，户籍类型和户籍地点与因变量之间是否还保持着关系，即控制变量如何调节主要自变量与因变量之间的关系？哪些其他自变量对因变量产生显著的影响效果？下面，我们通过多层模型分析，来阐释流动身份等关键自变量与因变量之间的独立关系，考察前面展现的模式是否依存。如表9-4所示，在各个地区，人们的职业声望差别显著，故在多层模型分析中，我们将个体作为低层单位，将地区作为高层单位。

首先进行分析的模型为空模型。前面提到，空模型可用来判断使用多层模型的必要性。表9-5的模型1是空模型的分析结果，因变量在地区之间存在显著

表9-5　全部样本职业声望多层线性空模型及主要自变量模型分析结果

变量和参数	模型1(空模型)		模型2		模型3	
	系数	标准误	系数	标准误	系数	标准误
流动人口	—	—	-9.14	0.08***	—	—
流动身份						
本地市民(=对照组)						
城—城流动人口	—	—	—	—	1.95	0.10***
乡—城流动人口	—	—	—	—	-16.09	0.08***
截距	51.81	0.28	54.98	0.27	55.07	0.27
随机效果						
地区之间的变异	5.06	0.20	4.96	0.20	4.83	0.19
个体之间的变异	23.18	0.02	22.80	0.02	22.10	0.02
群间关联度	0.18		0.18		0.18	
地区样本量	344		344		344	
个体样本量	433356		433356		433356	
Log likelihood	-1977641.5		-1970607.4		-1956914.6	
Wald chi2	—		14299.14		43501.22	

注：*** p<0.001，** p<0.01，* p<0.05。

的变异（其系数为5.06，标准误为0.20），表明同一地区内的不同个体职业声望得分相互关联，故使用多层模型、在模型中纳入地区随机变量将改善模型的适应性，获得精确的参数估计效果。模型2仅包括一个主要自变量——二分类的流动身份，即流动人口与本地市民，本地市民为参照组。从表中可见，本地市民的职业声望得分高出流动人口9.14分，表明因户籍地引起的“内外之别”对因变量具有显著的影响效果。再进一步将流动人口按照户籍类型加以细分，乡—城流动人口职业声望得分低于本地市民16.09分，相反，城—城流动人口高出本地市民近2分，且在统计学上均高度显著，这表明，流动人口职业声望得分低主要是由乡—城流动人口得分较低所致。

除了户籍身份外，其余哪些要素会影响人们的职业声望呢？在当前中国社会，决定个人职业声望的因素主要是教育、权力、就业单位的性质（李春玲，2005）。现在我们将个体人口学特征、人力资本特征、劳动就业特征、所在地区纳入模型中，分析它们对因变量（职业声望）的影响（见表9-6）。

与模型2的结果对比，模型4中流动人口的自变量系数大大下降，从模型2中的-9.14变动至-0.78，表明部分职业声望的差异并不是流动身份本身造成的，而是由其他要素引起的，尽管许多其他要素都可能与户籍有关。将模型5与模型3进行对比，同样发现城—城流动人口的系数估计值从1.95降低至1.08，乡—城流动人口的系数估计值更是从-16.09变动为-2.67，变动幅度尤大，表明在模型中引入控制变量后，不同类别流动人口与本地市民之间职业声望得分的差距都缩小了，不管差距是大还是小。

当然，尽管差距缩小，但城—城流动人口依旧拥有显著的优势，而乡—城流动人口即便其他条件与本地市民相同，也未能获得同等的职业地位。我们认为，不管是前者的优势，还是后者的弱势，可能主要与他们受教育程度背后的职业能力、个人技能等没有被控制的要素有关，且乡—城流动人口的弱势也可能与因为受教育程度较低而受到的制度性排斥有关。

在其他条件相同的情况下，三类人群的职业声望得分随年龄的增长而有所提升，尤其是45~55岁之人的职业声望显著高于上两个年龄组的样本，而这与相关分析结果是不同的，表明若其他条件相同，年龄的确是经验积累、获得更好职业地位的重要因素。有趣的是，女性的职业声望得分高于男性，这与现存其他研究得出的结果有所不同，其原因可能是，一般来说，外出流动的女性都受过一定的教育，具备一定的能力（受教育程度低的女性一般都留守在家），相比男性而言，其流动更具选择性，而且，大部分就职于商业服务业等劳动强度较低的行业。而男性由于是家里的主要经济来源，不管其受教育程度和职业技能如何，都必须外出挣钱，如果受教育程度比较低或缺乏技能，则多只能就职于建筑业等体力劳动行业，因此，从整体上拉低了其职业声望得分。汉族人口、不在婚者的职业声望得分分别高于少数民族人口和在婚者。受教育程度与职业声望得分呈现梯次增长关系；受过大专及以上教育之人的职业声望得分比受过高中教育之人高出1倍左右，且绝对数值巨大。

模型中两个与劳动就业有关的变量与因变量之间的关系都高度显著。在文教卫机关就业者的职业声望得分最高，在建筑业就业者的职业声望得分最低。与在个体单位就业者相比，在其他单位就业者的职业声望得分显著偏低。

同样，样本的职业声望得分也因地区而异。与在直辖市就业者的职业声望得分相比，在其他所有地区就业之人的职业声望得分都较低，而在东北和西北地区就业之人的职业声望得分最低，故而与对照组之间的差异显著。

而从随机参数来看，地区层次随机变量的变异值有所下降，从模型2中的4.96降低到模型4中的2.87，个人层次随机变量的变异值也从模型2中的22.80下降至模型4中的18.00。可见，地区和个人因素对因变量都具有一定的解释能力。

表9-6　全部样本职业声望多层线性回归模型分析结果

	模型4		模型5	
	系数	标准误	系数	标准误
流动人口	-0.78	0.07***	—	—
流动身份(本地市民=对照组)				
城—城流动人口	—	—	1.08	0.08***
乡—城流动人口	—	—	-2.67	0.08***
人口学特征与人力资本特征				
年龄(16~26岁=对照组)				
27~34岁	1.14	0.10***	0.84	0.10***
35~44岁	1.87	0.10***	1.47	0.10***

续表

	模型 4		模型 5	
	系数	标准误	系数	标准误
45～55 岁	3. 70	0. 11 ***	3. 10	0. 11 ***
女性	2. 01	0. 06 ***	1. 95	0. 06 ***
汉族	0. 82	0. 13 ***	0. 76	0. 13 ***
在婚	-0. 60	0. 09 ***	-0. 53	0. 09 ***
受教育程度(≤小学 = 对照组)				
初中	4. 23	0. 10 ***	3. 80	0. 10 ***
高中	12. 11	0. 11 ***	11. 06	0. 11 ***
≥大专	24. 05	0. 12 ***	22. 63	0. 13 ***
劳动就业特征				
就业行业(制造业 = 对照组)				
建筑业	-0. 36	0. 11 ***	-0. 34	0. 11
商业服务业	17. 26	0. 08 ***	17. 02	0. 08 ***
交通信息业	5. 18	0. 09 ***	4. 92	0. 09 ***
文教卫机关	18. 56	0. 10 ***	18. 55	0. 10 ***
单位类型(个体工商户 = 对照组)				
私营企业	1. 29	0. 09 ***	1. 20	0. 09 ***
机关国有集体	2. 39	0. 09 ***	2. 08	0. 09 ***
其他单位	-8. 50	0. 10 ***	-8. 55	0. 10 ***
所在地区(直辖市 = 对照组)				
华北	-1. 85	1. 02	-1. 67	1. 03
东北	-3. 08	1. 01 **	-3. 31	1. 03 ***
华东	-0. 42	0. 96	-0. 48	0. 97
华中	-0. 58	1. 00	-0. 68	1. 01
华南	-0. 95	1. 01	-0. 92	1. 02
西南	-0. 29	0. 99	-0. 34	1. 00
西北	-3. 52	0. 98 ***	-3. 56	1. 00 ***
常数	30. 30	2. 08 ***	32. 02	2. 10 ***
随机效果				
地区之间的变异	2. 87	0. 12	2. 89	0. 12
个体之间的变异	18. 00	0. 02	17. 97	0. 02
群间关联度	0. 14		0. 14	
地区样本量	344		344	
个体样本量	433356		433356	
Log likelihood	-1867980. 7		-1867240. 8	
Wald chi2	285622. 40		288072. 98	

注：*** p<0. 001，** p<0. 01，* p<0. 05。

三　流动人口职业声望多层线性回归模型分析

上述模型解读表明户籍制度（户籍地点、户籍类型）对本地市民、城—城流动人口和乡—城流动人口有重要影响，但却无法判断除了户籍身份以外，流动特征等关键变量对流动人口职业声望的影响性质及程度。流动人口是我们关注的重点，故本节专门分析流动人口职业声望和流动特征以及控制变量之间的关系，以阐释户籍身份、流动特征的影响效果。

同样，我们首先利用空模型来验证是否有必要采用多层模型。表9-7陈列出三个模型结果，分别针对全部流动人口、城—城流动人口、乡—城流动人口。从随机效果中“地区之间的变异”系数来看，全部流动人口、按户籍类型划分的流动人口系数都高度显著，可以得出多层模型适用于全部流动人口和按户籍类型划分的流动人口的结论。

表9-7　流动人口职业声望多层线性回归空模型分析结果

单位：%

	模型6(全部流动人口)		模型7(城—城流动人口)		模型8(乡—城流动人口)	
	系数	标准误	系数	标准误	系数	标准误
截距	46.02	0.34	56.74	0.28	39.07	0.36
随机效果						
地区之间的变异	5.94	0.26	4.53	0.23	6.28	0.27
个体之间的变异	21.93	0.03	21.87	0.06	19.54	0.04
群间关联度	0.21		0.17		0.24	
地区样本量	344		343		344	
个体样本量	200866		67814		133052	
Log likelihood	-905760.30		-305729.91		-584760.89	
Wald chi2	—	—	—	—	—	—

下面将运用多层模型，考察各类要素与因变量之间的独立关系（结果见表9-8）。就离开户籍地时长来看，两类流动人口的共同之处在于：离开户籍地3~5年之人获得的职业声望稍高于刚刚离开户籍地之人；两类流动人口的不同之处在于，离开户籍地5年以上的城—城流动人口的职业声望和离开户籍地0.5~3年者没有显著差异，而乡—城流动人口离开户籍地时间越长，职业声望越高，

表 9－8 流动人口职业声望多层线性回归模型分析结果

	模型 9（全部流动人口）		模型 10（全部流动人口）		模型 11（城—城流动人口）		模型 12（乡—城流动人口）	
	系数	标准误	系数	标准误	系数	标准误	系数	标准误
乡—城流动人口	－15.54	0.12***	－4.42	0.11***	—	—	—	—
离开户籍地时长（0.5～3 年＝对照组）								
3～5 年	1.29	0.11***	0.67	0.09***	0.50	0.18**	0.71	0.11***
5 年以上	0.74	0.11***	0.68	0.10***	－0.10	0.18	1.15	0.11***
流动原因（务工经商＝对照组）								
工作调动	6.29	0.22***	1.87	0.19***	2.54	0.27***	2.03	0.36***
拆迁搬家	0.23	0.20	－0.38	0.17*	0.43	0.25	－1.01	0.35**
婚姻嫁娶	－8.22	0.19***	－5.17	0.17***	－1.52	0.29***	－8.02	0.21***
其他	－3.70	0.17***	－2.43	0.14***	－1.27	0.24***	－3.26	0.19***
流动区域（地区内流动＝对照组）								
跨地区流动	－1.97	0.16***	－0.88	0.14***	－0.90	0.28***	－0.74	0.16***
跨省流动	－5.53	0.14***	－1.39	0.12***	－0.61	0.23**	－1.16	0.15***
人口学特征与人力资本特征								
年龄（16～26 岁＝对照组）								
27～34 岁	—	—	0.82	0.12***	1.37	0.24***	0.49	0.14***
35～44 岁	—	—	0.96	0.14***	2.38	0.26***	0.12	0.15
45～55 岁	—	—	1.81	0.17***	3.35	0.30***	0.49	0.21*

续表

	模型 9(全部流动人口)		模型 10(全部流动人口)		模型 11(城—城流动人口)		模型 12(乡—城流动人口)	
	系数	标准误	系数	标准误	系数	标准误	系数	标准误
女性	—	—	1.36	0.08 ***	2.77	0.15 ***	0.47	0.09 ***
汉族	—	—	1.54	0.17 ***	1.21	0.34 ***	1.46	0.19 ***
在婚	—	—	-0.42	0.12 ***	0.00	0.23	-0.43	0.14 **
受教育程度(≤小学 = 对照组)								
初中	—	—	2.98	0.12 ***	3.42	0.43 ***	2.54	0.12 ***
高中	—	—	9.81	0.14 ***	11.02	0.43 ***	8.63	0.16 ***
≥大专	—	—	22.54	0.18 ***	23.37	0.44 ***	20.68	0.34 ***
劳动就业特征								
就业行业(制造业 = 对照组)								
建筑业	—	—	-2.44	0.15 ***	1.59	0.33 ***	-4.10	0.17 ***
商业服务业	—	—	17.02	0.11 ***	11.49	0.21 ***	19.35	0.12 ***
交通信息业	—	—	3.89	0.14 ***	4.31	0.23 ***	1.33	0.19 ***
文教卫机关	—	—	16.90	0.17 ***	14.26	0.25 ***	21.54	0.29 ***
单位类型(个体工商户 = 对照组)								
私营企业	—	—	-0.27	0.12 *	1.72	0.25 ***	-0.49	0.13 ***
机关国有集体	—	—	-0.09	0.14	0.24	0.25	-0.37	0.18 *
其他单位	—	—	-7.58	0.12 ***	-5.68	0.28 ***	-7.44	0.13 ***
流入地区(直辖市 = 对照组)								

续表

	模型 9(全部流动人口)		模型 10(全部流动人口)		模型 11(城—城流动人口)		模型 12(乡—城流动人口)	
	系数	标准误	系数	标准误	系数	标准误	系数	标准误
华北	—	—	-1.79	1.22	-2.13	1.09*	-1.23	1.48
东北	—	—	-4.48	1.22***	-2.97	1.09**	-5.04	1.48***
华东	—	—	-1.02	1.14	0.12	1.02	-1.36	1.38
华中	—	—	-0.92	1.20	-0.98	1.09	-0.44	1.46
华南	—	—	-1.54	1.20	-0.80	1.08	-1.64	1.45
西南	—	—	-0.82	1.19	0.04	1.10	-1.14	1.43
西北	—	—	-3.65	1.19***	-2.59	1.09*	-4.03	1.43**
常数	-0.17	0.04***	34.77	2.43***	33.58	2.16***	31.31	2.92***
随机效果								
地区之间的变异	4.76	0.21	3.29	0.15	2.49	0.17	3.99	0.18
个体之间的变异	20.17	0.03	17.00	0.03	18.65	0.05	15.77	0.03
群间关联度	0.19		0.16		0.12		0.20	
地区样本量	343		343		343		344	
个体样本量	200865		200865		67814		133051	
Log likelihood	-888916.91		-854497.03		-294812.93		-556144.5	
Wald chi2	36677.49		133876.38		25861.27		71550.09	

注：*** $p<0.001$，** $p<0.01$，* $p<0.05$。

且在离家5年以上时获得了最高分。就流动原因而言，因工作调动而流动之人的职业声望得分最高，相反，因婚姻嫁娶而流动之人的职业声望得分最低；而因婚姻嫁娶而流动的乡—城流动人口的职业声望得分显著低于因其他四类原因而流动之人。就流动区域来看，与其他章节结论一致，地区内流动之人的职业声望最高，城—城流动人口中，跨地区流动之人的职业声望得分最低，而乡—城流动人口中，跨省流动之人的职业声望得分最低。正如前文所述，流动所跨越的行政区域越大，流动人口在劳动就业、社会保障、居住环境等方面面临的障碍越多，需要适应的问题也越多，所获得的职业声望得分也越低。此外，流动人口的人口学特征、人力资本特征及劳动就业特征和因变量的关系与描述性统计分析的结果相同。从年龄来看，城—城流动人口获得的职业声望与年龄似乎呈现线性关系。随着年龄的增长，城—城流动人口的职业声望得分也在提高；而对于乡—城流动人口，27~34岁、45~55岁之人职业声望得分最高，不过，各个年龄组的得分差异甚小。

无论是城—城流动人口，还是乡—城流动人口，女性获得的职业声望得分都高于男性，不过这种差异在城—城流动人口中更为明显。汉族流动人口获得的职业声望得分超过少数民族流动人口，而是否在婚对城—城流动人口的职业声望得分影响不大，在乡—城流动人口中，在婚者的职业声望得分低于不在婚者。同样，受教育程度与流动人口的职业声望得分之间呈明显的正向梯级关系，但对城—城流动人口的贡献始终大于对乡—城流动人口的贡献。

另外，从就业行业来看，如同全部人群一样，在文教卫机关和商业服务业就业的流动人口职业声望得分最高，且其对乡—城流动人口的作用大于对城—城流动人口的影响。值得注意的是，在制造业就业的城—城流动人口职业声望得分最低，就业于建筑业的乡—城流动人口职业声望得分最低。在建筑业就业的农民工往往从事的都是不需要太多技能的体力活；而城—城流动人口在建筑业就业的比例较低，即便在此行业就业，多是从事服务或管理之类的工作。从单位类型来看，就业于私营企业的城—城流动人口职业声望得分最高，高于在机关国有集体就业者的得分。该发现似乎表明，对社会做出巨大贡献并且掌握经济资本的私营企业（李春玲，2005）也得到了人们的普遍认可，其中的流动人口也相应地获得了较高的职业声望。而在其他单位就业的乡—城流动人口的职业声望得分最低；其他研究表明，这类从业者多是临时工，比如搬运工、装卸工、采矿工、建筑工、保姆、钟点工、人力三轮车夫（李春玲，2005），故而职业声望偏低。

最后，就流入区域来看，两类流动人口的不同之处在于：城—城流动人口在东北、西北、华北三地的职业声望得分最低，但是差别不大；而东北的乡—城流动人口的职业声望得分非常低，其次为西北地区，其他区域人口的职业声望得分与直辖市人口没有显著差异。

本章小结

职业是个体经济地位的关键指标之一，也是群体社会分层的关键要素。是否就职于较高声望的职业对于个人发展至关重要。因此，不管是哪一类人群，都在为获得更好的职业而努力着。

纵观中国过去60年的历史可知，在新中国成立初期，大量农民涌入城市或地区之间的人口迁徙，使中国经历了一次较大规模的职业流动。随着1950年代后期户籍制度的出台和收紧，农村人口出现大量回流，返回农业（李强，2004）。如第一章所言，在户籍制度的严格控制下，加上经济不够发达，中国的职业种类较少，职业流动性也很低。然而，在过去的30年中，改革开放政策的推行、户籍制度的松懈、城市与农村及地区之间经济发展的不平衡性驱动大量农村人口或相对欠发达地区的城镇人口源源不断地涌入城镇或较为发达地区务工经商，主要工作地点从农村转移到城市，或从较小的城市转移到较大的城市。对于流动者而言，不论是从农业转到非农产业或其他行业，还是从地位较低的工作转换为地位较高的工作，都是一次大的职业流动，对个人、整个中国的社会地位结构都产生了巨大影响。

与就业行业、单位类型不同，职业有好坏、高低之分。劳动力从农村来到城镇、从一个地方转移到另一个地方，都是希望找到一份理想的或相称的工作以及获得与工作相匹配的收入。测量职业好坏的方法有几种，包括对职业类型进行分析，将职业类型转换为职业声望，通过职业的变动来考察职业流动性，等等。由于缺乏职业流动史数据，本章未能考察职业流动。但是，通过对本地市民、城—城流动人口、乡—城流动人口在流入地的职业类型和职业声望的考察，我们清晰地发现，人群之间的职业地位存在显著差别，且职业结构是诸多因素综合作用的结果，而这些要素都或多或少、或直接或间接地与户籍制度及其衍生的其他经济社会制度有关，也与流入地的经济结构有关。

根据前面的分析，我们至少可以获得以下几点认识。

其一，人群之间的职业类型差异甚大、职业隔离现象明显，且这种差异或隔离主要表现在因户籍制度造成的区分之上：若将职业划分为土地承包者、普通工人、商业服务人员、普通办事员、专业技术人员和管理人员六大类，则可以发现，约71.0%的本地市民就职于前四类职业，而乡—城流动人口中，95.0%以上之人在前四类职业就业，后两类的比例分别仅占3.04%和1.63%。相反，城—城流动人口与本地市民之间的差异较小，前者为管理人员的比例甚至超过本地市民，其专业技术人员和管理人员的比例分别为23.52%和6.58%（本地市民相应的比例分别为23.85%和4.32%）。由此可见，在市场化过程中，如果说在劳动力市场准入方面，流入地社会的门槛较高造成了职业隔离，那么这种门槛主要是针对乡—城流动人口的。任何一个用人单位都需要有能干事的人，城—城流动人口如果拥有比本地市民更强的能力，那么他们也会有贡献的机会。这种情况与各人群的受教育程度以及由此而来的就业能力和职业技能都是密不可分的：如“数据与方法”一章所显示，29.65%的本地市民受过大专及以上教育，城—城流动人口相应的比例为38.71%，而乡—城流动人口相应的比例仅为1.90%。

其二，各人群之间的职业声望也存在显著差异，不管是职业声望得分还是得分的具体分布；同样，差异主要表现在城镇户籍人口与农村外来人口之间，而本地人和外来人身份造成的差别较小。事实上，就数据显示的结果看，城—城流动人口的职业声望甚至略微超过本地市民。这些发现表明，若仅考察经济地位（融入）综合指数，可能会在一定程度上夸大城—城流动人口与本地市民之间在某些指标上的差别。

其三，乡—城流动人口只能在相近的职业之间流动，他们的空间流动（从农村向城市流动）和产业之间的流动（从农业向非农产业流动）并不意味着职业地位的大幅改变和提升。最多的可能是从农业劳动者向工人或从工人向个体工商户和商业服务业人员等的流动，向专业技术人员、办事人员和党政企事业单位领导等职业流动的非常少。换言之，他们的就业多为水平流动。这一点既异于本地市民，也不同于城—城流动人口。在市场经济体制推行之前，中国城镇职工拥有铁饭碗，并具有稳中向上的流动可能性；城镇经济体制改革之后，劳动用工制度开始采用了合同制、聘任制。然而，实际情况是，除下岗职工外，城市居民的铁饭碗并未被彻底打破，向上流动的趋势依旧未改。研究表明，城市居民的职业流动是一个连续的过程，后一种职业地位对于前一种具有明显的继承性，故流动前后的职业地位具有较强的正相关性（李强，1999）。而流动人口——特别是乡—城流动人口——却不然，他们前后职业地位之间的相关性较弱，无论是初次职业流动还是再次职业流动，城市居民职业地位的上升都高于农民工（李强，1999）。

可见，尽管乡—城流动人口在空间流动中能实现职业地位的初次提升（即从农业转换为非农业），但他们在流动后获得的职业地位难以获得更大的突破。从理论上看，这是由户籍制度及在很大程度上取决于此的人力资本共同决定的；职业纵向流动的困境虽有人力资本差异的影响，但根源是在户籍制度的歧视。在劳动力市场上，人力资本与工作岗位之间还没有实现最有效的匹配，致使一些拥有较高人力资本的乡—城流动人口却在从事相对要求比较低的职位，劳动力市场由于户籍制度的分割而损失了市场配置的效率（田丰，2010）。

其四，乡—城流动人口较低的职业声望是多种要素综合作用的结果，除了户籍制度的歧视、人力资本的低下外，劳动力市场的分割也至关重要（当然，这也与户籍制度密切相关联）。中国城市就业市场是多样的，大致可分成三个等级：人才市场、技能市场和劳务市场。人才市场主要是面向大中专毕业生和专业人才而设置的，求职者可获得的职位起点本身就相对较高；技能市场主要是为有一定专业技能之人提供就业服务；而劳务市场主要是为普通人群开设的或自发形成的。三者档次显然具有从高到低的特点。尽管任何人都可以在这三类市场求职，但由于学历较低、职业技能较缺乏，也由于前二者设置了较高的准入门槛，故乡—城流动人口很难进入人才市场和技能市场，基本上是在劳务市场上找工作（或者是通过初级社会网络找到工作）。数据的详细分析表明，城—城流动人口更可能通过人才市场获得就业机会，故而职业和岗位的地位更高。相反，乡—城流动人口在流入地的就业行业具有非常明显的集中性和一致性：主要是在制造业、低端及传统型的商业服务业、建筑业等行业就业；在这些行业中，受制于行业的内在特点，高层职业比例较小，故绝大多数乡—城流动人口在低层职业就业，从事的是技能水平低、工作环境差、工资低、劳动强度大、工作时间长的职业，如生产车间的工人，建筑工地的工人，餐饮、旅馆的服务生，集贸市场中的小商小贩，等等，即人们通常所说的“脏、累、差、险、重”的工作。换言之，乡—城流动人口不但被技术壁垒分割到城市劳动力市场的边缘地带，而且被现行的就业制度排斥在城市的主流就业市场之外，多只能在非正规市场就业，削弱了现行劳动就业制度对其权益的保护力度，使他们不能通过在城市的就业，实现在城市的社会融合。

总之，通过职业类型和职业声望所反映出来的劳动者的职业流动机会尚不平等，乡—城流动人口与城—城流动人口、流入地本地市民还未能在同一个市场上实现均等就业。这意味着，中国劳动力的社会流动并未完全按照市场经济的逻辑运行，而是打上了深刻的户籍及其附着制度的烙印。并不是市场化和工业化程度越高，社会就越开放，社会流动率也就越高，社会流动机会越平等。中国的经验印证了索罗金的看法，即社会流动不存在统一的趋向，而是变动不定的。王春光（2006）借助李普赛特的理论，认为文化和政治两个因素的共同作用，可解释乡—城流动人口的就业状况和职业瓶颈。从政治上看，尽管在中国的宪法里有公民权，但尚未确立公民制度；从文化上看，中国的普通大众尚无自觉的公民意识，农业人口尤其如此，故在流入地社会，只有“本地人”和“外地人”的观念，却没有公民意识。实际上，不仅是本地市民，就连（乡—城）流动人口本人，或也认为在城市不能享受与本地市民同等的就业机会和职业地位是正常的现象。由此可解释我国乡—城流动人口在城市社会职业流动的停滞性。

从更宏大的视角，乡—城流动人口职业流动的这一模式实际上并非中国特有现象，而是处于工业化和城镇化过程中，一些发展中国家普遍存在的共性，也是许多发达国家曾经走过的历程。在这个过程中，必然出现大量的劳动力从农村转移到城镇、从不发达地区转移到发达地区。这个过程本身，就可能意味着向上职业流动的初次实现。中国的特点在于，对绝大多数乡—城流动人口而言，初次的职业流动可能也是职业流动的终点，他们的社会流动也就此打住；换言之，初始职业的变换并未带来社会地位的流动，且缺乏进一步的稳定向上层社会流动的机会。可见，不论是职业地位与社会身份的分离，还是就业的非正规化，都折射出我国城市就业制度对农村流动人口生存和发展的消极影响（王春光，2006）。

第十章
收入水平

追求更高的收入水平是绝大多数流动人口离开家乡的最主要原因，不管是国际移民还是国内流动人口。早在 1978 年，美国学者 Chiswick 利用 1970 年美国人口普查数据，以 25 ~64 岁、在 1969 年至少工作一周的白人男性为样本，对国际移民的收入进行分析后发现，新移民的收入显著低于本地人，但随着时间的推移和职业声望的提升，10 ~15 年后，他们的收入与本地人的在统计上已无显著差异，表明其在经济收入方面已融入当地社会；而且，在控制其他因素后，移民的收入甚至超过本地人。这是因为，随着移民在流入地居住时间的延长、劳动经验的积累、语言能力的提高、人力资本的改善，收入的回报率也相应提高。这一发现得到其他采用类似研究方法，但不同数据来源的研究结果的支持（杨菊华，2011b）。

如前面的文献综述所言，虽然中国流动人口的收入水平在城市经济和社会快速发展的过程中，随着在流入地居留时间的延长而提高，但户籍制度等多种结构和政策因素使流动人口的收入呈现出更为复杂和多样化的特点，他们的收入水平依旧偏低，与本地人的收入差距仍然较大，且低收入比例高。因此，尽管乡—城流动人口的收入和生活水平稳步提高，但其收入依旧处于明显的劣势，仅某些特定群体的收入较高。低收入水平是包括个人发展能力、制度安排、结构因素等多种因素综合作用的结果。比如，由于政府主导部门对流动人口在行业或职业准入上有着较多的限制，故他们往往不能与流入地市民在就业、工资、福利方面享有同等的待遇，尤其是乡—城流动人口。不过，不同的研究得出的有关歧视性的结论存在巨大差别。Meng and Zhang（2001）对上海市微观调查数据的研究发现，城市居民和流动人口之间存在着较大的职业分割和工资收入差异，且分解分析表明，城市居民和流动人口收入差异的50.8%是由流动人口所受的歧视所致。Maurer-Fazio and Dinh（2004）的估计结果表明，大约24.9%的收入差距是由流动人口遭受的歧视所致。王美艳（2005）通过对2001～2002年五个城市调查数据的分析，发现城市劳动力和外来劳动力工资差异的43.0%是由歧视等不可解释的因素造成的。邓曲恒（2007）利用2002年的数据进行分析的结果表明，城镇居民和流动人口收入差异的60.0%应归结于歧视。而最近几年的研究，如刑春冰（2008）和田丰（2010）的分解，又得出很不相同的结论。比如，后者认为，因户籍制度造成的农民工与城市工人的收入差距占到收入差距总体的61.2%，主要是两者进入收入较高的公有制单位的机会（概率）不同，进而由在单位内部按照人力资本分配形成的收入差异。

不管分解的结果如何，乡—城流动人口与本地市民之间存在较大的收入差距是不争的事实，而现有研究的差距往往还不包括本地市民所享有的福利性收入或其他隐性收入。对乡—城流动人口来说，他们所报的收入可能就是其全部收入，而本地市民报告的收入可能只是其收入的一部分，对部分人来说，甚至可能是很小的一部分。作为人们生存的最基本要素、经济融入的最核心成分，在分析流动人口的经济融入时，绝不可以忽视收入。本章在笔者前期研究①的基础上，对不同人群收入之间的差异、不同要素与各人群收入之间的关系进行更为详细的描述，旨在对流动人口收入水平的特点、模式和影响要素有更深入、系统和全面的了解与把握。具体所要回答的问题如下：本地市民、城—城流动人口和乡—城流动人口各具有怎样的收入分布特点与模式？他们之间的收入水平是否存在显著差别？哪些因素会加大或缩小他们之间的差距？户籍类型和户籍地点形成的户籍制度在收入差距方面起到怎样的作用？

一　收入水平的基本特点与模式

城乡之间、地区之间因地理环境、资源配置和经济发展不平衡的驱动，越来

① 本章是《城乡分割、经济发展与乡—城流动人口的收入融入研究》（杨菊华，2011b）文章的拓展，但流动人口的分析对象有较大差异。

越多的人离开户籍地，流入城镇地区和沿海经济发达地区劳动就业，追求更高的收入和更理想的生活。的确，近年来农村居民收入有了较大幅度的增长，家庭人均纯收入从2000年的2253.4元增加到2011年的6977元，增加了2.1倍;[①] 同时，工资性收入在人均纯收入中的比重也从2000年的31.0%上升到2011年的51.9%。[②] 根据国家统计局2011年发布的数据，即便在农民工就业遭遇困境的情况下，工资性收入也占到农村居民收入的42.5%左右，比2010年同期增加了1.4%。农村居民外出务工收入是其收入的重要组成部分。但国家统计局公布的数据显示，农民工平均工资与城镇职工平均工资的比例由2002年的45.0%下降到了2011年的30.0%，说明农民工工资收入与城镇职工工资收入差距在2002~2011年呈扩大趋势。[③] 可见，一方面，大量的农民进入城镇，追逐高收入的工作，而另一方面，随着中国社会经济的发展，进入城市或经济发达地区的农民工与本地市民之间的收入差距不仅没有缩小，反而在不断扩大。

但是，现存的大部分研究要么仅关注流动人口中的农民工，而忽视了另一个十分重要的群体，即城镇户籍流动人口，要么将不同户籍流动人口混为一谈。本章将区分三类不同身份人群，比较他们之间的差异以及差异产生的原因。

（一）收入水平与流动身份的相关分析

图10-1描述了2005年三类人群的绝对收入和流动人口相对于本地市民的相对收入。几个突出的特点如下：其一，全部样本的绝对收入为1110.6元，本地市民略低于总体平均水平，而流动人口略高于总体平均水平，分别为1096.1元和1127.5元。其二，在流动人口中，仅城—城流动人口的收入超过本地市民，乡—城流动人口的收入水平最低，仅为本地市民收入的64.5%。这意味着，由户籍类型造成的“城乡差分”大于由户籍地点引起的“内外之别”，流动人口群体内存在明显的因户籍类型不同而形成的社会分化。

---

① 数据来源：《中国统计年鉴》（2001）和《中国统计年鉴》（2011）。

② 数据来源：根据《中国统计年鉴》（2001）和《中国统计年鉴》（2011）中农村与城镇居民的工资性收入和人均纯收入计算而得。

③ 这个数据是据农业部的调查，2002年农民工的人均年收入仅为5597元，也就是说每人每月平均工资为466元；而2002年城镇在岗职工年平均工资为12422元，每人每月平均工资达1035元。

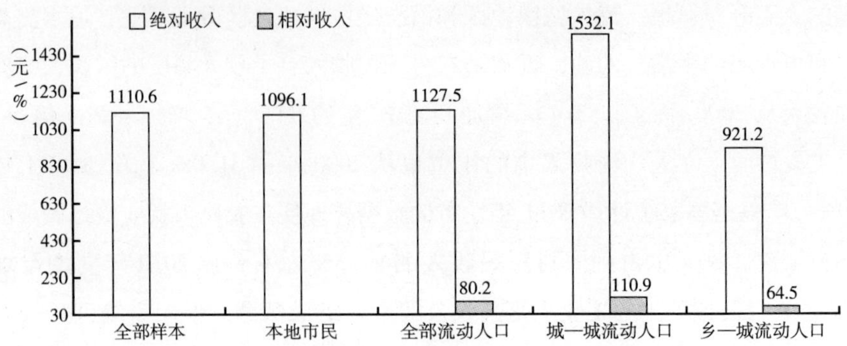

图 10－1　不同身份人群的绝对收入和流动人口的相对收入

城—城流动人口收入较高与他们的自选择性是密不可分的——流入地之所以对他们有吸引力，一个重要原因可能就是收入较高。其城镇户籍及其衍生因素使他们在流入地比乡—城流动人口在劳动就业方面具有更大的优势，而且其受教育程度和专业技能更有助于提升收入水平。需要说明的是，在 2005 年全国 1% 人口抽样调查中，关于收入的问题是这样的："上个月（或按年收入折算）的月收入是________元?"显然，这里的收入数据理论上应该是包括了所有来源的收入。但是，对于大部分流动人口而言，所有来源可能依旧主要是或全部是工资收入；而对于本地市民而言，其收入来源可能并未包括各种财产性收入、转移性收入及其他来源的收入，故在一定程度上低估了本地市民的收入。当然，这只是基于实际情况所做的推测；由于数据的局限，我们并不知晓收入的实际来源。

上面描述了三类人群的收入均值；若详细考察他们收入的分布，则可进一步发现他们之间的差别。图 10－2 描述了全部样本、分流动身份次样本的收入——由于收入的分布极其偏态，故这里展示的是取对数后的收入，其均值为 6.7。虽然取对数会使数据的分布更为集中，也使得人群之间的差异看起来大大减小，但从图中我们还是能明显地看出三类人群之间的差别。在全部人群中，超过一半之人的收入低于均值，具体表现在乡—城流动人口身上：超过 60.0% 的乡—城流动人口收入低于均值；相反，近 2/3 的城—城流动人口的收入分布于均值以上，而近一半的本地市民收入在均值以上。

从箱线图（见图 10－3）可知，在本地市民、城—城流动人口、乡—城流动人口这三类人群中，乡—城流动人口的收入水平相对集中，即该人群收入差

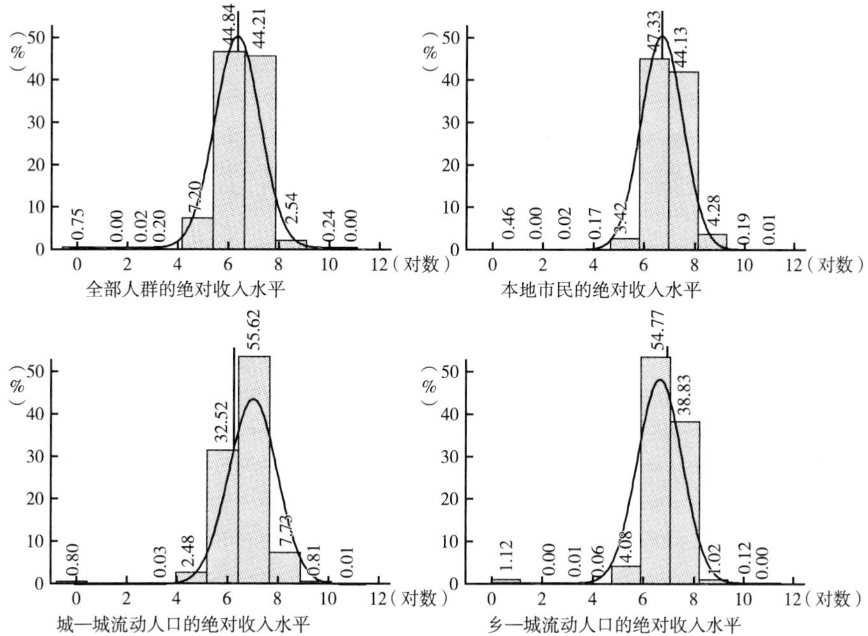

图 10－2　不同身份人群收入直方分布图

注：图中曲线即为正态分布线，纵线为全部样本绝对收入水平的均值（对数）。

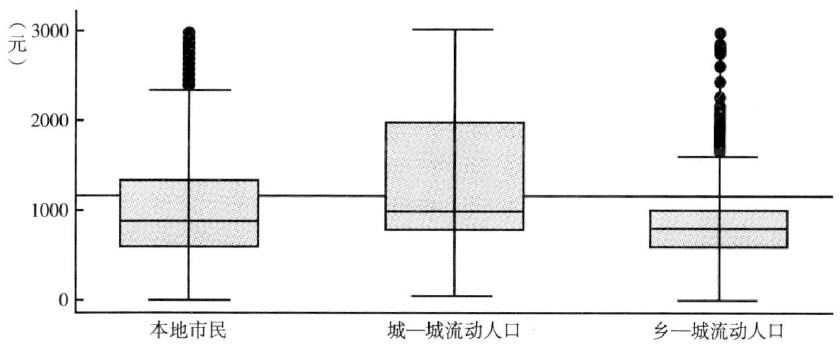

图 10－3　三类人群绝对收入水平箱线分布图

注：1. 由于数据分布及其偏态，故这里将超过 3000 元收入的都并入 3000 元。
2. 红色横线为全部样本绝对收入水平的均值。

异较小，且大体上为对称分布；但是，同样是在这个人群中，在收入水平的最高端存在许多极值。这说明绝大部分乡—城流动人口聚集于低收入水平中，但也有少数人有较高的收入。城—城流动人口的收入分布最分散，说明这个群体内部在收入上表现出很强的异质性。本地市民的收入分布也比较集中，但如同乡—城流动人口一样，在该群体的最高端亦有较多极值，说明他们中的少数人收入很高。

（二）收入水平与流动特征的相关分析

表 10 - 1 展示了收入水平与流动特征之间的相关分析结果。如其所示，两类流动人口的收入水平与离开户籍地时长的关系呈现出不同的模式：城—城流动人口的收入与离开户籍地的时长呈倒 U 形关系，即离开户籍地 0.5 ~3 年和 5 年以上者的收入都低于离开户籍地 3 ~5 年者，差别均大约为 144 元；乡—城流动人口的收入与离开户籍地时长正向相关，离开户籍地 5 年以上者收入最高，为 997.02 元，分别约超过离开户籍地 0.5 ~3 年和 3 ~5 年者 139.43 元和 61.21 元。检验结果表明，这些差异都高度显著。

表 10 - 1　收入水平与流动特征的相关分析结果

单位：元

流动特征	全部流动人口	城—城流动人口	乡—城流动人口
离开户籍地时长			
0.5 ~3 年	1029.49	1484.04	857.59
3 ~5 年	1185.74	1628.89	935.81
5 年以上	1188.12	1485.92	997.02
流动原因			
务工经商	1086.60	1633.57	968.61
工作调动	1450.75	1547.02	1025.60
拆迁搬家	1630.67	1732.45	1004.98
婚姻嫁娶	841.89	1237.40	501.57
其他	1042.46	1285.94	672.38
流动区域			
地区内流动	1166.04	1425.79	765.90
跨地区流动	1070.48	1482.44	948.07
跨省流动	1113.73	1868.85	970.87

两类流动人口的收入水平与流动原因的关系同异并存。其差异性在于：拆迁搬家的城—城流动人口收入最高（1732.45 元），其次为务工经商者（1633.57 元）；工作调动的乡—城流动人口收入最高（1025.60 元），拆迁搬家者次之

（1004.98 元）。两者的共性在于，因婚姻嫁娶和其他原因流动的人群收入显著低于因其他三个原因而流动之人。还有一点值得注意的是，收入在流动原因的各个类别之间的差别在城—城流动人口中相对较小，而在乡—城流动人口中相对较大：前者的最大值和最小值之差为 495.05 元，拆迁搬家者的收入超过婚姻嫁娶者 40.00%；后者的最大值与最小值差 524.03 元，工作调动者的收入超过婚姻嫁娶者 104.48%。

在流动区域中，若不考虑流动人口的户籍类型，则地区内流动者的收入超过跨地区和跨省流动者，且跨地区流动者的收入最低；一旦区分户籍类型，该模式消失，取而代之的是，跨省流动者的收入最高，地区内流动者的收入最低，不管是城—城流动人口还是乡—城流动人口都是如此。可见，跨省流动可给不同户籍流动人口带来较高的收入。除跨地区流动者外，在其他两个分类中，城—城流动人口收入都接近乡—城流动人口收入的两倍。

（三）收入水平与控制变量的相关分析

表 10－2 描述了三类人群的收入水平与控制变量的相关分析结果。我们选择表中这些要素主要是因为，前面的文献综述显示，它们都可能作用于收入水平。收入与年龄呈倒 U 形关系，但人群之间略有差异：35～44 岁的本地市民收入最高，而 27～34 岁的流动人口收入最高，且显著高于青年和年长流动人口；16～26 岁本地市民和城—城流动人口的收入均最低，45～55 岁的乡—城流动人口收入最低。45～55 岁的本地市民收入与最高组的差别不大，而两类流动人口的差距均较大，说明本地户籍带来的各种福利性待遇能保障本地人的收入维持在一个较高的水平。但是，两类流动人口在 45～55 岁年龄组收入水平的下降幅度并不一致：城—城流动人口收入比上一年龄组下降了 8.47%，而乡—城流动人口收入下降得更快，高达 12.46%。其原因可能在于，乡—城流动人口受教育程度不高，缺乏专业技能，多从事体力劳动，体力随年龄的增长而下降，故其所得不如年轻者。青年（16～26 岁）流动人口的低收入水平如同第八章的工作时间一样，与现存其他研究得出的结论有差别，说明青年（16～26 岁）乡—城流动人口并不像社会上普遍认为的那样，不能吃苦耐劳或收入更高。相反，他们的工作时间更长，收入水平却更低。

表 10－2　收入水平与控制变量的相关分析结果

单位：元

	本地市民	城—城流动人口	乡—城流动人口
人口学特征与人力资本特征			
年龄			
16～26岁	947.89	1365.27	872.38
27～34岁	1112.46	1662.03	994.03
35～44岁	1121.44	1570.38	941.31
45～55岁	1112.51	1437.40	824.02
性别			
男性	1183.21	1684.11	1059.42
女性	977.73	1335.38	749.76
民族			
少数民族	979.46	1272.66	732.70
汉族	1104.19	1545.96	934.53
婚姻状况			
不在婚	1051.85	1584.26	893.68
在婚	1103.88	1515.08	935.13
受教育程度			
≤小学	641.17	786.87	725.17
初中	808.22	1001.55	905.71
高中	1027.13	1293.29	1163.52
≥大专	1563.11	2132.84	1785.95
劳动就业特征			
每周工作时间			
<40小时	873.44	1318.52	606.61
40小时	1250.52	1756.09	1006.84
41～48小时	1024.36	1429.70	944.75
49～56小时	865.39	1196.23	882.97
≥57小时	955.13	1284.33	961.51
就业行业			
制造业	926.24	1390.69	849.43
建筑业	1066.99	1518.01	1097.38
商业服务业	943.67	1454.54	927.17
交通信息业	1246.95	1793.33	1177.89
文教卫机关	1279.58	1589.87	946.46
单位类型			
个体工商户	872.86	1237.62	953.80

续表

	本地市民	城—城流动人口	乡—城流动人口
私营企业	1147.16	1766.70	985.37
机关国有集体	1195.97	1488.51	1008.81
其他单位	886.08	1693.16	778.03
所在地区			
直辖市	1484.05	2030.75	1041.92
华北	926.87	1008.13	808.87
东北	824.89	1001.86	685.30
华东	1084.60	1308.78	920.83
华中	856.62	1022.43	729.35
华南	1318.71	1862.96	982.28
西南	948.56	1173.67	644.42
西北	918.39	1018.15	725.03

不管是哪类人群，男性的收入均大大高于女性的收入，汉族人口的收入明显高于少数民族人口；城—城流动人口中不在婚者的收入高于在婚者的收入，乡—城流动人口和本地市民中不在婚者的收入低于在婚者的收入。受教育程度与收入的关系呈明显的正向梯次关系，在小学及以下、初中、高中之间，收入平稳上升，在高中与大专及以上教育之间，收入呈现跳跃性增长：本地市民从高中阶段的1027.13元增至大专及以上的1563.11元，城—城流动人口从1293.29元增至2132.84元，乡—城流动人口从1163.52元增至1785.95元。城—城流动人口的起点和增长幅度均超过其他两类人群，表明受教育程度对城—城流动人口的收入回报率大于对乡—城流动人口的收入回报率。事实上，通观全表，最低和最高教育层级的收入差别是所有变量不同类别中差异最大的，而城—城流动人口又是其中之最：本地市民的差别仅为921.94元，城—城流动人口的差别高达1345.97元，乡—城流动人口的差别位居其中，为1060.78元。

几个劳动就业特征变量与因变量也具有显著的相关性。就每周工作时间而言，各人群之间既有共性，也有差别。共性是在三类人群中，收入最高的都是每周工作40小时之人，说明并不是加班最多、工作时间最长者的收入最高。40小时是标准工作时间，而每周只需工作40小时之人能得到较高的收入；换言之，若工作时间接近法律规定的时间，人们也能获得较高的收入。差异性则表现在几个方面：一是对本地市民和城—城流动人口而言，每周工作 49～56 小时者的收入最低；二是乡—城流动人口中，工作 57 小时及以上之人的收入水平仅次于工作 40 小时之人，而工作不到 40 小时的人收入最低，这可能是劳动参与不足，又缺乏经济保障的具体体现。

就业行业与收入水平的关系是，在任何一个行业，城—城流动人口的收入都超过其他两类人群；在各人群中，在制造业就业者的收入最低，在传统的商业服务业就业者的收入次低。不过，对本地市民而言，在文教卫机关就业者的收入最高，而两类流动人口在交通信息业就业者的收入最高。如“数据与方法”一章所示，不管是哪一类人群，在制造业和商业服务业就业者的比例都较高：本地市民的比例为 46.90%，城—城流动人口的比例为 54.54%，而超过 81.07% 的乡—城流动人口在这两个行业就业，这无疑会降低该人群的总体收入水平。单位类型与收入的关系是，在机关国有集体工作的本地市民与乡—城流动人口的收入最高，而在私营企业工作的城—城流动人口收入最高。

在各地区之间，不管是本地市民还是不同户籍类型流动人口，在直辖市工作之人的收入最高，三类人群的收入分别为 1484.05 元、2030.75 元和 1041.92 元；而收入次高的是华南地区，分别为 1318.71 元、1862.96 元和 982.28 元；华东地区再次之。在本地市民和城—城流动人口中，最低收入者见于东北地区，而在乡—城流动人口中，最低收入者来自西南地区，其次才是东北地区。还有一点值得注意的是，不仅各人群之间存在收入分层，而且同一人群内，各地区的分层也是突出的，尤其是在城—城流动人口中，收入最高地区是收入最低地区的 2.03 倍；而乡—城流动人口中，收入最高地区是收入最低地区的 1.62 倍。

（四）收入水平的省际差异

上面的图表展示出具有不同特征的全部人群、三类人群的平均收入水平。全国平均值可能掩盖省（市、区）之间、地区之间的差别。毫无疑问，在经济发达地区，人们的收入水平会相应较高，反之则较低。为此，下面比较各省（市、区）之间三类人群的收入水平。

表 10－3 描述了各省（市、区）三类人群的收入水平和排位。仔细观察该表数据可以得出以下判断：其一，在京津、长三角（上海、浙江、江苏）和

珠三角（广东）等经济发展水平很高的地区，三类人群的收入水平显著高于其他地区。其中，北京本地市民的收入最高，而流入上海的流动人口收入最高。其二，不管在哪个省（市、区），城—城流动人口的收入水平都高于其他两类人群，而且收入超过千元的省（市、区）最多，达23个，在本地市民和乡—城流动人口中，分别只有10个和4个省（市、区）之人的收入超过千元。其三，上海、北京的城—城流动人口收入水平最高，广东和浙江次之，其余各省（市、区）收入依次小幅度递减；上海、北京、广东、浙江、天津的乡—城流动人口收入位居前五位且差异不大，黑龙江、云南、吉林、四川、广西的乡—城流动人口收入较低，位居后五位。这样的特点表明，就绝对收入水平而言，三类人群在各省（市、区）之间的模式基本是一致的，虽然有少数例外。其四，本地市民与城—城流动人口的收入在省际有跳跃性变化（如：本地市民中，天津与广东之间；城—城流动人口中，江苏与浙江之间），但各省（市、区）之间乡—城流动人口的收入变化比较平缓。这说明，将前两个人群从一个省（市、区）转移到另一个省（市、区），可能会出现很大的收入差别，而将后一个人群进行省（市、区）之间的调换，则未必会有很大差别；换言之，不管乡—城流动人口流到哪里，收入差别都不会很大（当然，也许对该群体之人而言，微小的差别也是重要的），收入普遍偏低。

表10－3 各省（市、区）三类人群的收入水平及排位

单位：元

	本地市民		城—城流动人口		乡—城流动人口	
	收入	排位	收入	排位	收入	排位
北京	1924.53	1	2337.55	2	1054.94	2
上海	1807.49	2	2357.54	1	1106.69	1
浙江	1612.76	3	1922.13	4	1002.11	4
广东	1445.27	4	1965.50	3	1020.39	3
天津	1177.24	5	1332.67	7	962.55	5
福建	1173.40	6	1355.86	6	905.06	7
江苏	1163.43	7	1481.13	5	936.95	6
西藏	1122.49	8	1287.04	8	890.31	8
云南	1051.54	9	1275.64	9	638.80	28

续表

	本地市民		城—城流动人口		乡—城流动人口	
	收入	排位	收入	排位	收入	排位
青海	1040.58	10	1069.22	17	646.47	25
山东	960.52	11	1069.15	18	784.56	12
内蒙古	958.96	12	1063.27	19	860.13	9
贵州	957.98	13	1125.57	11	645.31	26
新疆	934.70	14	1054.08	20	722.02	17
宁夏	926.43	15	1110.06	12	698.27	20
山西	916.14	16	983.60	24	811.44	10
河北	907.50	17	974.31	26	709.38	19
甘肃	905.69	18	981.74	25	666.87	24
湖南	904.86	19	1099.79	13	781.11	13
重庆	896.38	20	1141.56	10	711.92	18
辽宁	894.76	21	1083.34	14	742.54	15
安徽	872.21	22	1042.19	21	750.59	14
陕西	870.80	23	956.63	28	794.73	11
湖北	868.92	24	1017.33	22	689.69	22
海南	842.03	25	1070.41	16	690.77	21
广西	841.43	26	1011.25	23	614.11	31
江西	836.61	27	957.08	27	735.32	16
四川	820.53	28	1074.61	15	623.11	30
吉林	820.33	29	925.78	30	638.55	29
河南	786.73	30	929.22	29	687.76	23
黑龙江	769.90	31	919.78	31	642.90	27

但是，绝对收入较高是否意味着流动人口与本地市民相比的相对收入也较高呢？各省（市、区）绝对收入与相对收入的模式是否一致呢？通过将各省（市、区）流动人口与本地市民的收入水平进行对比后发现，回答基本是否定的（见图10-4、图10-5）。在除广东以外的其他各省（市、区），城—城流动人口的收入显著高于本地市民，但没有一个省（市、区）乡—城流动人口的收入水平超过本地市民。具体来说，可以总结出以下几个模式：其一，上海的城—城流动人口相对收入水平依旧最高，超过本地市民30%，但北京、广东、浙江等省份的相对水平不再是依次较高的。相反，四川城—城流动人口的相对收入高居第二，

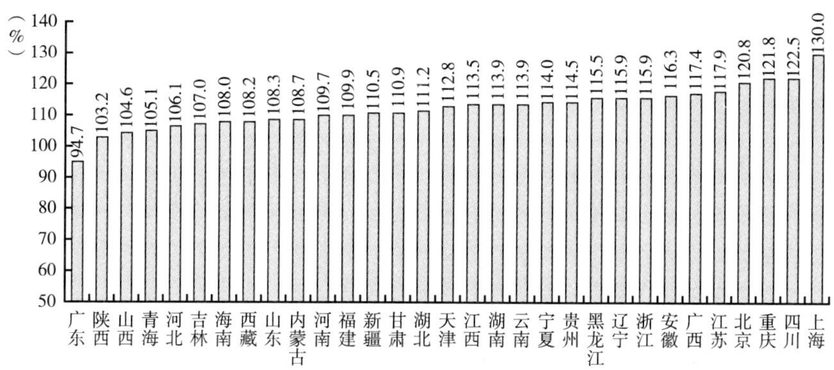

图 10－4　各省（市、区）城—城流动人口的相对收入水平

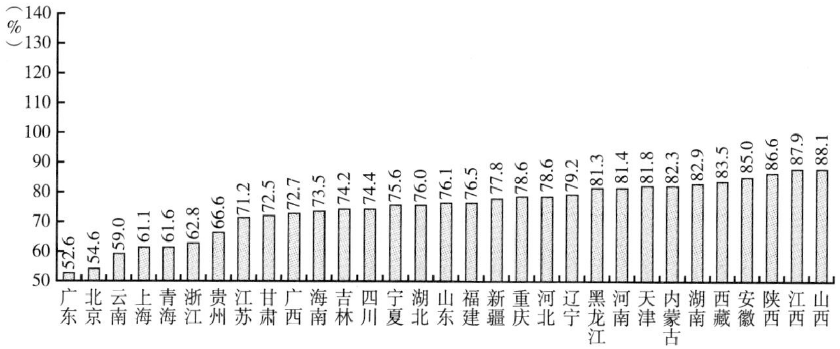

图 10－5　各省（市、区）乡—城流动人口的相对收入水平

在其余各省（市、区）（除广东以外），城—城流动人口相对收入呈梯次小幅递减，且收入均高于本地市民。广东城—城流动人口的收入较本地市民低 5.3%。可见，在各省（市、区）之间，城—城流动人口的相对收入排序与绝对收入排序相差甚大，说明在绝对收入较高的省（市、区），相对收入却未必也高。其二，山西乡—城流动人口的相对收入最高，而其城—城流动人口的相对收入排名很靠后。山西是中国的能源大省，产业多集中于煤矿等矿产能源行业（是外来流动人口从业集中的部门，登记为国有企业，收入较本地平均水平高）。相反，广东乡—城流动人口的相对收入约仅为本地市民的一半，在各省（市、区）中最低——这一特点再次表明，虽然广东流动人口的绝对收入较高，但其本地市民的收入更高，故而相对于本地市民，流动人口的收入就显得很低了，折射出本地人与外来人之间的差距。广东是中国流入人口第一大省。大部分流动人口进入广东是为了获得更高的收入，事实上他们也的确达到了这个目的，绝对经济地位有了很大的提高。但是，较高的收入无法掩盖人群之间的差距。尽管流动人口目前可能还主要是将自己与流出地的收入相比，但如果本地人与外来人口之间的收入差距不减小的话，不仅对流动人口不公平，也会使广东省对流动人口失去吸引力，从而阻碍其经济的发展。其三，江西、陕西、西藏、内蒙古乡—城流动人口的相对收入均名列前茅，而其城—城流动人口相对收入水平排名却较靠后。内蒙古是金属矿产企业集中之地，人口从业形式类似于山西，故而其乡—城流动人口的收入也较高。其四，上海、四川、北京、江苏、广西、浙江城—城流动人口的相对收入水平较高，而其乡—城流动人口的相对收入水平恰恰相反。

（五）收入水平的地区差异

由此可见，收入的省际差异是突出的，不管是绝对收入还是相对收入。进而，我们不禁要问，各地区之间的情况又如何呢？图 10－6、图 10－7 将各地区城—城流动人口、乡—城流动人口的绝对收入水平及相对收入水平和本地市民的绝对收入水平的关系直观地呈现了出来。这两个图形进一步印证了前面的发现：在本地市民收入较高的地区，两类流动人口的收入也较高，城—城流动人口、乡—城流动人口与本地市民收入的相关系数分别为 0.60 和 0.49，都高度显著（见图 10－6）。但是，流动人口的相对收入与本地市民收入之间的关系却刚刚相反：从图 10－7 和相关系数判断，在本地市民收入较高之地区，流动人口的相对收入却较低，尤其是乡—城流动人口，相关系数为－0.57。当然，虽然两类流动人口的模式是一致的，但他们的水平差距是巨大的。城—城流动人口的相对收入水平下降幅度比较缓慢，且绝大多数地区的相对收入都在 100.0% 以上，而乡—城流动人口的相对收入水平下降幅度很大，且都远远低于本地市民的收入水平。

总之，上面的描述分析结果都表明，流动人口的收入水平因其户籍身份、流动特征、人口学特征、人力资本特征、劳动就业特征而异，且存在显著的省际差别和地区差别。那么，在其他条件相同的情况下，因户籍身份造成的差别是否依旧存在？若是，我们可以把它解释为制度性要素的影响效果。下一节将对数据进行模型分析，因变量为流动人口绝对收入水平的对数。

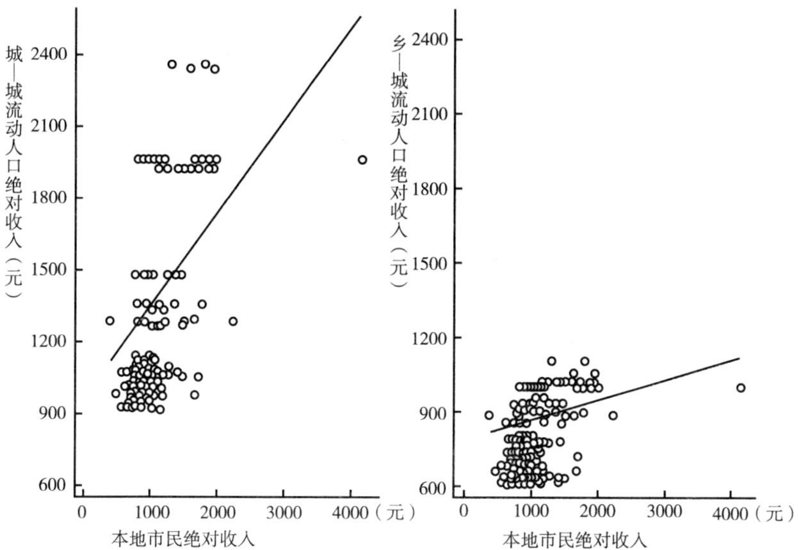

图 10－6 各地区流动人口的绝对收入水平与本地市民绝对收入水平的关系

注：图中斜线表示拟合回归线。城—城流动人口、乡—城流动人口绝对收入与本地市民绝对收入的相关系数分别为 0.60 和 0.49，且均高度显著。

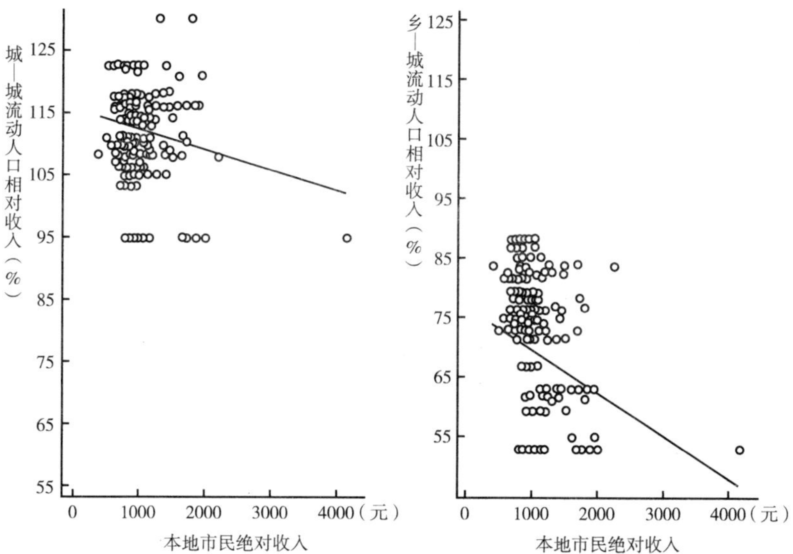

图 10－7 各地区流动人口的相对收入水平与本地市民绝对收入水平的关系

注：图中斜线表示回归线。城—城流动人口、乡—城流动人口相对收入与本地市民绝对收入的相关系数分别为 -0.25 和 -0.57，且均高度显著。

二　全部样本收入水平多层线性回归模型分析

如同前面的章节一样，本节首先对数据进行多层无条件空模型分析——所在（流入）地区为高层单位，个体为低层单位——以便判断是否有必要使用多层模型（见表10-4中的模型1）。结果表明，收入水平除因个体特征的不同而异外，在各地区之间也具有显著的变异性：变异系数为0.20，标准误为0.01，高度显著，表明同一地区内的不同个体收入显著相关，也表明地区本身对因变量产生不容忽视的显著影响。因此，采用多层模型技术、在模型中纳入地区随机变量将会改善模型的适合性，获得更精确的参数估计。同时，地区之间的关联系数为0.19，表示因变量中大约1/5的变异来自地区（即群间变异），其余变异来自个人（即群内变异），即个体之间的变异大于地区之间的变异。这些数值构成基点，可以与接下来的模型产生的同类数值进行比较，从而了解地区和个人因素对因变量收入水平的解释能力。

表10-4　全部样本收入水平（对数）多层线性回归空模型及主要自变量模型分析结果

变量和参数	模型1(空模型)		模型2		模型3	
	系数	标准误	系数	标准误	系数	标准误
流动人口	—	—	-0.21	0.00***	—	—
流动身份						
本地市民(=对照组)						
城—城流动人口	—	—	—	—	0.11	0.00***
乡—城流动人口	—	—	—	—	-0.41	0.00***
截距	6.54	0.01	6.62	0.01		
随机效果						
地区之间的变异	0.20	0.01	0.22	0.01	0.21	0.25
个体之间的变异	0.85	0.00	0.85	0.00	0.83	0.83
群间关联度	0.19		0.20		0.20	
地区样本量	344		344		344	
个体样本量	433356		433356		433356	
Log likelihood	-546029.11		-543263.93		-535192.37	
Wald chi	—		5570.28		22239.50	

注：*** $p<0.001$，** $p<0.01$，* $p<0.05$。

模型 2 将主要自变量“流动身份”纳入模型中，系数估计值为 -0.21，表明与本地市民相比，流动人口的收入水平显著偏低，流动身份降低了其收入水平。但该结论仅对乡—城流动人口适用，因为模型 3 的结果表明，区分了流动人口的户籍类型后发现，城—城流动人口的收入水平超过了本地市民。

下面将控制变量纳入模型中，探讨它们对收入水平的影响。表 10-5 中的模型 4 和模型 5 都假定因变量的截距随地区而异，但各地区的回归斜率是固定的。这两个模型基本是一样的，除了流动身份的变量指定略有差别外。模型 4 中，流动身份仅衡量为本地市民与流动人口，模型 5 则进一步区分了流动人口的户籍类型。

表 10-5　全部样本收入水平（对数）多层线性回归模型分析结果

	模型 4		模型 5	
	系数	标准误	系数	标准误
流动人口	0.04	0.00***	—	—
流动身份(本地市民 = 对照组)				
城—城流动人口	—	—	0.09	0.00***
乡—城流动人口	—	—	-0.02	0.00***
人口学特征与人力资本特征				
年龄(16~26 岁 = 对照组)				
27~34 岁	0.12	0.00***	0.11	0.00***
35~44 岁	0.13	0.00***	0.12	0.00***
45~55 岁	0.12	0.00***	0.10	0.00***
女性	-0.28	0.00***	-0.28	0.00***
汉族	0.03	0.01***	0.03	0.01***
在婚	0.02	0.00***	0.02	0.00***
受教育程度(≤小学 = 对照组)				
初中	0.22	0.00***	0.21	0.00***
高中	0.40	0.00***	0.37	0.00***
≥大专	0.72	0.01***	0.68	0.01***
劳动就业特征				
每周工作时间(40 小时 = 对照组)				
<40 小时	-0.29	0.01***	-0.29	0.01***
41~48 小时	-0.06	0.00***	-0.05	0.00***
49~56 小时	-0.07	0.00***	-0.07	0.00***
≥57 小时	-0.05	0.00***	-0.04	0.00***

续表

	模型 4		模型 5	
	系数	标准误	系数	标准误
就业行业(制造业 = 对照组)				
建筑业	0.24	0.00 ***	0.24	0.00 ***
商业服务业	-0.07	0.00 ***	-0.07	0.00 ***
交通信息业	0.20	0.00 ***	0.20	0.00 ***
文教卫机关	0.08	0.00 ***	0.08	0.00 ***
单位类型(个体工商户 = 对照组)				
私营企业	0.15	0.00 ***	0.15	0.00 ***
机关国有集体	0.12	0.00 ***	0.11	0.00 ***
其他单位	-0.01	0.00	-0.01	0.00
职业声望	0.005	0.00 ***	0.004	0.00 ***
所在地区(直辖市 = 对照组)				
华北	-0.25	0.07 ***	-0.25	0.07 ***
东北	-0.31	0.07 ***	-0.32	0.07 ***
华东	-0.11	0.06	-0.12	0.06
华中	-0.33	0.07 ***	-0.33	0.07 ***
华南	-0.09	0.07	-0.09	0.07
西南	-0.26	0.07 ***	-0.26	0.07 ***
西北	-0.25	0.07 ***	-0.25	0.07 ***
常数	6.05	0.06 ***	6.05	0.06 ***
随机效果				
地区之间的变异	0.15	0.01	0.16	0.01
个体之间的变异	0.76	0.00	0.75	0.00
群间关联度	0.17		0.17	
地区样本量	344		344	
个体样本量	433356		433356	
Log likelihood	-494025.24		-493614.0	
Wald chi2	117567.93		118611.64	

注：*** $p<0.001$，** $p<0.01$，* $p<0.05$。

在其他因素得到控制的情况下，流动人口的系数从模型 2 中的 -0.21 升至模型 4 中的 0.04，表明全部流动人口的收入水平略高于本地市民。模型 5 在模型 3 的基础上引入了所有控制变量。尽管城—城流动人口的系数取值（0.09）有所下降，但其收入依然显著高于本地市民。尽管作为外来人，他们难以享受一些本地市民拥有的补贴待遇，但作为一个高度选择性的群体，其受教育程度、专业技能可能都不输于本地人，从而有助于提升其收入水平，但这两个方面的作用孰大孰小，尚未可知。乡—城流动人口的系数从模型 3 中的 -0.41 变为模型 5 中的 -0.02，变化幅度很大，说明模型 3 中流动身份的巨大差别在一定程度上是其他因素引起的。尽管如此，他们的收入水平依旧显著低于本地市民。

各个控制变量也都显著地作用于人们的收入。年龄与收入的关系是，16～26 岁的青年人收入水平最低，而其他年龄组的收入都显著更高，35～44 岁年龄组的收入最高。女性、少数民族人口、不在婚者的收入分别低于男性、汉族人口和在婚者。如同描述分析结果一样，受教育程度与收入显著正向相关，且高中教育与大专及以上教育之间有一个明显的飞跃。事实上，在模型包含的所有变量中，大专及以上教育层级的系数取值是最大的，充分体现了高等教育在提高人们收入水平方面的重要性。

同样，收入也显著地受到每周工作时间的影响，但如前所述，并不是工作时间越长，人们的收入就越高。与每周工作标准时间（40 小时）之人相比，工作时间太长或太短都与较低的收入相连，工作时间低于 40 小时的劳动参与不足者尤其如此。行业与收入的关系同前述有所不同：与在制造业就业之人相比，在建筑业就业者的收入最高，其次为在交通信息业就业者，再次为在文教卫机关就业者，而就职于商业服务业之人的收入最低。就单位类型来看，与在个体单位就业者相比，在私营企业、机关国有集体上班之人的收入较高，但在其他单位就业者的收入较低。职业声望对流动人口的收入也有显著影响，随着职业声望的提高，收入也跟着上升。

最后，人们所在的地区与因变量显著相关：与直辖市之人相比，其他所有地区之人的收入都偏低；而且，除华东和华南外，其他五个地区与直辖市之间的差距是显著的。从系数大小判断，华中地区、东北地区之人的收入与直辖市的差距最大。

就随机变量而言，地区之间的变异值从模型 2 中的 0.22 下降为模型 4 中的 0.15，个人层次随机变量的变异值从模型 2 中的 0.85 降至 0.76，表明在模型中纳入自变量后，因变量在地区内的变异有所减小。比较模型 4 和模型 2 中随机变量的变异值可以得出地区和个人因素对因变量变异的解释能力：模型中的地区变量（即所在地区）大约解释因变量在地区层次变异的 31.82%，而模型中的个人变量大约解释因变量在个人层次变异的 10.59%。因此，模型中包括的地区层次变量对因变量的解释能力高于模型中包含的个体特征。模型 5 中的结果也十分类似：地区变量约解释因变量在地区间变异的 23.81%，个人变量大约解释收入水平在个人层次变异的 9.64%。同样，地区层次变量对收入水平的解释能力高于模型中的个体特征。

三　流动人口收入水平多层线性回归模型分析

上面的模型告诉我们，在其他条件相同的情况下，由户籍类型和户籍地点造成的差分依旧显著存在；同时，在控制了户籍之后，各控制变量对因变量也产生了显著影响。但是，它们不能回答以下三个问题：一是若在模型中纳入流动特征变量，户籍类型对流动人口的影响是否依旧显著；二是在纳入流动特征变量后，模型中其他自变量对因变量的影响效果是否发生变化；三是各个变量对城—城流动人口与乡—城流动人口收入水平的影响是否一样。单独对流动人口样本进行分析，并对城—城流动人口与乡—城流动人口进行平行模型分析，可以回答这些问题。

表 10 -6 的模型 6 为全部流动人口收入水平的多层线性回归空模型分析结果。据此可知，流动人口的收入水平依然因地区和个人而异。因变量在地区之间有显著变异，同一地区不同流动个体的收入互相关联。地区之间的关联系数为 0. 20，表示因变量 20. 00% 的变异来自地区，80. 00% 的变异来自个人。因此，地区和个人因素对因变量都产生显著作用，故而不能忽视地区对因变量的影响。

表 10 -6　流动人口收入水平（对数）多层线性回归空模型分析结果

	模型 6(全部流动人口)		模型 7(城—城流动人口)		模型 8(乡—城流动人口)	
	系数	标准误	系数	标准误	系数	标准误
截距	6. 42	0. 01	6. 69	0. 01	6. 25	0. 02
随机效果						
地区之间的变异	0. 23	0. 01	0. 24	0. 01	0. 26	0. 01
个体之间的变异	0. 93	0. 00	0. 86	0. 00	0. 92	0. 00
群间关联度	0. 20		0. 22		0. 22	
地区样本量	344		344		344	
个体样本量	200866		67814		133052	
Log likelihood	-271929. 22		-86389. 28		-178269. 32	
Wald chi	—	—	—	—	—	—

模型 7 专门研究城—城流动人口。其收入均值的对数为 6. 69，高于全部流动人口的均值。因变量在地区之间的变异为 0. 24，略大于全部流动人口。地区

之间的关联系数为0.22，即因变量22.00%的变异来自地区，78.00%的变异来自个人。模型8专门研究乡—城流动人口。其收入均值的对数为6.25，低于全部流动人口的均值。因变量在地区之间的变异为0.26，大于全部流动人口和城—城流动人口。地区之间的关联系数为0.22，即收入水平22.00%的变异来自地区，78.00%的变异来自个人。

下面将自变量纳入模型中进行分析。模型9和模型10的样本是全部流动人口。其中，模型9只纳入流动身份、离开户籍地时长、流动原因和流动区域四个主要自变量。以城—城流动人口作为对照组，乡—城流动人口的系数估计值为负值，表明后者的收入低于城—城流动人口。离开户籍地时间越长，流动人口的收入水平相对越高，在离开户籍地3~5年时收入水平达到最大值。因婚姻嫁娶、其他原因流动的人群与务工经商者相比，收入水平较低，而工作调动或拆迁搬家者的收入较高。地区内流动者的收入水平高于省内跨地区流动者和跨省流动者。

模型10纳入了全部控制变量。此时，乡—城流动人口系数降至-0.14，表明如果个体的其他特征相同，户籍类型造成的收入差别有所缩小。在其他三个流动特征变量中，离开户籍地时长、流动区域与因变量关系的性质同模型9，虽然程度有所减弱；不过，流动原因的情况有所不同：与出于务工经商目的而流动之人相比，因其他所有原因而流动都降低了收入，拆迁搬家者和工作调动者也不例外。

若仅考虑流动人口，年龄与收入的关系与全部样本的有所差异：事实上，二者呈倒U形的曲线关系：16~26岁之人、45~55岁之人的收入都较低，而27~34岁及35~44岁的流动人口收入较高，特别是前者。同样，女性、少数民族流动人口的收入分别低于男性、汉族流动人口；对于全部流动人口而言，是否在婚对收入没有显著作用。受教育程度与流动人口收入的关系如同它与全部样本的关系一样：正向、影响程度大，且影响程度在高等教育与高中教育之间有一个飞跃。

同样，每周工作时间与流动人口收入的关系也如同其与全部样本的关系一样，呈倒U形曲线关系：工作40小时者收入最高，低于40小时者最低，超过40小时者的收入也低于每周工作40小时者。表10-7中的信息还告诉我们，在模型中区分的这几个行业中，在商业服务业就业的流动人口收入是最低的，而在建筑业就业之人的收入是最高的。与在个体单位就业者相比，在私营企业、机关国有集体等单位就业之人，收入都更高。随着职业声望的提高，流动人口的收入水平也随之提高。

表 10-7　流动人口收入水平（对数）多层线性回归模型分析结果

	模型 9（全部流动人口）		模型 10（全部流动人口）		模型 11（城—城流动人口）		模型 12（乡—城流动人口）	
	系数	标准误	系数	标准误	系数	标准误	系数	标准误
流动特征								
乡—城流动人口	-0.49	0.01***	-0.14	0.01***	—	—	—	—
离开户籍地时长（0.5~3 年 = 对照组）								
3~5 年	0.05	0.00***	0.03	0.00***	0.02	0.01*	0.04	0.01***
5 年以上	0.04	0.00***	0.03	0.00***	0.00	0.01	0.06	0.01***
流动原因（务工经商 = 对照组）								
工作调动	0.14	0.01***	-0.12	0.01***	-0.04	0.01**	-0.07	0.02***
拆迁搬家	0.07	0.01***	-0.03	0.01***	0.02	0.01	0.00	0.02
婚姻嫁娶	-0.41	0.01***	-0.26	0.01***	-0.13	0.01***	-0.36	0.01***
其他	-0.26	0.01***	-0.23	0.01***	-0.09	0.01	-0.33	0.01***
流动区域（地区内流动 = 对照组）								
跨地区流动	-0.09	0.01***	-0.03	0.01***	0.00	0.01	-0.02	0.01*
跨省流动	-0.07	0.01***	-0.01	0.01**	0.01	0.01	0.02	0.01
人口学特征与人力资本特征								
年龄（16~26 岁 = 对照组）								
27~34 岁	—	—	0.09	0.01***	0.16	0.01***	0.05	0.01***
35~44 岁	—	—	0.06	0.01***	0.17	0.01***	0.00	0.01
45~55 岁	—	—	0.02	0.01	0.13	0.01***	-0.08	0.01***
女性	—	—	-0.31	0.00***	-0.27	0.01***	-0.33	0.01***
汉族	—	—	0.04	0.01***	0.02	0.01	0.06	0.01***

续表

	模型 9（全部流动人口）		模型 10（全部流动人口）		模型 11（城—城流动人口）		模型 12（乡—城流动人口）	
	系数	标准误	系数	标准误	系数	标准误	系数	标准误
在婚	—	—	0.01	0.01	0.01	0.01	0.02	0.01**
受教育程度（≤小学 = 对照组）								
初中	—	—	0.19	0.01***	0.26	0.02***	0.17	0.01***
高中	—	—	0.36	0.01***	0.44	0.02***	0.33	0.01***
≥大专	—	—	0.73	0.01***	0.79	0.02***	0.66	0.02***
劳动就业特征								
每周工作时间（40 小时 = 对照组）								
<40 小时			-0.29	0.01***	-0.20	0.01	-0.33	0.01***
41～48 小时			-0.06	0.01***	-0.06	0.01	-0.03	0.01***
49～56 小时			-0.07	0.01***	-0.08	0.01	-0.06	0.01***
≥57 小时			-0.05	0.01***	-0.09	0.01	-0.03	0.01***
就业行业（制造业 = 对照组）								
建筑业	—	—	0.25	0.01***	0.22	0.01***	0.25	0.01***
商业服务业	—	—	-0.09	0.01***	-0.03	0.01***	-0.11	0.01***
交通信息业	—	—	0.20	0.01***	0.18	0.01***	-0.23	0.01***
文教卫机关	—	—	0.01	0.01	0.05	0.01***	-0.07	0.02***
单位类型（个体工商户 = 对照组）								
私营企业	—	—	0.19	0.01***	0.15	0.01***	0.19	0.01***
机关国有集体	—	—	0.14	0.01***	0.10	0.01***	0.17	0.01***
其他单位	—	—	0.07	0.01	0.11	0.01**	0.05	0.01***

续表

	模型 9（全部流动人口）		模型 10（全部流动人口）		模型 11（城—城流动人口）		模型 12（乡—城流动人口）	
	系数	标准误	系数	标准误	系数	标准误	系数	标准误
职业声望			0.01	0.00 ***	0.01	0.00 ***	0.01	0.00 ***
流入地区（直辖市 = 对照组）								
华北	—	—	-0.18	0.06 ***	-0.29	0.07 ***	-0.09	0.06
东北	—	—	-0.25	0.06 ***	-0.36	0.07 ***	-0.13	0.06 *
华东	—	—	-0.07	0.06	-0.17	0.07 *	0.01	0.06
华中	—	—	-0.25	0.06 ***	-0.36	0.07 ***	-0.12	0.06
华南	—	—	-0.07	0.06	-0.12	0.07	-0.02	0.06 ***
西南	—	—	-0.29	0.06 ***	-0.30	0.07 ***	-0.25	0.06 ***
西北	—	—	-0.23	0.06 ***	-0.34	0.07 ***	-0.17	0.06 ***
常数	6.80	0.01 ***	6.28	0.06 ***	6.07	0.07 ***	6.19	0.06 ***
随机效果								
地区之间的变异	0.23	0.01	0.15	0.01	0.16	0.01	0.16	0.01
个体之间的变异	0.09	0.00	0.84	0.00	0.77	0.00	0.86	0.01
群间关联度	0.20		0.15		0.17		0.15	
地区样本量	344		344		344		344	
个体样本量	200865		200865		67814		133051	
Log likelihood	-263368.15		-249238.20		-78994.94		-169013.64	
Wald chi2	17871.48		49492.49		16585.28		20007.92	

注：*** $p < 0.001$，** $p < 0.01$，* $p < 0.05$。

即便控制了其他要素，收入的地区差异依旧突出。流入到华北、东北、华中、西南、西北地区的流动人口获得的收入低于进入直辖市劳动之人；尽管华东地区和华南地区流动人口的收入也低于直辖市，但它们之间的差别缺乏统计显著意义。另外两个模型——一个以华东为参照组，另一个以华南为参照组——分析结果（这里没有展示）也显示，这两个地区流动人口的收入显著高于除直辖市以外的其他地区，表明直辖市、华东、华南地区流动人口的收入的确超过其他地区，这或许是流动人口喜欢往这些地方流动的一个重要原因。

总之，模型10的结果告诉我们，若在模型中纳入流动特征变量，控制变量对流动人口的影响依旧显著；而且，在纳入流动特征变量后，模型中其他自变量对因变量的影响效果变化也不大，说明它们对不同人群的作用是比较稳健的。

这些因素与城—城流动人口和乡—城流动人口的关系大体相同，且基本模式也与全部样本的大同小异。几点差异主要表现如下：一是几乎所有流动特征变量对乡—城流动人口收入的影响都大于对城—城流动人口收入的影响。二是流动跨越的行政区域对城—城流动人口没有显著影响——换言之，不管他们是地区内流动、跨地区流动还是跨省流动，收入都不会有显著变化；不过，跨地区乡—城流动人口的收入显著低于地区内流动者。三是人口学特征的不同影响：青年（16～26岁）城—城流动人口的收入最低，35～44岁者收入最高；相反，45～55岁乡—城流动人口的收入最低，其次为16～26岁乡—城流动人口，且35～44岁之人与16～26岁之人之间没有显著差别。不管是哪类流动人口，均是女性流动人口收入显著低于男性。民族和婚姻状态对城—城流动人口没有显著影响，但汉族人口、在婚乡—城流动人口的收入分别高于少数民族人口和不在婚者。四是“教育对城—城流动人口的收入回报率明显大于对乡—城流动人口的收入回报率”（杨菊华，2011b）。五是在文教卫机关就业的城—城流动人口收入超过在制造业就业者，但同样是在文教卫机关就业的乡—城流动人口，其收入却低于在制造业就业者。就流入地区来看，除了华东地区外，流入其他各地区的城—城流动人口和乡—城流动人口与直辖市流动人口之间的关系是一致的，但流入华东地区的乡—城流动人口的收入不显著地超过直辖市。

本章小结

本章通过比较在个体层面和省区层面流动人口与本地市民的绝对和相对收入

水平，描述了三类人群的收入特点和模式，探讨了流动人口收入水平的影响要素。通过区分不同户籍流动人口，我们发现，与经济融入的其他指标不同——其他指标都发现完全相同的规律，即不管是城镇还是农村户籍，即便控制了其他要素，流动人口的经济地位也不如本地市民——但就收入而言，三类人群之间展现出一幅更为复杂的画面。这种复杂性主要表现为本地市民与外来人口的收入差异，也表现为不同户籍流动人口之间的显著性差异，更表现为城—城流动人口收入的优势性。

劳动力市场是一个抽象的、不可直接观察到的客体，其必须通过某种实际的客体与劳动者的相互作用，才能最终实现收入分配（劳动力价格）（田丰，2010）。换言之，本地市民与流动人口收入差距的形成是多种因素综合作用的结果，户籍制度、个人人力资本等均可对这两类人群的收入机制产生较大影响。实证研究表明，收入是一个市场化程度较高的指标，在很大程度上是用人单位与劳动者之间基于市场供求关系所形成的劳动力价格，抑或是非市场化方式导致的劳动力价格扭曲。换言之，它所受到的制度性和结构性的制约应该小于诸如社会保障、住房保障等福利性要素的制约。只要人们拥有市场所需技能，就可能会有相对较高的收入水平。近些年，中国劳动力市场的规范性得到明显改善，市场化的程度也有所提高；而且，新加入的流动人口的受教育程度比老一辈流动人口的受教育程度有了明显改善。这些都有助于提高流动人口的收入水平。的确，本章的分析结果表明，结构性的改变和人力资本的提高在一定程度上缩小了流动人口与本地市民之间的收入差距，改变了本地市民收入大大高于流动人口的情况。但是，这个结论只是部分正确，因为它仅适用于一小部分流动人口，即城—城流动人口——一个被目前绝大多数研究所忽视的群体；作为高端流动人口，他们的收入水平不仅不低于，而且还超过了本地市民。事实上，在本书关注的三类人群中，城—城流动人口的收入水平是最高的。城—城流动人口是个高度选择性的群体，受教育程度高、职业技能强、社会网络广、职业声望高、劳动时间长；这些都有助于提高其收入水平、促进其经济融入；同时，他们之所以能在流入地生存发展下去，本身就可能与其有较高的收入有关，否则他们也许就不会流动了。

虽然乡—城流动人口也比本地人年轻，且劳动时间更长，但他们的受教育程度低、就业行业差、职业声望低，故而其收入依旧处于社会的低层（当然，即使城市的收入再低，也可能高于在流出地务农的收入，故而他们还是愿意留在城市）。不论是正规就业，还是受雇型非正规就业，抑或是自主型非正规就业，由于普遍从事低端工作，乡—城流动人口的收入都是很低的。用国际劳工组织1972年描写肯尼亚非正规就业者状态的“工作中的贫穷者”来刻画中国进城工作的农村流动人口，也十分贴切。在过去数年中，中国的平均收入有了大幅度提高，但大部分乡—城流动人口的收入相对而言增长幅度很小，甚至还停留在十年前的水平。因此，尽管有研究通过梳理不同因素对城市工人和农村工人收入差距影响的作用机制发现，户籍与人力资本对农村工人的影响在入职阶段和收入分配阶段不同，即户籍对入职阶段的作用更大，而人力资本对收入分配的作用更强（田丰，2010）；但本研究发现，二者的作用难分伯仲。可见，对于绝大多数流动人口而言，就业环境的市场化或市场经济的逐步完善未能从根本上缩小乡—城流动人口与本地市民之间的收入差异。这个结论与现存其他研究得出的结果是一致的。这表明，不仅乡—城流动人口与本地市民之间存在由户籍类型和户籍地点所造成的社会分层，而且流动人口群体内也出现了显著的社会分层。

由此可见，不同户籍流动人口的收入所呈现出来的不同特点表明，“城乡差分”和“内外之别”以有差异性的模式共同作用于流动人口。在乡—城流动人口普遍“融入不足”的情景下，城—城流动人口却凸显出显著的优势。该特点暗示，“城乡差分”对流动人口收入水平的影响大于“内外之别”。

当然，这里我们也不能对城—城流动人口的高收入过于乐观，对得出“城—城流动人口与本地市民之间收入差距较小”的结论更需要谨慎。如前所述，收入是一个比较敏感的指标，难以准确测量，且过往研究一致表明，流动人口（尤其是乡—城流动人口）倾向于高估收入，并往往会把所有收入都算在一起——而实际上，所谓收入，可能就是工资。相反，本地市民可能低报收入，或仅报工资，而非全部收入（虽然调查要求受访者提供全部收入）。除工资外，本地市民还有奖金、补贴等，加上住房公积金、各种社会保障性收入，拥有多种其他收入来源。若把这些收入也加在一起，其收入水平还会大大提高，从而扩大他们与城—城流动人口之间的收入差距，弱化后者的收入优势。当然，这只是理论推测，实际情况是否如此还有待未来研究的检验。

此外，还有一点值得一提的是，各省（市、区）、各地区流动人口的绝对收入水平、相对融入现况呈现出迥异画面：虽然在经济发达的省（市、区）和地区，流动人口能够获得更高的收入，但相对于本地市民，乡—城流动人口的收入更低。具体来说，经济发展程度与流动人口的绝对收入正向相关，但与城—城流动人口相对收入的关系复杂多样，与乡—城流动人口的相对收入呈负相关：地区经济越发达，相对收入越低，农村外来人的弱势地位愈发凸显；相反，在经济欠发达地区，其绝对收入虽然较低，却更容易获得与本地市民类似的收入水平，呈现出低水平高融入的特点。该特点凸显出乡—城流动人口作为农村人、外来人的双重劣势，也进一步说明“城乡差分”与“内外之别”都突出地显现在乡—城流动人口身上。该发现与其他经济融入指标得出的结果存在差异。就其他几个指标而言，虽然城—城流动人口的绝对融入水平较高，但相对于本地市民而言，其相对融入程度远远不如收入水平，与市民之间具有明显的“内外之分”。可见，与其他指标相比，收入是一个比较特殊的变量。

相较于本地市民，乡—城流动人口收入偏低的根源在于户籍制度；同样，他们与城—城流动人口收入的差异也是由户籍引起的。户籍制度间接地影响到两类人群的教育水平及其人力资本，从而引起一连串的反应，包括在职场的竞争能力、职业技能、社会网络、社会资本，等等。这些都会作用到他们的求职就业过程中，使其难以进入公有制单位或其他高收入单位，并进而作用于收入。即便排除了这些要素，单单是户籍制度本身，也存在着单纯的、抽象的、不可直接观察到的歧视，而这就是户籍制度作用于乡—城流动人口收入的另一种途径，通过控制诸如人力资本、单位类型等要素后，依旧存在差别。

乡—城流动人口收入融入不足的特点凸显出他们作为农村人、外来人的双重劣势，也进一步说明了由户籍类型造成的城乡分割以及附着在其上面的各种其他制度性和结构性因素如何使得这个人群在流入地社会难以合理分享更多的社会发展成果。这是劳动力市场分割在收入形成机制中的不合理因素（田丰，2010）。

上述分析结果的政策意义是：首先，应提高农村人口的整体受教育水平，因为教育是提升乡—城流动人口收入、降低该人群与本地市民收入差距的重要因素；其次，应关注流动人口因为户籍制度、性别、年龄等因素而形成的新的社会分层，因为这些因素对流动人口收入的影响是除了教育以外最大的，且户籍制度是造成教育差别的最重要因素。最后，应改善流动人口的劳动就业保障，因为工作时间的长短、劳动合同的有无对流动人口的收入水平也具有重要的影响。

第十一章
社会保障*

社会保障是一种准公共产品或半公共产品，在一定程度上受制于经济社会的发展水平。随着社会保障制度改革的深入，具有现代意义的社会保障制度自1980年代以来开始逐步建立：城镇居民社会化的保障制度逐步确立，新型农村合作医疗制度基本建立，新型农村社会养老保险制度试点工作也已经启动。但是，尽管改革开放极大地推动了中国经济的发展，社会事业的发展却未与之同步。事实上，直到当下，社会保障制度尚不健全，亦不完善，且统筹层次不高，保障水平较低。而且，改革的不彻底也使不同人群在公共产品的享有方面存在巨大差别。

作为经济改革和对外开放的产物，流动人口的出现和大量增加得益于体制的创新，但其发展也不可避免地对体制改革产生种种路径依赖，社会保障尤其如此。迄今为止，流动人口的社会保障问题还处于起步探索阶段，社会保障制度处于缺失状态，不仅没有全国统一的制度安排，甚至没有统一的政策原则指导，各地多在低负担和“以用人单位缴费为主”原则的基础上，尝试建立针对流动人口的社会保障方案。因此，至今流动人口的社会保障尚得不到保证。对乡—城流动人口而言，他们在社会保障方面处于十分尴尬的境地，农村社会保障不健全，城市社会保障享受不了。对城—城流动人口来说，地区之间转移接续的困境是他们在社会保障方面面临的最大问题，损害了他们的保障权益。

---

* 本章是《城乡差分与内外之别：流动人口社会保障研究》（杨菊华，2011c）的拓展，但流动人口的对象有较大差异。

如“国内流动人口经济融入文献述评”一章所言，流动人口的社会保障水平较低，而这是多种因素综合作用的结果。包括对户籍制度和财政制度在内的制度依赖是阻碍流动人口在流入地获得与本地人同等社会保障的最本源性要素；同时，社会保障制度设计本身的碎片化作用也不可忽视。一是人群分割。比如，为国有企业改革建立的基本养老保险制度不适用于流动人口，15 年的缴费规定极大地降低了他们的参保热情或驱使他们退保。二是城乡分割。目前的社会保障制度可区分为城镇和农村社会保障制度。乡—城流动人口的社会保障既可归入城镇社会保障体系，又可归入农村社会保障体系，但二者缺乏相应的衔接，可行性都不大，常常遭遇“便携性损失”。三是区域分割。全国统一制度的缺乏、各地区之间缴费水平的不同、现行制度的“大统筹小账户”引起的个人缴费激励过小和关系难转移等阻碍了社保账户的流动性等，严重影响到流动人口社会保障资源的获得。再如，社会保障还受到劳动就业（如：劳动合同的签订、职业类型、收入水平）、个体人力资本（如：受教育程度）以及人口学特征（如：年龄、性别）等诸多要素的影响。

本章将描述、分析、比较不同人群社会保障的特点、模式及影响要素，重点在于户籍制度障碍。2005 年全国 1% 人口抽样调查问及受访者是否参加了失业保险、基本养老保险、基本医疗保险。本章既利用单个指标分别分析各类人群各类保险的拥有情况，也将它们进行整合，形成社会保障综合指数，把握三类人群社会保障的总体水平。结果表明，不管是哪一种测量方法，同一人群的分析结果都比较类似。但是，人群之间的异质性十分突出。而且，如前所示，在劳动合同、职业声望等方面，城—城流动人口与本地市民之间的差距不大，但就保障而言，即便是城镇户籍，外来人与本地人之间也存在巨大的鸿沟。

一　社会保障的基本特点与模式

研究表明，流动人口与本地市民之间最主要的差异集中表现为社会保障福利和其他公共资源的获得。作为社会经济发展的“安全网”“稳定器”，流动人口在流入地能否享受基本的社会保障福利既是经济融入的重要指标，也是促进或阻碍其行为适应和身份认同等其他社会融入维度的关键要素，同时还映射出在社会资源再分配过程中，公平、公正原则的落实状况。本节从多个视角描述、比较三类人群在多个社会保障指标方面的异同。

（一）社会保障与流动身份的相关分析

1. 各类社会保险与流动身份的相关分析

图 11－1 描述了全部样本、本地市民、全部流动人口和分流动身份次样本的失业保险、养老保险、医疗保险的具体拥有情况。不管是全部样本、全部流动人口，还是按身份区分的三类人群，三个基本特征分别是：其一，拥有各类社会保险的比例都不高；其二，医疗保险的拥有比例相对最高，其次为养老保险，最后是失业保险，呈梯次下降模式——城—城流动人口稍有不同，其养老保险与医疗保险的比例基本持平；其三，医疗保险和养老保险的拥有比例较为接近，拥有失业保险的比例最低，且与前二者差距较大。具体而言，在全部样本中，拥有失业、养老和医疗保险的比例分别为 32.1%、46.1%、48.4%，即在全体在业人口中，分别只有不到一半之人拥有这三类社会保险。相应的比例在流动人口中更低：分别仅有不到两成、不到三成、仅约三成的流动人口拥有这三类社会保险。按身份区分的三类人群之间的差别也十分明显：本地市民拥有失业、养老和医疗保险的比例分别为 43.2%、61.3%、63.0%；城—城流动人口相应的比例分别为 44.1%、59.2%、59.1%，与本地市民比较接近，且失业保险拥有率还高出本地市民 0.9 个百分点；但是，乡—城流动人口相应的比例远远低于上述两类人群，分别比本地市民低 36.7、48.4、45.6 个百分点，即本地市民三类保险的拥有率分别是乡—城流动人口的 6.6 倍、4.8 倍和 3.6 倍。

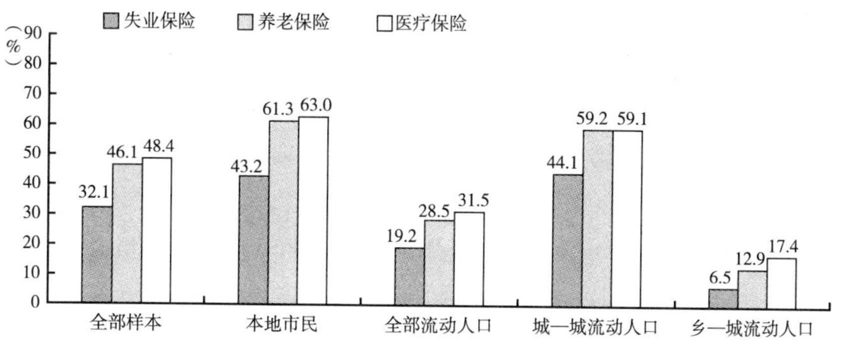

图 11－1　不同身份人群各类社会保险的拥有比例

2. 社会保险拥有总量与流动身份的相关分析

所有样本平均拥有1.3种社会保险，而流动人口平均拥有0.8种，较全部人群少0.5种。图11－2展示了三类人群社会保险拥有总量及具体数目：0表示没有社会保险，1、2、3分别表示拥有1种、2种和3种社会保险。本地市民平均拥有1.7种社会保险，城—城流动人口与本地市民非常接近，拥有1.6种，而乡—城流动人口仅拥有0.4种，与前两类人群差距甚大。三种人群在社会保险拥有数量的分布上亦有区别：本地市民中，不到三成之人没有任何社会保险，而35.2%的城—城流动人口、80.3%的乡—城流动人口没有任何社会保险；相反，有四成多的本地市民和城—城流动人口拥有三类社会保险，而乡—城流动人口的这一比例仅为6.1%。

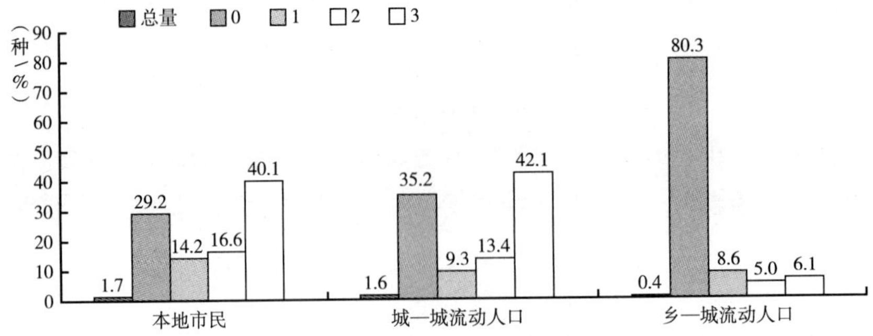

图11－2 不同身份人群社会保险拥有总量及其比例分布

3. 社会保障综合指数得分与流动身份的相关分析

图11－3描述了不同身份人群社会保障综合指数的绝对得分和相对得分。我们采用了两种方法计分：一是仅考虑因务工经商和工作原因（包括工作调动、分配录用、学习培训、出差）而流动者；二是计算全部流动人口的得分，既包括因上述原因而流动者，也包括拆迁搬家、婚姻嫁娶、随迁家属、投亲靠友、寄挂户口之人。其基本特点如下：其一，全部样本的社会保障综合指数得分为42.1。当然，该均值中和了人群之间的差异：本地市民的社会保障综合指数得分为56.0，流动人口得分为25.9，比本地市民低30.1分。乡—城流动人口的得分最低，比本地市民和城—城流动人口分别低44.5分和42.8分。其二，由于本地市民的保障水平也不高，故流动人口相对于本地市民的相对得分略高于绝对得分，城—城流动人口尤为明显，尽管乡—城流动人口的差别不大。其三，

包括因所有原因而流动之人的社会保障综合指数得分与仅出于务工经商或工作原因而流动之人的社会保障综合指数得分略有差别。

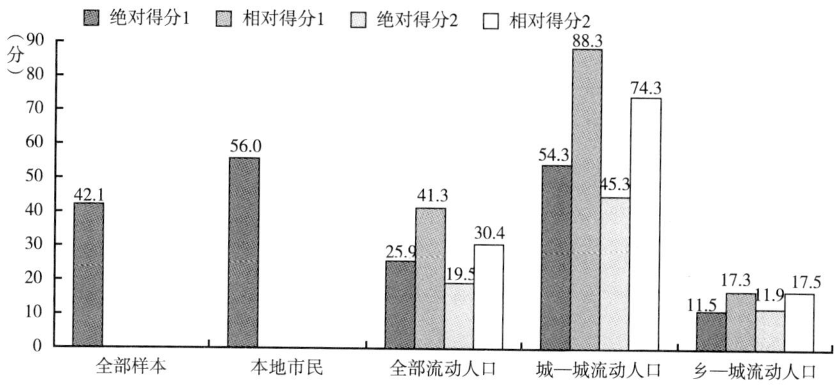

图 11－3 不同身份人群社会保障综合指数得分和流动人口的相对社会保障综合指数得分

注：1. 绝对得分 1 = 包括所有流动者，绝对得分 2 = 仅包括务工经商和因工作原因而流动者。2. 相对得分 1 = 包括所有流动者，相对得分 2 = 仅包括务工经商和因工作原因而流动者。

图 11－1 至图 11－3 清晰地揭示出，不管是通过各类社会保险的具体拥有情况、拥有总量，还是社会保障综合指数得分，本地市民的社会保障水平都是最高的，城—城流动人口略低，乡—城流动人口最低，且后者与前二者的差异十分显著。由此可以判断，全部样本以及流动人口的保障水平较低在很大程度上是由乡—城流动人口的保障水平过低造成的。这反映了本地人与外地人之间存在差距的同时，还提醒我们，户籍之间的差距才是最大的，这与中国户籍制度以及附着其上的各种制度关联甚大，并再一次凸显了区分城—城流动人口与乡—城流动人口的必要性和重要性；而且，在考察社会保障时，也要将各类社会保险分开考虑，同类人群各种社会保险的拥有率是不一样的。

（二）社会保障与流动特征的相关分析

1. 各类社会保险与流动特征的相关分析

为更详细地把握各类社会保险与各相关影响因素的关系，这里分别对各类社会保险与流动特征进行相关分析。结果见表 11－1 所示，下面逐一说明。

表 11-1　各类社会保险与流动特征的相关分析结果

单位：%

	全部流动人口	城—城流动人口	乡—城流动人口
失业保险			
离开户籍地时长			
0.5~3年	15.59	40.82	6.04
3~5年	21.39	46.74	7.09
5年以上	21.38	44.46	6.58
流动原因			
务工经商	10.33	27.25	6.68
工作调动	48.14	55.15	17.16
拆迁搬家	53.33	60.72	7.88
婚姻嫁娶	24.98	49.75	3.67
其他	29.57	46.26	4.02
流动区域			
地区内流动	32.37	50.53	4.38
跨地区流动	11.30	27.48	6.49
跨省流动	11.19	31.80	7.29
养老保险			
离开户籍地时长			
0.5~3年	23.55	55.04	11.64
3~5年	31.40	61.81	14.25
5年以上	31.77	60.34	13.43
流动原因			
务工经商	18.48	42.06	13.40
工作调动	64.45	72.30	29.72
拆迁搬家	67.19	75.54	15.85
婚姻嫁娶	33.18	63.27	7.30
其他	40.18	61.63	7.58
流动区域			
地区内流动	43.97	66.44	9.35
跨地区流动	19.23	42.16	12.42
跨省流动	19.20	44.68	14.38
医疗保险			
离开户籍地时长			
0.5~3年	27.33	54.81	16.95
3~5年	34.16	61.87	18.53
5年以上	33.92	60.25	17.03

续表

	全部流动人口	城—城流动人口	乡—城流动人口
流动原因			
务工经商	21.14	39.60	17.16
工作调动	69.27	77.55	32.69
拆迁搬家	67.89	75.56	20.75
婚姻嫁娶	40.36	62.99	20.89
其他	42.69	62.14	13.13
流动区域			
地区内流动	47.20	66.86	16.92
跨地区流动	20.86	40.57	15.01
跨省流动	22.32	43.73	18.27

其一，失业保险具有以下几个主要特征。首先，从离开户籍地时长来看，不管是城—城流动人口还是乡—城流动人口，失业保险与离开户籍地时长呈倒U形关系：离开户籍地3~5年者拥有比例最高，5年以上者拥有比例略低，0.5~3年者比例最低。共性之外也有特殊性，即城—城流动人口与乡—城流动人口之间差别极大：后者拥有失业保险的比例在离开户籍地时长的任何时间段都远远低于前者。其次，就流动原因而言，两类流动人口各有特点：城—城流动人口中，因拆迁搬家流动之人拥有失业保险的比例最高，为60.72%；其次是工作调动者（55.15%）；再次是婚姻嫁娶者（49.75%）；务工经商者最低，仅有27.25%。乡—城流动人口中有失业保险的比例由高到低依次为工作调动之人（17.16%）、拆迁搬家者（7.88%）、务工经商者（6.68%）、其他（4.02%）和婚姻嫁娶者（3.67%）。最后，就流动区域来看，两类人群同样展现出不同特征：地区内流动的城—城流动人口约有一半拥有失业保险，但跨地区流动者的拥有比例不到三成，跨省流动者仅有三成多一点；乡—城流动人口却不然，流动所跨区域越大，拥有失业保险的比例越高，尽管总体水平都很低。

其二，养老保险与流动特征的关系同失业保险类似。首先，不管是什么户籍类型，离开户籍地3~5年者仍然是两类流动人群拥有养老保险比例最高的人群，61.81%的城—城流动人口和14.25%的乡—城流动人口有养老保险；最低之人依旧是离开户籍地0.5~3年之人。其次，就流动原因而言，两类人群各有特点：如同失业保险一样，城—城流动人口中，排前三位的也是拆迁搬家流动者（75.54%）、工作调动者（72.30%）和婚姻嫁娶者（63.27%）；而乡—城流动人口排前三位的分别是工作调动者（29.72%）、拆迁搬家者（15.85%）、务工经商者（13.40%），与失业保险的模式也是一致的。最后，就流动区域来看，两类人群的模式也各自类似失业保险：地区内流动的城—城流动人口拥有养老保险的比例最高，而跨地区流动者拥有的比例最低；乡—城流动人口中，所跨区域越大，养老保险的拥有比例越高。

其三，医疗保险与流动特征的关系呈现出以下特点：首先，离开户籍地时长与两类人群的关系同前面两类保险，即离开户籍地3～5年者拥有医疗保险的比例最高，然后是5年以上者，最低的是离开户籍地0.5～3年之人。其次，就流动原因而言，与失业保险和养老保险略有不同，城—城流动人口拥有医疗保险比例最高的不再是拆迁搬家者，而是工作调动之人，但务工经商者的拥有比例依旧是最低的；乡—城流动人口中，失业保险和养老保险拥有比例最低的是婚姻嫁娶之人，在医疗保险方面，婚姻嫁娶之人却高于拆迁搬家、务工经商和其他原因之人，只低于工作调动之人。最后，从流动区域来看，城—城流动人口中仍然是地区内流动者拥有医疗保险的比例最高，跨地区流动者最低；乡—城流动人口的特点与前两类保险略有不同，跨省流动者最高，地区内流动者次之，跨地区流动者最低。

总之，不管是哪类保险，就与流动特征的关系而言，城—城流动人口和乡—城流动人口既有相似性，也有差异性。相似性主要表现在离开户籍地时长与三类社会保险的关系；差异性既呈现在流动原因方面，也出现于流动区域上。

2. 社会保险拥有总量及社会保障综合指数得分与流动特征的相关分析

社会保险拥有总量和社会保障综合指数得分可从综合视角来把握流动人群的社会保障水平（见表11－2）。总的来看，流动人口在这两方面的特征类似，即城—城流动人口都要高过乡—城流动人口，且特点与单个指标的分析结果基本相同。这两个因变量与流动特征的相关分析结果如下：一是不管什么户籍类型，均是离开户籍地3～5年者社会保险拥有总量最多、社会保障综合指数得分最高，5年以上者略低，最低者为离开户籍地0.5～3年者。但是，同样是离开户籍地时长，城—城流动人口社会保险拥有总量、社会保障综合指数得分都要远远高于乡—城流动人口，且城—城流动人口随着时间的推移，社会保险拥有总量及社会保障综合指数得分的增长幅度也超过乡—城流动人口，即时间对城—城流动人口的回报率超过对乡—城流动人口的回报率。二是城—城流动人口中，因拆迁搬家而流动者的社会保险拥有总量最多、社会保障综合指数得分最高，其次为工作调动者，婚姻嫁娶者再次，务工经商者最少和最低；乡—城流动人口中，工作调动者的社会保险拥有总量最多、社会保障综合指数得分最高，拆迁搬家者次之，务工经商者又次，其他者最少和最低。三是地区内城—城流动人口的社会保险拥有总量最多、社会保障综合指数得分最高，其次为跨省流动者，跨地区流动者最少和最低；乡—城流动人口则是所跨区域越大，社会保险拥有总量越多、社会保障综合指数得分越高。

表 11－2　社会保险拥有总量及社会保障综合指数得分与流动特征的相关分析结果

单位：种、分

	全部流动人口	城—城流动人口	乡—城流动人口
社会保险拥有总量			
离开户籍地时长			
0.5～3 年	0.66	1.51	0.35
3～5 年	0.87	1.70	0.40
5 年以上	0.87	1.65	0.37
流动原因			
务工经商	0.50	1.09	0.37
工作调动	1.82	2.05	0.80
拆迁搬家	1.88	2.12	0.44
婚姻嫁娶	0.99	1.76	0.32
其他	1.12	1.70	0.25
流动区域			
地区内流动	1.24	1.84	0.31
跨地区流动	0.51	1.10	0.34
跨省流动	0.53	1.20	0.40
社会保障综合指数得分			
离开户籍地时长			
0.5～3 年	21.63	50.38	10.76
3～5 年	28.51	56.97	12.45
5 年以上	28.62	55.19	11.58
流动原因			
务工经商	16.05	36.45	11.64
工作调动	60.57	68.54	25.36
拆迁搬家	62.81	70.77	13.89
婚姻嫁娶	32.28	58.82	9.44
其他	37.33	56.85	7.67
流动区域			
地区内流动	40.94	61.45	9.33
跨地区流动	16.68	36.89	10.67
跨省流动	16.91	40.21	12.51

由此可见，不管是对各类社会保险进行单独分析，还是对社会保险拥有总量和社会保障综合指数得分进行整体分析，两类人群的特征大体一致，说明流动特征与这两类流动人口的关系比较稳定。

（三）社会保障与控制变量的相关分析

1. 各类社会保险与控制变量的相关分析

本部分将分析各类社会保险与控制变量之间的关系。失业保险与控制变量的相关分析结果如表 11－3 所示。从年龄来看，本地市民和城—城流动人口特征类似，都是随着年龄的增长，拥有失业保险的比例随之升高。而且，除 16～26 岁年龄组外，在其他各年龄组，城—城流动人口拥有失业保险的比例都超过本地市民。这一方面说明，年长城—城流动人口在拥有失业保险的比例上并不比同龄的本地市民低，另一方面反映出后者的失业保险拥有率也较低。乡—城流动人口却呈现出相反的模式：虽然在每个年龄组，他们拥有失业保险的比例都大大低于其他两类人群，但总体而言，年龄越小，拥有失业保险的比例越高。就性别和婚姻状况而言，男性和在婚的本地市民和城—城流动人口拥有失业保险的比例分别超过女性和不在婚者；乡—城流动人口却相反：女性和不在婚者拥有失业保险的比例高于男性和在婚者，尽管性别仅有微弱差异。失业保险与民族的关系是，无论是哪一类人群，汉族人口拥有失业保险的比例都大大高于少数民族人口。

表 11－3　失业保险与控制变量的相关分析结果

单位：%

	本地市民	城—城流动人口	乡—城流动人口
年龄			
16～26 岁	36.02	35.73	8.30
27～34 岁	41.96	44.28	6.67
35～44 岁	44.62	46.88	4.41
45～55 岁	45.31	49.91	3.89
性别			
男性	44.03	44.27	6.49
女性	42.13	43.85	6.53
民族			
少数民族	34.72	34.22	3.82
汉族	43.82	44.62	6.70

续表

	本地市民	城—城流动人口	乡—城流动人口
婚姻状况			
不在婚	41.59	39.30	8.98
在婚	43.51	45.65	5.26
受教育程度			
≤小学	14.69	13.87	1.85
初中	30.51	23.73	5.72
高中	47.49	42.63	13.83
≥大专	57.21	60.48	28.22
就业行业			
制造业	47.18	45.92	8.20
建筑业	52.98	48.27	3.53
商业服务业	24.51	27.97	3.26
交通信息业	53.59	59.14	10.16
文教卫机关	46.01	50.78	12.14
单位类型			
个体工商户	7.53	8.92	1.02
私营企业	32.32	33.64	5.78
机关国有集体	59.38	64.14	18.79
其他单位	26.81	40.67	9.48
劳动合同			
未签合同	21.48	19.00	2.16
固定期合同	71.74	65.85	20.24
长期合同	67.73	72.44	25.55
不适用	8.41	11.12	0.81
所在(流入)地区			
直辖市	68.79	64.27	9.20
华北	41.06	37.92	1.93
东北	32.84	31.62	1.54
华东	38.83	40.85	4.34
华中	34.24	33.67	2.14
华南	39.32	36.50	8.93
西南	35.57	40.16	1.96
西北	41.87	37.98	2.39

不管是本地市民还是两类流动人口，受教育程度与失业保险的拥有比例正向相关，即受教育程度越高，拥有失业保险的比例也越高；且教育层级之间的差异很大：比如，在本地市民中，受过大专及以上教育之人的失业保险比例为

57.21%，而受过小学及以下教育之人的比例仅为14.69%。从增长的幅度看，高等教育的回报率对乡—城流动人口的作用更大，其次为城—城流动人口，对本地市民的回报率最低。

不同的就业行业有着相异的失业保险拥有率。本地市民和城—城流动人口除在商业服务业就业者的比例较低（不到三成）外，在其他行业就业者拥有失业保险的比例均在五成左右，交通信息业比例最高，本地市民超过五成，城—城流动人口接近六成。乡—城流动人口在商业服务业和建筑业就业之人的比例都很低，其他三个行业相对略高，文教卫机关最高（12.14%）。单位类型也与失业保险显著相关：在机关国有集体工作之人比在个体、私营企业和其他单位工作者有更好的失业保障，且在这一点上，三类人群是一致的。在个体单位工作之人拥有失业保险的比例最低：本地市民的比例仅为7.53%，城—城流动人口为8.92%，乡—城流动人口为1.02%，说明失业保险与单位类型有一定的关系。

从表11－3还可看出，劳动合同的有无和类型与失业保险的关系很大：的确，不适用者拥有失业保险的比例最低，其次是未签订劳动合同之人（本地市民为21.48%，城—城流动人口为19.00%，乡—城流动人口为2.16%）。不过，就固定期合同与长期合同而言，本地市民与流动人口有所不同：签订了固定期合同的本地市民拥有失业保险的比例最高，为71.74%，而两类流动人口拥有失业保险比例最高的却是签订了长期合同之人，城—城流动者为72.44%，乡—城流动人口为25.55%。

从表11－3不难看出，直辖市人口拥有失业保险的比例高于其他七大地区，而东北地区的失业保险比例低于其他地区，三类人群都是如此。但在其他六大区域，他们却各有特点：本地市民和城—城流动人口拥有失业保险比例次低的都为华中地区，而乡—城流动人口是华北地区。由此可见，虽然三类人群拥有失业保险比例存在明显的地区差异，但是最高和最低的地区都是一样的。

表11－4分析了养老保险与其他自变量的关系。总的来说，除了三个变量外，其余变量同养老保险之间的关系与它们同失业保险的关系性质完全一样。这里不再描述相同之处。差异一是表现在性别上：不仅男性本地市民和城—城流动人口，而且男性乡—城流动人口的养老保险比例也略高于女性。二是表现在就业行业上，本地市民、城—城流动人口中的养老保险比例最高和最低的与失业保险完全一致，即交通信息业最高，商业服务业最低，而乡—城流动人口中养老保险比例最高的虽然

仍是文教卫机关，但比例最低的已不再是商业服务业，而是建筑业。三是表现在地区上：虽然居于直辖市的本地市民和城—城流动人口的养老保险比例依然高于其他七大区域，但乡—城流动人口拥有最高养老保险比例的地区为华南地区；在各区域中，三类人群拥有养老保险比例最低的分别是西南地区、西北地区和东北地区，而不都是东北地区。

表 11－4 养老保险与控制变量的相关分析结果

单位：%

	本地市民	城—城流动人口	乡—城流动人口
年龄			
16～26 岁	46.24	46.42	15.80
27～34 岁	58.91	59.12	13.36
35～44 岁	63.83	63.69	9.63
45～55 岁	67.11	68.34	7.89
性别			
男性	62.22	60.13	13.11
女性	59.98	57.98	12.71
民族			
少数民族	47.61	46.45	7.30
汉族	62.22	59.87	13.33
婚姻状况			
不在婚	53.38	50.62	16.82
在婚	62.66	61.99	10.97
受教育程度			
≤小学	28.89	24.74	4.23
初中	48.32	38.04	11.81
高中	67.22	59.14	26.22
≥大专	74.33	75.18	45.38
就业行业			
制造业	64.35	62.06	16.93
建筑业	68.97	61.98	6.06
商业服务业	41.61	41.61	6.52
交通信息业	72.10	74.01	17.43
文教卫机关	65.85	67.35	22.00
单位类型			
个体工商户	24.04	23.28	3.07
私营企业	54.15	49.38	13.42
机关国有集体	78.38	79.95	30.33
其他单位	38.93	53.39	17.61

续表

	本地市民	城—城流动人口	乡—城流动人口
劳动合同			
未签合同	42.67	33.93	4.95
固定期合同	86.99	80.79	38.28
长期合同	86.29	87.86	39.75
不适用	23.46	26.34	2.89
所在(流入)地区			
直辖市	77.79	70.36	15.96
华北	64.67	56.49	4.73
东北	56.21	50.84	3.56
华东	60.95	59.35	9.52
华中	58.25	59.00	5.12
华南	57.04	54.71	18.28
西南	50.80	55.26	3.73
西北	54.61	49.72	4.14

医疗保险与其他自变量的相关分析结果（见表11－5）与前两类社会保险的分析结果十分接近。性别和婚姻状况与医疗保险的关系同它们与失业保险的关系；就业行业与这类社会保险的关系在这三类人群中趋于一致，即在文教卫机关就职之人拥有医疗保险的比例更高。但就地区而言，本地市民和城—城流动人口的模式相似，即直辖市拥有医疗保险的比例最高，东北地区拥有医疗保险的比例最低；而在乡—城流动人口中，拥有最高医疗保险比例的地区不是直辖市，而是如同养老保险一样，是华南地区。

表11－5　医疗保险与控制变量的相关分析结果

单位：%

	本地市民	城—城流动人口	乡—城流动人口
年龄			
16～26岁	51.26	47.33	20.99
27～34岁	61.17	59.48	17.29
35～44岁	64.47	62.73	13.75
45～55岁	68.39	67.69	12.46
性别			
男性	64.20	60.22	16.84
女性	61.38	57.67	18.17

续表

	本地市民	城—城流动人口	乡—城流动人口
民族			
少数民族	61.85	53.60	13.64
汉族	63.08	59.40	17.70
婚姻状况			
不在婚	55.52	50.30	21.38
在婚	64.32	61.98	15.44
受教育程度			
≤小学	35.27	24.74	9.54
初中	45.46	35.94	16.58
高中	64.60	56.27	28.97
≥大专	84.89	78.79	45.78
就业行业			
制造业	61.07	59.56	23.05
建筑业	64.54	58.56	10.31
商业服务业	36.29	37.33	8.98
交通信息业	69.68	71.60	19.60
文教卫机关	82.09	78.78	24.94
单位类型			
个体工商户	20.11	18.23	6.60
私营企业	48.29	46.28	17.80
机关国有集体	83.15	83.35	32.75
其他单位	41.43	53.12	24.04
劳动合同			
未签合同	47.81	36.02	8.21
固定期合同	83.63	78.30	43.77
长期合同	88.68	90.40	43.71
不适用	23.75	22.82	8.63
所在(流入)地区			
直辖市	78.41	70.74	19.34
华北	62.99	56.64	7.49
东北	50.27	47.40	7.47
华东	64.90	59.64	14.66
华中	56.26	55.56	8.23
华南	56.92	52.28	22.90
西南	63.98	59.66	9.52
西北	64.71	58.30	11.10

2. 社会保险拥有总量及社会保障综合指数得分与控制变量的相关分析

在进行了分类分析之后，综合分析是必不可少的，这样才能既从部分又从整体上把握流动人口社会保障的状况和特点。表 11－6 描述了社会保险拥有总量与控制变量的相关分析结果。总的来看，本地市民和城—城流动人口的社会保险拥有总量要远远多于乡—城流动人口，且本地市民与城—城流动人口之间比较接近，而乡—城流动人口与这两类人群有很大的差距。其特点与医疗保险的模式十分类似，故不再重述。

表 11－6　社会保险拥有总量与控制变量的相关分析结果

单位：种

	本地市民	城—城流动人口	乡—城流动人口
年龄			
16～26 岁	1.34	1.29	0.45
27～34 岁	1.62	1.63	0.37
35～44 岁	1.73	1.73	0.28
45～55 岁	1.81	1.86	0.24
性别			
男性	1.70	1.65	0.36
女性	1.63	1.59	0.37
民族			
少数民族	1.44	1.34	0.25
汉族	1.69	1.64	0.38
婚姻状况			
不在婚	1.50	1.40	0.47
在婚	1.70	1.70	0.32
受教育程度			
≤小学	0.79	0.63	0.16
初中	1.24	0.98	0.34
高中	1.79	1.58	0.69
≥大专	2.16	2.14	1.19
就业行业			
制造业	1.73	1.68	0.48
建筑业	1.86	1.69	0.20
商业服务业	1.02	1.07	0.19
交通信息业	1.95	2.05	0.47

续表

	本地市民	城—城流动人口	乡—城流动人口
文教卫机关	1.94	1.97	0.59
单位类型			
个体工商户	0.52	0.50	0.11
私营企业	1.35	1.29	0.37
机关国有集体	2.21	2.27	0.82
其他单位	1.07	1.47	0.51
劳动合同			
未签合同	1.12	0.89	0.15
固定期合同	2.42	2.25	1.02
长期合同	2.43	2.51	1.08
不适用	0.56	0.60	0.12
所在(流入)地区			
直辖市	2.25	2.05	0.44
华北	1.59	1.51	0.14
东北	1.39	1.30	0.13
华东	1.65	1.60	0.29
华中	1.49	1.48	0.15
华南	1.53	1.44	0.50
西南	1.50	1.55	0.15
西北	1.61	1.46	0.18

表11－7展示的是社会保障综合指数得分与控制变量的相关关系。如同社会保险拥有总量一样，该指数是基于三个社会保险类别整合而成，故就因变量与每个自变量关系的性质而言，与单个指标的分析结果十分接近，也与社会保险拥有总量的分析结果几乎相同：本地市民和城—城流动人口的社会保障综合指数得分远远高于乡—城流动人口，且几乎在所有指标上，前二者的得分都比较接近，关系的模式也相似，而乡—城流动人口不仅在得分上与他们有很大的差距，而且在有些变量（如：性别、婚姻状况）或某些变量的具体分类上（如：所在地区），也与前二者存在不同特点。为避免重复，这里不再详细描述每个自变量与社会保障综合指数得分的关系。

表 11-7　社会保障综合指数得分与控制变量的相关分析结果

单位：分

	本地市民	城—城流动人口	乡—城流动人口
年龄			
16~26 岁	44.60	43.28	14.11
27~34 岁	54.16	54.46	11.56
35~44 岁	57.81	57.95	8.59
45~55 岁	60.65	62.18	7.47
性别			
男性	56.97	55.05	11.39
女性	54.65	53.32	11.63
民族			
少数民族	48.17	44.91	7.57
汉族	56.53	54.79	11.78
婚姻状况			
不在婚	50.27	46.86	14.82
在婚	57.00	56.72	9.82
受教育程度			
≤小学	26.41	21.24	4.67
初中	41.59	32.72	10.59
高中	59.94	52.85	21.87
≥大专	72.29	71.66	38.44
就业行业			
制造业	57.66	56.01	14.98
建筑业	62.30	56.41	6.16
商业服务业	34.29	35.77	5.84
交通信息业	65.29	68.40	15.02
文教卫机关	64.82	65.85	18.74
单位类型			
个体工商户	17.37	16.95	3.17
私营企业	45.11	43.26	11.45
机关国有集体	73.80	76.00	26.24
其他单位	35.83	49.19	15.99
劳动合同			
未签合同	37.51	29.82	4.68
固定期合同	80.92	75.14	32.34

续表

	本地市民	城—城流动人口	乡—城流动人口
长期合同	81.06	83.74	34.71
不适用	18.67	20.25	3.57
所在(流入)地区			
直辖市	75.08	68.53	14.09
华北	56.45	50.55	4.32
东北	46.64	43.48	3.78
华东	55.09	53.48	8.77
华中	49.79	49.67	4.72
华南	51.25	48.02	15.67
西南	50.25	51.87	4.55
西北	53.84	48.82	5.28

（四）社会保障的省际差异

上述分析尽管考虑到地区差别，但各地域覆盖范围较广，可能中和了省际差异。下面将梳理各省（市、区）三类人群社会保障综合指数的绝对得分和相对得分，并通过图形逐一展示。

图 11－4 描述了各省（市、区）本地市民的社会保障综合指数得分。显而易见的是，上海的得分遥遥领先，近 92 分，超过排在第二位的北京 11.1 分，此后依次为天津、浙江、江苏、山西，得分为 60～70 分。其他各省（市、区）的得分都低于 60 分，且近一半省份的本地市民得分不到 50 分。其中，得分最低的是西藏，仅 33.9 分，江西和吉林的得分略高于西藏，但也不足 40 分。贵州、甘肃、宁夏、四川、广西、湖南、青海、黑龙江、湖北、安徽、重庆的得分为40～50 分，新疆、山东、河南、陕西、河北、辽宁、云南、福建、海南、广东、内蒙古的得分为 50～60 分。这些数值背后至少隐含了这样几重意义：一是上海的社会保障工作做得最好，绝大部分本地市民都拥有三类保险；二是各省（市、区）之间本地市民的社会保障发展极不平衡，保障得分跨度很大，从 33.9 分到 91.7 分，近 60 分之差；三是在绝大部分省（市、区），本地市民的社会保障程度也不尽如人意；四是总体而言，经济越发达，本地市民的社会保障水平越高，

表明经济是影响社会保障的重要因素，但得出这个结论需要特别慎重，因为广东的经济发展程度很高，但其本地市民的社会保障综合指数得分仅为 51.5 分，与其经济发展程度不相匹配。

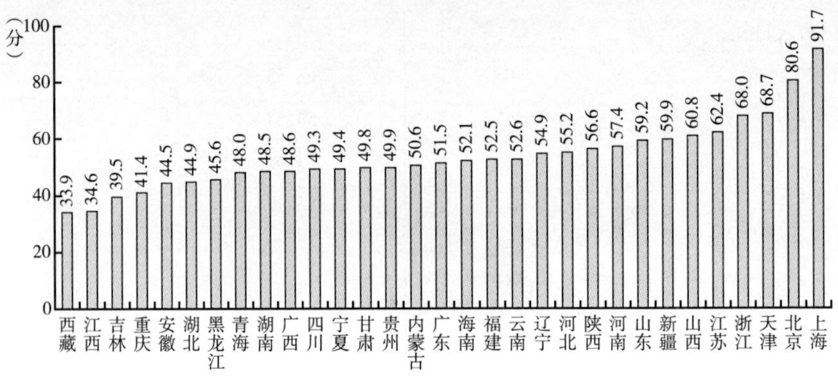

图 11－4　各省（市、区）本地市民的社会保障综合指数得分

各省（市、区）城—城流动人口的社会保障综合指数得分结果见图 11－5，其模式与本地市民类似。上海、北京依然位列前茅，其次为天津、江苏、浙江，得分最低的还是西藏、江西和吉林等省（市、区）。尽管特点类似，但数值差距很大：即便是上海，城—城流动人口与本地市民之间的差距也高达近 20 分。但是，在河南、安徽、四川、重庆等省（市、区），城—城流动人口的社会保障综合指数得分高于本地市民，尽管差距不大。另外，在本地市民社会保障综合指数得分较低的省（市、区），城—城流动人口的社会保障综合指数得分也较低。

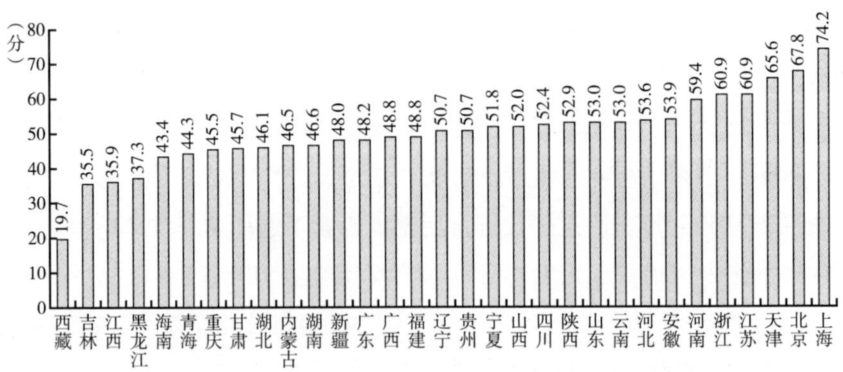

图 11－5　各省（市、区）城—城流动人口的社会保障综合指数得分

从图 11－6 中不难看出：一是在所有省（市、区），乡—城流动人口的社会保障综合指数得分都很低：80.6%的省（市、区），其社会保障综合指数得分不到 10 分，最低的黑龙江省仅得 1.9 分，得分超过 10 分的只有天津、广东、上海、江苏、北京、山东六地，且均未超过 20 分。这说明，该群体社会保障综合指数得分偏低并非某地独有的特征，而是全国的共性。二是不同于前面两个群体，该群体得分最高的是天津和广东。若与前面两个人群综合起来考虑，则可得出以下结论：所有的省（市、区），乡—城流动人口的社会保障综合指数得分都远远低于另外两个群体；且前两个群体社会保障综合指数得分最低的省（市、区），未必一定是乡—城流动人口社会保障综合指数得分的最低之地。

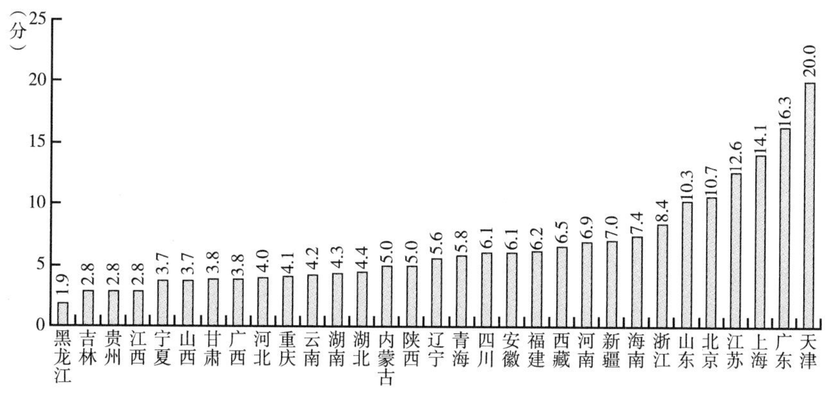

图 11－6　各省（市、区）乡—城流动人口的社会保障综合指数得分

若将各省（市、区）流动人口与本地市民的社会保障综合指数得分进行对比则发现，在安徽、四川、广西、江西、湖北，城—城流动人口的得分高于本地市民（见图 11－7）。除西藏、海南、新疆外，其他省（市、区）城—城流动人口的相对得分都不低；多省得分为 80～100 分。这说明，若仅看绝对水平，而不与本地市民进行对比，则可能夸大城—城流动人口在社会保障方面的弱势。当然，若仅考虑务工经商者，他们之间的差距更大一些（杨菊华，2011c）。

然而，没有一个省（市、区）乡—城流动人口的社会保障综合指数得分超过本地市民（见图 11－8）；事实上，在每个省（市、区），该人群的社会保障综合指数得分均不到本地市民的 1/2；在绝大多数省（市、区），其得分甚

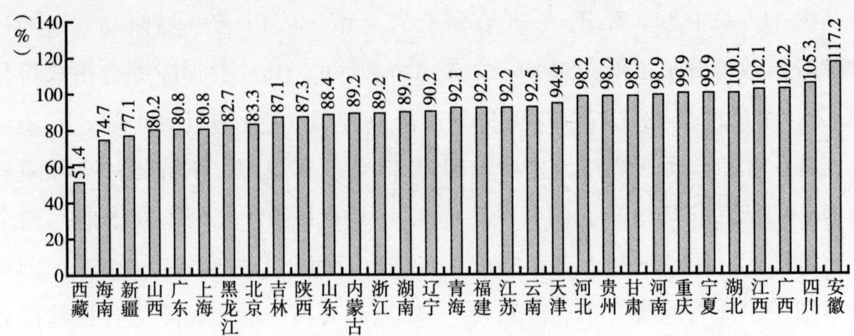

图 11－7　各省（市、区）城—城流动人口的社会保障相对指数得分

至不及本地市民的1/5。值得注意的是，社会保障相对指数得分最高的是西藏(40.7 分)。这主要是因为，西藏本地市民的社会保障水平本身也很低，从而缩小了二者之间的差距。在近一半的省（市、区），乡—城流动人口的社会保障水平不及本地市民的 1/10；而除了西藏、天津和广东外，其余各省（市、区）的得分不足本地市民的 20.0%。

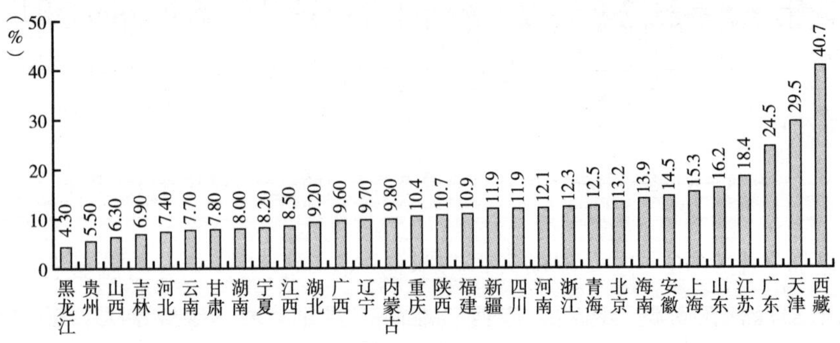

图 11－8　各省（市、区）乡—城流动人口的社会保障相对指数得分

（五）社会保障的地区差异

图 11－9 呈现了各地区流动人口与本地市民的社会保障综合指数得分。这里一个最突出的特点是，本地市民和两类流动人口的社会保障综合指数得分并非同增同减式的正向相关，而是随着本地市民社会保障综合指数得分的提高，流动人口的得分却逐渐降低。

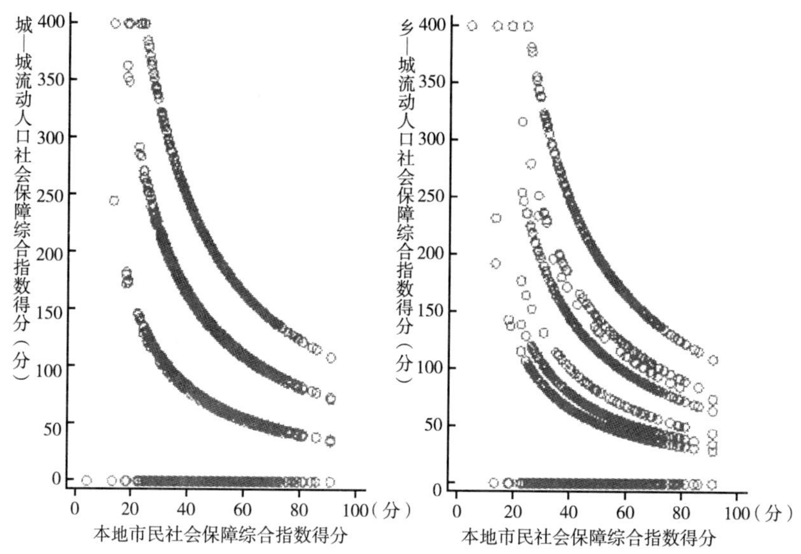

图 11－9 各地区流动人口社会保障综合指数得分与本地市民社会保障综合指数得分的关系

二 全部样本社会保险拥有总量 Poisson 回归模型分析

根据前面从多个角度比较三类人群在社会保障拥有类别、拥有总量以及综合指数得分的分析结果，我们清楚地判断，三类人群社会保障的拥有情况有同有异，但同小于异。同在所有样本的社会保障情况都不尽如人意；异在人群之间存在很大差别：本地市民的社会保障情况相对最好，其次为城—城流动人口——该人群与本地市民的差距相对较小，而乡—城流动人口与本地市民及城—城流动人口之间的差别很大。这三类人群的差别无疑与户籍制度密切相关：该制度将流入地人群区分为本地人和外来人，又将流动人口区分为城—城流动人口和乡—城流动人口。基于当下中国社会保障制度的特性，不同人群之间的社会保障水平具有明显的差异性。

但是，如前所述，户籍并非是与社会保障有关的唯一要素。相关分析结果表明，流动人口的人口学特征、人力资本特征、劳动就业特征、所在地区等都与因变量显著相关。这些因素是否会调节户籍要素与社会保障之间的关系？在其他条件相同的情况下，各个控制变量是否还显著地影响人们的社会保障水平？本节将尝试回答这些问题。

社会保障测量分为三种形式：单个指标、拥有总量和综合指数。为此，我们对数据进行了三类模型分析：一是对单个指标分别进行 Logistic 回归分析（1 表示拥有失业、养老或医疗保险，0 表示没有相关社会保险）。二是如同职业和收入一样，对社会保障综合指数进行多层线性回归模型分析。三是对社会保险拥有总量进行 Poisson 模型分析——因为拥有总量是计数数据，而不是严格意义上的连续变量，故而采用 Poisson 模型比采用线性模型更为合适。由于主要自变量及控制变量与因变量之间的关系性质基本一致，这里仅展示后者的分析结果。

随着统计技术的发展，多层模型技术也可应用于 Poisson 模型。不过，Poisson 多层模型的计算迭代比较复杂，模型收敛十分困难。为避免数据分析过程过于复杂，这里使用常规的 Poisson 模型，并采用稳健标准误，以应对样本的聚类特性。

表 11－8 展示了三类人群社会保险拥有总量的 Poisson 回归模型分析结果。模型 1 将流动人口作为一个整体考虑，没有区分他们的户籍身份，只比较了本地人与外来人之间的差别；模型 2 将流动人口细分为城—城流动人口和乡—城流动人口，同时考虑本地市民与流动人口，而且考虑不同户籍流动人口在社会保险拥有总量上的差异。

表 11－8　全部样本社会保险拥有总量 Poisson 回归模型分析结果

	模型 1		模型 2	
	系数	稳健标准误	系数	稳健标准误
流动人口	－0.32	－0.02***	—	—
流动身份（本地市民＝对照组）				
城—城流动人口	—	—	－0.07	－0.20***
乡—城流动人口	—	—	－0.93	0.06***
人口学特征与人力资本特征				
年龄（16～26 岁＝对照组）				
27～34 岁	0.18	0.02***	0.11	0.20***
35～44 岁	0.28	0.02***	0.19	0.02***
45～55 岁	0.37	0.02***	0.25	0.02***
女性	0.04	0.01***	0.02	0.01***
汉族	0.07	0.02***	0.05	0.01**
在婚	0.01	0.01	0.02	0.01
受教育程度（≤小学＝对照组）				
初中	0.45	0.02***	0.34	0.02***
高中	0.73	0.03***	0.51	0.03***
≥大专	0.78	0.03***	0.53	0.04***

续表

	模型1		模型2	
	系数	稳健标准误	系数	稳健标准误
劳动就业特征				
就业行业(制造业=对照组)				
建筑业	-0.11	0.03**	-0.11	0.03***
商业服务业	-0.10	0.02***	-0.16	0.02***
交通信息业	-0.03	0.02	-0.08	0.02***
文教卫机关	-0.21	0.02***	-0.21	0.02***
单位类型(个体工商户=对照组)				
私营企业	0.44	0.05***	0.41	0.05***
机关国有集体	0.88	0.04***	0.79	0.04***
其他单位	0.57	0.04***	0.54	0.03***
劳动合同(未签合同=对照组)				
固定期合同	0.77	0.04***	0.74	0.04***
长期合同	0.64	0.03***	0.62	0.04***
不适用	-0.10	0.04*	-0.15	0.04***
职业声望	0.002	0.00***	0.002	0.00***
收入水平	0.17	0.01***	0.01	0.00***
所在地区(直辖市=对照组)				
华北	-0.08	0.04	-0.09	0.04*
东北	-0.11	0.05*	-0.13	0.05*
华东	-0.03	0.04	-0.02	0.05
华中	-0.12	0.04**	-0.12	0.05**
华南	-0.11	0.04*	-0.05	0.05
西南	-0.07	0.04	-0.08	0.05
西北	-0.10	0.04*	-0.10	0.05
常数	-2.81	0.12***	-2.29	0.15***
样本量	433360		433360	
Log likelihood	-525008.1		-514614.8	
Wald chi2	20769.40		20366.51	

注：*** p<0.001，** p<0.01，* p<0.05。

显然，在其他条件相同的情况下，流动人口社会保险拥有总量依然低于本地市民0.32种。具体来说，城—城流动人口拥有总量仅比本地市民低0.07种，乡—城流动人口拥有总量却比本地市民低0.93种。这表明，户籍身份和户籍地点对社会保险拥有总量有着显著的作用。

就控制变量而言，社会保险拥有总量因年龄、性别、民族、受教育程度、劳动就业特征等多个因素而异，但与婚姻状况没有显著关系，且在控制了其他因素的情况下，各地区之间的差异也大大缩小。具体来说，年长之人、女性、汉族人口、受教育程度较高者的社会保险拥有总量分别超过年轻人、男性、少数民族人口、受教育程度较低者。

与制造业相比，在建筑业、商业服务业、交通信息业和文教卫机关等行业就业之人的社会保险拥有总量更低，尤其是在文教卫机关就业之人。与在个体单位工作之人相比，在私营企业工作之人社会保险拥有总量多 0.41 或 0.44 种，在机关国有集体工作之人多 0.79 或 0.88 种。在其他单位工作之人多 0.54 或 0.57 种。劳动合同的签订有利于个人得到社会保险：签订了固定期合同和长期合同之人，社会保险拥有总量都显著高于没签劳动合同的人；相反，不适用者社会保险拥有总量最少，且与其他人群存在显著的差异。随着职业声望和收入水平的提高，社会保险拥有总量也显著提高。

从所在地区来看，社会保险拥有总量最高的是直辖市，其余各地区的总量都低于直辖市，且华北、东北、华中、华南地区与直辖市的差异是显著的。

三　流动人口社会保险拥有总量 Poisson 回归模型分析

表 11 -9 中的四个模型均为流动人口社会保险拥有总量的 Poisson 回归模型分析结果。其中，模型 3 和模型 4 的样本为全部流动人口，但前者仅考虑几个主要自变量（即流动特征），后者纳入了所有控制变量；其目的在于，考察相同条件下，两类流动人口的总体保障水平是否依旧存在显著差异。模型 5 和模型 6 分别针对城—城流动人口和乡—城流动人口，分析各类要素对因变量的作用性质和作用程度是否因户籍类型的不同而有别。

从模型 3 和模型 4 中可见，流动人口社会保险拥有总量与各流动特征密切相关；从显著程度来看，一旦在模型中纳入控制变量，离开户籍地时长及流动区域与因变量的关系更强，说明某些控制变量与流动特征变量之间存在互动。具体来说，离开户籍地 3 ~5 年和 5 年以上之人，社会保险拥有总量显著超过离开户籍地 0.5 ~3 年之人。与务工经商者相比，因工作调动、拆迁搬家、婚姻嫁娶和其他原因而流动之人的社会保险拥有总量显著增多。跨地区和跨省流动者与地区内流动之人相比，社会保险拥有总量显著更低。

表 11－9 流动人口社会保险拥有总量 Poisson 回归模型分析结果

	模型 3（全部流动人口）		模型 4（全部流动人口）		模型 5（城—城流动人口）		模型 6（乡—城流动人口）	
	系数	标准误	系数	标准误	系数	标准误	系数	标准误
乡—城流动人口	－1.24	0.07***	－0.54	0.06***				
离开户籍地时长（0.5～3 年＝对照组）								
3～5 年	0.10	0.02***	0.05	0.01***	0.02	0.01*	0.09	0.03***
5 年以上	0.05	0.02***	0.09	0.01***	0.03	0.01***	0.19	0.04***
流动原因（务工经商＝对照组）								
工作调动	0.54	0.04***	0.18	0.01***	0.17	0.01***	0.25	0.05***
拆迁搬家	0.51	0.04***	0.12	0.02***	0.12	0.01***	0.15	0.05**
婚姻嫁娶	0.25	0.06***	0.15	0.02***	0.13	0.01***	0.39	0.06***
其他	0.24	0.04***	0.10	0.02***	0.11	0.01	－0.03	0.04
流动区域（地区内流动＝对照组）								
跨地区流动	－0.20	0.05***	－0.18	0.02***	－0.17	0.02***	－0.34	0.06***
跨省流动	－0.01	0.06	－0.22	0.03***	－0.21	0.03***	－0.50	0.05***
人口学特征与人力资本特征								
年龄（16～26 岁＝对照组）								
27～34 岁	—	—	0.07	0.02***	0.12	0.02***	0.04	0.02
35～44 岁	—	—	0.13	0.02***	0.19	0.02***	0.04	0.03
45～55 岁	—	—	0.22	0.02***	0.27	0.03***	0.10	0.05
女性	—	—	0.02	0.01	0.02	0.01	0.001	0.02

续表

	模型 3（全部流动人口）		模型 4（全部流动人口）		模型 5（城—城流动人口）		模型 6（乡—城流动人口）	
	系数	标准误	系数	标准误	系数	标准误	系数	标准误
汉族	—	—	0. 11	0. 02 ***	0. 08	0. 02 ***	0. 14	0. 05 **
在婚	—	—	0. 01	0. 02	0. 03	0. 01 **	-0. 03	0. 03
受教育程度（≤小学 = 对照组）								
初中	—	—	0. 49	0. 03 ***	0. 23	0. 04 ***	0. 31	0. 03 ***
高中	—	—	0. 79	0. 03 ***	0. 44	0. 04 ***	0. 64	0. 04 ***
≥大专	—	—	0. 77	0. 04 ***	0. 50	0. 04 ***	0. 73	0. 06 ***
劳动就业特征								
就业行业（制造业 = 对照组）								
建筑业	—	—	-0. 25	0. 06 ***	-0. 05	0. 02 *	-0. 60	0. 18 ***
商业服务业	—	—	-0. 19	0. 04 ***	-0. 12	0. 02 ***	-0. 33	0. 09 ***
交通信息业	—	—	-0. 10	0. 03 ***	-0. 05	0. 01 ***	-0. 09	0. 09
文教卫机关	—	—	-0. 22	0. 03 ***	-0. 19	0. 02 ***	-0. 25	0. 07 ***
单位类型（个体工商户 = 对照组）								
私营企业	—	—	0. 43	0. 08 ***	0. 42	0. 04 ***	0. 37	0. 12 **
机关国有集体	—	—	0. 79	0. 06 ***	0. 70	0. 03 ***	0. 92	0. 12 ***
其他单位	—	—	0. 64	0. 04 ***	0. 48	0. 04 ***	0. 75	0. 06 ***
劳动合同（未签合同 = 对照组）								
固定期合同	—	—	1. 06	0. 05 ***	0. 72	0. 03 ***	1. 49	0. 08 ***

续表

	模型 3（全部流动人口）		模型 4（全部流动人口）		模型 5（城—城流动人口）		模型 6（乡—城流动人口）	
	系数	标准误	系数	标准误	系数	标准误	系数	标准误
长期合同	—	—	0.89	0.05***	0.62	0.03	0.43	0.13
不适用	—	—	-0.02	0.05	0.00	0.05	0.04	0.08
职业声望	—	—	0.00	0.00***	0.01	0.00***	0.001	0.00***
收入水平	—	—	0.02	0.00**	0.01	0.00***	0.03	0.00***
流入地区（直辖市 = 对照组）								
华北	—	—	-0.11	0.04***	-0.08	0.03*	-0.74	0.11***
东北	—	—	-0.13	0.05*	-0.12	0.05*	-0.83	0.13***
华东	—	—	-0.05	0.05	-0.02	0.03	-0.25	0.12***
华中	—	—	-0.11	0.04**	-0.08	0.04*	-0.66	0.12***
华南	—	—	0.04	0.05	-0.06	0.02*	-0.02	0.09
西南	—	—	-0.07	0.04*	-0.03	0.03	-0.48	0.12***
西北	—	—	-0.09	0.04*	-0.10	0.04*	-0.40	0.11***
常数	0.18	0.06**	-3.16	0.17***	-2.31	0.17***	-4.57	0.30***
样本量	200869		200869		200869		200869	
Log likelihood	-227571.46		-186651.27		-94184.36		-87212.932	
Wald chi2	854.43		39097.15		22365.89		77872.01	

注：*** $p < 0.001$，** $p < 0.01$，* $p < 0.05$。

两类流动人口的平行模型（模型5和模型6）分析结果显示，随着离开户籍地时间的延长，社会保险拥有总量都显著增加。在流动原因方面，二者稍有不同：城—城流动人口中，因工作调动、拆迁搬家、婚姻嫁娶和其他原因流动的人比因为务工经商而流动的人，社会保险拥有总量显著更多；而乡—城流动人口的不同之处在于，因其他原因而流动之人比因务工经商而流动之人的社会保险拥有总量更低，但不显著。在流动区域方面，随着流动所跨越区域的扩大，两类流动人口的社会保险拥有总量显著减少，跨地区和跨省流动之人比地区内流动之人的社会保险拥有总量显著偏低。

从个体特征来看，与16～26岁年龄组相比，其他各年龄组流动人口社会保险拥有总量都显著更高，且随着年龄的增长，社会保险拥有总量随之增长，但年龄对因变量的显著影响仅见于城—城流动人口。婚姻状况与因变量的关系也是如此：在婚的城—城流动人口拥有更多的社会保险，而在婚的乡—城流动人口却相反，尽管关系不显著。不管是城镇户籍，还是农村户籍，女性流动人口社会保险拥有总量都高于男性（但不显著），汉族流动人口社会保险拥有总量显著高于少数民族流动人口。

流动人口的受教育程度越高，社会保险拥有总量越多，初中、高中、大专及以上的流动人口比受教育程度为小学及以下之人社会保险拥有总量显著更多。从就业行业来看，两类流动人口就业于建筑业、商业服务业、交通信息业以及文教卫机关单位的比在制造业就业之人的社会保险拥有总量少。如果流动人口就职于个体单位，其社会保险拥有总量就会低于在所有其他类型单位就职者。签订了固定期合同和长期合同的流动人口比没有签订劳动合同的流动者拥有更多的社会保险总量，且签了固定期合同者其拥有的社会保险总量最多，差异显著。不适用者比没签劳动合同之人的社会保险拥有总量更多，但不显著，这与前面全部样本的分析结果刚好相反。不管是城—城流动人口，还是乡—城流动人口，职业声望越高，社会保险拥有总量也显著越多，且随着流动人口收入水平的提升，社会保险拥有总量也显著增加。

最后，流入地区与社会保险拥有总量之间的关系是，它对乡—城流动人口的影响远远大于对城—城流动人口的影响，不管是从系数的大小还是从显著程度来判断都是如此（华南地区除外）。与直辖市相比，其他七大区域流动人口的社会保险拥有总量都更少，但在显著度方面，两类流动人口有明显不同：城—城流动人口中，与直辖市存在显著差异的有华北、东北、华中、华南、西北，但显著度都不高；乡—城流动人口中，除华南地区，其他六个地区都与直辖市差异显著，且多高度显著。不过，从表 11 -9 中还可以看出，两类人群都是东北地区与直辖市的差距最大。

本章小结

综合本章、前面各章以及后面“居住状况”一章的分析结果来判断，流动人口（尤其是乡—城流动人口）与流入地市民之间最主要的差异集中表现为社会保障福利的获得。其有无、高低可能成为影响流动人口（尤其是乡—城流动人口）生活稳定性的重要加速或阻碍因素，也是反映其经济地位、衡量其经济融入的重要、敏感指标。社会保障的获得意味着流动人口不仅拥有一份较为稳定的工作，而且还与当地市民一样，可以享受基本的社会福利。因此，该人群的社会保障问题是经济社会发展中的关键问题之一，妥善解决其社会保障问题是构建和谐社会与可持续发展的需要，也是维护、促进社会公平、公正的时代要求。为此，虽然国家尚未为其建立专门的社会保障制度，但对流动人口参加社会保险问题给予了极大关注。比如，在《劳动法》实施后，进入城镇用人单位的流动人口原则上也同样适用该法，应当参加法定的基本养老、医疗、失业、工伤等社会保险。从这个角度看，至少在制度层面，现行城镇职工基本社会保险制度并未排斥正规就业的流动人口，他们参加各险种的通道是敞开的。

然而，通过对社会保障多个指标的分析，本章发现，人群之间的差异是明显的：尽管本地市民的保障水平也不尽如人意，但流动人口（尤其是乡—城流动人口）的社会保障情况十分堪忧。具体分析结果总结如下。

其一，由户籍地点造成的“本地人”与“外来人”之间的区隔使流动人口的社会保障水平显著低于本地市民。无论社会保障是被衡量为单一类型、拥有总量，还是综合性指数，本地、外来的差距是明显的、巨大的。就单个变量来看，流动人口拥有失业保险、养老保险、医疗保险的比例分别为不到两成、三成和仅约为三成，而相对应的本地市民的比例分别为 43.2%、61.3%、63.0%。流动人口平均拥有 0.8 种社会保险，而本地市民则平均拥有 1.7 种，且超过 40.0% 之人拥有三类保险；在本地市民社会保障综合指数得 56.0 分的情况下，流动人口的得分不到26分；而且，若排除拆迁搬家之人，则流动人口的社会保障水平进一步下降，只有19.5分。

其二，户籍类型和户籍地点的双重隔离使得乡—城流动人口的社会保障处于双重弱势。将流动人口的均值与本地市民进行比较掩盖了不同户籍流动人口之间的差别。通过区分两类流动人口后发现，乡—城流动人口的保障水平在所有指标上都明显低于本地市民，而这显然既与“本地人”和“外来人”的户籍地点不同有关，更与“农村人”与“城市人”的户籍类型不同有关。他们参加失业保险、养老保险、医疗保险的比例分别仅为6.5%、12.9%、17.4%——即便是生命攸关的医疗保险，参保率也不到两成。可能2005年的数据有些过时，但2010年人力资源和社会保障部公布的数据也显示出类似特征：农民工参加这三类保险的比例分别为8.2%、13.6%、18.9%，仅比2005年略有提高。① 由于他们参加各类社会保险的比例很低，故社会保险拥有总量也很少，平均只拥有0.4种保险，仅有6.1%的人拥有所有三类保险；同样，其社会保障综合指数仅得11.5分，仅约本地市民的1/5。即便在其他条件相同的情况下，乡—城流动人口与本地市民之间社会保险拥有总量的差别依旧高达1.3种，而这是在社会保险拥有总量为0~3种的情况下的差异；同样，若以社会保障综合指数得分为因变量进行模型分析（结果本章没有显示），二者的差别也高达22.5分，而这是在全部人群的均值仅为42分的情况下的差别。乡—城流动人口的社会保障劣势由此可见一斑。

其三，户籍类型的隔离也使乡—城流动人口的社会保障水平显著低于城—城流动人口，且差异巨大。通过群内的比较发现，流动人口并非是一个同质性的群体，而是在受教育程度、职业声望、收入水平等方面具有很强的异质性，户籍类型所造成的社会分层既是最大的分层指标，也是造成其他方面异质性的根源。在社会保障方面，每一个社会保障指标都显示出类似的特点，即三类人群之间的差异主要表现在乡—城流动人口与本地市民之间，而城—城流动人口与本地市民的差别相对较小；而且，同为外来人，与城—城流动人口相比，乡—城流动人口的

① 城镇就业人员相应的参保比例分别为35.3%、60.1%、55.1%。尽管这三个数值较2005年本地市民的低，但“城镇就业人员”涵盖了一定数量的流动人口，而他们的参保比例较低拉低了这三个数据。

社会保障水平显著偏低。由于模型控制了人口学特征、人力资本变量和地区因素，我们有理由相信，城乡分隔的户籍制度是导致这一差别的主要原因。来自城镇的流动人口可能在人力资本积累中获得更多的社会资源和家庭资源，有更强的沟通、工作能力，这些隐性的人力资本反映到社会保障上，福利水平就会更高。相反，由于户籍制度在一定程度上阻断了城乡之间的交流和互动，农民更难得到城市的公共资源，从而导致这两类流动人口在包括社会保障在内的诸多方面的差异。同时，附着在户籍制度上的许多其他结构性和制度性因素（如：农村各种资源缺乏、个体发展能力偏低）也可能起到一定的作用。户籍类型、户籍地点的双重隔离使乡—城流动人口处于双重弱势地位。综合这两个分析结果，我们不难看出，户籍类型的作用大于户籍地点的作用。

其四，虽然城镇、农村户籍制度造成的分隔大于由本地、外来形成的差别，但二者共同作用于流动人口的社会保障。同是城镇人，且根据“数据与方法”一章的单变量描述性结果可知，通过年龄、受教育程度等变量反映出来的城—城流动人口的个人发展能力不输于本地市民（因而从理论上看，应该享有类似的保障水平），且其职业声望、收入水平等还超过本地市民，但社会保障的情况并非如此。比如，他们拥有养老保险、医疗保险的比例以及所拥有的社会保险总量、社会保障综合指数得分都低于本地市民；差异尽管不大，但也高度显著。该发现表明，在社会保障方面，本地人与外来人的“内外之别”也不可忽视。其原因可能与社会保险的接续和地方的保护性政策措施有关：没有本地户口的外来人口难以在流入地稳定就业和享受公共服务；户籍地及其衍生物（即地方保护性质）使得带有外来流动人口印记，但收入较高的城—城流动人口也部分地被排斥在当地的社会保障体系之外（杨菊华，2011c）。

其五，流入地的经济发展程度越高，流动人口的绝对社会保障水平也越高，但相对社会保障水平较低；事实上，在本地市民社会保障水平较高之地，流动人口的社会保障水平却较低。总体而言，各省经济社会发展程度与流动人口的社会保障水平呈现出较为复杂的关系。就绝对社会保障水平来看，地区经济发展程度越高，流动人口的绝对社会保障水平也越高，但各省（市、区）流动人口的社会保障情况基本都差于本地市民。更为重要的是，尽管流动人口相对于本地市民的社会保障水平存在着不同的模式，但基本特点是，在经济发达之地，本地市民的优势更为凸显，与外来市民之间的差距更大；而在经济不发达地区，由于本地市民的起点也低，故流动人口与本地人的差别较小，显出在低水平上高融入的特征。可见，虽然流动人口进入直辖市和沿海等经济发达省（市、区）后，能较快地改善其绝对经济条件，但在社会保障方面，却难以逾越本地、外来的鸿沟。

其六，个人发展能力和较好的劳动就业单位都有助于提升流动人口的社会保障水平。多数影响流动人口社会保障水平的因素对城—城流动人口与乡—城流动人口的作用基本是一致的，比如，中青年，男性，汉族，较高的受教育程度，在制造业就业，在机关国有集体工作，拥有较高的职业声望和收入水平，签订了长期劳动合同，等等，都会改善他们的社会保障水平。但部分因素的作用因流动人口的户籍而异。

总之，本章的研究结果表明，尽管各级政府做出了积极努力，但流动人口社会保障的覆盖面依然非常有限，参保率很低。虽然现行的社会保障法律条文规定，劳动者参与社会保险以与用人单位发生劳动关系为准绳，不受本地户籍的制约，从而对流动人口敞开了参加社会保障的大门（劳动和社会保障部，2006），但从法律规定到条文落实需要受到许多中间环节的制约，从而使流动人口的社会保障政策未能得到很好的执行。其原因是多方面的，包括社会保障制度的碎片化、财政制度的分灶吃饭、地区转移接续困难、制度设计本身的局限、企业单位不愿投保、保费较高影响个人参保意愿，等等。

比如，由于社会保障体系的城乡二元特征，乡—城流动人口社会保障制度的碎片化现象十分突出。以养老保障为例，乡—城流动人口的养老保障主要有三种类型：一是“城保”，即进入城镇职工基本养老保险体系。多数地区规定农民工和城镇职工一样，参加城镇职工基本养老保险，个别地区在缴费比例（费率）上略有差别，但多有 15 年以上缴费并工作到退休年限才能享受养老待遇的要求。二是“综保”，即实施农民工综合专项保险制度。这包括老年补贴、工伤（或意外伤害）和住院医疗三项保险待遇，由用人单位缴纳或自己缴纳。三是“农保”，即进入农村社会养老保险体系。流动人口不仅被分割成“城保”“综保”和“农保”三大碎片，而且存在于诸多小碎片中。就“城保”模式而言，为适应本地的外来人口参保，地方多对城镇基本社会保障制度进行变通，分别针对不同企业和不同户籍流动人口，故在业流动人口被分割在不同的制度中。

又如，全国统一制度的缺失、各地社会保障制度规定的差异以及费率的差别，制度之间、地区之间缺乏有效衔接。目前，主要的社会保险制度都实行属地管理，统筹层次主要集中在地级或县级，层次不一；养老和医疗等主要的社会保险被分割在2000多个统筹单位内运行，它们之间的政策也不统一，难以互联互通。其后果是，当流动人口跨统筹地区流动时，转移接续面临很大障碍；即便不是不可能，也是极其困难；在新的地区接续社会保险，也只能带走个人账户资产，而不能带走原就业单位为其缴纳的基本养老保险费和医疗保险费。比如，"城保"模式跨越了户籍限制，取消了对农民工身份的制度歧视，将流动人口完全纳入流入地城镇基本保险体系之内。但是，由于目前统账结合制度的便携性很差，流动人口异地流动时，"便携性损失"十分严重，流动人口参保、退保日益频繁。"综保"模式将诸项保险"打包"之后费率较低，对流动人口来说简单易行，但待遇水平与当地户籍参保人员相差悬殊，并且不能与周边其他制度接轨。"农保"模式门槛较低，但异地流动时，由于统筹层次较低，跨省流动十分困难，结果只能是退保、断保或失保。现行政策允许农民工退保，结果导致农民工流动时反复参保、退保，有的甚至在同一地区更换工作单位时也要先退保，再参保。退保使农民工只参保、不受惠，直接损害了他们的权益，削弱了其保障金的积累；反过来，这也影响了用人单位的参保积极性。

同时，现行转移政策以及管理手段不适应农民工频繁流动的需要。乡—城流动人口的流动性大，不仅在同一个城市频繁地变动工作岗位，而且经常跨地域流动。由于他们多来自不发达地区，其户口所在地的农村社会养老保险制度一般没有建立，已经建立的也还很不健全。一旦他们离开原工作的城市，其养老保险个人账户难以转回原籍，社保关系转移困难。

再如，当下各地针对流动人口的社会保障制度项目单一，缺乏分类对待的制度设计。如上所言，流动人口是一个异质性很强的群体，社会分层现象非常突出。城—城流动人口，或居留时间较长、收入较高的乡—城流动人口，个体经营者，等等，情况很不相同，对社会保障的需求也不同。出于实际操作的便利，各地多希望建立统一的模式，解决所有流动人口的保障问题，但这会阻碍许多流动人口的参保意愿。比如，医保过于强调"保大病"的原则，但多数流动人口年纪轻，对大病保障迫切需求的程度较低，故参保积极性不高。

就企业原因来看，没有本地户籍的流动人口难以获得流入地的公共服务，且缺乏稳定的就业途径，流动性较强。流动人口中的主体——乡—城流动人口——的就业单位多为民营企业、外资企业、乡镇企业以及个体工商户，主要集中在普通商业服务业、制造业、建筑业等技术含量较低、产品附加值不高的劳动密集型行业。这些行业的用人单位常常通过降低人工成本参与市场竞争、追逐更多利润。他们担心的是，若按照城镇企业社会保险办法为乡—城流动人口缴纳社会保险费，可能导致单位负担过重，影响企业的市场竞争力和经济效益。因此，用人单位主观上也不愿为他们缴纳社会保险费。

最后，流动人口（尤其是乡—城流动人口）对现行社会保险制度缺乏信任，对自己以后能否享受养老待遇心存疑虑和担心，加上一些保险费率过高，准入门槛较高，多数人难以支付，影响了单位和个人参保的积极性。由于现行养老保险制度规定按月享受基本养老金的最低缴费年限为 15 年，而乡—城流动人口流动频繁，如果不能实现转移接续，多数人很难达到该年限标准。有的地方还规定退休前 5 年必须到该地参保，这实际上把他们的养老问题排除在外。因此，他们在离开参保地时普遍不愿将钱放在社保机构，一般都选择退保。

第十二章
居住状况

安居才能乐业。东汉班固编撰的《汉书·货殖列传》中的一篇文章明确提出了安居乐业的思想：民“各安其居而乐其业，甘其食而美其服”。安居的必要条件之一就是拥有比较固定的住所以及配备基本生活设施的住房——尽管不同时代、不同人群对“基本生活设施”的界定不同。固定居所折射出住房的稳定性，基本生活设施透视出房屋的舒适性。可见，自古以来，住房被视为人类生存和发展最基本、最必要的条件之一。

目前，流动人口（特别是乡—城流动人口）的城市住房稳定性和舒适性都很不尽如人意。如“国内流动人口经济融入文献述评”一章所言，流动人口的居所与本地市民的相比较，呈现出居住模式单一、居屋面积狭小、房屋条件较差、房内设施破旧、房屋拥有率极低、住房安全性较差等特点。其住房条件与本地市民的相比是冰火两重天，居住空间与本地市民的相比呈现出明显的区隔，且在不少地区二者之间形成了鲜明的“二元”社区。

如“数据与方法”一章所言，住房情况是流动人口经济融入综合指数的构成成分之一；与职业、收入、工作时间等单个变量不同的是，住房涵盖了多个指标。2005 年全国 1% 人口抽样调查问及受访家庭多个与住房有关的问题，即住房建筑面积、住房间数、是否饮用自来水、主要炊事燃料、厕所类型、洗澡设施、是否合住、厨房类型、住房来源等等。我们将这些单个指标进行集合，生成了三个与住房有关的分指数，即宽敞、设施和拥有分指数，并进而合成一个得分区间为［0，100］的住房条件综合指数。若一个家庭户在样本中拥有最大住房面积和最多的间数、独立居住、饮用自来水、主要炊事燃料为燃气或电气、独立使用抽水式马桶、使用统一供应的热水或家庭自装热水器、独立使用厨房、购买商品房，则该样本的得分为100。我们在前面已经对三类人群的分指数和总指数分别进行了初步的描述。本章将从多个视角，详细描述、分析、比较三类人群居住条件的特点、模式及影响要素，重点关注户籍制度给流动人口住房带来的障碍。如下所见，三类人群之间的差异、同类人群之内的差异都十分明显。

一　住房条件的基本特点与模式

如同历次人口普查一样，2005年全国1%人口抽样调查尽管没有询问受访家庭的住房所在地，但详细询问了受访家庭的住房来源及设施。因此，虽然我们无法考察流动人口与本地市民的居住隔离情况，但可以深入了解他们的住房条件以及通过住房所反映出来的生活水平和稳定性。本节将展示不同人群的居住特征，多个居住状况指标与主要自变量及控制变量之间的关系，分析省际、地区之间三类人群居住状况的关系。

（一）住房条件与流动身份的相关分析

1. 各住房指标与流动身份的相关分析

在2005年全国1%人口抽样调查中，有15个问题涉及住房情况，在对数据进行初步筛选后，本书使用其中的9个变量，生成住房条件综合指数以及三个住房条件分指数。表12－1陈列了这些变量的基本分布情况。其中，人均住房间数和人均住房面积构成宽敞分指数，是否饮用自来水、主要炊事燃料、厕所类型、洗澡设施构成设施分指数，是否合住、厨房类型和住房来源构成拥有分指数。这里，我们最为关心的问题是：各类人群的居住状况、流动人口与本地市民在住房方面的差别，以及不同身份流动人口之间的差异。因此，对数据的分析主要是从比较视角进行的。

表12－1　不同身份人群单个指标的住房条件

单位：%

	全部人群	本地市民	全部流动人口	城—城流动人口	乡—城流动人口
人均住房间数(间)	0.73	0.81	0.63	0.80	0.55
人均住房面积(平方米)	22.22	25.68	18.22	26.31	14.10
是否饮用自来水					
是	89.06	90.45	87.45	92.03	85.10

续表

	全部人群	本地市民	全部流动人口	城—城流动人口	乡—城流动人口
否	10.94	9.55	12.55	7.97	14.90
主要炊事燃料					
燃气	69.83	73.23	65.88	78.79	59.27
电	4.12	4.20	4.02	4.13	3.96
煤炭	13.78	15.50	11.78	8.83	13.30
柴草	6.17	6.19	6.15	3.51	7.50
其他	6.10	0.88	12.17	4.73	15.98
厕所类型					
独立使用抽水式	54.17	64.43	42.25	67.27	29.43
邻居合用抽水式	3.35	1.44	5.57	3.16	6.80
独立使用其他式样	17.97	18.35	17.52	14.19	19.22
邻居合用其他式样	5.94	3.11	9.24	4.06	11.89
无	18.58	12.68	25.43	11.32	32.66
洗澡设施					
统一供热水	3.74	2.98	4.63	3.86	5.03
家庭自装热水器	48.31	59.25	35.60	61.70	22.23
其他	8.20	5.05	11.87	5.34	15.22
无	39.74	32.72	47.89	29.10	57.52
是否合住					
是	8.72	4.18	13.99	7.61	17.26
否	91.28	95.82	86.01	92.39	82.74
厨房类型					
独立使用	78.17	92.52	61.49	83.81	50.05
与人共用	4.13	1.68	6.98	3.83	8.60
没有厨房	17.70	5.80	31.53	12.35	41.35
住房来源					
自建住房	18.89	25.60	11.09	11.21	11.02
购买商品房	16.87	20.72	12.39	26.16	5.33
购买经济适用房	6.23	9.47	2.46	5.31	1.00
购买原国有住房	17.31	27.31	5.69	13.72	1.58
租赁公有住房	9.40	9.76	8.98	9.77	8.57
租赁商品住房	20.30	2.61	40.86	23.72	49.64
其他	11.01	4.54	18.53	10.09	22.86

其一，从全部人群的住房条件来看，人均住房 0.73 间、22.22 平方米，总体而言比较宽敞。同时，人们的生活较为卫生和便捷，因为近九成之人饮用自来水，有近 3/4 的人使用燃气或电为炊事燃料、住房内有抽水式或其他式样独立厕所，六成多的人住房内配备了洗澡设施（其中，略超过一半之人的洗澡设施为统一供热水或家庭自装热水器），超过九成之人单独居住，约有近八成的人使用独立厨房，且近六成之人在现居地拥有住房。

其二，全部人群的平均住房条件掩盖了不同人群之间的差别。通过比较流动人口与本地市民在住房各项指标上的情况，则可见后者在大多数单个指标上占有优势。比如，就人均住房间数与人均住房面积以及住房来源等指标而言，本地市民平均住房间数与面积分别为 0.81 间、25.68 平方米，住房拥有率（含自建住房、购买商品房、购买经济适用房、购买原国有住房）高达 83.10%；而流动人口相应的指标分别为 0.63 间、18.22 平方米和 31.63%。同时，本地市民比流动人口拥有独立卫生间、独立厨房、独立住所的比例更高。相对于全部人群而言，本地市民的住房条件处于平均水平之上，而全部流动人口则居于其下。

其三，城—城流动人口的住房条件与本地市民的住房条件同大于异，但也凸显出流入地在住房保障方面对外来人口设置的门槛较高。将城—城流动人口与本地市民进行比较后发现，二者在前八项指标上均无太大差异，各项水平趋于一致，且在某些指标上，城—城流动人口的条件甚至超过本地市民。但是，在住房来源方面，二者展现出较大差异：一是城—城流动人口的住房拥有率仅为 56.40%，远远低于本地市民拥有住房的比例；二是拥有住房者的住房来源有别，更高比例的本地市民自建住房、购买经济适用房或原国有住房，而更多的城—城流动人口购买商品房；三是城—城流动人口租赁商品住房的比例大大超过本地市民。这从一个侧面反映了流入地政府对外来人口购买福利性住房的限制与影响。

其四，住房指标如同前面章节所示的劳动保障、经济保障和社会保障一样，流动人口内部也存在明显的分层：流动人口与本地市民的差距主要表现在乡—城流动人口身上，这在每个指标上都有鲜明的体现。乡—城流动人口的人均住房间数仅为 0.55 间，面积为 14.10 平方米，14.90% 的人没有饮用自来水，36.78% 的人其主要炊事燃料为煤炭、柴草或其他（前两类人群相应的比例分别为 22.57% 和 17.07%），约 1/3 的人其住房内没有卫生间，仅有近五成的人拥有抽水式或其他式样的独立卫生间，而其他两类人群没有卫生间的相应比例分别为

12.68%和11.32%，拥有独立卫生间的相应比例分别为82.78%和81.46%。超过一半的乡—城流动人口居住在没有洗澡设施的住房中，而仅有约三成的本地市民和城—城流动人口如此；居住在统一供热水或自装有热水器住房的比例仅为27.26%，而另外两类人群相应的比例分别为62.23%和65.56%。即便仅有17.26%的乡—城流动人口与人合住，这个比例也远远超过本地市民的4.18%和城—城流动人口的7.61%；同样，尽管50.05%之人拥有独立厨房，但相比较于本地市民和城—城流动人口的92.52%和83.81%，这个比例也显得很低。最后，仅有18.93%的人拥有自己的房子，而其中主要是自建的住房（11.02%，占该人群住房拥有者的58.21%），其次为购买商品房（5.33%，占该人群住房拥有者的28.16%）（进一步的详细分析表明，大部分自建住房者为地区内流动之人）；近一半的人租赁商品住房，超过两成的人租用其他住房。

需要指出的是，城—城流动人口的住房情况之所以更为理想，与该人群中包含了部分市内人户分离人口是密不可分的，如果“拆迁搬家”者的确涵盖了部分市内人户分离人口的话。若剔除这部分人口，城—城流动人口在所有指标上都要稍差一些，与本地市民相比较的优势也基本消失。尽管如此，他们依旧与本地市民之间的差别不大。由此可见，流动人口完全不是一个同质性的群体，内部的社会分层十分突出。虽然如同社会保障一样，流入地的住房保障也对外来人口设置了诸多障碍，但随着住房制度的改革，在市场化过程中，人们只要有经济条件，就可以购买住房。如“职业声望”和“收入水平”两章所示，城—城流动人口的收入水平相对较高，为他们在流入地购买住房奠定了基础（当然，在实际生活中，我们也看到，城—城流动人口的大家庭也可能给他们提供经济资助）。即便是像乡—城流动人口一样租赁住房，但他们所租房屋的条件也明显好过乡—城流动人口。

2. 住房条件综合指数得分与流动身份的相关分析

表12－1通过单个指标，详细描述了全部人群与流动人口以及三类人群的住房条件，从而使我们对各人群在住房的每个环节上都有了比较细致的了解，对他们之间特征与模式的异同也了然于心。进而，我们利用这些指标，通过因子分析方法进行综合，生成一个住房条件综合指数（详见“数据与方法”一章），以便从总体上把握他们之间的异同。住房条件综合指数的得分区间为［0，100］，得分越高，表示住房情况越好。

图12－1所示，全部样本的住房条件综合指数得分为55.2分；其中，本地市民最高，得63.2分。对于流动人口，图中提供了两种计分方法：一是考虑所有流动人口，二是仅考虑出于务工经商、工作调动、分配录用、学习培训、出差而流动之人。显然，若数据包含所有流动人口，则全部流动人口的住房条件综合指数得分为46.1分，但若仅包括务工经商和因工作原因而流动之人，则该指数得分降至40.7分；这一模式对城—城流动人口与乡—城流动人口同样适用：前者从61.2分降至55.4分，后者从38.4分降至36.4分。同时，我们也计算了这两种情况下流动人口相对于本地市民的住房条件综合指数得分，即相对得分（图中没有展示）：在第一种情况下，城—城流动人口的相对得分为94.3%，较本地市民低5.7%，乡—城流动人口的相对得分为57.9%，较本地市民低42.1%。在第二种情况下，二者相对于本地市民的住房条件综合指数得分分别是84.5%和54.3%。这表明，在分析流动人口的住房情况时，如同其他指标一样，区分流动原因也是十分必要的。因此，在下面的分析中，我们采用第一种情况，对流动人口进行分析，但为了区分各类流动原因与因变量之间的关系，相应的分析也都会区分流动原因。

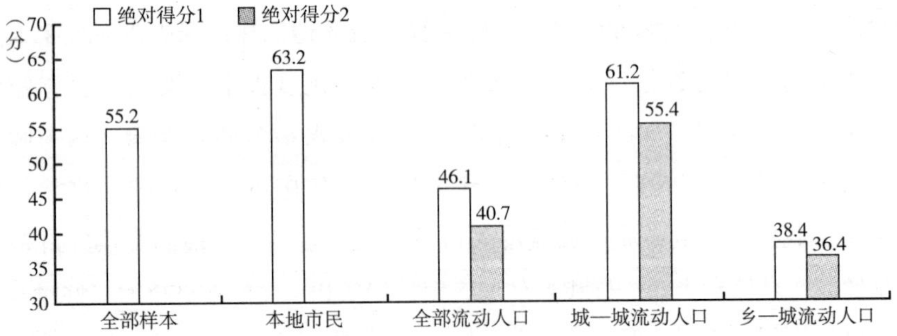

图12－1　不同身份人群住房条件综合指数得分

注：绝对得分1＝包括所有流动者，绝对得分2＝仅包括务工经商和因工作原因而流动之人。

上面描述了三类人群的均值；若详细考察住房条件的得分分布，则可发现他们之间的差别之所在。图12－2描述了全部样本、本地市民、分流动身份次样本的住房条件综合指数得分的具体分布情况。首先，从分布状态上看，全部样本和三类人群的住房条件综合指数得分基本呈正态分布，但本地市民的略呈左偏分布，表示大部分本地市民的得分超过均值，而乡—城流动人口的略呈右偏分布，说明大部分乡—城流动人口的得分小于均值。其次，从具体分布看，超过八成的本地市民其住房条件综合指数得分超过了纵线所示的平均值，得分的众数为 60 ~ 70 分，占 33.26%，其次为 70 ~ 80 分，占 29.64%。城—城流动人口的得分分布模式与本地市民比较类似，但较本地市民的分布更均匀，近 2/3 的人其住房条件综合指数得分超过均值，众数为 60 ~ 70 分。乡—城流动人口的得分分布态势与其他两类人群刚好相反，其众数为 20 ~ 30 分，占 28.05%，其次为 30 ~ 40 分，占 22.07%，约两成之人的住房条件综合指数得分超过均值。可见，从总体上看，本地人与外来人以及外来人之间的差距都是很大的，而农村户籍的外来人与本地市民之间的差距尤其大。

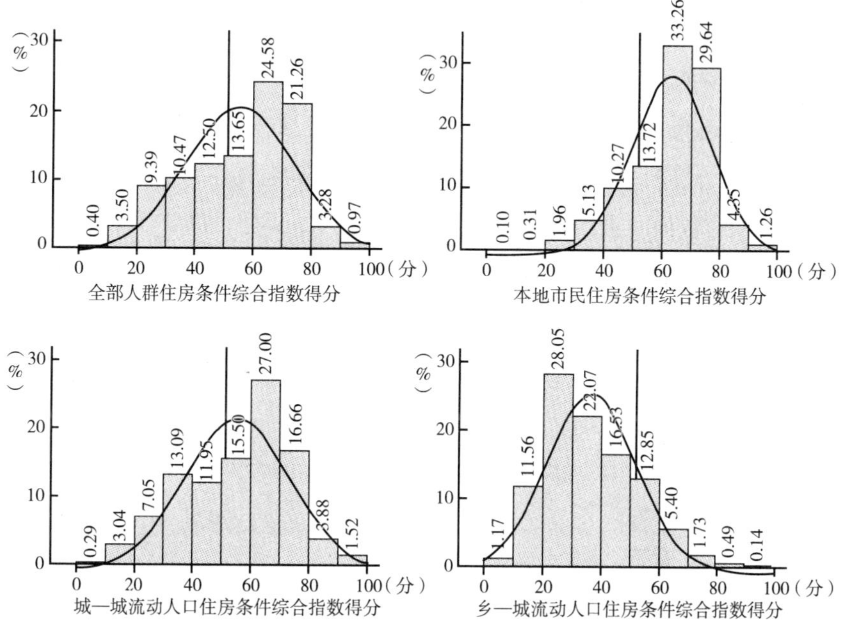

图 12－2　不同身份人群住房条件综合指数得分直方分布图

注：图中曲线即为正态分布线，纵线为全部样本住房条件综合指数得分的均值。

箱线图则可更直观地描述各类人群住房条件综合指数得分的分布情况。从图 12－3 可以看出有以下几个特点特别突出。其一，在三类人群中，本地市民的住房分布呈现出更大的独特性：一方面，从箱子高度和上限、下限来看，数据的分布更为集中；而另一方面，在高度集中状态中又显示出极大的分散性，因为在上限和下限之外，尤其是在下限之外，还有很多的极端值（即最上面的横线以上的数据和最下面的横线以下的数据），表明部分人群有着与其余大部分人群相差很大的取值，或者条件更好，或者更差。其二，城—城流动人口虽然总体住房条件较好，但也有少数人的住房条件很不尽如人意，因为在最小值之外，也有一些极端值。相反，虽然乡—城流动人口的住房条件综合指数得分很低，但在最大值之外，亦有一些极端值，表明这类人群中也有少数人的住房情况是很好的——通过区分流动原因，我们进一步发现，这部分人主要是拆迁搬家之人。可见，不管是哪一类人群，都有一些特殊案例，无论是好是差。其三，该图也进一步印证了图 12－1、图 12－2 的结果，乡—城流动人口的住房条件综合指数得分分布位于均值以下，而其他两类人群均在均值以上。本地市民、城—城流动人口、乡—城流动人口住房条件综合指数得分的下四分位数分别是 55.8 分、52.0 分、25.6 分，表明 25.0% 的本地市民、城—城流动人口、乡—城流动人口的住房条件综合指数得分分别为 55.8 分、52.0 分和 25.6 分或以下。他们的中位数分别是 66.7 分、65.8 分、35.0 分，说明三类人群中的一半之人住房条件综合指数得分小于或等于相应数值。上四分位数的取值分别为 71.9 分、72.2 分、49.8 分，表明 75.0% 的三类人群其住房条件综合指数得分等于或小于这些取值。

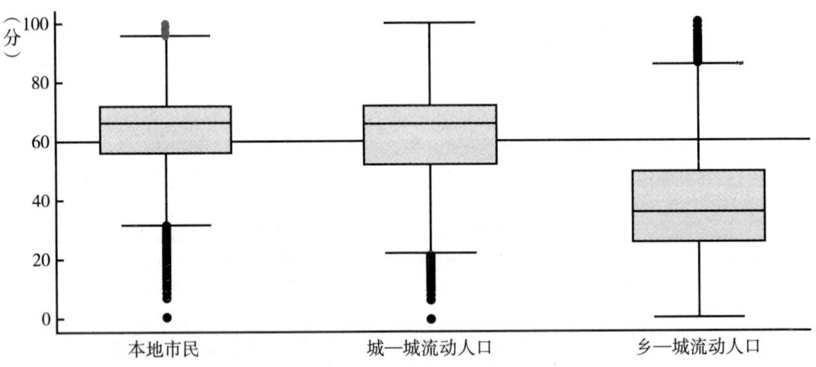

图 12－3　不同身份人群住房条件综合指数得分箱线分布图

（二）住房条件综合指数得分与流动特征的相关分析

流动人口的住房情况与其流动特征之间有着怎样的关系呢？分析结果见表

12－2。其一，在离开户籍地时长的每个分类中，城—城流动人口的住房条件综合指数得分都超过了乡—城流动人口。不过，乡—城流动人口的住房条件综合指数得分随离开户籍地时长的增加而不断升高，且提升幅度较大，但城—城流动人口的这一得分与离开户籍地时长呈倒 U 形关系。其二，不管是城—城流动人口还是乡—城流动人口，因拆迁搬家、婚姻嫁娶或其他原因而流动之人，住房条件均优于务工经商者及工作调动者。其中，拆迁搬家者的住房条件综合指数得分最高，而务工经商者的住房条件综合指数得分最低，工作调动者的这一得分次低；而且，流动原因各个类别住房条件综合指数得分的差异在乡—城流动人口身上更为突出：务工经商者与拆迁搬家者的得分之差高达 24.48 分，城—城流动人口相应之差为 16.12 分。其三，流动人口的住房条件随流动跨越的行政区域的扩大而降低；地区内流动与跨省流动者的住房条件综合指数得分相差较大，乡—城流动人口更是如此。

表 12－2 流动人口住房条件综合指数得分与流动特征的相关分析结果

单位：%

	全部流动人口	城—城流动人口	乡—城流动人口
离开户籍地时长			
0.5～3 年	42.20	58.95	35.86
3～5 年	47.24	62.61	38.57
5 年以上	49.60	61.92	41.70
流动原因			
务工经商	39.50	54.65	36.23
工作调动	54.88	57.45	43.49
拆迁搬家	69.36	70.77	60.71
婚姻嫁娶	57.25	64.45	51.07
其他	56.95	63.96	46.30
流动区域			
地区内流动	57.02	63.86	46.49
跨地区流动	44.50	57.50	40.64
跨省流动	38.00	54.97	34.79

（三）住房条件综合指数得分与控制变量的相关分析

那么，住房情况与其他自变量之间是否相关呢？表 12－3 描述了三类人群的住房条件综合指数得分与个体特征和流入地区之间的关系。

表 12-3　不同身份人群住房条件综合指数得分与控制变量的相关分析结果

单位：%

	本地市民	城—城流动人口	乡—城流动人口
人口学特征与人力资本特征			
年龄			
16~26 岁	61.31	55.97	35.54
27~34 岁	62.91	61.72	39.25
35~44 岁	63.46	63.04	39.99
45~55 岁	63.90	64.10	43.77
性别			
男性	62.58	60.51	37.86
女性	63.96	62.17	38.98
民族			
少数民族	59.05	56.90	37.55
汉族	63.45	61.46	38.42
婚姻状况			
不在婚	62.34	57.75	34.88
在婚	63.31	62.37	40.12
受教育程度			
≤小学	57.17	53.26	37.67
初中	59.65	55.07	37.36
高中	63.83	60.43	41.98
≥大专	67.25	66.41	50.14
劳动就业特征			
就业行业			
制造业	61.82	57.53	35.13
建筑业	59.20	55.84	34.95
商业服务业	62.32	60.88	43.60
交通信息业	64.87	64.60	42.17
文教卫机关	65.01	64.74	44.90
单位类型			
个体工商户	61.10	58.29	42.24
私营企业	64.36	59.96	35.44
机关国有集体	64.63	64.25	37.37
其他单位	58.06	57.14	37.92

续表

	本地市民	城—城流动人口	乡—城流动人口
劳动合同			
未签合同	62.61	58.76	37.09
固定期合同	64.81	61.17	33.72
长期合同	65.21	66.27	41.22
不适用	59.07	58.42	43.93
所在(流入)地区			
直辖市	64.95	64.01	35.15
华北	60.55	58.86	39.21
东北	58.45	59.34	43.98
华东	65.30	60.89	37.13
华中	62.97	61.62	43.83
华南	66.41	61.05	39.12
西南	61.15	60.00	40.01
西北	61.37	58.04	38.75
其他	60.94	59.48	58.51

无论是本地市民、城—城流动人口还是乡—城流动人口的住房条件，都随着年龄的增长而逐渐得到改善。女性的住房条件略优于男性。少数民族人口的住房条件差于汉族人口，且城—城流动人口的民族差异比乡—城流动人口的更大。在婚者比不在婚者拥有更好的住房条件，三类人群都是如此。

受教育程度与住房条件正向关联：随着受教育程度的提高，人们的住房条件也随之改善。人们的住房条件与就业行业也密切关联：在文教卫机关工作之人的住房条件最好，在建筑业就业之人的住房条件最差，三类人群都是如此；但是，在本地市民和城—城流动人口中，就业于交通信息业之人的住房条件次好，而乡—城流动人口中住房条件位居第二的是就业于商业服务业之人。就单位类型来看，对于本地市民和城—城流动人口而言，就职于机关国有集体者拥有最好的住房条件，而乡—城流动人口中就职于个体单位者拥有最好的住房条件。与未签订劳动合同者和不适用之人相比，签署了长期合同和固定期合同的本地市民和城—城流动人口拥有更好的住房条件，但在乡—城流动人口中，劳动合同不适用者住房条件最好，签订了长期合同者次之。

人们所在的地理位置也与其居住条件显著关联。在本地市民中，居住在华南地区之人住房条件最好，其次是华东地区，最差的是东北地区。在城—城流动人口中，流入直辖市之人的住房条件好于流入其他地区之人，最差的是流入西北地区之人。乡—城流动人口中，住房条件最好的是流入其他地区者，最差的则是流入直辖市者。

（四）住房条件综合指数得分的省际差异

上面的图表展示出具有不同特征的全部样本、三类人群的平均住房条件。全国平均值可能掩盖省（市、区）之间、地区之间的差别。毫无疑问，在经济发达地区，人们的住房条件相应较好（至少本地市民如此），反之则较差。为此，下面比较各省（市、区）之间三类人群的住房条件。

图 12－4、图 12－5、图 12－6 分别描述了各省（市、区）三类人群住房条件综合指数得分。总的来说，居住于浙江、福建、江苏、广东及上海的本地市民，流入河南、天津、重庆、上海与河北的城—城流动人口，以及流入重庆、四川、河北、广西及宁夏的乡—城流动人口拥有最好的住房条件。反之，居住于海南、内蒙古和西藏的本地市民，流入内蒙古、陕西及西藏的城—城流动人口，以及流入上海、天津及西藏的乡—城流动人口拥有最差的住房条件。

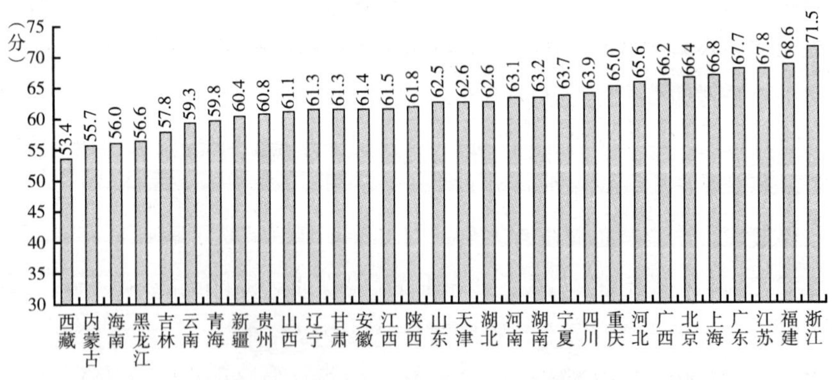

图 12－4　各省（市、区）本地市民的住房条件综合指数得分

具体而言，在本地市民中，绝大部分省（市、区）的得分为 60～70 分，青海、云南、吉林、黑龙江、海南、内蒙古、西藏的得分均低于 60 分，但高

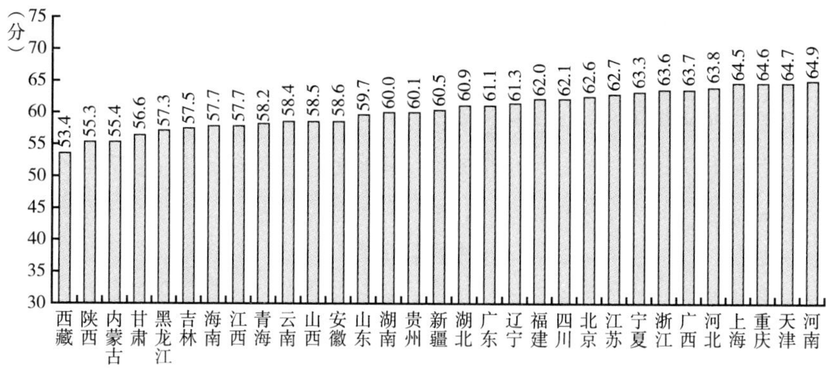

图 12－5　各省（市、区）城—城流动人口的住房条件综合指数得分

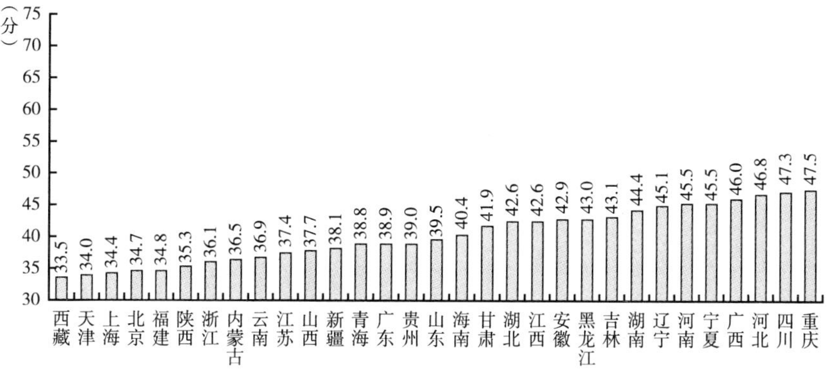

图 12－6　各省（市、区）乡—城流动人口的住房条件综合指数得分

于 50 分。城—城流动人口的住房条件综合指数得分分布较本地市民均匀，多在 53 分和 65 分之间。乡—城流动人口的这一指数得分大大低于前两类人群，得分普遍偏低，就连得分较高的重庆和四川，也不超过 50 分，且一半的省（市、区）得分低于 40 分。福建、北京、上海、天津等经济发达之地，乡—城流动人口的住房条件综合指数得分位居后几位，均为 34 分左右，仅略高于西藏地区。这表明，除西藏地区各类人群的住房条件综合指数得分都不高外，在其他地区，三类人群的住房条件都有差别；而且，越是经济发达的省（市、区），流动人口的住房条件综合指数得分越低，乡—城流动人口的这一特点尤其如此。

就流动人口相对于本地市民的住房条件综合指数得分（见表 12－4）而言，

除流入天津和河南的城—城流动人口外，流入其他省（市、区）的城—城流动人口、流入所有省（市、区）的乡—城流动人口，相对住房条件都比本地市民更差。不过，整体而言，城—城流动人口的住房条件与本地市民差异不大——即便是差距最大的陕西，该人群的相对住房指数也近本地市民的90.0%；但是，对于乡—城流动人口来说，即便差距最小的黑龙江，该人群的相对住房指数也仅为本地市民的75.97%；在福建、浙江、上海、北京、江苏等省市，他们与本地市民的住房条件相差更大。相对指数得分的这个特点说明了以下几点：一是本地市民住房条件较好的省份不一定也是城—城流动人口和乡—城流动人口住房条件较好的省（市、区）；二是城—城流动人口住房条件较好的省（市、区）也不一定是乡—城流动人口住房条件较好的省（市、区）；三是在经济越发达之地，乡—城流动人口住房条件相对更差。

表12－4　各省（市、区）流动人口住房条件相对综合指数得分及其排位

单位：%

	城—城流动人口		乡—城流动人口	
	相对得分	排位	相对得分	排位
天　津	103.47	1	54.35	26
河　南	100.29	2	70.79	8
辽　宁	99.43	3	72.98	4
黑龙江	99.08	4	75.97	1
重　庆	98.61	5	72.84	5
吉　林	98.15	6	74.57	2
新　疆	97.85	7	62.81	20
贵　州	97.71	8	63.92	19
湖　北	97.56	9	68.05	14
宁　夏	97.38	10	71.39	7
西　藏	97.32	11	64.70	18
河　北	97.16	12	71.61	6
内蒙古	96.97	13	65.48	17
上　海	96.76	14	51.53	29
四　川	96.25	15	74.02	3
广　西	96.20	16	69.43	11
山　东	95.41	17	62.34	21
海　南	95.34	18	68.47	13
安　徽	94.99	19	70.30	9

续表

	城—城流动人口		乡—城流动人口	
	相对得分	排位	相对得分	排位
北　京	94.57	20	52.39	28
山　西	94.57	20	61.70	23
湖　南	94.36	22	70.10	10
江　西	93.87	23	69.18	12
云　南	93.77	24	61.85	22
青　海	93.16	25	65.51	16
江　苏	91.07	26	52.77	27
甘　肃	90.32	27	67.62	15
福　建	89.64	28	50.32	31
浙　江	88.98	29	50.49	30
广　东	88.41	30	55.72	25
陕　西	87.87	31	58.76	24

（五）住房条件综合指数得分的地区差异

通过分析各省（市、区）之间三类人群的住房条件、流动人口住房的相对条件后发现，住房条件的省际差异是突出的。进而，我们不禁要问，各地区之间的情况又如何呢？图 12－7、图 12－8 将各地区城—城流动人口、乡—城流动人口的住房条件综合指数得分及相对指数与本地市民住房条件综合指数得分的关系直观地呈现出来。

如图 12－7 所示，城—城流动人口的住房条件与本地市民的住房条件正向相关。但该图一个更为突出、更值得关注的特点是，在本地市民住房条件较好、住房条件综合指数得分较高之地，乡—城流动人口的住房条件却较差，尽管其城—城流动人口的住房条件综合指数得分也较高。而前面章节中提到，在总体经济融入水平、工作时间、职业声望、收入水平等指标上，本地市民得分或取值较高之地，城—城流动人口与乡—城流动人口的情况也都相应更好。

这一特点在相对指数中更为凸显，且乡—城流动人口、城—城流动人口相对于本地市民的相对指数一致性地负向关联（见图 12－8）：本地市民的住房条件越好，流动人口的相对住房条件越差，且相关系数分别为－0.52 和－0.57，关联程度较大。

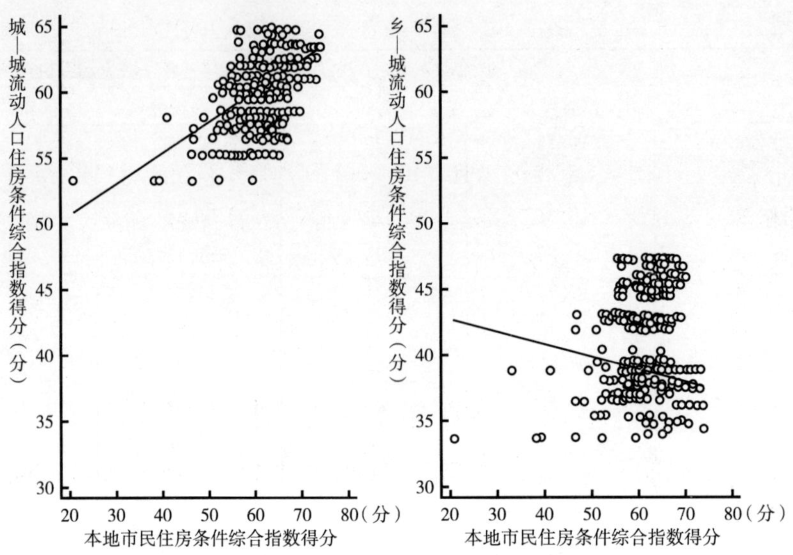

图 12－7　各地区流动人口住房条件综合指数得分与本地市民住房条件综合指数得分的关系

注：图中斜线表示拟合回归线。城—城流动人口、乡—城流动人口住房条件综合指数得分与本地市民住房条件综合指数得分相关系数分别为 0.42 和 －0.15，且均高度显著。

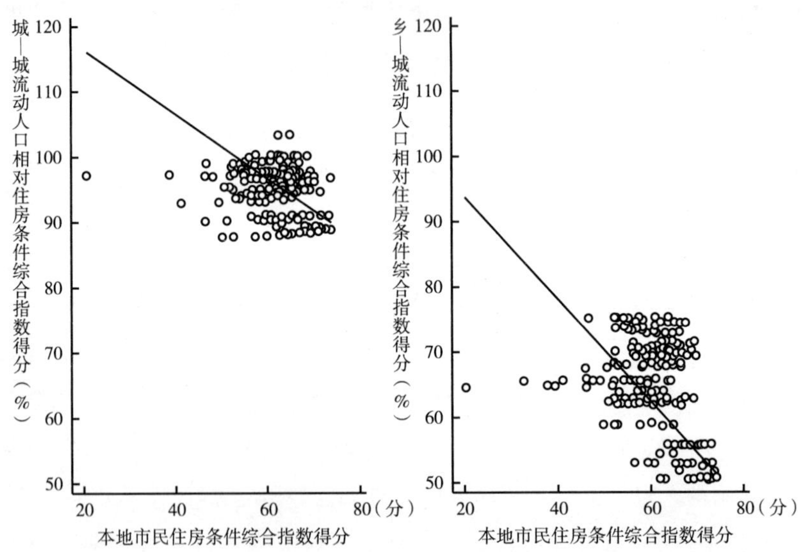

图 12－8　各地区流动人口相对住房条件综合指数得分与本地市民住房条件综合指数得分的关系

注：图中斜线表示拟合回归线。城—城流动人口、乡—城流动人口相对住房条件综合指数得分与本地市民住房条件综合指数得分的相关系数分别为 －0.52 和 －0.57，且均高度显著。

由此可见，描述分析结果充分表明，流动人口的住房条件因其户籍身份、流动特征、人口学特征、人力资本特征、劳动就业特征而异，且存在显著的省际和地区差别。

在掌握了因变量的基本现状和特征之后，接下来我们最关心的问题是，在其他条件相同的情况下，由户籍身份造成的差别是否依旧存在；若是，我们可以把它解释为制度性要素的影响效果。为此，下面将对数据进行模型分析，其因变量为流动人口的住房条件综合指数得分。

二 全部样本住房条件综合指数得分多层线性回归模型分析

上面的描述分析结果清楚地显示，本地市民、流动人口的住房条件与各类自变量都高度显著相关。为了探究户籍类型和户籍地等关键变量与因变量之间的独立关系，本节采用多层线性模型对数据进行分析。

正如“数据与方法”一章所言，多层模型可以有效地应对样本之间的关联性。当然，该章也提到，并非所有具有多层结构的数据都需要使用多层模型。无条件空模型的分析结果可以告知是否需要使用多层模型。

表 12－5 展示了三类人群住房条件的多层线性回归模型分析结果。这里，空模型有两个层次：所在（流入）地区为高层单位，个体为低层单位。模型 1 是不含任何自变量的空模型，结果表明，住房条件除了因个体特征的不同而异外，在各地区之间也具有显著的变异性。因变量在地区之间的变异系数为 6.00，标准误为 0.24，高度显著，表明同一地区内不同个体的住房条件显著相关，也表明地区本身对因变量产生不容忽视的显著影响。因此，采用多层模型技术，在模型中纳入地区随机变量将改善模型的适合性，获得精确的参数估计。同时，地区之间的关联系数 ρ 为 0.25［根据 $\rho = t_0^2/(t_0^2 + \sigma_0^2)$ 计算］。该数值表示，因变量中 1/4 的变异来自地区差异（即群间变异），其余 3/4 的变异来自个人差异（即群内变异），即个体之间的变异大于地区之间的变异。这些数值构成基点，可以与后面模型中的同类数值进行比较，从而了解地区和个人因素对因变量的解释能力。

表 12-5　全部样本住房条件综合指数得分多层线性回归空模型及主要自变量模型分析结果

变量和参数	模型 1(空模型)		模型 2		模型 3	
	系数	标准误	系数	标准误	系数	标准误
流动人口	—	—	-16.43	0.05*	—	—
流动身份						
本地市民(=对照组)						
城—城流动人口	—	—	—	—	-2.58	0.06*
乡—城流动人口	—	—	—	—	-25.12	0.06*
截距	56.62	0.33	62.33	0.30	62.45	0.28
随机效果						
地区之间的变异	6.00	0.24	5.43	0.22	5.14	0.21
个体之间的变异	17.73	0.02	16.09	0.02	14.47	0.02
群间关联度	0.25		0.25		0.26	
地区样本量	344		344		344	
个体样本量	433356		433356		433356	
Log likelihood	-1782828.0		-1776140.3		-1773556.5	
Wald chi2	—		13584.48		18945.77	

注：*** $p<0.001$，** $p<0.01$，* $p<0.05$。

模型 2 将流动身份这个变量纳入模型中，把全部样本按户籍地划分为流动人口和本地市民。自变量的系数为 -16.43，标准误为 0.05，表明与本地市民相比，流动人口的住房条件显著偏差，流动身份恶化了其住房条件。模型 3 进一步区分不同户籍流动人口：在不考虑其他因素的情况下，与本地市民相比，乡—城流动人口的住房条件综合指数得分比本地市民低 25.12 分。

表 12-6 的两个模型控制了其他要素。其中，模型 4 中仅区分流动人口与本地市民，模型 5 区分不同户籍流动人口。显然，在其他条件相同的情况下，流动人口的住房条件显著差于本地市民，但与模型 2 相比，两者之间的差距有所缩小，因为其系数从模型 2 中的 -16.43 变动至模型 4 中的 -10.67。比较模型 5 与模型 3 则可见，城—城流动人口与本地市民的差距略有上升，而乡—城流动人口的系数则有较大幅度下降，从模型 3 中的 -25.12 变动至模型 5 中的 -18.81，说明模型 3 中流动身份的巨大差别在一定程度是由其他因素引起的；不过，乡—城流动人口的住房条件依旧显著差于本地市民。他们作为外来人和农村人，在住房方面也具有明显的双重劣势。

表 12－6 全部样本住房条件综合指数得分多层线性回归模型分析结果

	模型 4		模型 5	
	系数	标准误	系数	标准误
流动人口	－10.67	0.05 ***	—	—
流动身份(本地市民 = 对照组)				
城—城流动人口	—	—	－2.74	0.06 ***
乡—城流动人口	—	—	－18.81	0.06 ***
人口学特征与人力资本特征				
年龄(16 ~ 26 岁 = 对照组)				
27 ~ 34 岁	3.28	0.08 ***	2.06	0.07 ***
35 ~ 44 岁	4.79	0.08 ***	3.15	0.08 ***
45 ~ 55 岁	7.30	0.09 ***	4.81	0.09 ***
女性	2.45	0.05 ***	2.14	0.04 ***
汉族	1.71	0.10 ***	1.47	0.10 ***
在婚	1.25	0.07 ***	1.54	0.07 ***
受教育程度(≤小学 = 对照组)				
初中	3.32	0.08 ***	1.59	0.08 ***
高中	9.36	0.09 ***	5.18	0.09 ***
≥大专	14.00	0.10 ***	8.56	0.10 ***
劳动就业特征				
就业行业(制造业 = 对照组)				
建筑业	－1.34	0.09 ***	－1.28	0.09 ***
商业服务业	3.38	0.07 ***	2.54	0.07 ***
交通信息业	4.09	0.08 ***	3.04	0.07 ***
文教卫机关	－0.35	0.08 ***	－0.25	0.08 ***
单位类型(个体工商户 = 对照组)				
私营企业	0.01	0.08	－0.43	0.08 ***
机关国有集体	2.45	0.09 ***	1.26	0.09 ***
其他单位	－0.04	0.08	－0.34	0.08 ***
劳动合同(未签合同 = 对照组)				
固定期合同	－0.28	0.07 ***	－1.00	0.06 ***
长期合同	1.78	0.07 ***	1.24	0.07 ***
不适用	2.65	0.08 ***	2.15	0.07 ***
职业声望	0.06	0.00 ***	0.05	0.00 ***
收入水平	0.18	0.00 ***	0.16	0.00 ***
所在地区(直辖市 = 对照组)				
华北	－3.98	1.59 *	－4.54	1.57 **
东北	－4.24	1.58 **	－5.42	1.56 ***
华东	－0.98	1.49	－1.34	1.47
华中	－1.82	1.55	－2.38	1.53

续表

	模型4		模型5	
	系数	标准误	系数	标准误
华南	0.78	1.57	0.83	1.55
西南	-3.51	1.54 *	-3.82	1.51 *
西北	-5.20	1.53 ***	-5.54	1.51 ***
常数	28.50	1.43 ***	37.80	1.41 ***
随机效果				
地区之间的变异	4.22	0.17	4.16	0.17
个体之间的变异	13.69	0.01	13.68	0.01
群间关联度	0.24		0.23	
地区样本量	344		344	
个体样本量	433356		433356	
Log likelihood	-1771535.4		-1749384.6	
Wald chi2	223767.19		294487.09	

注：*** $p<0.001$，** $p<0.01$，* $p<0.05$。

由表12-6可见，相对于16~26岁的青年流动人口，随着年龄的不断增长，其住房条件也逐渐改善；女性比男性、汉族人口比少数民族人口、在婚者比不在婚者拥有更好的住房条件。受教育程度的提高也显著改善住房条件，且改善幅度很大。相对于在制造业就业之人，在商业服务业与交通信息业就业者有着更好的住房条件，而从事建筑业以及在文教卫机关就业之人的住房条件较差。相对于在个体单位就业者，就职于机关国有集体的住房条件更好。相对于未签署劳动合同之人而言，拥有固定期合同对应着较差的住房条件，长期合同则反之。职业声望对住房条件的影响较小，却显著，收入水平对其影响也十分显著。除了华南地区外，与直辖市之人相比，其他地区之人的住房条件都较差，但显著差异仅见于华北、东北、西南和西北地区。

三　流动人口住房条件综合指数得分多层线性回归模型分析

上述分析结果表明，几乎所有自变量对因变量的影响效果都是显著的。但是，对全部样本的分析不能回答以下问题：自变量对城—城流动人口与乡—城流动人口的影响是否一样？流动特征变量对流动人口的住房条件是否产生显著作用？对城—城流动人口与乡—城流动人口的作用是否一致？是否调节模型中其他自变量跟因变量的关系？为了回答这些问题，下面单独分析流动人口样本，并对不同户籍流动人口进行平行模型分析。

表 12 –7 中的三个模型分别是全部流动人口、城—城流动人口、乡—城流动人口住房条件综合指数得分的多层线性空模型分析结果。如其所示，住房条件依然因地区和个人而异。不管是哪一类人群，因变量在地区之间均有显著变异，表明同一地区不同个体的住房条件互相关联。比如，就全部流动人口而言，地区之间的关联系数为 0. 26，表示因变量 26. 0% 的可变性来自地区（即群间变异），74. 0% 的变异来自个人（即群内变异）。对于城—城流动人口，住房条件综合指数得分的总均值为 58. 63 分，而全部流动人口的总均值为 48. 76 分，可见他们的平均水平高于全部流动人口；地区之间的关联系数为 0. 30，表示因变量 30. 0% 的可变性来自地区，70. 0% 的变异来自个人。对于乡—城流动人口，地区之间的关联系数为 0. 27，即因变量 27. 0% 的变异来自地区，73. 0% 的可变性来自个人。总之，地区和个人因素对因变量都有显著作用，地区之间的变异不可忽视。

表 12 –7　流动人口住房条件综合指数得分多层线性空模型分析结果

	模型 6(全部流动人口)		模型 7(城—城流动人口)		模型 8(乡—城流动人口)	
	系数	标准误	系数	标准误	系数	标准误
截距	48. 76	0. 37	58. 63	0. 38	42. 35	0. 31
随机效果						
地区之间的变异	6. 67	0. 27	6. 76	0. 29	5. 54	0. 24
个体之间的变异	18. 54	0. 03	15. 68	0. 04	15. 32	0. 03
群间关联度	0. 26		0. 30		0. 27	
地区样本量	344		343		344	
个体样本量	200866		67814		133052	
Log likelihood	-840638. 59		-283344. 76		-552442. 86	
Wald chi2(22)	—	—	—	—	—	—

在表 12 –8 中，模型 9 和模型 10 均为针对全部流动人口所进行的分析，前者展示的是，在没有控制其他因素的情况下，流动特征对流动人口住房条件的影响；后者控制了其他变量。模型 11 和模型 12 是城—城流动人口与乡—城流动人口的平行模型分析结果。

表 12-8 流动人口住房条件综合指数得分多层线性回归模型分析结果

	模型 9(全部流动人口)		模型 10(全部流动人口)		模型 11(城—城流动人口)		模型 12(乡—城流动人口)	
	系数	标准误	系数	标准误	系数	标准误	系数	标准误
流动特征								
乡—城流动人口	-14.85	0.09***	-9.58	0.09***				
离开户籍地时长(0.5~3 年 = 对照组)								
3~5 年	2.00	0.08***	1.16	0.08***	1.02	0.13***	1.14	0.09***
5 年以上	3.16	0.08***	1.80	0.08***	1.14	0.13***	2.04	0.10***
流动原因(务工经商 = 对照组)								
工作调动	3.57	0.16***	2.58	0.16***	1.30	0.19***	3.99	0.31***
拆迁搬家	14.24	0.15***	13.31	0.14***	11.39	0.18***	17.58	0.30***
婚姻嫁娶	9.98	0.14***	11.23	0.14***	7.61	0.21***	13.03	0.18***
其他	7.84	0.12***	8.61	0.12***	7.82	0.17***	8.15	0.16***
流动区域(地区内流动 = 对照组)								
跨地区流动	-3.33	0.12***	-2.59	0.11***	-0.69	0.20***	-3.81	0.14***
跨省流动	-7.72	0.10***	-5.70	0.10***	-3.11	0.17***	-6.68	0.13***
人口学特征与人力资本特征								
年龄(16~26 岁 = 对照组)								
27~34 岁	—	—	1.71	0.10***	3.00	0.17***	1.09	0.12***
35~44 岁	—	—	2.10	0.11***	3.72	0.19***	1.33	0.13***
45~55 岁	—	—	4.17	0.14***	5.02	0.22***	3.85	0.18***
女性	—	—	1.28	0.07***	1.70	0.11***	0.97	0.08***
汉族	—	—	1.30	0.14***	2.12	0.26***	1.20	0.16***

续表

	模型 9(全部流动人口)		模型 10(全部流动人口)		模型 11(城—城流动人口)		模型 12(乡—城流动人口)	
	系数	标准误	系数	标准误	系数	标准误	系数	标准误
在婚	—	—	0.94	0.10***	-0.01	0.17	1.62	0.12***
受教育程度(≤小学=对照组)								
初中	—	—	1.16	0.10***	1.19	0.31***	1.43	0.10***
高中	—	—	4.73	0.12***	4.31	0.31***	4.71	0.14***
≥大专	—	—	9.71	0.16***	7.99	0.33***	11.04	0.30***
劳动就业特征								
就业行业(制造业=对照组)								
建筑业	—	—	-0.07	0.12	-0.59	0.25*	0.09	0.14
商业服务业	—	—	4.29	0.09***	2.90	0.16***	4.84	0.12***
交通信息业	—	—	3.88	0.12***	2.92	0.17***	3.89	0.16***
文教卫机关	—	—	1.33	0.14***	0.37	0.19*	4.54	0.26***
单位类型(个体工商户=对照组)								
私营企业	—	—	-1.12	0.10***	-0.55	0.21***	-1.50	0.12***
机关国有集体	—	—	-1.78	0.13***	-0.83	0.23***	-2.41	0.17***
其他单位	—	—	-1.35	0.10***	-2.42	0.22***	-1.53	0.12***
劳动合同(未签合同=对照组)								
固定期合同	—	—	-1.38	0.09***	0.23	0.15	-2.34	0.10***
长期合同	—	—	1.15	0.13***	1.61	0.17***	2.00	0.28***
不适用	—	—	2.05	0.10***	0.93	0.19***	1.59	0.11***
职业声望	—	—	0.06	0.00***	0.06	0.00***	0.06	0.00***

续表

	模型 9(全部流动人口)		模型 10(全部流动人口)		模型 11(城—城流动人口)		模型 12(乡—城流动人口)	
	系数	标准误	系数	标准误	系数	标准误	系数	标准误
收入水平	—	—	0.15	0.00 ***	0.24	0.01 ***	0.11	0.00 ***
流入地区(直辖市 = 对照组)								
华北	—	—	-5.64	1.47 ***	-5.94	1.85 ***	-5.10	1.47 ***
东北	—	—	-4.46	1.46 **	-5.93	1.84 ***	-2.02	1.47
华东	—	—	-2.10	1.38	-1.78	1.74	-1.48	1.38
华中	—	—	-2.33	1.44	-2.38	1.82	-1.85	1.46
华南	—	—	1.59	1.45	1.03	1.83	1.90	1.45
西南	—	—	-4.02	1.42 ***	-4.59	1.81 **	-3.84	1.42 **
西北	—	—	-5.77	1.42 ***	-7.54	1.80 ***	-4.38	1.42 **
常数	53.76	0.28 ***	31.49	1.35 ***	24.72	1.76 ***	25.42	1.35 ***
随机效果								
地区之间的变异	4.76	0.20	3.85	0.16	4.77	0.21	3.83	0.17
个体之间的变异	14.57	0.02	13.77	0.02	13.55	0.04	13.59	0.03
群间关联度	0.25	0.22	0.26		0.22			
地区样本量	343	343	343		344			
个体样本量	200865		200865		67814		133051	
Log likelihood	-823758.73		-812373.79		-273386.67		-536370.11	
Wald chi2	124258.73		163350.53		23181.11		36399.98	

注：*** $p < 0.001$， ** $p < 0.01$， * $p < 0.05$。

模型 9 显示，乡—城流动人口的住房条件显著差于城—城流动人口的住房条件。其中，相对于离开户籍地 0.5 ~3 年之人来说，离开户籍地时间越长，其住房条件越好。因工作调动、拆迁搬家、婚姻嫁娶和其他原因而流动之人的住房条件都要显著优于因务工经商而流动者。流动所跨越的行政区域越大，住房条件越差。即便控制了所有其他要素（模型 10），这些基本模式也保持不变；不过，城—城流动人口与乡—城流动人口之间的差别变小，离开户籍地时长及流动区域的各个分类的系数取值也有所缩小，而流动原因中有些分类的系数取值却变大了（工作调动者和拆迁搬家者除外）。

模型 11 与模型 12 区分了城—城流动人口和乡—城流动人口，从而考察各类因素对他们的影响是否有别。结果表明，除个别指标外，绝大多数变量对他们的影响性质是一样的，但从系数的取值来看，流动特征对乡—城流动人口住房条件的影响大于对城—城流动人口的作用。比如，对于拆迁搬家的乡—城流动人口而言，他们的住房条件综合指数得分比务工经商者高出近 18 分，而城—城流动人口之间的差别不到 12 分。同样，跨省流动的乡—城流动人口与地区内流动者相比，住房条件综合指数得分低 6.68 分，而城—城流动人口仅低 3.11 分。

从个体其他特征或区域特点来看，年龄、性别、民族、受教育程度、单位类型、流入地区等因素对两类流动人口的影响性质是一样的，尽管程度有别。但是，婚姻状况仅对乡—城流动人口有显著作用，即在婚对住房条件的正向作用不见于城—城流动人口。相反，是就业于建筑行业还是就业于制造业对乡—城流动人口来说没有显著区别，但在城—城流动人口中产生了明显不同的效果。特别值得一提的是劳动合同的影响：与未签订劳动合同之人相比，签订了固定期合同的乡—城流动人口，住房条件显著更差，尽管这个差别不见于城—城流动人口。

本章小结

住房是个体生存的基础要素之一，是人们乐业的前提条件，也是一个国家和地区总体经济社会发展水平的综合体现。在经济欠发达地区，普通人群难以住上高质量的住房、享受便利的住房设施和良好的居住环境。在过去的 30 多年里，中国城市居民（包括本地人口和外来人口）的住房条件随着经济社会的发展而得到改善，人均住房面积迅速增长：1978 年为 3.6 平方米，1980 年为 3.9 平方米，1985 年为 5.2 平方米，1990 年为 6.7 平方米，1995 年为 8.1 平方米，1999 年为 9.8 平方米，2000 年为 10.3 平方米，2001 年为 15.5 平方米，2002 年达到 20.4 平方米。① 2005 年全国人均住房面积为 26.1 平方米，呈持续上涨趋势。同时，房屋质量、住房设施、居住环境等也都得到进一步改善。

然而，大量的研究也表明，在城市居民总体住房情况得到明显改善的同时，人群之间的差别也是显著的，在业乡—城流动人口的居住情况相对较差。“国内流动人口经济融入文献述评”部分已经表明，他们的住房来源主要有以下五种：一是集中居住在各城区的工业园区内或部分大企业的单身集体宿舍中，主要由园区政府或用人单位提供；二是建筑工地工棚，即建筑开发企业根据国家规定为建筑工人提供的临时简易工棚；三是近郊农民租赁住房；四是归个人所有的普通租赁住房，大部分租用住房都是多人一间，十分拥挤；五是市场商品住房。不管是哪类住房，面积都较小、设施较简陋；特别是乡—城流动人口的住房，建筑密度大、容积率高、通风采光条件差、周边卫生条件差、交通不便利，并存在消防、安全等隐患，治安问题也十分突出。

虽然由于数据的局限，本章仅能考察住房的宽敞程度、住房设施和住房拥有等指标，而未能考察居住隔离、居住安全和居住环境，但就可及与可得指标，通过对全部人群和不同流动身份人群住房情况的详细而综合的分析，印证了上面的部分结论，流入地本地市民的居住情况最好，城镇户籍外来人口次之，乡—城流动人口的住房情况最差。但是，基于 2005 年全国 1% 人口抽样调查数据的分析结果与现存其他研究得出的结论也有所不同：在业乡—城流动人口的总体居住情况虽然不尽如人意，但总体来说并不像其他研究所说的那么差。下面从四个方面总结本章的主要发现。

其一，就住房的宽敞程度来看，即便是乡—城流动人口，其居住面积也相对宽敞。但是与本地市民相比，乡—城流动人口的劣势是明显的。如前面的描述分析结果显示，本地市民、城—城流动人口、乡—城流动人口的人均住房面积分别为 25.68、26.31、14.10 平方米，宽敞分指数也存在差异：三类人群的得分分别为 26.07 分、25.93 分和 23.55 分。不过，这些差别似乎不如其他研究所说的那样大。现存其他研究发现，无论是用工单位提供的员工宿舍，还是乡—城流动人口自己租赁的民房，通常是 3～4 人合租一间 10～20 平方米的房屋，每人平均仅

① 数据根据《中国统计年鉴》中的城市平均每人居住面积整理而成。

有几平方米。即使是一些用工住房管理比较规范的企业，七八人共居在10多平方米的宿舍里或两家人合住在20平方米左右的房屋里都是普遍现象，建筑工地的工棚更是拥挤不堪。这种差异可能来自几个方面：比如，本章并未剔除市内人户分离人口，而如前文所言，不少市内人户分离人口属于拆迁搬家者，他们的居住条件无疑更好，从而可能使得流动人口的住房宽敞程度出现虚高；又如，我们在一些地方调查的定性数据发现，有些乡—城流动人口居住在工厂的厂房中，面积很大，这也可能提升了住房的宽敞程度。

其二，就住房设施来看，乡—城流动人口的情况比宽敞程度要好得多，但与其他人群相比，生活设施依然不尽如人意。在这方面的几个指标（是否饮用自来水、主要炊事燃料、厕所类型和洗澡设施）中，最好的情况是自来水的饮用：超过85.00%的乡—城流动人口都饮用自来水，虽然这个比例比其他两类人群仍低5~7个百分点；而其他方面，他们与其他两类人群的差距更为明显：至少在2005年，分别有约1/3、57.52%和41.35%的乡—城流动人口的住房内没有厕所、洗澡设施和厨房。同样，在由这几个指标构成的设施分指数方面，本地市民、城—城流动人口和乡—城流动人口的得分分别为70.45分、73.61分、60.92分，后者与本地市民约有10分之差。同样的情况是，这里的发现与现存其他发现有较大的差别：其他调查发现，乡—城流动人口的住房多为单间，中间无隔断，基本没有做饭等设备，更谈不上自来水、厕所、洗澡等生活配套设施了。

其三，从拥有情况来看，人群差异更为明显。在本章中，住房拥有分指数由三个指标构成：是否合住、厨房类型和住房来源。就合住而言，本地市民合住的比例为4.18%，城—城流动人口的比例为7.61%，而乡—城流动人口超过17.00%。尽管八成以上的乡—城流动人口独住，但有41.35%之人没有厨房，且仅约一半之人拥有独立厨房，而这远远低于本地市民和城—城流动人口相应的比例。如果说上述所有指标的人群差异还不够震撼，三类人群在房屋拥有上的差别则是巨大的。不到两成的乡—城流动人口在流入地拥有住房；而且，如果说城—城流动人口与本地市民在其他住房指标上比较接近甚至更好，他们在房屋拥有方面则有明显差异：一是城—城流动人口相比于本地市民，其住房拥有率低——超过83.00%的本地市民自己有房，而仅有略超过一半的城—城流动人口自己有房；二是二者住房来源结构有别——城—城流动人口的住房来源主要是购买商品房，而本地市民的房源更具多样性，其中相当比例之人购买原国有住房。再从是否合住、厨房类型以及住房来源这三个指标构成的拥有分指数来看，本地市民得分为79.43分，城—城流动人口得分为68.85分，乡—城流动人口为59.32分。

其四，综合指数再次印证了各个分指数和各个指标方面的差别。三类人群的得分分别是63.17分、61.23分、38.36分，乡—城流动人口与其他两类人群之间的差异更为明显。

为什么本章的分析结果与现存其他研究得出的结论存在一定的差别呢？这可能与本章的研究对象有关。比如，人群不同：本章针对所有离开户籍地半年以上之人，现存其他研究主要是针对某个特殊人群（如：建筑工地的工人、制造业工厂的工人）。建筑业和制造业具有集中居住的特征。本章的研究结果也十分类似：如表12－3所示，在制造业和建筑业就业的乡—城流动人口的住房条件综合指数得分分别是次低和最低的；尽管这不是该人群独有的特点，其他两类人群也是如此，但其他两类人群中，行业之间住房条件综合指数得分的差别不大，而乡—城流动人口的差别较大。如果我们仅分析在制造业或建筑业打工者住房的宽敞情况，乡—城流动人口在这个分指数上仅得21.70分，而本地市民得69.70分，城—城流动人口得70.50分。

又如，人群所在的地区有别：尽管本章分析得出的差距已经很大，但依旧不如现存其他研究所描述的大。因此，除了行业差别外，另一个原因可能是，现存研究主要是针对流入人口很多的大城市和东部发达地区，而本章的研究则是针对全国人群。大城市的流动人口往往为跨省流动，他们可能在居住方面面临更大的障碍；相反，地区内流动者所遭遇到的问题可能相应较小；而且，在本章的研究对象中，部分地区内流动人口可能还属于人户分离人口，这样就会降低人群之间的差别。如果我们将数据限定为在建筑业就业的乡—城流动人口，则会发现，地区内、跨地区和跨省流动者的住房条件综合指数得分分别为47.50分、43.60分、31.40分，说明流动所跨越的行政区域越大，流动人口的住房条件越差。

尽管可能由于上述原因，本章发现的乡—城流动人口的住房情况比现存其他研究略好一些，但他们与本地市民之间的差距依旧是显著的。这种现象背后反映的是，在社会转型或从计划经济走向市场经济的过渡时期，现存的制度设计对外来人群的相对剥夺。Malte Lübker（2004）的研究发现，在处于这个阶段的其他国家或地区，90.0%以上的人体验到了因为全球化而出现的巨大不平等，并由此产生了很强的相对剥夺感和不满。我们在多个地点的定性研究资料也表明，流动人口对现有的住房制度和社会保障制度是最为不满的。且住房是其融入流入地的最大障碍，主要也正是因为此，（乡—城）流动人口在流入地难以安家，往往处于流而不留的状态之中。

乡—城流动人口在流入地安“家”困难的主要原因在于：户籍制度、住房保障制度等制度性、结构性因素和他们个体特征的制约。户籍制度及其衍生制度使他们在劳动就业、职业、收入等方面不能摆脱弱势地位，故而往往多在低端、本地市民不愿问津的行业或单位就业，职业声望低，收入水平差，流动性大，稳定性差，也无力购买商品房；同时，如第一章所言，现有的住房保障制度将外地人排斥在外，他们无法享受到经济适用房、廉租房和住房公积金的保障待遇。因此，尽管多数乡—城流动人口希望能在流入地有一个像样且稳定的“家”，有一个可以享受天伦的地方，但实际情况往往是，他们多只能不断地在城乡之间流动，过着候鸟式的生活，与本地市民之间形成明显的居住隔离，过着低下的生活。

解决流动人口的住房问题是改善民生的现实需要。首先，将流动人口逐渐纳入城镇住房的保障范围，扩大公租房的覆盖面，放宽申请标准，适当降低门槛，并逐渐将他们纳入住房公积金政策范围，推进在私营企业、外资企业等非公有制企业建立住房公积金制度。其次，为调动企业的积极性，住房公积金的缴纳标准在初期可以设置在一个较低的水平，以保证覆盖的全面性。对于不同经济效益水平的企业可以有不同层次的缴纳标准，乡—城流动人口只要连续缴存住房公积金一定时间以上，即可以申请住房公积金贷款，用于购买或租赁住房。

第十三章
总结、讨论与政策建议

现代社会是一个开放的社会；流动是现代社会的本质特征之一，也是市场经济发展的内在要求。流动人口作为一个特殊且庞大的社会群体，是市场经济条件下生产资源流动、生产要素重组的客观表现，是改革开放和经济社会发展的产物，也是推进改革和发展最活跃的因素和巨大力量。从增量来看，在1982~2010年这28年间，中国总人口大约增长了0.3倍，而流动人口却增长了30多倍；从总量来看，2010年，流动人口超过2.2亿，约占全国总人口的16.5%。尽管这些数字可能因为对流动人口定义的不同而有所差别，但无论是从增量还是从总量来看，他们绝对是一个不可忽视的庞大群体，而人口流动所引发的一系列社会问题也日趋复杂化、多样化和全面化。

一方面，规模庞大的人口流动改变着中国人口的空间分布格局，促进了经济的持续增长，打破了原有的社会结构，重构着公共资源的分配秩序及不同群体之间的利益关系；另一方面，在流动的过程中，流动人口也在改善自己的生存发展机会和命运，改变着其家庭结构和家庭关系。这个现象所带来的后果是全程性和全局性的，从个体到家庭，从乡村到城镇，从经济到社会，从文化到行为，纵贯个体的整个生命历程，横穿各级社会组织单元，呈现出多维度、多要素交织互动的特点。人口流动的过程及其结果事关个人和家庭的发展、城乡统筹、社会稳定与和谐，成为综合影响新时期整体及区域发展、产业布局、社会建设、社会管理与服务创新最重要的因素之一。可见，流动人口问题不仅是发展的问题，也是稳定的问题，直接影响到当前和未来经济社会发展的大局及和谐社会的构建，是一个具有前瞻性和战略性的重大问题。如果这么一个庞大的群体长期不能稳定下来，其后果是可想而知的。

在中国，有关流动人口问题的研究打上了鲜明的时代烙印，从恐惧和严控到逐渐放松和扩大需求，从强调其消极后果到突出其积极作用，从注重其对宏观经济的贡献到关心流动者本人及其家庭的生存发展状况，从歧视排斥到包容接纳，从断裂隔离到互融共享，一步一步地从1980年代初期走到今天，看待流动人口的态度、对待流动人口的行为无不反映出政府及社会各界对该群体的认识历程。在这个转变过程中，特别是自21世纪以来，流动人口的社会融入问题也提上了议事和研究日程，已成为政府、社会和学界普遍关心和关注的焦点。不同领域的学者分别从不同视角对此展开了多方面的研究。

本书基于现有研究，利用2005年全国1%人口抽样调查数据，以劳动保护、经济地位、社会保障、居住状况为切入点，采用双重比较视角（即本地市民与流动人口的群间比较以及城—城流动人口与乡—城流动人口的群内比较），既从单一指标，也借助综合指数深入分析了三类人群的绝对经济地位及流动人口经济融入的特点、模式及影响要素，尝试着从研究理论、研究视角、研究方法等方面推进现有研究。本章将简要总结分析结果，提出初步的政策思考与建议，陈述本研究的不足，并构想下一步的研究展望。

一　经济融入的基本特点

本书从劳动保护（包括劳动合同、劳动时间）、经济地位（包括职业声望、收入水平）、社会保障、居住状况四个维度六个指标，比较系统地考察了流动人口经济融入的基本情况，并利用后五个指标构建了经济融入综合指数。下面简要总结经济融入综合指数和单个指标的基本分布特点。

其一，流动人口的经济融入呈现出“高水平上的低融入”与“低水平上的高融入”特点。本研究发现，2005年，本地市民、城—城流动人口、乡—城流动人口在总体经济社会地位方面存在明显差别。其中，乡—城流动人口与本地市民之间差距甚大，二者相差14.7分，而城—城流动人口与本地市民之间差距较小，仅差1.2分，表明“城乡差分”大于“内外之别”。相应的，在流动人口内部，城—城流动人口与乡—城流动人口之间也存在较大差异，即前者的总体经济社会地位高于后者。就经济地位绝对得分来看，二者得分分别为60.6分和47.1

分；就经济地位相对得分来看，城—城流动人口仅为参照组的93.5%，乡—城流动人口的这一比例为71.7%。一个有意思的发现是，流入地区的经济越发达，三类人群的绝对经济社会地位都越高，但是两类流动人口的相对经济社会地位却越低。该特点凸显出了本地市民的优势，表明外出流动在改善流动人口绝对经济条件的同时，也快速地扩大着本地人与外来人之间的差距。

其二，三类人群的劳动保护情况均不尽如人意，但本地市民的情况好于流动人口，城—城流动人口的情况又好于乡—城流动人口。这从劳动合同和工作时间这两个指标均可见一斑。虽然三类人群的劳动合同签订率都不高，但本地市民好于城—城流动人口，且其长期合同的签订率远远高于城—城流动人口（本地市民长期合同的签订率为40.8%，城—城流动人口相应的比例为29.8%），二者相差11个百分点。乡—城流动人口的劣势更为突出，没有签订劳动合同之人接近七成，且拥有固定期合同和长期合同的比例分别仅为33.4%、2.8%。不过，流入省（市、区）的经济越发达，三类人群劳动合同的签订率越高，且流动人口越多，其劳动合同的签订率越高，表明就业的安全性和稳定性随着经济发展程度的提高而得到提升。当然，这样的地区往往对外来劳动力产生依赖，也希望通过劳动合同留住更多的人力资源。

外来人力资源不仅成本低廉，而且能吃苦耐劳。劳动时间反映出劳动强度和劳动保护；尽管三类人群都存在超长时间工作的现象，但流动人口的过劳情况尤为严重。乡—城流动人口的每周工作时间最长，普遍超出平均工作时间（高5.9小时），而工作标准时间（即每周36~44小时）的比例最低（仅有20.4%）。而且，经济越发达的地区，流动人口的休息权越无保障，因为他们的工作时间往往也更长。可见，虽然流动人口与用人单位签订了劳动合同，但更多地保护企业和雇主的利益，而流动者多未能依照《劳动法》的规定工作和休息，加班现象既严重也普遍。巨大的工作强度严重地透支流动人口的体力；从长远来看，这会不利于他们的身心健康。可见，三类人群，尤其是乡—城流动人口的劳动保护情况都还有很大的改善空间。

其三，通过职业声望和收入水平反映出来的经济地位展示出更多样化的特点，本地市民与城—城流动人口互有高低，但总体而言具有明显的“水涨船不高”的特点。职业声望是个体身份地位及社会分层的重要标志，与财产地位（经济地位）、权力地位一道，是社会地位的三个构成要素之一。鉴于中国社会职业分布的基本特点，这三类人群的职业声望具有较大的一致性，即各自的职业声望都不高：在得分区间为［0，100］的职业声望得分中，本地市民、城—城流动人口、乡—城流动人口分别为61.8分、60.6分和47.1分，后者远远低于前两类人群。这主要是因为，较高比例的乡—城流动人口就职于人们普遍认为声望较低的职业——普通工人（53.39%）和商业服务人员（30.69%）。当然，共性中也透视出明显的个性，即两类城镇户籍人群具有更大的相似性，除前述两类职业外，专业技术人员所占比例也较高，本地市民中有23.85%，城—城流动人口中有23.52%；乡—城流动人口却不然：超过一半之人为普通工人和商业服务人员。此外，声望最高的管理人员在三类人群中的分布情况更凸显出本地与外来、城镇外来与农村外来之间的差别：本地市民、城—城流动人口、乡—城流动人口分别有4.32%、6.58%和1.63%之人为管理人员。可见，尽管乡—城流动人口从农村来到城镇，实现了职业的非农化，但他们多是临时雇员或个体经营者，虽实现了职业的初级流动，但地位并无明显的纵向提升，在非农产业中主要从事偏体力型和层次较低的工作。

收入水平作为经济融入的最重要指标，在三类人群之间的差异较为突出，且分布模式与其他经济融入指标不同——在其余各个指标，三类人群的基本分布模式一致，即本地市民最优，城—城流动人口次之，乡—城流动人口最差。收入模式却不然：城—城流动人口最高（1532.1元），本地市民次之（1096.1元），乡—城流动人口依然最差（921.2元），尽管城—城流动人口内部变异很大。但是，绝对的收入水平不应掩盖不同地区流动人口与本地市民相对的收入差距。经济越发达的地区，人们的收入越高，反之则越低；换言之，本地市民收入较高之地，也是流动人口收入较高之所。但是，同样在这些地区，流动人口相对于本地市民的收入却较低，城—城流动人口和乡—城流动人口都是如此，后者更为明显，即所谓的“高水平上的低融入”。不同户籍流动人口的收入呈现出来的不同特点表明，“城乡差分”和“内外之别”以有差异性的方式共同作用于流动人口，且“城乡差分”对流动人口收入水平的影响大于“内外之别”。收入与其他指标的不同模式表明，前者更多的是由劳动力市场因素决定的；如同城—城流动人口一样，拥有较高的人力资本可能带来较高的收入回报。社会保障和居住状况等更多地取决于制度性要素，而户籍制度和社保制度的改革长期处于停滞状态，使得流动人口的社会福利也一直处于一个严重的不平等、不公平状态。

其四，作为社会保障重要组成部分的社会保险（即医疗、养老和失业保险）对流动人口来说至关重要，但不管是本地人还是流动人口，社会保障情况都很不尽如人意，乡—城流动人口更是如此。实际上，在所有指标中，本地市民与流动人口之间的社会保障差距最为凸显。就社会保险拥有总量而言，本地市民略高于城—城流动人口，更远远高于乡—城流动人口，三者拥有的社会保险总量分别为1.7种、1.6种和0.4种，乡—城流动人口的劣势可见一斑。各类保险的有无也展现出类似特征，仅有29.2%的本地市民、35.2%的城—城流动人口没有任何保险，但是超过八成（80.3%）的乡—城流动人口没有任何保险。在具体的三类保险上，除城—城流动人口拥有失业保险的比例略高于本地市民外，在养老保险和医疗保险上，都是本地市民最高，城—城流动人口其次，乡—城流动人口最低。其中，各类人群拥有失业保险的比例都最低，三类人群依次为43.2%、44.1%和6.5%。流入地区的经济越发达，社会保险拥有总量越高；在个别地区，城—城流动人口的社会保险情况优于本地市民。然而，随着本地市民社会保险得分的提高，流动人口相对于本地市民的得分却逐渐降低，同样体现出“水涨船不高”的特点。社会保障是劳动力再生产的保护器、社会发展的稳定器、经济发展的调节器，可解除劳动力流动的后顾之忧，使劳动力流动渠道通畅，有利于调节和实现人力资源的高效配置。然而，各类人群（尤其是流动人口）很低的社会保障水平远远未能实现这些经济、社会和家庭功能。作为社会财富再分配的一种途径，本地市民与外来人口、不同户籍外来人口之间的差异，不仅会进一步加大收入差距，使富者更富、穷者更穷，使部分社会成员的基本生活得不到保障，也不能有效地协调社会关系，维护社会稳定。

其五，安居而后乐业，自古已然，但流动人口的居住状况却未能得到有效保障。作为经济融入的指标之一，居住状况与其他指标有着不一样的特征。相对来说，居住状况是流动人口经济融入的较高层次，只有经济条件达到一定程度后，才会有较好的住房条件。总体而言，不管是住房的宽敞程度、设施条件还是拥有率方面，本地市民和城—城流动人口都较好，乡—城流动人口要大大差于前两者。本地市民的人均住房间数为0.81间、面积为25.68平方米，住房拥有率（含自建住房、购买商品房、购买经济适用房、购买原国有住房）高达83.10%；城—城流动人口的人均住房间数为0.80间、面积为26.31平方米，住房拥有率为56.40%；乡—城流动人口的住房情况最差，人均住房间数仅为0.55间、面积为14.10平方米，仅有18.93%的人拥有自己的住房。而且本地市民的群体内部差异最小，乡—城流动人口的内部差异最大。同时，我们也注意到，本地市民住房条件较好的地方，城—城流动人口的住房条件也较好，但是乡—城流动人口的住房条件却相反。

总之，2005年，劳动者（尤其是流动人口中的乡—城流动人口）的绝对劳动保护明显不足，就业层次较低，保障水平不高，居住状况性较差。相对于本地市民而言，流动人口的融入境况较差，特别是在经济发达地区。居无定所、工作频变、动荡不定、漂泊不安无疑将长期是他们的流动性特征，使他们始终处于“流”而不“留”或“留”而不“定”状态。这对于个体的安全感、家庭的稳定性、子女教育的优质性、家庭内部关系的协调性等都会带来不利后果。个体的不稳定会集聚为群体社会心理的不稳定，并进而从宏观和微观上影响到流入地和流出地社会。对流入地而言，流动性将维持流动人口与本地市民的心理区隔，降低流动人口对工作单位的忠诚度及对流入地的归属感；随时踏上归乡途的可能性给用人单位的人力资源带来不确定性，并由此造成流入地社会人口管理和服务的难点。对流出地而言，外出经历会增强流动人口对外面世界的依赖和依恋，而对农村、农业和农民身份的漠然与断裂；随时踏上离乡路的可能性使得他们往往成为流出地社会的过客，最后陷入亦农亦城、非农非城的尴尬境地。

二　经济融入的影响因素

表13－1和表13－2分别汇总了全部样本和流动人口模型中每个自变量与各因变量的关系，包括是否有影响和影响的性质。其中，劳动合同仅展示“是否签订劳动合同”这个二分类变量，未展示劳动合同类型这个三分类变量的分析结果。

（一）经济融入与流动特征的关系

流动特征包括流动身份、离开户籍地时长、流动原因、流动所跨越的行政区域；第一个因素适用于所有样本，后三个因素仅适用于流动人口。基于表13－1和表13－2，我们可以对2005年全部样本的经济地位和流动人口的经济融入状况得出以下初步判断。

表 13 - 1　全部样本中自变量对各因变量的影响显著度及影响性质汇总

变　量	经济融入	劳动保护		经济地位		社会保障	居住状况
		劳动合同	劳动时间	职业声望	收入水平		
流动人口	-	-	+	-	+	-	-
流动身份(本地市民 = 对照组)							
城—城流动人口	-	/	+	+	+	-	-
乡—城流动人口	-	-	+	-	-	-	-
人口学特征和人力资本特征							
年龄(16 ~ 26 岁 = 对照组)							
27 ~ 34 岁	+	+	/	+	+	+	+
35 ~ 44 岁	+	+	/	+	+	+	+
45 ~ 55 岁	+	+	-	+	+	+	+
女性	-	+	-	+	+	+	+
汉族	+	+	+	+	+	+	+
在婚	+	-	/	-	+	/	+
受教育程度(≤小学 = 对照组)							
初中	+	+	+	+	+	+	+
高中	+	+	-	+	+	+	+
≥大专	+	+	-	+	+	+	+
劳动就业特征							
每周工作时间(40 小时 = 对照组)							
<40 小时	na	na	na	na	-	na	na
41 ~ 48 小时	na	na	na	na	-	na	na
49 ~ 56 小时	na	na	na	na	-	na	na
≥57 小时	na	na	na	na	-	na	na
就业行业(制造业 = 对照组)							
建筑业	-	-	+	-	+	-	-
商业服务业	+	-	+	+	-	-	+
交通信息业	+	-	/	+	+	-	+
文教卫机关	+	-	-	+	+	-	-
单位类型(个体工商户 = 对照组)							
私营企业	+	+	-	+	+	+	-
机关国有集体	+	+	-	+	+	+	+
其他单位	-	+	-	-	/	+	-
劳动合同(未签合同 = 对照组)							
固定期合同	+	na	-	na	na	+	-
长期合同	+	na	-	na	na	+	+

续表

变　量	经济融入	劳动保护		经济地位		社会保障	住房情况
		劳动合同	劳动时间	职业声望	收入水平		
不适用	-	na	-	na	na	-	+
职业声望	na	+	/	na	+	+	+
收入水平	na	na	na	na	na	+	+
所在地区（直辖市 = 对照组）							
华北	-	-	/	/	-	-	-
东北	-	-	/	-	-	-	-
华东	/	-	+	/	/	/	/
华中	-	-	/	/	-	-	/
华南	/	-	/	/	/	/	/
西南	-	-	/	/	-	/	-
西北	-	-	/	-	-	/	-

注："+"表示显著正影响，"-"表示显著负影响，"/"表示没有显著影响，"na"表示没有考虑关系。

表 13-2　流动人口中自变量对各因变量的影响显著度及影响性质汇总

	经济融入	劳动保护		经济地位		社会保障	住房情况
		劳动合同	劳动时间	职业声望	收入水平		
流动特征							
乡—城流动人口	+	-	+	-	-	-	-
离开户籍地时长(0.5~3 年 = 对照组)							
3~5 年	+	/	+	+	+	+	+
5 年以上	+	-	+	+	+	+	+
流动原因（务工经商 = 对照组）							
工作调动	+	+	-	+	-	+	+
拆迁搬家	+	+	-	-	-	+	+
婚姻嫁娶	+	-	-	-	-	+	+
其他	+	-	-	-	-	+	+
流动区域（地区内流动 = 对照组）							
跨地区流动	-	-	/	-	-	-	-
跨省流动	-	-	+	-	-	-	-
人口学特征和人力资本特征							
年龄（16~26 岁 = 对照组）							
27~34 岁	+	/	/	+	+	+	+
35~44 岁	+	-	/	+	+	+	+
45~55 岁	+	-	-	+	/	+	+

续表

	经济融入	劳动保护		经济地位		社会保障	居住状况
		劳动合同	劳动时间	职业声望	收入水平		
女性	−	+	+	+	−	/	+
汉族	+	+	−	+	+	+	+
在婚	+	−	+	−	/	/	+
受教育程度(≤小学 = 对照组)							
初中	+	+	/	+	+	+	+
高中	+	+	−	+	+	+	+
≥大专	+	+	−	+	+	+	+
劳动就业特征							
每周工作时间(40 小时 = 对照组)							
<40 小时	na	na	na	na	−	na	na
41 ~ 48 小时	na	na	na	na	−	na	na
49 ~ 56 小时	na	na	na	na	−	na	na
≥57 小时	na	na	na	na	−	na	na
就业行业(制造业 = 对照组)							
建筑业	−	−	/	−	+	−	/
商业服务业	+	−	+	+	−	−	+
交通信息业	+	−	−	+	+	−	+
文教卫机关	+	−	−	+	/	−	+
单位类型(个体工商户 = 对照组)							
私营企业	+	+	−	−	+	+	−
机关国有集体	+	+	−	/	+	+	−
其他单位	−	+	−	−	+	+	−
劳动合同(未签合同 = 对照组)							
固定期合同	+	na	−	na	na	+	−
长期合同	+	na	−	na	na	+	+
不适用	−	na	−	na	na	/	+
职业声望	na	+	/	na	+	+	+
收入水平	na	na	na	na	na	+	+
流入地区(直辖市 = 对照组)							
华北	−	−	/	/	−	−	−
东北	−	−	/	−	−	−	−
华东	−	−	+	/		/	/
华中	−	−	/	/	−	−	/
华南	/	−	/	/			
西南	−	−	/	/	−	−	−
西北	−	−	+	−	−	−	−

注：“ + ” 表示显著正影响，“ − ” 表示显著负影响，“/” 表示没有显著影响，“na” 表示没有考虑关系。

其一，本地市民与流动人口之间存在显著的经济地位差别，外来人尚未获得与本地人平等的经济社会地位。不管是经济融入综合指数，还是经济融入的单个指标，即便控制了个体的人口学特征、人力资本特征、劳动就业特征要素和流入地区，外来人口的经济社会地位也显著低于本地市民，未能实现有效融入。这个发现回答了本书提出的第一个研究问题，印证了第一个研究假设。通过群间比较，流动人口与本地市民之间在经济社会地位获得方面的确存在显著差异，因户籍地点造成的内外之别（或流入地的结构性要素）影响到流动人口的经济融入水平。

其二，乡—城流动人口处于经济社会地位阶梯的最底层，融入水平更差。通过同时进行群间比较和群内比较，我们证实了流动人口内部的显著分层。由于户籍类型的不同，同属于外来人的城—城流动人口尽管经济社会地位低于本地市民，但他们之间的差距较小；相反，乡—城流动人口与其他两类人群之间存在巨大的差距。这个发现再一次表明，户籍地点造成了本地人与外来人的区隔，而户籍类型（加上附着的其他制度）又进一步加剧了外来人口内部的区隔。

流动人口是一个异质性很强的群体；就单个指标来看，乡—城流动人口都显著不如城—城流动人口。但是，一个令人困惑的发现是，一旦控制除流动身份以外的其他流动特征要素，乡—城流动人口的总体经济社会地位得分微弱地超过城—城流动人口；这显然不支持本研究的一个基本论点。这个出乎意料的结果无疑还需要更为合理的解释和关注。对数据进一步的详细分析发现，若将样本限定为因工作原因而流动之人，则这种现象就消失了。这说明，因其他原因而流动的农村人口更为复杂，其中不乏部分经济社会地位较高的农村户籍人口。

其三，离开户籍地时长与流动人口的总体经济融入水平、职业声望、收入水平、社会保障和居住状况与舒适程度正向相关，但在其他条件相同的情况下，随着离开户籍地时间的延长，劳动合同签订概率降低，但过劳情况更为严重。一般情况下，离开户籍地的时间越长，在流入地的居留时间也可能越长，更有可能编织并扩展自己的社会交往面，积累对流入地各方面的了解，从而获得更好的劳动保护。但是，这里的发现表明，该变量与各经济融入指标之间的关系并不是单一的，而呈现出复杂的特点。刚刚离开户籍地之人属于新就业之人，他们更可能执行《劳动法》的规定，从而劳动合同签订概率更高，劳动时间相对较短。当然，不能排除的另外四种可能性是：（1）部分离开户籍地时间较短之人可能尚无正式工作，劳动参与不足，从而使得他们的工作时间稍短；（2）离开户籍地时间越长，越可能成为个体工商户，故劳动时间更长；（3）替代效用，即离开户籍地时间越长，越可能通过其他途径来保障就业权利，而非仅局限于劳动合同，从而影响其劳动合同的签订率；（4）流动越久之人，对劳动合同执行的实际情况越了解，就算签订了劳动合同，也未必一定能保证他们的利益，甚至还可能束缚其自由流动，故降低其签订劳动合同的积极性，从而造成离开户籍地的时长与劳动合同签订率的负相关关系。

其四，流动原因与各因变量的关系更为复杂，其与各类流动原因的特点基本一致。总体而言，与务工经商者相比，所有因其他原因而离开户籍地半年以上之人的经济社会地位更高，但该模式主要见于三类保障性变量，即劳动合同、社会保障和居住状况——其他人比务工经商者拥有更好的社会保障和居住条件，且工作调动者和拆迁搬家者比务工经商者更有可能签订劳动合同，工作调动者的职业声望也更高。相反，所有因其他原因而流动之人每周工作时间都显著低于务工经商者，表明后者的劳动强度最大。如果说这一特点与预期相符，那么，与预期不符的是，务工经商者的收入水平也是最高的，而这可能是因为务工经商者所谓的收入可能是其全部收入，而其他人群的收入并非如此。婚姻嫁娶者或因其他原因而流动者（随迁家属、投亲靠友、寄挂户口、其他）劳动合同的签订概率更低，这两类流动原因的流动人口加上拆迁搬家者的职业声望更低。在这些模式的背后反映的可能是因不同原因而流动之人的就业模式差别，即他们中的许多人尚未实现正规就业，而多从事临时性工作或个体工作。

其五，流动区域与各因变量之间的关系十分一致：与在同一地区内流动之人相比，省内跨地区和跨省流动者的总体经济社会地位更低，经济融入水平更差。反映在各个单指标上，地区内流动者在劳动合同的签订概率、职业声望、收入水平、社会保障和居住状况等诸多方面都显著高于另外两类流动者。但是，跨省流动者的劳动时间超过地区内流动者，说明较好的经济社会地位与其过劳密不可分。经济学上的“理性人”假设认为，经济决策的主体都是理智的，既不会感情用事，也不会盲从，而是精于判断和计算，其行为是理性的；在经济活动中，主体所追求的唯一目标是自身经济利益的最优化。跨省和跨地区流动往往可能给流动人口带来更好的就业机会，使其获得较高的职业声望。虽然与本地市民相比，他们的单位时间收入很低，但通过延长劳动时间，尚可在一定程度上提高收入水平——至少存在这样的可能性，否则流动人口也不会远离家乡了。相反，在同一个地区内流动，各方面的机会都相对较少，基薪水平更低，即便过劳也未必能够获得较高的收入。

（二）经济融入与其他因素的关系

同样，控制了流动特征变量后，大多数样本的其他特征也显著地影响他们的经济社会地位和经济融入水平。在某种程度上，其他要素与因变量的关系回应了流动人口个人发展能力等要素对其经济融入的作用。

其一，16~26岁的青年（即所谓的“新生代”）流动人口经济地位最低、经济融入状况最差。与他们相比，其他年龄组之人在总体经济融入水平、劳动合同、经济地位、社会保障和居住状况等方面，大多拥有更好的状况，虽然27~44岁之人的每周工作时间与青年样本之间并无显著差别。换言之，至少在2005年，青年人的总体经济社会地位更低，劳动合同签订概率更低，工作时间更长（尽管不显著），职业声望更低，收入水平更低，社会保障更差，居住更缺乏安全性和舒适性。这与现存其他研究得出的结论存在较大差别，但与笔者利用同样数据，而仅考虑务工经商和因工作原因而流动的样本得出的结论相一致。

仅就流动人口而言，年龄与各因变量的关系与全部样本十分一致，但也有两个例外：一是27~34岁的流动人口与青年流动人口在劳动合同的签订概率方面并无显著差别，而另外两个年长年龄组之人的劳动合同签订概率显著低于青年人。该特点与全部样本的特点相反，说明本地市民与流动人口劳动合同的签订模式并不一致，即青壮年流动人口更可能签订劳动合同，而年长流动人口更不可能签订合同；相反，年龄越大，本地市民越可能与就业单位签订劳动合同。二是45~55岁年龄组流动人口的劳动收入与青年流动人口的劳动收入之间没有显著差别，透视出收入与流动人口的年龄呈倒U形曲线关系：年纪越轻或年龄越大，收入越低，而30多岁到40多岁之人既有工作经验，也身强体健，与年长之人相比还可能拥有较好的人力资本，在劳动力市场上具有更强的竞争力，故而收入更丰厚。

其二，性别与因变量的关系比年龄与因变量的关系更为复杂，因不同测量指标而异。比如，女性的总体经济地位和经济融入水平均低于男性，但签订劳动合同的概率、职业声望和居住状况都好于男性。这可能是因为，女性比男性更需要安全感，而这种心理特点显性地体现在几个保障指标上。这些模式不管是对全部样本还是对流动人口都是如此。唯一不同的两点在于，一是流动人口的社会保障缺乏显著的性别差异，二是在全部样本中，女性每周工作时间短于男性，而流动人口的模式刚好相反。尽管总体而言，流动人口就业层次不高，但部分男性流动人口在城市中从事农业生产，职业地位更低；女性流动人口多集中在制造业、私营和个体企业（如：餐饮业、服装零售业、家政业）就职。一方面，这些领域的工作多无定时；另一方面，为改善收入，她们也可能更多地超时工作，特别是在制造行业就职之人。

其三，不管是全部样本还是流动人口，民族与经济融入综合指数和单个指标之间的关系完全一致（除劳动时间外）：汉族人口比少数民族人口拥有更高的经济社会地位，经济融入程度更高：劳动合同签订概率更高，职业声望更好，收入水平更高，社会保障水平更高，居住更为安全和舒适；但是，他们的工作时间也更长，过劳程度更强。前面提过，少数民族流动人口可能受到语言、文化、价值观念的影响，经济活动较为单一，社会活动范围较小，民族文化内卷化倾向较明显，妨碍了他们融入流入地社会。就劳动时间而言，由于少数民族流动者在流入地一般都经营具有民族特色的个体经济，时间多由自己掌握，加上某些价值观念的差别，他们可能较少过长时间劳动。

其四，总体而言，在婚提升人们的经济社会地位，提高流动人口的总体经济融入水平；但该变量与因变量的关系也因各具体指标和人群而异。不管是全部人群还是流动人口，在婚之人居住状况更好，社会保障没有性别差异，但劳动合同的签订概率和职业声望均显著低于不在婚之人。这可能是由于在婚之人更可能独立居住、过家庭生活，而不在婚之人更可能与他人合租住房，使得二者的居住环境有别。但是，如前所述，本地市民签订劳动合同的比例超过流动人口，故这里较低的劳动合同签订概率在很大程度上是由流动人口的劳动合同签订率较低所致。不少在婚人群（尤其是流动人口）从事个体经营，劳动合同并不适用，且多数个体经营者的职业声望不高，导致在婚者与不在婚者之间的差别。此外，在全部人群中，在婚者的收入超过不在婚者，但流动人口中未见这一差别；相反，流动人口中，在婚者工作时间更长，而全部人群中未见这一差别。这表明，在全部样本中，在婚者的收入较高主要源于在婚本地市民的收入较高，而工作时间差异的消失也主要是由在婚本地市民劳动时间较短引起的。可见，婚姻状况对本地市民与流动人口的影响性质和程度并不完全一致，当我们把他们当成一个整体来进行分析时，婚姻状况对因变量的影响因人群差异而相互抵消，使其变得不显著。

其五，随着受教育程度的提高，不管是本地市民还是流动人口，经济社会地位都得到显著提升，综合指标和单个指标都是如此。唯一的例外是，在全部人群中，与仅受过小学及以下教育之人相比，受过初中教育之人每周工作时间更长，而对于流动人口，这两个教育层级之间没有显著差别。实际上，受教育程度几乎是所有自变量中对各因变量影响程度最大的一个要素，充分说明了通过它所反映出来的人力资本对个体经济社会地位获得的重要性。接受正规教育的多寡在很大程度上决定了人们的综合素质，而后者又在一定程度上决定了人们的学习能力、在劳动力市场中的竞争能力、工作能力和适应能力。而且，有些工种对劳动力设有一定的教育门槛，只有达到某个教育层级之人才有资格进入，从而决定了受教育程度与经济社会地位和经济融入水平之间的正向关系。

其六，人们的每周标准工作时间与其收入呈倒 U 形关系：每周工作标准时间者的收入显著高于每周工作短于或长于 40 小时之人，说明并不是工作时间越长，收入就越高。然而，并非每个人都能工作标准时间，而能够工作标准时间之人也会得到更好的劳动保护，收入也相应提高，流动人口亦不例外。因此，尽管乡—城流动人口工作时间最长，但收入依旧最低。

其七，就业行业对经济融入的影响因不同的测量指标而异。不管是全部人群还是流动人口，就业于建筑行业者总体经济地位和职业声望最低，在制造业就业者的总体经济地位和职业声望次低。但单个测量指标的情况有所不同，比如，在所有行业中，全部人群在制造业就业者签订劳动合同的概率最高、社会保障水平也最高；在建筑业和商业服务业（尤其是后者）就业者的工作时间最长，而在文教卫机关就业者的工作时间最短；职业声望的行业分布特征同于总体经济融入水平；在各行业中，收入水平最低的是制造业，低端商业服务性行业次低；住房的情况是，建筑业和文教卫机关的情况均较差。这些模式在流动人口身上略有差别：建筑业者的劳动时间、文教卫机关就业者的收入均与制造业者没有显著差别，但在文教卫机关就职者的居住状况好于制造业者。这与不同行业的性质有关，建筑业劳动强度大，文教卫机关的福利待遇较好，而制造业劳动力十分密集，使得就业于不同行业之人有着不同的特征，从而影响他们的经济融入状况。

其八，人们的经济社会地位和总体经济融入水平也因就业单位的类型而异。在私营企业、机关国有集体就业者的经济社会地位超过在个体单位就业者，但在其他单位就业者的经济社会地位不如在个体单位就业者；然而，在个体单位就业者签订劳动合同的概率最低、社会保障水平最差、劳动时间最长，全部样本和流动人口都是如此。此外，全部人群中，在私营企业和机关国有集体就业者的职业声望更好、收入水平更高，且后者的住房条件更优，但流动人口职业声望和住房条件的特点有所不同：在个体单位工作之人的职业声望超过在私营企业工作之人，其住房条件也超过在机关国有集体就业之人。事实上，若考虑全部样本，与在个体单位就业者相比，在机关国有集体就业之人方方面面的情况都更好；但是，若仅考虑流动人口，则发现在这类单位就业者的住房条件更差，职业声望与在个体单位就业者没有显著差别。这说明，在这类单位就业的本地市民拥有更好的住房条件；相反，对于流动人口来说，即便他们进入这类单位，也不能获得类似的住房条件和平等的职业机会。可见，流动人口与本地市民的职业隔离是明显的。

其九，劳动合同显著地作用于人们的总体经济地位、劳动强度、社会保障和居住状况。不管是全部人群还是流动人口，与未签订劳动合同之人相比，签订了固定期劳动合同和长期劳动合同之人的总体经济地位更高，工作时间更短，社会保障更好，而不适用之人的经济社会地位最低，但签订了固定期合同之人的住房稳定性和舒适性最差。此外，流动人口中，不适用之人的社会保障水平与未签订劳动合同之人没有显著差别。签订了劳动合同者可能多就业于正规单位；而正规单位更可能执行《劳动法》的规定，故工作时间稍短，社会保障更好。然而，住房条件却不然，因为《劳动法》并未规定单位必须为受雇之人提供良好的住房条件。

其十，当使用职业和收入预测其他因变量时，我们发现，职业声望与劳动合同的签订概率、收入水平、社会保障和居住状况都显著地正向相关，即职业声望越高，这些方面的状况也越好，但不同职业之间并未发现工作时间的差别。从性质上看，这些特点对全部人群和流动人口都是一样的，不因户籍身份和户籍类型而有所不同。同样，当使用收入预测社会保障和住房条件时，也呈现出相同的特点：收入越高，社会保障和住房条件都更好。

最后，流动人口的经济融入水平是否因流入地区而异呢？本书通过将全国区分为八大区域，考量流入地区对流动人口经济融入的影响。总体经济地位和经济融入水平在各地区之间存在差异：总体而言，直辖市之人的劳动保护、经济地位、社会保障和住房条件均超过其他地区或与其他地区没有显著差别——没有差别的情况主要见之于直辖市与华东、华南地区之间，主要表现在职业声望、收入水平、社会保障和住房条件方面；华南地区与直辖市在总体经济地位和工作时间上的差别也缺乏显著的统计意义。人们的经济社会地位和流动人口的经济融入水平无疑与各地的经济发展水平有着较大的关联。直辖市与华东、华南地区均为经济较发达之地；与进入其他地区的流动人口比较而言，进入这些地区的流动人口在劳动保护、经济地位、社会保障等方面无疑有着很大的相似性。特别值得一提的是，工作时间的地区差别最小，表明不管在哪里工作，人们的工作时间都很长，从而进一步证实了中国劳动者过劳的普遍现实。地区之间的职业声望差别也较小，说明人们的职业分布比较集中，流动人口更主要聚集在低端领域。

三 政策思考与建议

由上可知，流动人口的经济融入状况不尽如人意，受到包括户籍制度在内的制度性因素、竞争性因素和个体特征的影响，是多种要素综合作用的结果。此外，虽然本书未能直接检验，但大量的其他研究都证实，一个地方流动人口的融入状况，在很大程度上还取决于该地的经济结构、社会制度、公共政策及社会保障模式。通过控制地区，本书也间接地证明，这些宏观要素对于促进流动人口的经济融入的确十分重要；笔者于 2011 年期间在全国多个地点的定性访谈资料也一致证明了这一点。下面将基于前面的研究发现，参考现存其他相关研究成果，提出推进流动人口经济融入的初步政策思考和建议。

自 2000 年以来，中共中央出台了一系列文件，旨在促进流动人口（主要针对农民工）融入流入地。2000 年 6 月，中共中央、国务院发布了《关于促进小城镇健康发展的若干意见》，允许中小城镇对有合法固定住所、稳定职业或生活来源的农民给予城镇户口，并在子女入学、参军、就业等方面给予与城镇居民同等的待遇，不得实行歧视性政策，不得对在小城镇落户的农民收取城镇增容费或其他费用。这标志着中国的流动人口政策发生了积极的变化，并开始进入融合推进阶段。2003 年 10 月，中共十六届三中全会提出了以人为本的理念，不仅为流动人口的融合政策奠定了指导思想，而且标志着流动人口管理理念的重大转变。2006年3月，国务院颁发了《关于解决农民工问题的若干意见》，这是中央政府关于农民工的第一份全面系统的政策文件，它涉及了农民工工资、就业、技能培训、劳动保护、社会保障、公共管理和服务、户籍管理制度改革、土地承包权益等多方面的政策措施，是流动人口融合政策进入新阶段的标志，同时也表明中国大城市流动人口的社会融合迈出了重要步伐。2010年，中央一号文件《关于加大统筹城乡发展力度 进一步夯实农业农村发展基础的若干意见》再次强调，要深化户籍制度改革，促进符合条件的农业转移人口在城镇落户并享有与当地城镇居民同等的权益，并要求各地采取有针对性的措施，着力解决新生代农民工问题，以及统筹研究农业转移人口进城落户后城乡出现的新情况新问题。可见，推进流动人口的社会融合已然成为中国政府执政的一项重要内容。

尽管如此，不论从政策体制硬环境、城镇经济社会发展动力，还是从推动流动人口主人公意识的软服务上，都还存在诸多问题，仍有很大的改进和拓展空间，需要将促进融入作为一项服务、一项新的制度环境建设和创新予以对待。

（一）加快体制改革与制度创新，打破本地人与外来人的界限，逐步实现制度上的融合

流动人口（尤其是乡—城流动人口）的总体融入水平偏低。作为外来人口，他们往往被当成廉价的劳动力及增加财富的过客，而未能真正享受到市民待遇、人性化管理和亲情化服务。即便城—城流动人口与本地市民拥有同样性质的户口、类似的受教育程度，但除了收入之外，他们其余各方面也都显著地不如本地市民。其根源在于户籍制度及衍生的其他制度。如前所述，尽管户籍制度是一个外壳，但外壳之下包含着众多有具体内涵的要素。户籍制度及以其为基础的劳动就业制度、社会福利制度和经济分配制度是阻碍流动人口融入水平提高的制度壁垒。加快推进以户籍制度为基础的劳动力市场、社会保障、住房、流动人口服务管理等重点领域的改革与创新，探索建立适应大规模人口流动要求的社会经济管理体制和运行机制，将为流动人口享有均等化公共服务提供制度保障和体制基础。

1. 户籍制度改革

其一，将户籍制度改革上升为民生政策，扩宽和增加从流动人口到本地户籍

人口转移的制度通道，引导流动人口有条件地分类准入。虽然不少城市已经建立了这样的转换通道，但这些通道主要针对高素质人才，远远不能适应流动人口的需求。相反，户籍制度改革需要建立一个有利于所有有融入意愿的外来人口向本地市民转变的制度通道，促进他们从临时居住到长期居住，最终转为本地市民。换言之，户籍制度改革不仅是人才政策，更应该是民生政策、城乡统筹发展政策、社会公平正义政策，应切实通过户籍制度的改革与完善，促进流动人口融入流入地，推动流动人口与户籍居民的共同发展和提高。

同时，需要制定流动人口在城市落户的具体措施和详细办法。一是根据流动人口的就业类型、居住年限、参加社会保险的情况等条件设置落户标准，实行流动人口有序落户。这在一些地方已经开始推行，并积累了一定的经验。比如，中山市的积分落户制度规定：本人户籍不在中山市，但已办理居住证且在中山市连续工作 1 年以上，完成就业登记、缴纳社会保险的，由本人申请并经市流动人口管理办公室核准，纳入流动人口积分落户管理范围之内。二是制定落户标准时，应考虑流动人口家庭的实际情况，如夫妻是否同城工作？子女是否在此长期就读，等等。三是大城市和中小城市设置不同的标准。由于大城市流入人口更多，落户标准可相对严格；中小城市流入人口相对较少，落户标准可相对宽松。各城市可根据自身的具体情况，因地制宜、分类推进，促进更多流动家庭在流入地安家落户，促进流入地经济社会的可持续发展。

其二，率先推动社会保障和社会福利体制改革，使其与户籍制度逐步脱钩。户籍制度嵌套了多种社会福利制度；若不推进与户籍制度相关联的社会福利制度改革，户籍制度改革也必然举步维艰，流动人口也不可能实现融入。比如，可以将社会保障与就业身份相关联，而不是与户籍身份相关联，只要有就业关系，无论在哪里就业，劳动者都应拥有自己的医疗和养老保险账户；又如，逐步实现属地化的住房、教育、健康、计划生育等基本公共服务，通过属地化和均等化来淡化这些制度与户籍的联系。从这个意义上说，户籍改革不应只是就户籍谈户籍，而更应该着眼于户籍之外，率先推动社会保障和社会福利体制改革，使各种福利制度逐渐与户籍体制脱钩，从而减弱、降低户籍改革的阻碍，加快流动人口的融入步伐。

那么，如何逐步、稳妥、有序地改革现行的户籍制度，破除城乡二元户籍差异，实现城乡户籍统一管理呢？一是在少数地区、部分城市开展先期试点工作，统一城乡户籍，真正实现人口的自由流动，并从中发现存在的问题，探索有效的应对方法。二是在省（市、区）之内或在地区之内实现城乡户籍统一，使人口能在省（市、区）内或地区内自由流动，进一步积累经验、总结规律。三是在全国范围内统一城乡户籍类型和户籍区域，使流动人口能够在全国范围内自由迁徙流动。这三个步骤渐次推进、逐步深入，既能保证政策实施的连贯性与稳定性，也有利于不断发现问题、改进方式、完善措施，最终实现城乡户籍改革的有效、圆满完成。

2. 完善流动人口的社会保障制度，提高其社会保障水平

流入地政府需突破传统人口管理的思维定势，不应以户籍为界划分人群、区别对待；相反，应尽快建立一个以全国性网络为支撑、各城市社会保障体系为主体、流动人口个人账户为单元的社会保障体系，使流动人口的工伤、医疗、养老等保险都能够得到有效落实。

具体而言，其一，适当降低社会保险费，提高社会保险的享受待遇，督促用工单位为流动人口购买社会保险。目前，尽管各地的标准不一，但总体而言，流动人口需要缴纳的社会保险费用较高，综合保费多在百元以上。对于收入水平较低的乡—城流动人口来说，百元已是一个较大数目，他们通常因舍不得交社会保险费而放弃参加社会保险。流动人口普遍希望中央、省和市三级政府加大对社会保险的投入和资金承担比例，减轻个人参加社会保险的经济负担，并适当提高社会保险的享受待遇。此外，政府要加大对企业、单位的奖励惩罚力度。对于缴纳社会保险执行较好的单位，应给予税收等优惠条件；对于违反规定的企业或企业主，应给予法律和经济处罚，督促他们为员工购买社会保险。

其二，妥善解决社会保障的转移接续问题，力争做到可携带、易转移、好接续，提高流动人口的参保热情。流动人口就业的稳定性较差，在城市之间甚至地区之间漂泊，致使他们在某个地方缴纳社会保险的时间较短；而在转移到另一个地方工作时，可能也跨越了社会保险的统筹地区。虽然政府出台了促进地区之间社会保险转移接续的政策，但各地在具体实行中困难多多——指标不统一、缴费不一致、手续烦琐、易走难进，等等。这些都可能使流动人口的社会保险“半途而废”，交了钱却难以享受到相应待遇，故很多流动人口不愿参保。为此，中央政府必须尽快出台适用于全国范围的新政策，设计便携性强的社会保险服务种类，使社会保险不随流动人口身份变换和地点变化而改变。同时，认真落实社会保险异地转移接续规定，加强对城乡社会保险、不同区域社会保险的衔接研究，扩大可转移接续的社会保险数目和种类。此外，也需要简化、减少社会保险异地转移接续的手续和费用，不断健全流动人口社会保障制度。只有社会保险的转移接续能够在全国各地办理，而且操作简便快捷，流动人口才不会担心自己的钱“飞”了，心里才踏实，才愿意主动参保。

其三，分类推进各类社会保险，全面覆盖不同流动人口群体。一是从流动人口的实际出发，优先解决其工伤保险问题。所有用人单位必须及时为在业流动人口办理工伤保险，并按时足额缴纳工伤保险费。加快推进流动人口较为集中的行业（特别是工伤风险程度较高的建筑行业，煤炭、矿产等采掘行业）的工伤保险办理。二是及时为在业流动人口办理职工医疗保险。统筹地方财政拨付方法，完善医疗结算手段，注重为其办理重病大病医疗保险，保护、保障流动人口不因病返贫、因病返乡。三是重点办理流动人口的基本养老保险。一方面，针对流动人口工资少、收入低的特点，降低养老保险的门槛费率；另一方面，实现流动人口养老保险的全覆盖，使其老有所依，老有所养。

其四，加大宣传力度，使流动人口真正认识到社会保险的意义和价值。当前还有很多流动人口不知道社会保险是什么，即使一些已参保之人也不清楚参保后能享受什么待遇，还有很多年轻流动人口认为自己身健力壮，无需社会保险。因此，政府、用工单位、媒体等需要加大宣传，增进流动人口对社会保险及其作用和功能的了解，加强他们对社会保障重要性和必要性的认识，激发他们的参保意愿，彻底打消他们主动放弃参保的念头。

3. 将流动人口纳入城镇住房保障体系，完善其住房用房制度

“安居乐业”是社会稳定、民生幸福的重要标准，而“安居”还排在“乐业”之前，由此可知流动人口能够拥有稳定住房和良好居住环境的重要性和迫切性。居住条件的改善对于保障流动人口合法权益，推动中国特色城镇化的健康发展，促进社会和谐稳定均具有十分显著的作用，故中央及地方政府要制定完善的流动人口住房用房制度，使中、高收入的流动人口能买得起住房，低收入家庭能租得起住房，且有保障性住房可租。

其一，将流动人口纳入城市住房建设规划，切实保证他们有机会享受保障性住房的实惠。2010 年中央一号文件着重指出：“要多渠道多形式改善农民工的居住条件，鼓励有条件的城市将有稳定职业并在城市居住一定年限的农民工逐步纳入城镇住房保障体系。”但到目前为止，这些规定往往只是一张空头支票，而未成为流入地政府认真对待的重大社会问题。为此，一是要根据流动人口的总量、规模、年龄、性别构成、家庭情况等状况，准确、详细地规划流动人口的住房需求和居住要求。二是根据有效需求，合理规划一般商品房、经济适用房、公租房、廉租房等的建设数量和建设面积，满足流动人口购房、买房、租房等不同层次的需求。由于保障性住房的房源少，申请条件高，绝大多数流动人口都被拒之门外。因此，各级政府还要不断完善供给体系，加大经济投入，增加保障性住房的供给数量，适当降低申请门槛，让流动人口能够入住城镇保障性住房，以满足他们在流入地的住房需求。三是逐步提高企业和用工单位为流动人口缴存住房公积金的比例，不断完善流动人口公积金的转移和提取制度。四是针对有稳定收入、居住一定年限的流动人口，开放流入地的购房贷款业务，为流动人口购房买房提供经济支持和帮助。

其二，鼓励用工单位为流动人口提供集体宿舍、集中租房、廉价租房等住房安排。用工企业和单位是安置流动人口居住的重要主体和责任方，政府要通过各种宏观调控措施，经济、税收等优惠政策，促使、推动用工企业和单位积极主动地广开渠道，为招用的流动人口提供符合安全和卫生标准的居住场所。比如，一是结合原有职工宿舍、企业用房，为流动人口提供免费住房。二是在企业用地范围内建立符合国家标准的集体宿舍。三是帮助外来员工廉价租房，解决流动人口开支较大的租房费用问题。四是采取住房补贴、租房补助等手段，合理帮扶流动人口购房、租房，解决居住问题。

（二）注重社会管理创新，淡化本地与外来身份，提高服务水平，达到管理服务上的融合

随着城镇化的快速推进，城市流动人口的规模将进一步扩大，对社会管理和公共服务提出了严峻挑战，亟待流动人口服务管理体制的创新与发展。服务管理体制滞后是制约流动人口服务和管理工作的症结所在，中央及地方政府要科学把握当前城市流动人口服务管理面临的形势和挑战，加快探讨城镇化快速发展背景下流动人口服务管理体制创新的思路、途径和模式，从高处着眼、细处着手，创新流动人口的管理与服务工作。

其一，转变服务理念和工作方式，对本地市民与流动人口一视同仁。在公共

服务管理中充分体现流动人口的权益，是实现流动人口基本公共服务均等化，促进融入的基本保证和前提条件。流动人口的服务管理是一项复杂的社会系统工程，涉及诸如劳动保障、教育、工商、税务、房管、计生、公安、司法、交通、街道办事处、（村）居委会等众多部门或组织单元。因此，要提升政府对流动人口的服务管理水平，必须在相关职能部门齐抓共管和全社会积极支持的前提下进行综合治理和全方位的服务。

目前，流动人口的管理依旧多是“谁主管，谁管理；谁聘用，谁负责；谁容留，谁负责”的传统模式。这种以被动防范型为主的专项管理模式存在诸多盲点，既难以适应流动人口的发展需要，也在不断地强化他们作为外来人的身份。因此，在强调社会管理创新的今天，一是努力推动流动人口管理模式向主动服务型模式的转变，真正地将他们作为流入地社会的一员、作为服务的对象而不是管理的对象。这就要求建立在市场经济条件下与流动人口管理工作相适应的制度机制，让他们进入完整的服务管理视野，保护他们在劳动权益、子女教育、保障安全等诸多方面的合法权益。二是加强流动人口服务队伍建设，强化业务素质和技能培训，不断提高基层流动人口服务管理工作的水平和质量。三是注重工作模式的转变。政府部门在开展活动时，不能把这些活动标明“为流动人口开展XXX 活动”。否则，就会有意或无意地强化“外来人”的身份与标识，强化本地市民“一等公民”的身份优势，加大流动人口与本地户籍市民在社会交往、心理感情上的距离，加深其隔阂，造成流动人口的融入障碍。

其二，渐进式地改善流动人口的社会福利，逐步实现公共服务均等化。为流动人口提供均等化的公共服务是流动人口实现融入的前提保障，也与户籍制度改革相对应。传统的“高门槛、一次性”获得户籍的方式将绝大多数流动人口排斥在城市户籍和城市福利之外；而“低门槛、一次性”获得户籍的方式又可能极大地增加城市公共财政负担，目前尚不具备可行性。因此，户籍制度改革的方向应是，“低门槛、渐进式”获取城市户籍背后的公共福利，并逐渐获得流入地户籍。实现这种改革可以有多种方式：一是按照累计居住时间的延长逐渐增加流动人口的社会福利，如在流入地累计居住了 5 年的流动人口比只累计居住 1 年的流动人口能够享受到更多的社会福利，直到逐步成为本地市民。二是按照人群的具体需求逐步增加流动人口的社会福利。比如，以前流动人口子女不能在流入地公立学校上学，而如今越来越多的流动人口子女能在流入地的公立学校接受义务教育；未来也可以逐步放开对流动人口子女升学的限制。当然，要真正践行公共服务均等化并非一件简单的事情，首先必须把流动人口纳入地区财政预算之内，城市的基础设施建设、教育医疗费用、养老居住开支等方面都要按照城市常住人口拨付和预算，从财政制度和财力供应上保证流动人口均等享有公共服务的基础。

其三，完善流动人口综合信息统计系统和动态监测调查系统，收集可靠信息，为流动人口的服务管理工作奠定有效且科学的基础。当下，许多相关的政府职能部门（如：统计、公安、计生、人社、农业、卫生等部门）都在收集流动人口的有关信息，但由于是部门行为，信息的完整性、有效性、科学性必然受到诸多制约；同时，部门之间的信息不能共享，造成方方面面资源的巨大浪费。因此，需要由中央政府牵头，整合现有各职能部门的信息平台，构建一个统一的流动人口生产生活信息管理系统，全方位地收集，并为职能部门提供所需信息。该系统必须具有以下几个特点：一是多层次的，覆盖全国、省市、区县、乡镇四级，使流动人口信息系统形成多元、多层级服务管理平台，形成人口管理服务的“一盘棋”。二是动态的，包含不同时点流动人口的变动状况，以及来源地与流入地的对接与资源和信息的共享。三是跟踪性的，既利用各地“以房管人”“以企管人”“以片管人”的模式与经验，构建全国体系的流动人口动态跟踪统计系统，也以家庭为单位，构建流动人口家庭的动态监测统计系统。前者可掌握流动人口的基本信息和流动前后的变化状况，后者可加强对流动人口家庭的统计监测和动态调查，更好地为流动人口家庭服务，提升家庭的全面发展与生活质量。只有这样，才能有效实现流动人口信息跨部门、跨系统、跨地区共享，提高流动人口服务管理效能。

总之，加快改善流动人口的总体融入水平必须使相关政策、管理措施、公共服务诸多因素协调共进，而不能仅依赖于某项单一政策的实施。流动人口的管理与服务工作分属于多个不同部门，这就要求流入地政府全面协调各个部门，整合各种资源，采取多项措施，淡化户籍差异，弱化城乡之别，使外来人口与本地市民享受均等化待遇。

（三）推延义务教育层级，提升人力资本，增强流动人口个人发展能力，实现教育制度融合

受教育水平与流动人口的经济融入密切且正向相关，较高的受教育程度为有效

促进其融入流入地社会打开了一扇机会之门。然而，乡—城流动人口的受教育程度以初中及以下为主，这让他们从一开始就输在了起跑线上，难以适应瞬息万变的经济环境和激烈的市场竞争。社会上总会有一些低端行业、职业，而在这些领域就业的永远只能是那些受教育程度偏低、技能较差、工作经验缺乏的人群；如果城乡不公的教育体制不变，则在任何时候，乡—城流动人口总会属于这类人。因此，在以后的工作中，政府需要两手抓：一方面，继续加强农村人口的基础教育；另一方面，强化在业乡—城流动人口的成人教育和职业培训。具体措施如下。

其一，加强农村基础教育，加快推进高中教育的义务化。本书的分析结果表明，人们的受教育程度越高，总体经济融入水平越高，单个融入指标的状况也更好。只有获得了较多的人力资本，才有可能进入声望较高的职业，得到较好的劳动保护，享受更好的社会保障，从而有效地融入当地社会。中央政府需要从人的全面发展和整体国民素质的改善出发，尽快推进高中教育的义务化。同时，还要将现有的九年义务教育制度真正落到实处——部分乡—城流动人口其实并未完成初中教育。尽管具体的书本知识对找工作也许起不到实际作用，但系统的教育对人的全面发展和学习能力的提高十分重要，也会提升人们在劳动力市场中的综合竞争实力。

其二，扩大职业教育规模，提升流动人口的职业技能，增强他们在劳动力市场的竞争能力。各地要适应工业化、城镇化和农村劳动力转移就业的需要，加强县级职业教育中心的建设，支持各类职业技术院校扩大在农村的招生规模，鼓励农村初、高中毕业生接受正规职业技术教育，以便多层面、多方式、多角度地提升农村剩余劳动力的科学文化素质和职业技术能力，使他们能够快速适应城市非农产业的工作。

其三，注重教育方式和宣传方法，积极开展多种形式的劳动技能培训。其他研究表明，职业技术培训能够显著增加流动人口的就业机会，改善流动人口的职业声望。对于已经转移的劳动力，政府应尽快出台有效的专业培训和技术教育的政策和措施，增加培训投入，提升他们的专业技术水平，增加其人力资本积累。一是落实劳动保护，缩短过长的工作时间，保证他们有时间和精力参加技能培训。二是通过在工厂、社区或其他流动人口聚集区的宣传栏张贴培训信息、发放有关培训信息传单，让流动人口了解有哪些培训，并自主选择适合自己岗位和时间的培训。三是开展形式多样、特色突出的劳动技能培训，使人人都能掌握一技之长，实现稳定就业，尽快提高其经济社会地位。当然，要做到这些，培训的质量至关重要。只有这样，流动人口才能切实感受到培训对他们的有效帮助，也才有意愿参加培训。

（四）完善流动人口的就业服务机制，改善劳动就业环境，实现就业市场融合

尽管政府和社会对流动人口的劳动就业问题十分关注，但如同其他相关研究一样，本书的研究结果发现，流动人口主要就职于次级劳动力市场，职业声望低、工作不稳定、工作时间长，乡—城流动人口的收入更低。可以从以下几方面促进流动人口的就业融合。

其一，逐步统一城乡劳动力市场，扫除流动壁垒，实现劳动力自由流动。切实落实平等就业法规，减少对外来人口的就业歧视，确保流动人口在流入地能够享受到平等的就业机会、同等的工作待遇。流动人口（尤其是乡—城流动人口）主要集中在制造业、建筑业和商业服务业等技术含量低、工作强度大的行业。在全国各地，工作较轻松、收入较高的行业在招聘时都会优先招收本地人。尽管从2008年1月1日起，国家开始实施《中华人民共和国就业促进法》（以下简称《就业促进法》），规定农村劳动者进城就业享有与城镇劳动者平等的劳动权利，不得对农村劳动者进城就业设置歧视性限制，但国家并未出台具体的执行和落实措施，各地政府也未出台相应的反歧视法规，故而流动人口在求职时往往得不到公平公正的机会，即便他们具有与本地人相同的条件。因此，各地、各级政府需要切实践行《就业促进法》，抓紧制定相关的配套措施和法规条文，建立城乡统一的人力资源市场，保障城乡居民、本地居民和外来人口平等就业；同时，还须监督法律法规的执行和落实情况，拒绝劳动力市场因户籍而产生的排外现象，真正为流动人口提供公平的就业机会。

其二，建立完善的就业服务机制，着力解决就业信息不对称问题，拓宽劳动就业途径，扩大转移输入通道，帮助流动人口找到更合适的工作。目前，流动人口在流入地的求职就业主要通过非正式途径，即初级社会网络。他们中的许多人由于受教育程度不高，加上就业信息极不对称，进入流入地后要么在亲戚朋友介绍的低端行业和较差的单位就业，要么盲目地就职于自己不满意的岗位。这就出现了一个矛盾现象：一方面，一些沿海和发达地区的企业面临“招工难”的困境；另一方面，众多流动人口难以找到适合自己条件的工作。因此，完善促进农村劳动力转移就业的政策和制度体系，建立全国流动人口就业信息动态监测和发

布制度，为流动人口提供免费的求职信息、职业介绍、职业指导和职业咨询服务，对于帮助他们找到适合自己的职业、岗位和用工企业非常重要。比如，地方政府除可以协助组织举办定点定时的就业招聘会外，还可以开展流出地与流入地的劳务协作，即流入地统一组织企业到流出地开展大型招聘活动，而流出地也安排专人负责，及时反馈和通知用工单位最新的招聘信息等。这些措施均可以解决就业信息的不对称问题，帮助流动人口找到适合自身条件的工作。

其三，加强劳动合同的签订，采取多种措施，有效保障流动人口的合法权益。数据分析结果显示，流动人口的劳动合同签订率很低，在个体、私营企业上班之人更是如此；而劳动合同的签订（不管是长期合同还是短期合同）对于提高流动人口的总体融入水平、收入、社会保障水平都具有正向的推动作用。切实保障流动人口劳动合同的签订与实施，不仅是在落实劳动保护，而且有助于推进他们的经济融入。

其四，提高基本工资水平，切实维护流动人口劳动报酬权益。数据分析结果表明，乡—城流动人口的收入依旧较低，而低收入反过来也是他们生存发展状况（包括社会保障、居住状况）较差的最主要原因。各地区应因地制宜、综合考虑，结合当地经济发展水平、企业工资制度、生活消费支出等指标，建立最低工资标准，保障流动人口的就业收入能够维持其基本的生产生活和发展所需。

其五，缩短流动人口的工作时间，保障他们的休息权。由于多种原因的影响，工厂企业常常借用经济利益、职业升迁等各种手段鼓励、推动、迫使流动人口加班加点，无限度延长工作时间。过劳工作不仅反映了流动人口未能得到有效的劳动保护，而且未能给他们带来相应的收入。此外，由于许多在个体和私营企业工作的流动人口自早晨起床到晚间上床（除吃饭外），一直都在不间断地劳动，一方面阻碍了他们与本地市民交流互动的机会，另一方面也使得他们长期过于劳累而无心无力来学习提高自身素质。对于这样的情况，各地主管部门坚决不能采取“不告不理”的原则，而应积极干预、认真督察，保障流动人口的合法工作时间和正常休息权利，维持其身心健康，增进他们与本地市民的交流沟通，并使其有时间参与职业技能培训。

（五）因地制宜、因人而异，推动流动人口的合理分布，提高流动人口的融入水平

本书的研究还发现，在不同地区和具有不同特点的人群中，经济融入情况也

存在显著差别。这就要求中央和地方政府在推进流动人口融入流入地的过程中，需要关注当地流动人口的特点，提供具有针对性的管理和服务。换言之，流动人口的融入推进不能搞"一刀切"，而应该具体问题具体分析，根据自身的经济发展模式和经济结构，因地制宜、因人而异，采取合适的方法和手段，制定相应的政策措施，改善流动人口的劳动保护状况、经济地位、社会保障水平、居住状况。

其一，在东部沿海、直辖市等经济发达地区，不但要关注提高流动人口的绝对经济地位，而且更需要尽力推进各人群之间的协同、均衡发展和进步，尽量缩小他们之间的较大差距，更好地推进公平公正事业，在不损害本地市民（和城—城流动人口）利益的基础上，加大对乡—城流动人口的投入，改善其居住状况，提高其经济收入，完善其社会保障，使他们逐步享受类似于市民的待遇。在中部、西部等发展中地区，流动人口的客观经济状况还很低下，政府应努力调整产业结构，增加就业岗位，完善职业中介，提高工资收入，促进流动人口绝对经济状况的不断改善。

其二，流动所跨越的行政区域明显影响到流动人口的融入程度。地区（市）内流动之人相应的经济机会较少，生活水平难以大幅度提高；而跨省（市、区）流动虽然跨越距离大，但相应就业机会多，经济收入较高。政府必须尽快掌握流动人口的流动方向、流动范围、分布状况、集中地点等，合理评估流动人口在各地的生活状况、融入程度，引导流动人口有序流动，帮助他们流向更适合自身发展的地区，提高其绝对和相对生活质量，实现流动人口的合理分布，促进社会经济的发展。

其三，特别关注青年、女性、少数民族、不在婚、低教育程度的流动人口，尤其是其中的乡—城流动人口，因为他们在流入地遭遇更多的融入障碍。政府部门在制定旨在改善流动人口劳动就业、社会保障状况和住房条件的政策时，需要尽量多向他们倾斜。

（六）分步骤、有计划地推进融入

不管是国际移民，还是国内移民，融入推进既是一项十分紧迫的任务，也将是一个较为漫长的历史进程。从流动人口进入流入地伊始，就应该引起关注和重视。不过，国内外的经验表明，融入的进程纷繁复杂，涉及的维度很广，相关人群的成分差别也很大，故促进社会融入需要注意阶段性和复杂性。中国依旧处于经济社会转型时期，人群之间的角色转型一方面具有市场机制作用下的自主选择性，另一方面又要受到计划体制下的各种制度约束和影响，这就决定了中国流动人口的社会融入将是一个更为复杂和更加漫长的过程，不能指望一步到位，也不能指望不同身份的流动人口都能以同样的步伐实现融入，而是需要有耐心，要做长期的政策准备和制度准备。经济融入也是如此。欧美移民研究表明，许多受教育程度较低的第一代移民难以实现融合；中国国内移民虽然在语言文化上的困难较小，却有更多的制度障碍，实现融合更不可能一蹴而就。

因此，相关政府部门必须结合实际，坚持由易到难的原则，从最根本的问题做起，积极、稳妥、有序地按步骤、分阶段推进融入。虽然本书仅关注经济融入，但由于社会融合各维度之间密切互动，故关注社会融入的阶段性并不表明就可以忽视其他层面的融入，而是需要同时关注行为参与和心理适应。同时，中国流动人口的成分十分复杂，不同人群有着相异的经济社会背景，对流入地社会的需求也各不相同，这就需要政府有长期的准备，针对不同的人群做好耐心细致的社会服务和管理工作。只有这样，才能有效推进不同人群的和谐相处，使各类人群都过上有尊严的幸福生活，国家也才能真正地长治久安。

四　后续研究展望

社会融入是一个多维度的复杂概念，经济融入亦是如此，诸多问题仍需在后续研究中进一步深入探讨，有的是本研究独有的问题，有的是当下学界普遍存在的共性问题。下面略述几点，以期引起学界同仁和相关政府部门对这些问题的广泛关注和深入讨论。

（一）辨识概念，统一对关键概念的认识

在对某一个问题进行研究时，首先必须对该问题的内涵和外延有明确且统一的认识；只有这样，不同研究得出的结论才具有兼容性和可比性。因此，把握流动人口经济融入特点和影响因素的一个重要前提是，对相关概念具有科学且准确的认识和把握。本书涉及三个关键概念：流动人口、社会融入和经济融入。目前，国内学者对它们的认识见仁见智，分歧颇大。随着社会、学界和政府对该问

题的愈发重视，厘清并统一对它们的认识显得十分必要和迫切。

其一，对于流动人口，应该从什么视角予以界定？目前主要有三个常用标准：流动的时间、流动的空间、流动的原因。或者使用单个标准，或者同时使用多个标准。从时间上看，离开户籍地多长时间就可以被定义为流动人口？对于这个问题，不同政府职能部门和学者采用的标准并不一致：有的采用1个月，有的采用3个月，还有的以6个月为界。本书采用最后一种标准，将离开户籍地半年以上之人定义为流动人口，而将离开户籍地不到半年之人剔除在分析之外，目的是为了减弱问题的复杂性。显然，不同的时间界定肯定会得出不一样的研究结论，特别是小规模的地区性数据。但是，究竟是1个月、3个月、6个月，还是其他时间标准能够更好地界定流动人口，各个定义内在的逻辑性和科学性在哪里？这些都需要有明确的阐释。

从地域上看，究竟跨越哪一级的行政区域才算是流动人口？这个定义是以人户分离为基础的。根据《中华人民共和国户口登记条例》的规定，户口登记由各级公安机关主管，须遵循“三原则”：一是户口登记以户为单位，二是公民应当在经常居住地登记为常住人口，三是一个公民只能在一个地方登记常住户口。境内公民的经常居住地和常住户口登记地需要一致，否则就被称为“人户分离”人口。现存研究中，有的以跨乡（镇、街道）为标准，也有的以跨县为标准，本书采用前者。同样的问题是，哪一种定义更为合适？或者是否有其他更为合适的地域标准来定义流动人口？流动人口跨越的行政区域不同，获得的机遇、遇到的困难、需要适应的层面亦各不同，故融入的情况肯定也会不一样。人户分离的原因非常复杂，包括异地购房但不迁移户口，工作调动而不迁移户口，大中专毕业生因工作没落实且未将户口迁回原籍，新农村建设和旧城改造，就学，就业，服兵役，新建住宅区户籍管理未配套，婚嫁未迁、部队复员、退伍和转业人员户口未及时落入，“两劳”回籍未及时登记户口，等等。这就给利用地域来定义流动人口造成了很大困难。

从原因上看，在考虑社会融入时，是否仅考虑因工作目的而流动之人。人们离开户籍地的原因复杂多样；人口普查和1%人口抽样调查问卷都涉及10余种原因，现实情况无疑更多于10种。显然，因不同原因而离开户籍地之人（如：市内人户分离人口、临时出差人口、旅游人口等）与出于工作目的而流动之人无疑在很多方面都存在差距，经济融入亦然——本书的研究结果也证实了这一点。那么，在关注流动人口的经济融入（和社会融入）时，是包括所有离开户籍地达到某个时长之人还是仅仅包括因工作原因而流动之人？需要统一定义和口径。

其二，社会融入和经济融入的界定。到目前为止，国内对社会融入的界定尚处于起步阶段，仅有极少数研究涉及社会融入的内涵；相反，大家多基于各自的理解，利用相关数据进行分析。笔者曾将社会融入定义为四个维度：经济融合、文化习得、行为适应（社会层面）和身份认同（即心理层面），但该界定是否合适还有待学界的共同探讨。事实上，这个界定已经遭到其他学者的批评（周皓，2012）；这是一个好现象，说明越来越多的学人在关注并认真思索这个问题。真理越辩越明；同行们的认识商榷、智慧交流、思想碰撞无疑将突破现有研究的局限，超越见仁见智的分歧，使我们对这个重要概念的认识趋于一致。

作为整体社会融入的核心维度，经济融入的概念也亟待统一。绝大多数研究从职业、收入、保障等视角分析流动人口经济地位的获得；除这三个指标外，本书还将劳动合同、工作时间、居住状况也纳入分析中。笔者认为，居住状况属于经济融入的核心测量指标，反映了人们住房的稳定性、舒适性（即基本生活条件）和人群之间的隔离情况（尽管本书没有涉及这一点）。劳动合同和工作时间属于劳动保护的范畴。与用人单位签订了劳动合同，就应该得到相应的劳动保护，保证相应的休闲时间。如同社会保障和居住状况一样，它们为流动人口在流入地的工作和生活编织了另一道安全网。不过，劳动合同与工作时间是经济融入的影响要素还是指标本身？本书将它们同时作为二者处理。当然，能否将它们纳入经济融入的维度，也需要进一步的论证。我们认为，只有辨明其内涵和外延，才能真正把握流动人口经济融入的现状、特点、变动趋势和影响要素。

（二）完善融入指标体系，构建调查问卷，为数据收集提供理论参考

在理论概念得到清晰的辨识后，可以基于理论完善融入指标体系、设计调查问卷。

其一，对现存有关流动人口经济融入的研究成果进行系统检索、分类梳理。这项工作包括两个方面：一是对过往文献进行综述，以深入了解和全面认识流动人口经济融入的现况及特点，把握他们哪些指标的融入程度更深，哪些层面更难

融入，从而为政府决策部门制定相关政策提供科学的理论和实证依据，促进流动人口福利的改善；二是根据从文献或其他途径获得的线索，对现有政府部门、学者、其他单位设计并实施过的相关社会调查问卷、人口普查资料进行收集、整理、分类、汇总，分析现存调查或普查中提出了哪些融入问题、指标、变量，找出共性，辨识差异，抓住重点，突破难点，从而为指标体系的构建和完善奠定理论基础。

其二，构建完善的流动人口经济融入和社会融入指标体系，为未来相关研究的问卷设计、数据收集和数据分析提供理论参考依据。合适的指标体系将使学术研究更为严谨、规范、科学，有助于突破见仁见智的分歧，使不同研究之间的结论具有可比性，分析结果也更可信。

其三，构建一个具有普适性特点的流动人口经济融入的调查问卷。在前面两项工作的基础上，整合多方面人力、财力资源，生成能够全面反映流动人口经济融入的调查问卷。该问卷将适用于不同场合、不同地点，甚至稍加修改即可适用于具有不同特点的流动人群。该问卷（和调查结果）的共享将大大节约经济成本、人力成本、社会成本，是一件十分有社会意义和学术价值的事情（虽然任务极其艰巨）。在美国，人口普查数据由于包含大量与移民的社会融入直接或间接相关的问题，成为无数研究的数据来源，使普查的成本得到有效利用，也进一步降低了个人或其他单位设计问卷、收集数据的新成本。当然，这并不是说不能有其他调查；相反，典型性的、地区性的调查将是对普适性的、大规模调查的必要补充。

其四，利用问卷调查数据的分析结果，检验指标体系，并进一步修正、发展、完善指标体系，使其更可用、更好用、更适用。

（三）整合资源，收集具有时效性且高质量的数据，更好地把握融入的现状与特点

本书使用的2005年全国1%人口抽样调查的20%再抽样数据，是对我们的研究问题而言最好的数据之一，但本数据在选择性、时效性、因果关系推断等诸多方面也存在不足。此外，还有几个问题也值得关注。一是2005年全国1%人口抽样调查数据的再抽样是以个人为单位，而非以家庭为单位提取的，这就使得亲子配对、夫妻配对，以及其他家庭成员的匹配极为困难，难以获得家庭成员

的信息。融入的意愿、过程和结果都与家庭因素密切相关，应考虑家庭特征、夫妻特征、子女特征对融入的影响。本书一个很大的局限是，未考虑家庭层次要素对因变量的影响。当然，即便2005年全国1%人口抽样调查的再抽样以家庭为单位，对流动人口而言，也只能得到在流入地家庭成员的信息，却依旧得不到未流动家庭成员的信息，故家庭信息依旧是不完整的。

二是2005年全国1%人口抽样调查数据提供的信息比较有限，一些重要的问题——比如，流入地的经济结构、除户籍以外的其他制度性要素、流入地本地市民对待流动人口的态度与行为，等等——未能得到直接衡量或根本未能测量。大量现存其他研究都表明，他们是影响流动人口包括经济融入在内的重要因素。虽然我们借助一些变量部分地、间接地衡量制度性要素的影响，但以后的研究最好能够获得直接的衡量变量。当然，这对调查设计、数据收集提出了更高的要求。

在本研究中，社区信息完全缺失。作为社会的基本细胞，社区是国家与社会的接口，是社会组织的基础单元，也是人们生产和生活的“共同体”和重要场所，是社会人相应的承接载体。作为流动人口的落脚点和生活区，社区对流动人口是否接纳，而流动人口能否像本地市民一样参与社区管理、享受社区服务、与本地人和睦相处直接关系到他们的经济社会地位，对其经济融入至关重要。但本书由于信息的缺失而未能检验这方面的影响。

因此，未来的研究需要在概念明确、研究设计合理的基础上，收集更具有时效性、高质量、全方位、多层次的数据。当然，现在的问题并非没有数据，而是缺乏高质量的数据。相关调查数据着实不少，但数据多是区域性的，缺乏代表性，样本量小，提供的信息不全面，数据之间也不相容，从而造成分析结果的相悖。好的数据是学者共同期盼的，但由于资源的分割，学者们往往只能各自为政，在自己力所能及的范围内搜集规模不大、资料不全、信息不足、兼容程度不够的数据。一般的情况是，研究者基于自己搜集的数据，发表几篇研究文章，完成课题的要求，数据就被尘封了。其后果是，一方面，即便学者有心做出更科学、更严谨、更具学术价值、更有政策意义的研究，他们也心有余而力不足；另一方面，社会资源出现巨大的浪费，因为资源被分割给许多不同领域但从事类似研究的机构或学者，而他们之间往往缺乏沟通的途径，故资源无法共享。高质量的数据呼唤资源（包括人力、财力、物力等多方面资源）的整合。在包括美国在内的西方发达国家或地区，一种数据往往可以被用于多个研究领域，绝大部分的研究者根本无须自己搜集定量数据，因为许多公共数据十分易得。这个经验十分值得中国借鉴。学界和政府部门需要公共协作，搜集高质量的数据，从而为高质量的研究成果奠定良好的基本条件，避免公共资源的巨大浪费，为政府提供更真实的政策参考依据。

融入在很大程度上是一个过程概念，而只有纵向数据才能有效提供动态变动趋势。但是，纵向追踪数据的获取难度很大，对人力、物力、财力要求更高。一方面，社会科学研究的经费都非常有限，项目经费根本无法支撑规模相对较大、代表性较强的社会调查；另一方面，尽管目前政府加大了对社会科学研究的经费投入，但资源的分配和使用极不合理，大部分研究经费并未真正用于研究之中。当然，这是题外问题，此处不做评述。只有拥有多层次、高质量、权威性的数据，才能真正了解流动人口社会融入和经济融入的纵向变动趋势。内容包括：（1）流动人口的基本人口学特征、人力资本特征；（2）家庭背景，如家庭结构、居住模式以及家庭结构的变迁（如：流动人口的家庭化过程）；（3）流动特征，包括在流入地的居留时间、流动原因、流动跨越的行政区域；（4）融入指标，包括经济融入、文化习得、行为适应和身份认同等多个维度的相应指标；（5）本地市民的态度与行为；（6）社区的劳动力结构、经济社会发展水平、公共服务均等化情况；（7）流入地的就业、教育培训、社会保障、住房制度，等等。这样数据提供的资料将有助于全面、深入分析流动人口方方面面的融入情况。

（四）整合定量数据和定性资料，深入探讨流动人口的融入机制

本书仅仅采用了定量数据分析流动人口的经济融入情况。定量分析结果只能回答户籍等制度性要素与总体经济融入水平和单个指标之间“是否相关”和“如何相关”的问题。为了回答它们之间为什么相关或关联的潜在机制，还需要结合定性访谈资料。尽管笔者在多个地方访问了若干流动人口，也对定性资料进行了分析和整理，但定性数据是 2011 年收集的，与定量数据之间存在较长的时间间隔。用今天人们的想法去解释 6 年前的结果，可能未必合适，经过再三权衡，这里没有展示定性资料的分析结果。未来的研究最好能够结合两种类型的数据，既回答“是什么”，也回答“为什么”的问题，并为回答“怎么办”的问题提供更有力的依据。

（五）完善社会融入理论和指标框架，寓经济融入于社会融入之中，考察因素之间的互动

借助国外社会融合、社会排斥理论，结合中国的实际情况，建立和完善符合中国国情的社会融入理论和指标体系，使之成为促进流动人口社会融入的理论依据。推进流动人口的社会融入，首先要清楚什么是社会融入，怎样简明、科学、合理地测量社会融入，阻碍社会融入的主要因素有哪些，等等。社会融入不是一个新概念，但人们对其认识随着时代的推移而发生了相应的变化。中国的情况既有与他国相似之处，也有自己的特点，故而需要在借鉴国际经验的基础上，构建基于国情的创新性融入理论，以此作为今后相关政府部门工作的目标导向和推进流动人口经济融入及社会融入的依据。

笔者在以前的研究中明确提出，社会融入的各个维度之间存在互动，即社会融入其中一个维度的融入情况必然制约或促进另一个维度的融入水平：比如，流动人口对当地语言的掌握程度（特别是在东南部地区）会影响到他们的求职就业和职场竞争力；尽管这个问题已经不如 1980 年代和 1990 年代那么重要——当时的广州、深圳等地都有大量的粤语培训班——本地人和外来人可以通过普通话进行交流，但文化接纳在融入方面的作用依旧不可低估。然而，数据的制约使得本书未能考虑社会融入的其他要素对经济融入的影响。

总之，由于笔者本身认识的局限，也由于数据的制约，还因为可资借鉴的前期经验较少，本书的分析结果只能看作是初步的、探索性的。维度的构成、指标的选取、权重的设置等理论和技术问题都需要在后续的相关研究中不断改进和完善。

五　结语

破解城乡二元体制难题，统筹城乡发展，促进社会整合，打造和谐社会是我国“十二五”时期经济建设和社会建设的重中之重；流动人口的社会融合对于该目标的实现至关重要。

社会融合是一项复杂的系统工程，需要包括经济、文化、社会关系在内的各种社会要素和个体要素的整合，需要制度与体制的创新和人群之间的理解、尊重、包容、接纳。然而，本书的分析结果却充分揭示了本地市民、不同户籍流动

人口在经济地位方面的身份差异、人群差异、地区差异。在流动人口规模持续壮大的情况下，在他们对国家发展、经济社会建设所起的作用依旧重要的时候，他们在流入地的工作和生活状况却十分堪忧。多数流动人口（尤其是乡—城流动人口）仍被排斥在流入地社会的制度建构之外，与本地市民之间存在一条难以逾越的鸿沟，在流入地形成了新二元社区。

这样的分析结论值得政府、社会和学界警醒。国际经验表明，若大量的流动人口始终处于边缘状况，劳资关系紧张，对抗性事件不断，势必导致流动人口与本地市民之间缺乏信任，流动人口和城市体系之间发生断裂，社会分裂加剧，从而不仅阻碍经济的发展，而且可能引发社会动荡。反之，只有不同群体之间有较高的融合度，才能有效化解基层矛盾和不稳定因素，消除群体之间的对立与冲突，推进社会公平和正义，促进经济社会的和谐发展。

2011 年 4 月 26 日，胡锦涛总书记在中共中央政治局就“世界人口发展和全面做好新形势下中国人口工作”进行集体学习时进一步强调，相关政府职能部门既要从宏观战略的高度，为人口流动迁移创造良好的政策和制度环境，也要从微观政策的角度，关怀流动人口及其家庭的福利。毫无疑问，会议精神的贯彻实施将逐渐消除由户籍制度的分割所造成的人群之间的不平等，并为流动人口融入流入地社会打造制度性保障。

促进流动人口实现由外来人口向本地市民的整体转型，是中国“十二五”期间社会管理与社会服务、推进民生建设的重要目标之一，是关涉中国社会经济结构转型有序推进、城乡统筹发展、社会和谐稳定大局的重大战略性问题。无论是从城镇化历史进程的客观规律，经济社会可持续发展，社会管理制度创新和服务水平的改善，社会主义和谐社会构建的战略高度，还是从个体和家庭的发展策略及福利提升的人本视角，都需要高度重视流动人口的社会融合问题。当然，它的实现需要政府提供良好的、摒弃了地方保护色彩的公共服务及公共福利政策，需要本地市民摒弃将外来人口当成是地方社会治安、公共设施利用、社区卫生等问题的制造者的理念，需要加强对流动人口的劳动保护和居住安全保障，改善他们的劳动就业及社会保障福利状况——这些是他们能否融合到流入地的最关键因素。只有这样，流动人口才能更快地，并最终真正认同自己是流入地社会的一分子，实现流入地社会、流出地社会、流动人口自身三赢的理想局面，也才能更好地贯彻落实科学发展观，实现打造和谐社会的愿景。

参考文献

艾鹤、李德：《农民工价值观取向的变化》，《求实》2006 年第 S3 期，第 257～258 页。

北京大学“东莞民工课题组”：《东莞民工状况调查》，《战略与管理》1995 年第 2 期，第 80～87 页。

《北京日报》2008 年 11 月 4 日《关于个体、私营经济的就业岗位》，http：//book. qq. com/s/book/0/18/18364/80. shtml。

贝克尔：《人力资本理论》，中信出版社，2007。

边静：《贵州省农村女性人口流动的影响因素分析》，《法制与社会》2010 年第 21 期，第 218 页。

蔡昉：《边缘化的外来劳动力》，《开放导报》2004 年第 6 期，第 37～40 页。

蔡昉：《劳动力无限供给时代结束》，《金融经济》2008 年第 3 期，第 16～17 页。

蔡昉：《中国经济转型 30 年（1978～2008）》，社会科学文献出版社，2009。

蔡昉：《劳动力供给与中国制造业的新竞争力来源》，《中国发展观察》2012 年第 4 期，第 17～18 页。

蔡玲、徐楚桥：《农民工留城意愿影响因素分析——基于武汉市的实证调查》，《中国农业大学学报（社会科学版）》2009 年第 1 期，第 40～46 页。

曹正民、苏云：《流动人口社会保障问题的公共政策思考》，《西北人口》2007 年第 5 期，第 100～105 页。

常凯：《政府、法律和企业：谁来关爱农民工的生命健康》，《中国改革（农村版）》2004 年第 9 期，第 16～18 页。

陈浩、杨晓军:《流动人口就业培训问题研究——基于武汉市的实证调查》,《南京人口管理干部学院学报》2008 年第 2 期,第 16~19、44 页。

陈金永:《中国户籍制度改革和城乡人口迁移》,载蔡昉、白南生主编《中国转轨时期劳动力流动》,社会科学文献出版社,2006。

陈树强:《社会排斥:对社会弱势群体的重新概念化》,《中国社会科学院社会政策研究中心研究报告》2002,http://www.chinasocialpolicy.org/2002 -11 -11。

陈卫、郭琳、车士义:《人力资本对流动人口就业收入的影响——北京微观数据的考察》,《学海》2010 年第 1 期,第 112~117 页。

陈锡文:《中国城镇化率存虚高现象》,《人民日报》2011 年 4 月 11 日。2011 年 7 月 26 日查询,http://news.163.com/11/0411/04/71B7190D00014AED.html。

陈雁雁:《青年务工农民居住状况与城市融入的实证分析》,《山东省农业管理干部学院学报》2008 年第 3 期,第 17~19 页。

陈映芳:《城市开发与住房排斥:城市准入制的表象及实质》,《宁波大学学报(人文科学版)》2009 年第 2 期,第 32~39 页。

陈月新、陈佳瑛、陈晓东:《对流动人口劳动权益保障的性别分析——以上海的三资企业为例》,《妇女研究论丛》2006 年第 S2 期,第 28~31 页。

陈云:《少数民族流动人口城市融入中的排斥与内卷》,《中南民族大学学报(人文社会科学版)》2008 年第 4 期,第 42~45 页。

成德宁:《我国进城农民工的居住问题及其解决思路》,《中国人口.资源与环境》2008 年第 4 期,第 78~84 页。

程海峰:《流动人口社会保障问题初探》,《统计与决策》2005 年第 1 期,第 87~88 页。

戴萍萍:《城市流动人口住房保障问题探讨》,《华章:初中读写》2007 年第 3 期,第 173 页。

代振华、周杏梅:《农民工素质提升的困境与对策》,《甘肃社会科学》2010 年第 4 期,第 27~29 页。

邓大松、孟颖颖:《困境与选择——对我国农民工养老保险制度的反思与构建》,《学术交流》2008 年第 6 期,第 122~128 页。

邓曲恒:《城镇居民与流动人口的收入差异:基于 Oaxaca-Blinder 和 Quantile 方法

的分解》，《中国人口科学》2007年第2期，第8～16页。
丁富军、吕萍：《转型时期的农民工住房问题——一种政策过程的视角》，《公共管理学报》2010年第1期，第58～66页。
董立群：《城市新移民的社会网络与社会融合——以宁波新移民为例》，《淮南职业技术学院学报》2009年第4期，第105～110页。
董小川：《美国文化概论》，人民出版社，2006。
董延芳、刘传江：《第二代农民工社会保障及相关问题分析》，《保险研究》2008年第5期，第57～59页。
杜鹰、白南生：《走出乡村》，经济科学出版社，1997。
杜鹏、丁志宏、李兵、周福林：《来京人口的就业、权益保障与社会融合》，《人口研究》2005年第4期，第53～61页。
杜鹏、李一男、王澎湖、林伟：《城市"外来蓝领"的就业与社会融合》，《人口学刊》2008年第1期，第3～9页。
段成荣：《我国的"流动人口"》，《南方人口》1999年第1期，第9～12页。
段成荣、梁宏：《我国流动儿童状况》，《人口研究》2004年第1期，第53～59页。
段成荣、梁宏：《关于流动儿童义务教育问题的调查研究》，《人口与经济》2005年第1期，第11～17页。
段成荣、杨舸、张斐、卢雪和：《改革开放以来我国流动人口变动的九大趋势》，《人口研究》2008年第6期，第30～43页。
段成荣、朱富言：《"以房管人"：流动人口管理的基础》，《城市问题》2009年第4期，第76～78页。
段媛媛、殷京生：《城市流动人口：中国城市社会中的弱势群体》，《新疆社科论坛》2002年第6期，第38～40、46页。
段志刚、熊萍、"城市吸纳农民工容量及其演变规律"课题组：《农民工留城意愿影响因素分析——基于我国七省市的实证研究》，《西部论坛》2010年第5期，第37～43、51页。
樊炳有、童丽平、胡爱武、叶建强：《浙江民营企业农民工体育活动调查研究》，《中国体育科技》2007年第2期，第33～37页。
柳森：《刘易斯拐点：热议下的迷惘与省思》，《解放日报》2010年9月19日。

樊小钢:《流动人口与社会保障机制的构建》,《经济学家》2004 年第 3 期,第 117～118 页。

范元伟:《流动儿童与本地学生相互融合研究》,《当代青年研究》2008 年第 6 期,第 23～28 页。

方晓义、蔺秀云、林丹华、刘杨、李晓铭:《流动人口的生活工作条件及其满意度对心身健康的影响》,《中国临床心理学杂志》2007 年第 1 期,第 31～34 页。

风笑天:《“落地生根”?——三峡农村移民的社会适应》,《社会学研究》2004 年第 5 期,第 19～27 页。

冯倩、蒋睿:《我国农民工医疗保险制度问题探析》,《中国经贸导刊》2009 年第 20 期,第 29 页。

符平:《青年农民工的城市适应:实践社会学研究的发现》,《社会》2006 年第 2 期,第 136～209 页。

傅慧芳:《当代农民工价值观的矛盾透析》,《山西青年管理干部学院学报》2006 年第 1 期,第 75～78 页。

甘满堂:《城市农民工与转型期中国社会的三元结构》,《福州大学学报(哲学社会科版)》2001 年第 4 期,第 30～35 页。

高峰:《苏南地区外来农民工市民化长效机制的构建》,《城市发展研究》2006 年第 4 期,第 78～83 页。

高慧、周海旺:《上海外来与本地劳动力收入差异及影响因素对比分析》,《人口与经济》2007 年第 S1 期,第 148～154 页。

高文书:《进城农民工就业状况及收入影响因素分析——以北京、石家庄、沈阳、无锡和东莞为例》,《中国农村经济》2006 年第 1 期,第 28～34、80 页。

葛伶俊:《中国转型期住房保障制度评析——社会公正的视角》,《东岳论丛》2009 年第 4 期,第 12～18 页。

格丽娅:《农村富余劳动力转移和融入城市问题》,《前沿》2007 年第 12 期,第 226～228 页。

龚敏健:《苏州市外来人口居住特征和满意度及影响因素研究》,硕士学位论文,华东师范大学,2010。

巩在暖、刘永功：《农村流动儿童社会融合影响因素研究》，《国家行政学院学报》2010 年第 3 期，第 82 ~87 页。

辜胜阻、易善策、郑凌云：《基于农民工特征的工业化与城镇化协调发展研究》，《人口研究》2006 年第 5 期，第 1 ~8 页。

郭琳、刘永合：《流动劳动力的人力资本与就业身份选择——基于东部和中西部地区在京就业者的比较》，《南京人口管理干部学院学报》2011 年第 1 期，第 11 ~16 页。

郭星华、储卉娟：《从乡村到都市：融入与隔离——关于民工与城市居民社会距离的实证研究》，《江海学刊》2004 年第 3 期，第 91 ~98 页。

郭星华、胡文嵩：《闲暇生活与农民工的市民化》，《人口研究》2006 年第 5 期，第 77 ~81 页。

郭星华、杨杰丽：《城市民工群体的自愿性隔离》，《江苏行政学院学报》2005 年第 1 期，第 57 ~62 页。

国家统计局：《2006 年中国劳动统计数据》，中国统计出版社，2007。

国家统计局服务业调查中心：《城市农民工劳动就业和社会保障状况（报告一）》，2009 年 12 月 19 日查询，http：//www. stats. gov. cn/was40/reldetail. jsp？docid =402358407。

国务院研究室课题组：《中国农民工调研报告》，中国言实出版社，2006。

国家人口和计划生育委员会流动人口服务管理司：《流动人口理论与政策综述报告》，中国人口出版社，2010。

国务院全国 1% 人口抽样调查领导小组办公室、国家统计局人口和就业统计司：《2005 年全国 1% 人口抽样调查资料》，中国统计出版社，2007。

何瑞鑫、傅慧芳：《新生代农民工的价值观变迁》，《中国青年研究》2006 年第 4 期，第 9 ~12 页。

何晓红：《农民工市民化的战略地位探析》，《红河学院学报》2006 年第 3 期，第 70 ~73 页。

贺小燕：《福建省农民工居住现状及发展对策》，《中国城市经济》2010 年第 11 期，第 271 ~272 页。

贺雪锋：《地权的逻辑》，中国政法大学出版社，2010。

侯慧丽、朱静：《从隔离到融合——流动人口居住状况研究的现状及发展》，《西北人口》2010 年第 4 期，第 27～30、35 页。
胡志坚、李永威、马惠娣：《我国公众闲暇时间文化生活研究》，《清华大学学报（哲学社会科学版）》2003 年第 6 期，第 53～58 页。
胡书芝、吴新慧：《生存在边缘——对青年民工社会融入状况的社会学分析》，《青年探索》2004 年第 2 期，第 8～11 页。
黄金、凌竺、黄萍：《农民工保障性住房问题的研究综述》，《东方企业文化》2011 年第 14 期，第 163～165 页。
黄匡时、王书慧：《从社会排斥到社会融合：北京市流动人口政策演变》，《南京人口管理干部学院学报》2009 年第 3 期，第 29～33 页。
黄乾：《农民工定居城市意愿的影响因素——基于五城市调查的实证分析》，《山西财经大学学报》2008 年第 4 期，第 21～27 页。
黄亚平、罗吉、彭阳：《基于公共租赁住房的城中村改造研究》，《小城镇建设》2009 年第 5 期，第 54～58 页。
黄亚林：《农民工住房问题的制约因素及解决路径》，《当代经济》2011 年第 1 期，第 32～33 页。
吉登斯：《社会学》，赵旭东译，北京大学出版社，2003。
季文：《社会资本视角的农民工城市融合研究》，经济科学出版社，2009。
江德芳、康兰、卢继宏：《透视四川流动儿童社会融合问题》，《四川省情》2007 年第 10 期，第 25～26 页。
蒋耒文、庞丽华、张志明：《中国城镇流动人口的住房状况研究》，《人口研究》2005 年第 4 期，第 16～27 页。
蒋建林、王琨：《城市化进程中外来民工居住问题研究》，《宁波大学学报（理工版）》2008 年第 3 期，第 442～446 页。
江立华、胡杰成：《社会排斥与农民工地位的边缘化》，《华中科技大学学报（社会科学版）》2006 年第 6 期，第 112～116 页。
蒋美华、王国艳：《农村女性流动人口与城市的社会融合——基于河南省的调查与思考》，《中华女子学院山东分院学报》2009 年第 3 期，第 22～25 页。
蒋勤：《马歇尔公民资格理论评述》，《社会》2003 年第 3 期，第 27、32～35 页。
金萍：《农民工与城市居民群际融合态势分析——基于对武汉农民工与城市居民群际关系的滚动调查》，《长江论坛》2010 年第 5 期，第 67～72 页。

靳小怡、彭希哲、李树茁、郭有德、杨绪松：《社会网络与社会融合对农村流动妇女初婚的影响——来自上海浦东的调查发现》，《人口与经济》2005 年第 5 期，第 53～58 页。

柯兰君、李汉林：《都市里的村民》，中央编译出版社，2001。

康纳顿：《社会如何记忆》，纳日碧力戈译，上海人民出版社，2000。

康雯琴、丁金宏：《大城市开发区流动人口居住特征研究——以上海浦东新区为例》，《城市发展研究》2005 年第 6 期，第 43～46 页。

孔冬：《沿海发达地区流动人口居住现状及需求发展趋势——基于浙江省嘉兴市的个案研究》，《中国人口科学》2009 年第 1 期，第 104～110 页。

赖晓飞：《文化资本与农村流动人口的城市融入——基于厦门市 Z 工厂的实证研究》，《南京农业大学学报（社会科学版）》2009 年第 4 期，第 91～96 页。

蓝宇蕴：《我国“类贫民窟”的形成逻辑——关于城中村流动人口聚居区的研究》，《吉林大学社会科学学报》2007 年第 5 期，第 146～153 页。

劳动科学研究所课题组、韩永江等：《扩大就业发展战略：创业促进就业》，《中国劳动》2009 年第 3 期，第 6～13 页。

劳动和社会保障部、国家统计局：2006～2010 年《劳动和社会保障事业发展统计公报》或《人力资源和社会保障事业发展统计公报》，中国统计出版社。

雷敏、张子珩、杨莉：《流动人口的居住状态与社会融合》，《南京人口管理干部学院学报》2007 年第 4 期，第 31～34 页。

雷敏：《大城市流动人口居住问题研究》，硕士学位论文，南京师范大学，2007。

李斌、王晓京：《城市农民工的住房》，《石家庄学院学报》2006 年第 5 期，第 17～18 页。

李斌、李丽：《和谐社会建构与城市农民工的住房》，载黄家海、王开玉主编《社会学视角下的和谐社会》，社会科学文献出版社，2006。

李春玲：《当代中国社会的声望分层——职业声望与社会经济地位指数测量》，《社会学研究》2005 年第 2 期，第 74～102 页。

李春玲：《流动人口地位获得的非制度途径——流动劳动力与非流动劳动力之比较》，《社会学研究》2006 年第 5 期，第 85～106 页。

李春玲：《城乡移民的社会经济地位获得》，《北京工业大学学报（社会科学版）》2007 年第 4 期，第 5～11 页。

李健、刘永功：《论农民工的社会网络与居住模式选择》，《中国农学通报》2011年第8期，第438～441页。

李楠：《农村外出劳动力留城与返乡意愿影响因素分析》，《中国人口科学》2010年第6期，第102～108页。

李立文、余冲：《新生代农民工的社会适应问题研究》，《中国青年研究》2006年第4期，第12～15页。

李留澜：《农民工城乡去留的政策及社会因素影响分析》，《经济问题》2010年第12期，第93～97页。

李路路：《制度转型与阶层化机制的变迁——从“间接再生产”到“间接与直接再生产”并存》，《社会学研究》2003年第5期，第42～51页。

李运庆：《区隔与认同：农民工子弟的人际交往现状研究——以南京市一所民工子弟学校为例》，《青年研究》2006年第5期，第20～27页。

李培林：《流动民工的社会网络和社会地位》，《社会学研究》1996年第4期，第42～52页。

李培林等：《就业与制度变迁———两个特殊群体的求职过程》，浙江人民出版社，2001。

李培林、李炜：《农民工在中国转型中的经济地位和社会态度》，《社会学研究》2007年第3期，第1～17页。

李若建：《广州市外来人口的空间分布分析》，《中山大学学报（社会科学版）》2003年第3期，第73～80页。

李强：《中国大陆城市农民工的职业流动》，《社会学研究》1999年第3期，第93～101页。

李强：《关于进城农民的“非正规就业”问题》，《新视野》2002年第6期，第93～101页。

李强：《农民工与中国社会分层》，社会科学文献出版社，2004。

李群、吴晓欢、米红：《中国沿海地区农民工社会保险的实证研究》，《中国农村经济》2005年第3期，第68～74、80页。

李实：《中国经济转轨中劳动力流动模型》，《经济研究》1997年第1期，第23～30页。

李实、岳希明：《中国城乡收入差距调查》，《乡镇论坛》2004年第8期，第21～

22 页。

李实、罗楚亮：《中国城镇居民住房条件的不均等与住房贫困研究》，天则经济研究所（http：//www. uniule. org. cn/secondweb/Article. asp? Article ID = 2191），2007。

李树茁等：《农民工的社会网络与职业阶层和收入：来自深圳调查的发现》，《当代经济科学》2007 年第 1 期，第 25～33 页。

李树茁、任义科、靳小怡、费尔德曼：《中国农民工的社会融合及其影响因素研究——基于社会支持网络的分析》，《人口与经济》2008 年第 2 期，第 1～8、70 页。

李松：《乌鲁木齐市暂住人口住房问题研究》，硕士学位论文，新疆农业大学，2008。

李伟梁：《流动人口家庭教育问题的影响因素分析》，《宁波大学学报（教育科学版）》2004 年第 3 期，第 1～7 页。

李伟梁：《论少数民族流动人口的城市融入》，《黑龙江民族丛刊》2010 年第 2 期，第 35～40 页。

李孜、杨洁敏：《我国城市流动人口医疗保障模式比较研究——以上海、成都、北京、深圳为例》，《人口研究》2009 年第 3 期，第 99～106 页。

梁波、王海英：《城市融入：外来农民工的市民化——对已有研究的综述》，《人口与发展》2010 年第 4 期，第 73～85、91 页。

梁鸿、叶华：《对外来常住人口社会融合条件与机制的思考》，《人口与发展》2009 年第 1 期，第 43～47 页。

梁宏、任焰：《流动，还是留守？——农民工子女流动与否的决定因素分析》，《人口研究》2010 年第 2 期，第 57～65 页。

梁宇：《浅析新生代农民工的价值观及其成因》，《市场论坛》2007 年第 4 期，第 49～50 页。

廖康：《流动人口的社会保障：一个文献综述》，《重庆社会科学》2009 年第 9 期，第 85～88 页。

林顿：《人的研究》，纽约阿波顿出版公司，1936。

林李月、朱宇、李祥德：《不同流迁意愿下流动人口的居住问题与对策——基于对福建 3 市的调查》，《南京人口管理干部学院学报》2008 年第 3 期，第

47～51 页。

林李月、朱宇：《两栖状态下流动人口的居住状态及其制约因素——以福建省为例》，《人口研究》2008 年第 3 期，第 48～56 页。

林李月、朱宇：《流动人口社会保险参与情况影响因素的分析——基于福建省六城市的调查》，《人口与经济》2009 年第 3 期，第 89～95 页。

刘崇俊、王超、隋树霞：《农民工的城市融合：一个重要的和谐元素——宏观社会资本视域的透视》，《中国矿业大学学报（社会科学版）》2007 年第 1 期，第 74～77、82 页。

刘传江：《城乡统筹发展视角下的农民工市民化》，《人口研究》2005 年第 4 期。

刘传江、董延芳：《和谐社会建设视角下的农民工市民化》，《江西财经大学学报》2007 年第 3 期，第 39～44 页。

刘传江、程建林：《第二代农民工市民化：现状分析与进程测度》，《人口研究》2008 年第 5 期，第 48～57 页。

刘传江、程建林：《农民工社会保障的路径选择与制度创新》，《求是学刊》2008 年第 1 期，第 55～59 页。

刘传江、程建林：《双重“户籍墙”对农民工市民化的影响》，《经济学家》2009 年第 10 期，第 66～72 页。

刘传江：《新生代农民工的特点、挑战与市民化》，《人口研究》2010 年第 2 期，第 34～39 页。

刘芳：《上海农民工子女义务教育问题探析》，《上海青年管理干部学院学报》2009 年第 4 期，第 35～37 页。

刘芳：《昆明市流动人口子女弱势地位实证研究》，《新西部》2011 年第 3 期，第 44～45 页。

刘洪银：《从“民工荒”看我国“刘易斯拐点”与农民就业转型》，《人口与经济》2012 年第 1 期，第 30～36 页。

刘露茜、吕思颖、姜山：《女性流动人口生存环境研究——以江苏省调查为例》，《科技信息》2009 年第 23 期，第 26～27 页。

刘颖：《中国廉租住房制度创新的经济学分析》，博士学位论文，四川大学，2006。

刘世定、王汉生、孙立平、郭于华：《政府对外来农民工的管理——“广东外来农民工考察”报告之三》，《管理世界》1995 年第 6 期，第 187～197 页。

刘震：《关于流动儿童群体的研究综述》，《法制与社会》2010 年第 1 期，第 192～193 页。

卢建中、谢沅芹：《教育培训促进农民工市民化研究》，《现代农业》2009 年第 11 期，第 65～66 页。

陆益龙：《户口还起作用吗？——户籍制度与社会分层和流动》，《中国社会科学》2008 年第 1 期，第 149～162 页。

罗吉：《由“个体出租”到“政府公共租赁”——基于出租经济的“城中村”改造探索》，《现代城市研究》2008 年第 12 期，第 67～72 页。

罗仁朝、王德：《基于聚集指数测度的上海市流动人口分布特征分析》，《城市规划学刊》2008 年第 4 期，第 81～86 页。

罗仁朝、王德：《上海流动人口聚居区类型及其特征研究》，《城市规划》2009 年第 2 期，第 31～37 页。

罗遐：《定居农民工城市适应性影响因素的实证研究——基于合肥市的调查》，《甘肃行政学院学报》2010 年第 5 期，第 65～72 页。

马广海：《农民工的城市融入问题》，《山东省农业管理干部学院学报》2001 年第 3 期，第 67～69 页。

马光红：《大都市流动人口居住问题研究》，《江西社会科学》2008 年第 11 期，第 184～188 页。

马良：《流动人口子女学校教育的调查和分析》，《教育发展研究》2007 年第 3 期，第 56～61 页。

马九杰、孟凡友：《城市农民工第二市场择业——关于深圳市的个案剖析》，《开放时代》2003 年第 4 期，第 106～116 页。

毛丰付：《城市流动人口居住状况与安居意愿调查研究——以杭州市外来务工人员为例》，《浙江工商大学学报》2009 年第 6 期，第 90～95 页。

梅建明：《进城农民的“农民市民化”意愿考察——对武汉市 782 名进城务工农民的调查分析》，《华中师范大学学报（人文社会科学版）》2006 年第 6 期，第 10～17 页。

孟庆洁、乔观民：《闲暇视角的大城市流动人口生活质量研究》，《城市发展研究》2010 年第 5 期，第 4～7 页。

孟宪范：《回流农民工的变化——基于对返乡打工妹的考察》，《江苏社会科学》2010 年第 3 期，第 85 ~92 页。

孟颖颖：《新生代农民工城市融合障碍构成原因探析——基于社会排斥理论的视阈》，《西北人口》2011 年第 3 期，第 11 ~16 页。

苗延波：《美国文化多元主义与美国法律文化》，http：//www. myanbo. com/mgwhmgfl2. htm，2011 年 3 月 20 日。

莫艳清：《城市农民工市民化问题研究综述》，《长春工程学院学报（社会科学版）》2009 年第 3 期，第 31 ~34 页。

穆光宗：《中国的人口红利反思与展望》，《浙江大学学报（人文社会科学版）》2008 年第 3 期，第 5 ~13 页。

牛凤瑞、潘家华、刘治彦：《中国城市发展 30 年（1978 ~2008）》，社会科学文献出版社，2009。

牛喜霞、谢建社：《农村流动人口的阶层化与城市融入问题探讨》，《浙江学刊》2007 年第 6 期，第 45 ~49 页。

牛文元：《中国新型城市化报告》，科学出版社，2010。

吕红平、李英：《流动、融合与发展——少数民族地区人口流动研究》，《河北大学学报（哲学社会科学版）》2009 年第 6 期，第 14 ~21 页。

潘晨光：《中国人才发展报告 No. 2》，社会科学文献出版社，2005。

潘贵玉：《婚育观念通论》，中国人口出版社，2003。

庞慧敏：《关注农民工社会保障》，《工人日报》2005 年 4 月 11 日。

彭娜：《城市流动人口基本养老保险缺失原因探析》，《中国商界》2010 年第 9 期，第 56 ~57 页。

戚冬瑾、周剑云：《透视城市规划中的公众参与——从两个城市规划公众参与案例谈起》，《城市规划》2005 年第 7 期，第 52 ~56 页。

钱文荣、张忠明：《农民工在城市社会的融合度问题》，《浙江大学学报（人文社会科学版）》2006 年第 4 期，第 115 ~121 页。

綦军：《家庭联产承包责任制在农村的推行——改革开放历程回顾之三》，《紫光阁》2008 年第 3 期，第 21 ~22 页。

乔晓春：《现代社会统计方法的应用与评述》，《市场与人口分析》2005 年第 6 期，第 22 ~23 页。

曲艳丽：《农民工居住环境的城市生态影响略论》，《山西建筑》2008年第18期，第204～205页。

任焰、梁宏：《资本主导与社会主导——"珠三角"农民工居住状况分析》，《人口研究》2009年第2期，第92～101页。

任远、邬民乐：《城市流动人口的社会融合：文献评述》，《人口研究》2006年第3期，第87～94页。

茹克娅、曹李海：《构建和谐社会下我国流动人口的社会保障问题》，《新疆财经》2008年第1期，第65～69页。

邵留生：《放开高考户籍限制势在必行》，《西部论丛》2009年第4期，第28～29页。

盛来运：《国外劳动力迁移理论的发展》，《统计研究》2005年第8期，第72～73页。

史斌：《新生代农民工与城市居民的社会距离分析》，《南方人口》2010年第1期，第47～56页。

石飞：《破解农民工工伤保险"全覆盖"难题》，新华网，http://news.xinhuanet.com/comments/2006-09/08/content_5061766.html。

佀传振、崔琳琳：《农民工城市融入意愿与能力的代际差异研究——基于杭州市农民工调查的实证分析》，《现代城市》2010年第1期，第43～46页。

宋洪远、黄华波、刘光明：《关于农村劳动力流动的政策问题分析》，《管理世界》2002年第5期，第55～153页。

宋惠敏、李国强：《中低收入农民工阶层城市融入的三重阻力——基于河北省石家庄市的调查》，《中国经贸导刊》2011年第1期，第53～54页。

宋健、何蕾：《中国城市流动人口管理的困境与探索——基于北京市管理实践的讨论》，《人口研究》2008年第5期，第41～47页。

宋全成：《论欧洲移民问题的成因》，《文史哲》2007年第4期，第147～154页。

宋月萍：《社会融合中的性别差异：流动人口工作搜寻时间的实证分析》，《人口研究》2010年第6期，第10～18页。

隋晓明：《中国民工调查》，群言出版社，2005。

孙翠香：《流动人口子女教育政策分析》，《教育学术月刊》2009年第1期，第7～11页。

《证券时报》两会报道组：《珠三角劳动力仅为结构性短缺》，搜狐网，http://stock.sohu.com/20100306/n270621939.shtml，2010年3月6日。

孙昊：《低收入流动人口居住空间结构规划初探》，硕士学位论文，中国城市规划设计研究院，2006。

孙昊：《低收入流动人口居住空间结构分布特征——以北京市为例》，载中国城市规划学会编《规划50年——2006中国城市规划年会论文集（中册）》，中国建筑工业出版社，2006。

唐鸣、陈荣卓：《农民工参加工伤保险亟待解决的几个问题——兼析省级实施〈工伤保险条例〉办法中的相关规定》，《华中师范大学学报（人文社会科学版）》2006年第6期，第1～9页。

唐薇：《昆明流动人口聚居区的现状、问题及其对策初步研究》，硕士学位论文，云南师范大学，2008。

田丰：《城市工人与农民工的收入差距研究》，《社会学研究》2010年第2期，第87～105页。

田凯：《关于农民工的城市适应性的调查分析与思考》，《社会科学研究》1995年第5期，第90～95页。

田乔、何永平、马英娟：《80后农民工就业状况与需求社会调查报告》，《甘肃联合大学学报（自然科学版）》2010年第S1期，第21～25页。

宛恬伊：《新生代农民工的居住水平与住房消费——基于代际视角的比较分析》，《中国青年研究》2010年第5期，第47～51页。

万向东、孙中伟：《农民工工资剪刀差及其影响因素的初步探索》，《中山大学学报（社会科学版）》2011年第3期，第171～181页。

王超恩、张林：《新生代农民工居住边缘化问题研究》，《农业经济》2010年第10期，第74～76页。

汪国华：《流动人口城市生存状态的流变：从游离到稳固》，《山东理工大学学报（社会科学版）》2006年第6期，第44～47页。

王春光：《新生代农村流动人口的社会认同与城乡融合的关系》，《社会学研究》2001年第3期，第63～76页。

王春光：《农民工在流动中面临的社会体制问题》，《中国党政干部论坛》2004年第4期，第25～27页。

王春光：《农村流动人口的国民待遇与社会公正问题》，《乡音》2004 年第 6 期，第 9～11 页。

王春光：《农民工：一个正在崛起的新工人阶层》，《学习与探索》2005 年第 1 期，第 38～43 页。

王春光：《农民工的“半城市化”问题》，载李真《流动与融合：农民工公共政策改革与服务创新论集》，团结出版社，2005。

王春光：《我国城市就业制度对进城农村流动人口生存和发展的影响》，《浙江大学学报（人文社会科学版）》2006 年第 5 期，第 5～15 页。

王春光：《对新生代农民工城市融合问题的认识》，《人口研究》2010 年第 2 期，第 31～34（2010a）页。

王春光：《新生代农民工城市融入进程及问题的社会学分析》，《青年探索》2010 年第 3 期，第 5～15（2010b）页。

王奋宇、赵延东：《流动民工的经济地位获得及决定因素》，载李培林主编《农民工——中国进城农民工的经济社会分析》，社会科学文献出版社，2003。

汪国华：《常态化与正规化：社会转型期流动人口管理的新构想》，《西北人口》2007 年第 1 期，第 97～101 页。

汪国华：《社会转型期我国流动人口的现状及管理新构想》，《西华大学学报（哲学社会科学版）》2007 年第 1 期，第 91～93 页。

王兰芳、黄亚兰：《强制储蓄型养老保险——针对农民工流动性的设计》，《人口与经济》2010 年第 2 期，第 53～57 页。

王桂新、张得志：《上海外来人口生存状态与社会融合研究》，《市场与人口分析》2006 年第 5 期，第 1～12 页。

王桂新、罗恩立：《上海市外来农民工社会融合现状调查研究》，《华东理工大学学报（社会科学版）》2007 年第 3 期，第 97～104 页。

王桂新、沈建法、刘建波：《中国城市农民工市民化研究——以上海为例》，《人口与发展》2008 年第 1 期，第 1～21 页。

王桂新、王利民：《城市外来人口社会融合研究综述》，《上海行政学院学报》2008 年第 6 期，第 99～104 页。

王桂新、陈冠春、魏星：《城市农民工市民化意愿影响因素考察——以上海市为例》，《人口与发展》2010 年第 2 期，第 2～11 页。

王凡：《关注中国农民工社会保障权益》，《人口与经济》2007年第S1期，第125～126页。

王磊：《从边缘走来，向焦点迈进——浅谈上海市流动儿童生存现状》，《上海青年管理干部学院学报》2010年第3期，第12～14页。

王汉生、刘世定、孙立平、项飚：《"浙江村"：中国农民进入城市的一种独特方式》，《社会学研究》1997年第1期，第56～67页。

王美艳：《转轨时期的工资差异：歧视的计量分析》，《数量经济技术经济研究》2003年第5期，第94～98页。

王美艳：《城市劳动力市场上的就业机会与工资差异——外来劳动力就业与报酬研究》，《中国社会科学》2005年第5期，第36～46页。

王涛、鲁晓均：《城市低收入流动人口住宅设计》，《山西建筑》2010年第29期，第10～11页。

王希：《多元文化主义的起源、实践与局限性》，《美国研究》2000年第2期，第45页。

王兴周、张文宏：《城市性：农民工市民化的新方向》，《社会科学战线》2008年第12期，第173～179页。

王晓营：《探讨农民工的住房保障——基于农民工纳入住房保障体系的视角》，《经营管理者》2010年第9期，第60、98页。

王毅杰、梁子浪：《试析流动儿童与城市社会的融合困境》，《市场与人口分析》2007年第6期，第58～63、71页。

王郁昭：《中国改革从农村突破：包产到户及其引申》，《改革》2008年第8期，第5～14页。

王章华、颜俊：《城市化背景下流动人口社会融合问题分析》，《江西农业大学学报（社会科学版）》2009年第4期，第108～112页。

王振卯：《少数民族流动人口社会融入影响因素研究——对江苏省的实证分析》，《内蒙古社会科学（汉文版）》2010年第5期，第72～77页。

汪志、高向东、黄丽鹏：《上海市少数民族流动人口生存发展状态探析》，《南京人口管理干部学院学报》2011年第1期，第21～25页。

王竹林、王征兵：《农民工市民化的制度阐释》，《商业研究》2008年第2期，第94～98页。

王竹林:《农民工市民化的城市化困境及其战略化选择》,《开发研究》2010 年第 4 期,第 43 ~47 页。

魏晨:《新生代农民工的城市社会融入研究》,《湖北广播电视大学学报》2007 年第 2 期,第 66 ~67 页。

魏立华、闫小培:《“城中村”:存续前提下的转型——兼论“城中村”改造的可行性模式》,《城市规划》2005 年第 7 期,第 9 ~13 页。

魏万青:《劳工宿舍:企业社会责任还是经济理性——一项基于珠三角企业的调查》,《社会》2011 年第 2 期,第 97 ~110 页。

韦燕梅、郭红玲:《农民工住房问题对策探析》,《公共管理求索》2007 年第 2 期,第 146 ~151 页。

魏众:《健康对非农就业及其工资决定的影响》,《经济研究》2004 年第 2 期,第 64 ~74 页。

吴冰:《农民工“退保潮”因何而起》,《共产党员》2008 年第 4 期,第 27 页。

吴江、张艳丽:《家庭联产承包责任制研究 30 年回顾》,《经济理论与经济管理》2008 年第 11 期,第 43 ~47 页。

吴海瑾:《城市化进程中流动人口的住房保障问题研究——兼谈推行公共租赁住房制度》,《城市发展研究》2009 年第 12 期,第 82 ~85 页。

吴祁:《流动人口的社会参与研究——基于社会资本角度的考察》,《思茅师范高等专科学校学报》2010 年第 5 期,第 34 ~37 页。

吴爽、秦启文:《城市化进程中失地农民身份认同研究进展》,《安徽农业科学》2008 年第 23 期,第 93 ~96 页。

吴炜、朱力:《宿舍劳动体制对农民工权益的影响分析——以江苏省为例》,《中国人口科学》2011 年第 4 期,第 100 ~106 页。

吴维平、王汉生:《寄居大都市:京沪两地流动人口住房现状分析》,《社会学研究》2002 年第 3 期,第 92 ~110 页。

吴新慧:《关注流动人口子女的社会融入状况——社会排斥的视角》,《社会》2004 年第 9 期,第 10 ~12 页。

吴振华:《农民工的城市适应模式选择及其原因探析》,《理论与改革》2005 年第 5 期,第 71 ~73 页。

夏荣静:《推进我国农民工市民化的研究综述》,《经济研究参考》2011 年第 60

期，第60～65页。

项飚：《社区何为？——对北京流动人口聚居区的研究》，《社会学研究》1998年第6期，第54～62页。

刘铮：《今年我国劳动力增量达到峰值总量1400万人》，新华网，http://news.xinhuanet.com/employment/2006-02/14/content 4180231.htm，2006年2月14日。

肖克、冯帮：《流动儿童面临的心理健康问题》，《河北教育》2008年第3期，第18～19页。

肖金平：《"新生代农民工"消费行为浅析》，《现代商业》2010年第26期，第277～278页。

肖严华：《中国社会保障制度的多重分割及对人口流动的影响》，《江淮论坛》2007年第5期，第66～74页。

刑春冰：《农民工与城镇职工的收入差距》，《管理世界》2008年第5期，第55～64页。

熊波、石人炳：《农民工定居城市意愿影响因素——基于武汉市的实证分析》，《南方人口》2007年第2期，第52～57页。

熊小四：《就现行生育保险制度引发的思考》，《商业文化（学术版）》2010年第8期，第336页。

许嘉华：《建筑业农民工存在安全隐患　劳动保护丞待加强》，2009年12月19日查询，http://www.china.com.cn/news/gongyi/2009-11/12/content_18877076.htm。

许嘉猷：《社会阶层化与社会流动》，三民书局，1986。

徐晋、杨燕、骆建艳：《基于杭州市外来务工人员城市住房保障问题的调查分析》，《南方农村》2011年第3期，第32～36页。

徐祖荣：《流动人口社会融入障碍分析》，《党政干部学刊》2008年第9期，第56～58页。

严晓东：《进城民工住房问题探讨》，《企业经济》2007年第2期，第147～149页。

晏月平、廖炼忠：《"流动儿童"的双重边缘化：基于发展与融合的思考》，《消费导刊》2008年第10期，第36～38页。

杨菊华:《多层模型在社会科学领域的应用》,《中国人口科学》2006 年第 3 期,第 44~51 页。

杨菊华:《生育政策与少儿福利》,哈尔滨出版社,2007。

杨菊华:《从隔离、选择融入到融合:流动人口社会融入问题的理论思考》,《人口研究》2009 年第 1 期,第 17~29 页。

杨菊华:《流动人口在流入地社会融入的指标体系——基于社会融入理论的进一步研究》,《人口与经济》2010 年第 2 期,第 64~70 (2010a) 页。

杨菊华:《城乡差分与内外之别:流动人口经济融入水平研究》,《江苏社会科学》2010 年第 3 期,第 99~107 (2010b) 页。

杨菊华:《对新生代流动人口的认识误区》,《人口研究》2010 年第 2 期,第 44~54 (2010c) 页。

杨菊华:《城乡之分与内外之别——流动人口劳动强度比较研究》,《人口与经济》2011 年第 3 期,第 78~86 (2011a) 页。

杨菊华:《城乡分割、经济发展与乡—城流动人口的收入融入研究》,《人口学刊》2011 年第 5 期,第 3~15 (2011b) 页。

杨菊华:《城乡差分与内外之别:流动人口社会保障研究》,《人口研究》2011 年第 5 期,第 8~25 (2011c) 页。

杨黎源:《外来人群的社会融合探讨——基于对宁波社会调查的分析》,《宁波大学学报(人文科学版)》2007 年第 6 期,第 65~70 页。

杨永、朱春雷:《公民参与视野下的城市农民工——对武汉市农民工的调查与分析》,《唯实》2007 年第 6 期,第 79~83 页。

姚华松、许学强、薛德升:《中国流动人口研究进展》,《城市问题》2008 年第 6 期,第 69~76 页。

姚会元:《邓小平市场经济理论与 30 年来中国经济体制改革的发展进程》,《财经政法资讯》2009 年第 1 期,第 3~12 页。

姚俊:《农民工定居城市意愿调查——基于苏南三市的实证分析》,《城市问题》2009 年第 9 期,第 96~101 页。

姚俊:《“路在何方”:新生代农民工发展取向研究——兼与老一代农民工的比较分析》,《青年研究》2010 年第 6 期,第 31~38 页。

姚先国、赖普清:《中国劳资关系的城乡户籍差异》,《经济研究》2004 年第 7

期，第 82～90 页。

叶青：《城市低收入流动人口住居设计研究》，硕士学位论文，同济大学，2006。

叶裕民：《中国“十一五”期间城市化发展面临的重大问题与思考》，《经济学动态》2006 年第 7 期，第 54～58 页。

易成栋：《制度安排、社会排斥与城市常住人口的居住分异——以武汉市为例的实证研究》，《南方人口》2004 年第 3 期，第 58～64 页。

易成栋：《中国农村家庭住房状况的省际差异分析》，《农村经济》2006 年第 12 期，第 103～106 页。

易成栋：《户口、迁移与我国城镇家庭住房状况——基于 2000 年人口普查资料的实证研究》，《南京人口管理干部学院学报》2006 年第 4 期，第 20～22 页。

应亚男：《流动儿童卫生保健现状及对策》，《中国妇幼保健》2007 年第 36 期，第 99～100 页。

游钧：《2005 年中国就业报告：统筹城乡就业》（就业蓝皮书），中国劳动社会保障出版社，2005。

悦中山、李树茁等：《农民工的社会融合研究：现状、影响因素与后果》，社会科学文献出版社，2011。

翟振武、段成荣、毕秋灵：《北京市流动人口的最新状况与分析》，《人口研究》2007 年第 2 期，第 30～40 页。

翟振武、段成荣、毕秋灵：《北京市流动人口的基本特征》，《红旗文稿》2007 年第 12 期，第 28～31 页。

张车伟：《当前劳动力市场的结构性矛盾及其经济学分析》，《经济学动态》2008 年第 3 期，第 49～54 页。

张春生：《我国流动人口规模保持 2 亿以上》，http://news.xinhuanet.com/politics/2010-07/11/c_12321606.htm，2010 年 7 月 11 日。

张斐、孙磊：《大城市流动人口居住状况研究——以北京市为例》，《兰州学刊》2010 年第 7 期，第 81～85 页。

张国英、汪阔朋：《农民工就业权益保障的缺失及构筑》，《经济问题》2009 年第 4 期，第 59～62 页。

张慧琪：《农民工城市适应性研究》，硕士学位论文，南京师范大学，2006。

张蕾、王桂新：《第二代外来人口教育及社会融合调查研究——以上海为例》，

《西北人口》2008 年第 5 期，第 59～63 页。

张继焦：《城市的适应——迁移者的就业与创业》，商务印书馆，2004。

张建伟、胡隽：《居者有其屋：农民工市民化的落脚点》，《求实》2005 年第 9 期，第 91～94 页。

张利军：《农民工的社区融入和社区支持研究》，《云南社会科学》2006 年第 6 期，第 71～75 页。

张琳、侯建政、赵红艳：《新形势下农民工子女教育问题的研究与法律对策》，《才智》2010 年第 30 期，第 268～269 页。

张晓强：《繁荣农村经济、统筹城乡发展》，《中国经贸导刊》2004 年第 2 期，第 6～9 页。

张杰、禤文昊：《2009 年中国城镇住房发展状况研究》，《城市规划》2011 年第 1 期，第 40～45 页。

张新民：《从出租屋看农民工市民化的困境》，《城市问题》2011 年第 2 期，第 49～53 页。

张翼、侯慧丽：《中国各阶层人口的数量及阶层结构》，《中国人口科学》2004 年第 6 期，第 53～59 页。

张子珩：《中国流动人口居住问题研究》，《人口学刊》2005 年第 2 期，第 16～20 页。

张文宏、雷开春：《城市新移民社会融合的结构、现状与影响因素分析》，《社会学研究》2008 年第 5 期，第 117～141 页。

张永丽、郭天龙：《农民工社会保障对劳动力流动的影响》，《社会保障研究》2010 年第 3 期，第 83～90 页。

张展新、郭菲：《城市社区格局重组与流动人口聚集地的社会分层——北京等五城市流动人口社区调查》，《开放导报》2005 年第 6 期，第 15～20 页。

张展新：《从城乡分割到区域分割——城市外来人口研究新视角》，《人口研究》2007 年第 6 期，第 16～24 页。

张展新、高文书、侯慧丽：《城乡分割、区域分割与城市外来人口社会保障缺失——来自上海等五城市的证据》，《中国人口科学》2007 年第 6 期，第 33～41 页。

张志胜：《新生代农民工住房保障的阙如与重构》，《城市问题》2011 年第 2 期，第 90～95 页。

张卓元：《改革开放后大力发展个体私营等非公有制经济的理论与实践》，载张卓元主编《中国经济学 60 年（1949～2009）》，中国社会科学出版社，2008。

赵斌、王永才：《农民工医疗保险制度碎片化困境及其破解》，《中国卫生政策研究》2009 年第 11 期，第 41～46 页。

赵春燕：《"民工荒"现象的实证分析》，硕士学位论文，华中科技大学，2010。

赵立新：《城市农民工市民化问题研究》，《人口学刊》2006 年第 4 期，第 40～45 页。

赵维维：《"城中村"人口的"城市隔离"问题研究》，硕士学位论文，长春工业大学，2010。

赵延东、王奋宇：《城乡流动人口的经济地位获得及决定因素》，《中国人口科学》2002 年第 4 期，第 8～15 页。

郑秉文：《改革开放 30 年中国流动人口社会保障的发展与挑战》，《中国人口科学》2008 年第 5 期，第 2～17 页。

郑功成：《中国流动人口的社会保障问题》，《理论视野》2007 年第 6 期，第 8～11 页。

郑功成、黄黎若莲等：《中国农民工问题与社会保护》，人民出版社，2007。

郑杭生、杨敏：《构建和谐社会的深层时代内容》，《光明日报》2005 年 2 月 22 日。

郑若娟：《西方企业社会责任理论研究进展——基于概念演进的视角》，《国外社会科学》2006 年第 2 期，第 34～39 页。

郑思齐、曹洋：《农民工的住房问题：从经济增长与社会融合角度的研究》，《广东社会科学》2009 年第 5 期，第 34～41 页。

中国人民银行：《85% 的农民工工作时间超过法定标准》，2009 年 12 月 19 日查询，http://tv.sohu.com/20080403/n256089204.shtml。

中华全国工商业联合会课题组、陈永杰：《中国民营经济的三大历史性变化》，《经济理论与经济管理》2007 年第 3 期，第 11～22 页。

中国城市发展报告委员会：《中国城市发展报告（2009）》，中国城市出版社，2009。

仲小敏：《世纪之交中国城市化道路问题的讨论》，《科学、经济、社会》2000 年第 1 期，第 38～42 页。

周大鸣：《外来工与“二元社区”——珠江三角洲的考察》，《中山大学学报（社会科学版）》2000 年第 2 期，第 107～112 页。

周大鸣、高崇：《城乡结合部社区的研究——广州南景村 50 年的变迁》，《社会学研究》2001 年第 4 期，第 99～108 页。

周皓、章宁：《流动儿童与社会的整合》，《中国人口科学》2003 年第 4 期，第 69～73 页。

周皓：《流动人口社会融合的测量及理论思考》，《人口研究》2012 年第 3 期，第 27～38 页。

周建芳：《发达地区育龄流动人口子女入学与社会融合调查》，《西北人口》2008 年第 1 期，第 81～84 页。

周静华、赵阳：《“80 后”农民工消费意识转变探究》，《商业文化（学术版）》2009 年第 7 期，第 239 页。

周敏：《唐人街——深具社会经济潜质的华人社区》，商务印书馆，1995。

周天勇：《 中国劳动力是否过剩——刘易斯拐点来临或待 2020 年后》，《上海经济》2010 年第 10 期，第 17～19 页。

周晓虹：《流动与城市体验对中国农民现代性的影响——北京“浙江村”与温州一个农村社区的考察》，《社会学研究》1998 年第 5 期，第 58～71 页。

邹泓等：《我国九城市流动儿童生存和受保护状况调查》，《青年研究》2004 年第 1 期，第 1～7、13 页。

朱宝树：《城市外来人口的差别特征及相关政策启示——以上海市为例》，《华东师范大学学报（哲学社会科学版）》2008 年第 1 期，第 48～53 页。

朱冠楠：《农民工子女教育问题的文献综述》，《农村经济与科技》2010 年第 10 期，第 48～49 页。

朱力：《准市民的身份定位》，《南京大学学报（哲学、人文科学、社会科学版）》2000 年第 6 期，第 113～116 页。

朱力：《论农民工阶层的城市适应》，《江海学刊》2002 年第 6 期，第 82～88 页。

朱琳：《关于农民工收入水平较低问题的几点思考——基于劳动经济学视角的分析》，《现代商业》2007 年第 18 期，第 166～167 页。

朱玲：《农村迁移工人的劳动时间和职业健康》，《中国社会科学》2009 年第 1 期，第 133～149 页。

朱宇：《户籍制度改革与流动人口在流入地的居留意愿及其制约机制》，《南方人口》2004 年第 3 期，第 21～28 页。

朱宇：《新生代农民工：特征、问题与对策》，《人口研究》2010 年第 2 期，第 31～34 页。

左光霞、冯帮：《社会排斥与流动人口子女的教育公平》，《现代教育科学》2009 年第 6 期，第 5～7 页。

Cohen R. 1996. The Sociology of Migration. Brookfield.

Lyon L. 1987. The Community of Urban Society. Chicago.

《2009 年农民工监测调查报告》，来源于国家统计局网站，http://www.stats.gov.cn/was40/gjtjj_detail.jsp?searchword=%C5%A9%C3%F1%B9%A4&channelid=6697&record=78。

《2009 年度人力资源和社会保障事业发展统计公报》，来源于人力资源和社会保障部，http://www.mohrss.gov.cn/gb/zwxx/2010-05/21/content_382330.htm。

上海市政协十一届四次会议提案第 0503 号，《关于在来沪新生代农民工中组建志愿者团队参与社区建设的建议》，http://zhuanti.gqt.org.cn/2011/2011mdm/taya/201102/t20110212_448687.html。

走上博鳌论坛的青年领袖，http://acftu.workercn.cn/c/2011/04/18/110418072450325331729.html。

Alba R, Nee V. 2003. *Remaking the American Mainstream: Assimilation and Contemporary Immigration.* Cambridge, MA: Harvard Univ. Press.

Amy Gutmann. 1995. "Relativism, Deconstruction, and the Curriculum." in John Arthur and Amy Shapiro, ed., *Campus Wars: Multiculturalism and the Politics of Difference*, San Francisco: Westview Press: 61.

"Benchmarking in Immigrant Integration", http://ec.europa.eu/justice/funding/2004_2007/doc/study_indicators_integration.pdf.

Winthrop S. Hudson. 1970. *Nationalism and Religion in America, Concepts of American Identity and Mission.* New York: Harper and Row Publishers; Peter Kivisto. 2002. *Multiculturalism in A Global Society*, p. 46 and pp. 124 - 127. Oxford:

Blackwell Publishing Company.

Berghman, J. 1995. Social Exclusion in Europe: Policy Context and Analytical Framework, In G. Room (Ed.), Beyond the threshold: The Measurement and Analysis of Social Exclusion. Bristol, UK: The Policy Press: 10 -28.

Berger - Schimitt. R., Social Cohesion as an Aspect of the Quality of Societies: Concept and Measurement. Eureporting Working Paper No. 14, 2000. http://www.gesis.org/fileadmin/upload/dienstleistung/daten/soz _ indikatoren/eusi/paper14.pdf? download =true.

Borjas, George J. 1982. "The Earnings of Male Hispanic Immigrants in the United States." *Industrial and Labor Relations Review* (3): 343 -353.

Borjas, George J. 1985. "Assimilation, Changes in Cohort Quality, and the Earnings of Immigrants." *Journal of Labor Economics*, 3 (4): 463 -489.

Borjas, George J, Stephen G. Bronars, Stephen J. Trejo. 1992. "Assimilation and the Earnings of Young Internal Migrants Assimilation and the Earnings of Young Internal Migrants." *The Review of Economics and Statistics*, 74 (1): 170 - 175.

Bourdieu, Pierre. 1986. The Forms of Capital. In *Handbook of Theory and Research for the Sociology of Education*, edited by John G. Richardson, pp. 241 - 58. Westport, CT.: Greenwood Press.

Boyd Monica. 1989. "Family and Personal Networks in International Migration: Recent Developments and New Agendas." *International Migration Review.* Vol. 23, No. 3: 638 -670.

Boyd, Monica. 2002. "Educational Attainments of Immigrant Offspring: Success or Segmented Assimilation?" *International Migration Review.* Vol. 36, No. 4: 1037 - 1060.

Boyer, Paul S. "Crèvecoeur, J. Hector - St. John de." The Oxford Companion to United States History. 2001. Encyclopedia.com. 27 Mar. 2011, http://www.encyclopedia.com.

British Council Brussels. European Civic Citizenship and Inclusion Index. http://www.britishcouncil.org/brussels - european-civic-citizenship - and-inclusion -

index. pdf.

Carliner, Geoffrey. 1980. "Wages, Earnings and Hours of First, Second and Third Generation American Males." *Economic Inquiry* (1): 87 –102.

Charles Hirschman. 2001. "Immigration, Public Policy", in: Neil J. Smelser and Paul B. Baltes (eds.), *International Encyclopedia of the Social and Behavioral Sciences*, Vol. 11: 7221 –7226.

Cheng, Gene H. 2002. The Cause Cure of China's Widening Income Disparity. In *China Economic Review* 13: 335 –340 (http://www.utoledo.edu/~gchang/publication/ChinaIncomeGap.pdf).

Chiswick, R. Barry. 1978. "The Effect of Americanization on the Earnings of Foreign – born Men." *The Journal of Political Economy*, 86 (5): 897 –921.

Chiswick, R. Barry and Paul W. Miller. 2002. "Immigrant Earnings: Language Skills, Linguistic Concentrations and the Business Cycle." *Journal of Population Economics* (1): 31 –57.

Cohen, Robin, 1944 – (1996) Introduction to the Sociology of Migration, by Cohen, R., ed. In: The Sociology of Migration. The International Library of Studies on Migration (No. 3). Edward Elgar, Cheltenham, xi –xvii.

Coleman, James S. 1988a. Social Capital in the Creation of Human Capital. *American Journal of Sociology* 94: s95 –121.

—1988b. The Creation and Destruction of Social Capital: Implications for theLaw. *Notre dame Journal of Law*, Ethics, Public Policy 3: 375 –404.

Duffy, P. 1995. Literary Reflections on Irishmigration in the Nineteenth and Twentieth Centuries. In King, R., Connell, J. and White, P., editors, *Writing Across Worlds*. Literature and Migration, London: Routledge: 20 –38.

Ed. P. Kasinitz, J. Mollenkopf and M. Waters. 2002. "Isn' t Anyone Here from Alabama? Solidarity and Struggle in a Mighty MightyUnion." In *Becoming New Yorkers: The Second Generation in a Global City*. Russell Sage Foundation Press.

Entzinger and Biezeveld. 2003. "Benchmarking in Migrant Intergration." Erasmus University Rotterdam.

European Civic Citizenship and Inclusion Index. Available at http://www.

britishcouncil. org/brussels – european – civic – citizenship – and – inclusion – index. pdf.

Farley, R. , & R. Alba. 2002. "The New Second Generation in the United States." *International Migration Review* 36 (3): 669 –701.

Foner, Nancy. 2005. *In a New Land: A Comparative View of Immigration.* NY: New York University Press.

Gans, Herbert. 1992. "Second Generation Decline: Scenarios for the Economic and Ethnic Futures of the Post –1965 American Immigrants." *Ethnic and Racial Studies* 15 (April): 173 –191.

Gibson, M. A. , & Ogbu, J. U. (Eds.) . (1991) . *Minority Status and Schooling: A Comparative Study of Immigrant and Involuntary Minorities.* New York: Garland Publishing.

Gordon, D. et al. 2000. *Poverty and Social Exclusion in Britain.* Joseph Rowntree Foundation, York.

Gordon, Milton. 1964. *Assimilation in American Life: The Role of Race, Religion and National Origin.* New York: Oxford University Press.

Gordon, M. 1978. *Human Nature, Class, and Ethnicity.* New York: Oxford University Press.

Goldstein, H. 1995. *Multilevel Statistical Models.* 2nd ed. New York: Halstead Press.

Granovetter1973, M. 1973. "The Strength of Weak Ties." *American Journal of Sociology* 78: 1360 –1380.

Guo, G. and H. Zhao. 2000. "Multilevel Modeling for Binary Data." *Annual Review of Sociology* 26: 441 –462.

Han Entzinger & Renske Biezeveld, *Benchmarking in Immigrant Integration*, Erasmus University Rotterdam, 2003.

Heisler, B. S. 1992. "The Future of Immigrant Incorporation: Which Models? Which Concepts?" *International Migration Review* 26 (2): 623 –645, Special Issue: The New Europe and International Migration (Summer) 1992.

Hirschman, Charles. 1983. "America's Melting Pot Reconsidered." *Annual Review of Sociology* (9): 401.

Jensen and Chitose, 1996; Jensen, L., & Chitose, Y. 1996. Today's New Second Generation: Evidence from the 1990 U. S. Census. In A. Portes (Ed.), The New Second Generation (pp. 82 -107). New York: Russell Sage Foundation. Kessler, R. C., Mickelson, K. D., & Williams, D. R. 1999. The Prevalence, Distribution, and Mental Health Correlates of Perceived Discrimination in the United States. Journal of Health and Social Behavior, 40: 208 -230.

Jurgen Habermas. 1994. "Struggle for Recognition in the Democratic Constitutional State," in Amy Gutmann, ed., *Multiculturalism* (New Jersey: Princeton University Press: 113.

Kasinitz, P., Waters, M., Mollenkopf, J., & Anil, M. 2002. "Transnationalism and the Children of Immigrants in Contemporary New York." In P. Levitt & M. Waters (Eds.), *The Changing Face of Home: The Transnational Livesr of the Second Generation* (pp. 96 -122). New York: Russell Sage Foundation.

Kenyon et al. (2002) S. Kenyon, G. Lyons and J. Rafferty, "Transport and Social Exclusion: Investigating the Possibility of Promoting Inclusion Through Virtual Mobility," *Journal of Transport Geography* 10: 207 -219.

Knight, John, Linda Yueh. 2004. "Job Mobility of Residents and Migrants in Urban China." *Journal of Comparative Economics*, 32: 637 -660.

Littlewood, D. T. J., Rohde, K., Bray, R. A. & Herniou, E. A. 1999. "Phylogeny of the Platyhelminthes and the Evolution of Parasitism." *Biological Journal of the Linnean Society*, 68: 257 -287.

Long, James. 1980. *The Journal of Political Economy*, 88 (3): 620 -629.

Lyon L. 1987. *The Community of Urban Society.* Chicago: The Dorsey Press.

Marta, Tienda. 1983. "Market Characteristics and Hispanic Earnings: A Comparison of Natives and Immigrant." *Social Problems* (1).

Massey. 1997. "What's Driving Mexico-us Migration? A Theoretical, Empirical, and Policy Analysis." *American Journal of Sociology* (102): 939 -999.

Maurer - Fazio, Margaret and Ngan Dinh. 2004. "Differential Rewards to, and Contributions of Education in Urban China's Segmented Labor Markets." *Pacific Economic Review*, Vol. 9, No. 3: 173 -189.

Meng X, Zhang J. "The Two - Tier Labor Market in Urban China: Occupational Segregation and Wage Differentials between Urban Residents and Rural Migrants in Shanghai." *Journal of Comparative Economics*, 2001, 29: 485 -504.

Merriam - Weber Dictionary; Wiki-Wikipedia; http: //www. mipex. eu/updates; http://www. britishcouncil. org/sweden-projects-mipex3. htm; http: //www. mipex. eu/methodology.

Migrant Integration Policy Index. British Council and Migration Policy Group. (2004, 2007, 2011).

Mitchell, A. & Shillington, R. 2002. *Poverty, Inequality, and Social Inclusion.* Toronto: Laidlaw Foundation.

Malte Lübker. 2004. "Globalization and Perceptions of Social Inequality." *International Labour Review*, 143, 1/2: 91 -128.

Pahl, R. E. 1991. "The Search for Social Cohesion: From Durkheim to the European Commission." *Archives of European Sociology*, 32: 345 -360.

Park , R. E. and E. W. Burgess. 1921. *Introduction to the Science of Society* (2nd ed) . Chicago: University of Chicago Press.

Park , Robert . 1928. "Human Migration and the Marginal Man." *American Journal of Sociology* 33: 881 -893.

Perlman, Joel and Waldinger, Roger. 1997. "Second Generation Decline? Children of Immigrants, Past and Present-a Reconsideration." *International Migration Review*, Vol. 31. No. 4: 893 -922.

Pinstrup-Andersen, P. , Yang, D. N. , Xian, Z. D. & Yang, Y. 1991. "Changes in Income, Expenditure and Food Consumption among Rural and Urban Households in China during the Period 1978 - 1988." In *Proceedings of International Symposium on Food, Nutrition and Social Economic Development*, Beijing, 5 -8 June 1990: 447 -458. Beijing, China Science & Technology Publishing House.

Portes et al. 1980. "Assimilation or Consciousness: Perceptions of US Society among Recent Latin American Immigrants to the US." *Social Forces*.

Portes, Alejandro, and Min Zhou. 1993. "The New Second Generation: Segmented

Assimilationand Its Variants," *Annals of the American Academy of Political and Social Science* 530 (November): 74 -96.

Portes, A. 1995. " Children of Immigrants: Segmented Assimilation and Its Determinants'. " In Portes, A. (ed) " *The Economic Sociology of Immigration: Essays on Networks, Ethnicity and Entrepreneurship.* " New York , Russell Sage Foundation.

Portes, Alejandro. 1998. " Social Capital: Its Origins and Applications in Modern Sociology. " *Annual Review of Sociology*, 24, 1 -24.

Portes, A. , & Rumbaut, R. G. 2006. *Immigrant America: A Portrait* (3rd ed.). Berkeley, CA: University of California Press.

Portes , Alejandro , and Min Zhou. 2001. " The New Second Generation : Segmented Assimilation and Its Variants. " In *Social Stratification : Class , Race, and Gender in Sociological Perspective* , edited by Grusky , David B. : 597 - 607. Boulder , Colo. : Westview Press.

Putnam, Robert D. 1993. Making Democracy Work. Civic Traditions in Modern Italy. Princeton: Princeton University Press 1993.

—. 1995. Bowling Alone: America's Declining Social Capital. *Journal of Democracy* 1: 64 -78.

R. E. Park. 1928. "Human Migration and the Marginal Man. " *The American Journal of Sociology*, Vol. 33. No. 6.

"Repor on Indicators in the Field of Poverty and Social Exclusion", http: //mdgr. undp. sk/PAPERS/EU% 20Social% 20Inclussion% 20Indicators. pdf.

Robert E. Park, Ernest W. Burgess. 1921. *Introduction to the Science of Society.* Chicago: University of Chicago Press.

Sandberg, N. 1973. Ethnic Identity and Assimilation: The Polish Community. New York: Praeger. Jensen, L. , and Y. Chitose. (1996) . Today's Second Generation: Evidence from the 1990 Census. In: Portes, A. (Ed.), The New Second Generation. Russell Sage Foundation, New York: 82 -107.

Sanders and Nee. 1996. "Immigrant Self-Employment: The Family as Social Capital and the Value of Human Capital. " *American Sociological Review* (61): 231 -249.

"Social Cohesion as an Aspect of the Quality of Societies: Concept and Measurement", http: //www. gesis. org/fileadmin/upload/dienstleistung/daten/soz_ indikatoren/ eusi/paper14. pdf.

Stewart JB, Hyclak T . 1984. "An Analysis of Earnings Profiles of Immigrants. " *Review of Economics and Statistics* 66 (2): 292 –303.

Suárez-Orozco, C. and M. Suárez-Orozco. 2001. *Children of Immigration*. Cambridge, MA: Harvard University Press.

Teachman, J. and K. Crowder. 2002. "Multilevel Models in Family Research: Some Conceptual and Methodological Issues. " *Journal of Marriage and Family* 64: 280 – 294.

Vigdor, Jacob. "The Economic Aftermath of Hurricane Katrina. " *Journal of Economic Perspectives*, 2008 , 22 (4) : 135 –154.

Vigdor, Jacob L. 2009. From Immigrants to Americans. The Rise and Fall of Fitting in Rowman and Littlefield.

Warner, W. Lloyd and Leo Srole. 1945. *The Social Systems of American Ethnic Groups*. New Haven, CT: Yale University Press.

White and Glick. 2009. *Achiving Anew: How New Immigrants Do in American Schools, Jobs, and Neighborhoods*. Russell Sage Foundation.

Winthrop S. Hudson. 1970. *Nationalism and Religion in America, Concepts of American Identity and Mission*. New York: Harper and Row Publishers; Peter Kivisto. 2002. *Multiculturalism in A Global Society*, p. 46 and pp. 124 – 127. Oxford: Blackwell Publishing Company.

Zegers de Beijl, R. 2000 . Documenting Discrimination against Migrant Workers in the Labour Market: A Comparative Study of Four European Countries. Geneva: International Labour Office.

Zhou, M. , & Xiong, Y. S. 2005. "The Multifaceted American Experiences of the Children of Asian Immigrants: Lessons for Segmented Assimilation. Ethnic and Racial Studies," 28: 1119 –1152.

Zhu Yu. 2007. "China's Floating Population and Their Settlement Intention in the Cities: Beyond the Hukou Reform. " *Habitat International*, 31 (1): 65 –76.

后　记

对流动人口的情结，早在多年之前就已种下。1987 年研究生毕业后，我来到北京工作。那时，北京天高云淡、秋高气爽，可要解决吃饭问题，有时还真不容易。但是，慢慢地，我发现越来越多外地人涌入北京，饭馆也随处可见。所不同的是，我是因为分配到北京工作而成为了正式的北京人，更多的外地人却没有我这么幸运——他们被标签为“盲流”；我从一个不谙世事的青葱女孩变成了一个近知天命的中年妇人，而流动人口一波又一波来了又走了，鲜活的面孔时时涌现。我的渐老见证着流动人口的轮回更替和“流”而“不留”的现实。我享受着中国改革开放带来的巨大成果，年收入从最初的大约千元上涨了近百倍，并在不经意之间拥有应有的社会保险。而一代又一代所谓的“盲流”尽管为改革开放付出了青春和热血，却未能相应地享受自己的劳动果实，始终处于被掠夺的地位。我不知道他们还要奋斗多少年，才能真正平等地与我们一起喝咖啡；我也时常在想，我们的命运为何如此不同。制度决定了我们的先赋特征，并进而制约着我们能够接受多少教育、接受怎样的教育，再进而决定我们能够吃什么样的饭、在哪里吃饭。是的，是制度决定了我们的命运。我们这些研究流动人口的人，只不过是比我们的研究对象的命运好一些罢了！

写到这里，令我感动或让我纠结的那些人、那些事跃于眼前，挥之不去。我想起了数年前给我带孩子的小保姆，想起了广州随处可见的粤语培训班，想起了被“东方风来满眼春”进一步激起的流动热潮，想起了在炎夏时日一个制衣厂的生产线上赤裸着上身的烫衣工，想到了睡在大桥下面被收走被子的 200 名农民工，想到了趴在电线杆上的讨薪工人，想到了“孙志刚”“李志刚”“王志刚”

事件，想到在数地访谈时，那一双双渴望的眼神、无助的表情、麻木的心态……毫无疑问，李志刚、王志刚们的境遇因为他们方方面面的努力而得到了很大改善，但至今无本质性的差别。

我希望，本书的出版不仅在某种程度上对现有学术研究有所推动，更为重要的是，希望它也能为改善流动人口的生存和发展环境间接地尽到一份绵薄之力——若每个研究都能尽到绵薄之力，就会形成一股巨大的合力，使他们能够尽早脱离“年年打工年年愁，天天加班像只猴，发了工资摇摇头，不知何年才出头”的困境。希望他们能尽快与我们坐在一起，不是作为我们的研究对象，而是作为我们中的一分子，喝咖啡、聊愿望！

如果此书能够在某些方面有所贡献的话，这些贡献也应该归之于数人之功。我的学生罗玉英在过去半年中，不厌其烦地反复阅读书稿，对内容、文字、格式、参考文献进行修改与调整，为书稿的完善付出了巨大的心血；谢永飞也对本书稿进行了大量的完善与修改；同事陈传波教授和周祝平教授在万忙之中抽出宝贵的时间对第一章提供了许多具有启发性的思路。感谢他们的时间和智慧。

此项研究的顺利开展与完成也得益于国家社科基金项目“农民工家庭的城市融入问题研究”（项目批准号：10BRK013）的资助。

感谢我的亲人！一杯清茶，几句问候，见证着无言之爱。

杨菊华

2012 年 6 月 26 日于北京

图书在版编目（CIP）数据

中国流动人口经济融入/杨菊华著．—北京：社会科学文献出版社，2013.11
（21世纪人口学研究系列）
ISBN 978-7-5097-3899-3

Ⅰ.①中… Ⅱ.①杨… Ⅲ.①流动人口-研究-中国
Ⅳ.①C924.24

中国版本图书馆CIP数据核字（2012）第253908号

·21世纪人口学研究系列·
中国流动人口经济融入

著　　者／杨菊华

出 版 人／谢寿光
出 版 者／社会科学文献出版社
地　　址／北京市西城区北三环中路甲29号院3号楼华龙大厦
邮政编码／100029

责任部门／社会政法分社（010）59367156　　责任编辑／韩莹莹
电子信箱／shekebu@ssap.cn　　责任校对／张立生
项目统筹／童根兴　郑　嫱　　责任印制／岳　阳
经　　销／社会科学文献出版社市场营销中心（010）59367081　59367089
读者服务／读者服务中心（010）59367028

印　　装／北京季蜂印刷有限公司
开　　本／787mm×1092mm　1/16　　印　　张／30.5
版　　次／2013年11月第1版　　字　　数／531千字
印　　次／2013年11月第1次印刷
书　　号／ISBN 978-7-5097-3899-3
定　　价／98.00元